평전 박헌영
評傳 朴憲永

평전 박헌영

박종성 지음

인간사랑

프롤로그

1

사람이 사람을 찬찬히 들여다보는 일은 낯설지 않다. 가끔은 힘들고 오해도 살망정, 앞에 앉아있는 이와 말을 나누거나 그(녀)의 얘길 한 귀로 들어줄 때도 그렇다. 만나본적 조차 없는 또 다른 삶을 가슴으로 헤아리는 경우도 마찬가지다. 하지만 정색하고 다가서는 '인간탐사'나 '인물사史 연구'만큼 생경스런 일도 드물다. 그 자체로 만만치 않기 때문이다. 사람이 사람을 연구한다는 건 완전중립이니, 보편적 잣대 마련이니 하는 것들과 거리가 멀다.

'사람의 탐구' 역시 기왕의 '앎'의 건조물에 기댈 때 방법과 전체의 꼴을 그릴 수 있다. 옛 재료와 도구는 물론 설계도면 마저 참조해야 한다. 프란시스 베이컨의 눈썰미가 돋보이는 것도 그래서다. 지식의 축적은 '개미'처럼 하염없으며 제 몸에 쌓인 점액질을 밑거름으로 그물 집 짓고 먹이가 걸려들길 바라는 '거미'와도 같이 고요한 사냥대상일 수 있다는 점.

모으고 또 모으며 쌓고 또 쌓아 무진장 재긴 지식의 먹이더미 곁에서 한겨울 나고 계절을 또 몇 번 지새고 보면 어느 순간 '앎'은 내 것이 되며 또 가족과 이웃 모두의 정신적 자산이 될 수 있다는 것. 지식은 그러나 쌓고 모으며 시나브로 기다린다고 이룩할 자동적 생성물이 아님을 깨달아야 한다는 점. 갖고 있는 정보를 바탕으로 정교한 그물을 짜 걸려든 먹잇감들을 손쉽게 노획할 궁리로 회심의 여유와 웃음 머금을 수 있음도 지혜로운 생명체의 자산일 수 있다는 자각.

개미와 거미가 주는 지식 축적의 교훈이 평범한 사람의 눈길을 새삼 사로잡는다면 잉잉거리는 꽃밭의 '벌'떼들 역시 놀라움을 선사하긴 마찬가지다. 기적의 결과를 넘어서는 집단적 협업의 눈물겨움은 그렇다 치더라도 움직일 수 있는 한, 분주한 날갯짓 아끼지 않음과 꽃가루 가없이 묻히고 퍼뜨려 한 송이 꽃이라도 더 피우게 하려 죽을 힘 다하는 노력의 순수는 그 자체로 감동이니 말이다.

내친 김에 그의 얘길 더 들어보자. "경험론자들은 개미처럼 단지 사물들을 모아 이용한다. 합리론자는 거미처럼 자신으로부터 실을 뽑아내어 집을 짓는다. 중도적 방법은 꿀벌의 방법인데, 꿀벌은 정원이나 들판에 있는 꽃으로부터 재료를 모은 다음 자기 힘으로 그것을 변형시켜 소화한다. 철학의 진정한 과업도 이와 같다. 경험적 능력과 합리적 능력이라는 이 두 능력을 더 순수하면서도 긴밀히 결합하면 우리에겐 충분히 희망이 있다."

사람을 탐구할 때도 이들 세 경우는 얼마든지 준용遵用할 수 있을 것이다. 모으고 기다리기. 부단히 짓고 허물되, 가려서 섭취하고 탐사의 거점 지탱하기. 아울러 확장 가능한 빈터 찾기. 중요한 것은 베이컨이 주목한 '경험론'과 '합리론' 사이에서 중도와 대안의 경로를 찾는 일이다. 인간의 인간탐구가 그가 눈여겨보는 '귀납'과 '연역'의 고리로만 살필 주제인지는 두고두고 생각해볼 문제지만 성급한 일반화의 오류를 벗어나려면 귀납법도 천천히 쓸 것이며 방법의 통합과 분석의 조화 역시 필요할 터다.

인간의 상식적 노동수준을 훌쩍 넘어서는 '벌'의 행태가 '개미'와 '거미'라는 극단을 조율할 자연의 대안은 늘 새삼스럽다. 그것은 독선과 고집을 감싸는 교만의 그늘이 결국 얼마나 초라하며 또 노동 그 자체만의 준봉과 맹종의 대가가 얼마나 터무니없는 것인지 잘 일깨운다. 마찬가지로 완벽한 자료의 축적과 글감의 비축이란 과연 가당키나 한 것인지 모두의 눈길을 사로잡는다. 하염없이 쌓고 누비는 일도 일이지만, 의도적 함정과 편의적 탐사라는 게 가치의 편협성을 고스란히 반증한다는 점에서 개미와 거미는 애당초 함께 하기 곤란하였을 터다.

벌을 보며 감동하는 인간의 모습은 차라리 운명적일 것이다. 없는 걸 새로 만드는 능력의 한계마저 기꺼이 부수는 인간이지만, 있는 것들로 창조적 응용의 여백마저 채우는 것이 보통 사람들의 일상적 '최선'이기 때문이다. 단순 집약노동과 극한의 편의주의 사이에서 자발적 노력이 일구는 대안적 재구再構의 길을 눈여겨보아야 할 까닭도 여기 있다. 인간이 인간을 천착·탐구하는 길을 곤충에게서 찾는다는 소박한 위대함이야 더 말할 필요조차 없이 말이다.

2

압축하자. 개미처럼 사람을 연구함은 그 사람의, 그리고 그 사람에 대한 온갖 자료와 글감들을 하염없이 모아 그(녀)는 누구였으며 어떤 일을 했는지 감히 자신 있게 말하려는 경우다. 하지만 '모음collection'과 '쌓음accumulation'에 담기는 성실성과 치밀함은 자칫 그 행위 자체를 향한 의무만 종교처럼 굳혀 '모음'이 끝이요, '쌓음' 그 자체가 업이 되고 마는 잘못도 감안해야 한다. 탐구의 끝은 따라서 기약이 없고 좀체 단호한 결론이나 자신 있는 주장 역시 유보해야 할 각오로 덤벼들지 않고선 과정의 방대함을 견디지 못할 때도 많다.

거미처럼 사람을 천착함은 미리 잘 짜놓은 얼개로 '담고' '품을' 대상을 포섭하는 일이다. 디자인의 촘촘함과 치밀함은 가상하지만 덩치 큰 대상이나 거르지 못할 미세한 상대는 아예 감당하지 못한다. 그물이 단번에 찢어지거나 모조리 놓치고 말만큼 성글 수 있기 때문이다. 역설적으로 걸려드는 먹이야 가차 없지만, 애당초 손쉽게 빠져나가버리거나 담기지 못할 거물들은 사냥감이 못된다. 취할 만큼 담고 소화할 만큼 걸러 양껏 다루려는 이 생명체의 꿈은 본디 거기까지다.

처음부터 아예 전부를 겨냥하지도 않고 무진장한 결과물을 넘보지도 않는 벌의 자세는 공손한 편이다. 거기다 초월적 성실성과 근면함으로 보면 개미의 그것과 크게 다르지 않은 것도 사실이다. 다만 일방적 노동의 반복이 창조적 재생과 협업의 가시적 성과를 담보한다는 점에서 둘은 다르다. 가혹하게 뜯어보면, 저희들 먹고살 궁리에 앞만 보고 가는 개미보다 남까지 내다보며 공영의 기틀까지 다지는 이타적 행태라니 어디 꿀벌들을 넘어설 가망이 있으랴.

그 가운데 가장 큰 몫은 벌의 노동이 인간에게까지 유익한 결과물로 확장된다는 가르침일터다. 그 짧은 생애를 보내되, 쉼 없는 날갯짓과 꽃가루 이동은 물론 꿀 만들기를 둘러싼 노동의 경지는 숭고하기 이를 데 없다. 벌을 보고 배울 상대가 하필 인간이라는 점은 대표 역설이다. 사람이 사람 못 가르칠 까닭이야 없지만 부끄럽게도 사람이 벌보다 못한 구석은 적잖다. 저들을 준거로 삼자면 생각해볼 문제는 뭘까. 하고 많은 사람들 가운데 누구를 어떻게 다뤄야 할는지, 다룬다면 그 궁극의 까닭은 무엇으로 변명할 것인지, 게다가 그 끝은 또 어떻게 그릴는지 궁금해지는 것도 당연지사다.

벌의 행태는 그래서 그 자체가 '의미'다. 아예 벌을 탐구대상으로 삼는 곤충생태학도 있을 것이고 '벌처럼' 사는 (혹은 살았던) 인간의 모습을 논의의 중심축으로 여기는 경우도 가능할 터다. 뿐만 아니라 꽃을 피우며 꿀을 만드는 벌의 유한적 삶에서 지나치도록 근면한 재생과 놀라운 산출의 행적을 방법론으로 끌어올 수도 있으리라. 아주 엄격히, 그리고 사실 그대로 묘사하자면 꿀은 벌의 토사물인 셈이다. 애당초 정교한 의지와 치밀한 계산에 따라 생성된 결과물이라기보다 의도치 않은 행위의 산출물이란 얘기다. 그것이 비록 사람으로선 알지 못할 곤충의 반복적 행태 축적과 기묘한 동기에 의해 가능한 일이라 해도 생각해볼 문제는 벌의 '정치성'일 것이다.

인간이 지향하는 정치적 목적가치야 제아무리 공공의 이익과 전체 이익을 앞세운들, 결국은 제 한 몸 편하고 광채 나는 권력의 누림으로 갈무리하게 마련이다. 어떤 화려함이나 그럴듯함도 모두 자기중심적인 '챙김'과 '쌓음'과 소리 없이 맞바꾸려는 자들의 핑계에 지나지 않는 법이니까. 그것만으로도 벌들이 돋보이는 까닭은 도드라진다. 맹렬히 빛나는 '이타성altruism'은 그렇다 치고 반드시 그처럼 토해내려 하지 않았음에도 떠나면서까지 남기려 드는 저 창조적 고단함이라니.

그렇게 잠시 살다 사라지는 유한적 관행 속에도 일정한 목적과 의도가 있다면 그것 역시 '정치적'인 의미를 지니는 걸까. 하기야 그보다 더한 희생과 봉사의 경지마저 깨부수고 불평 없는 편파적 인내로 일관하는 개미들도 그렇고 속내의 음흉함마저 흔쾌히 숨기는 거미의 계략을 어찌 '정치'란 콘셉트 빼고 적확히 묘사할 수 있을까. 그 같은 곤충들의 행태를 앞에 놓고 사람들이 할 수 있는 일이란 도무지 뭐가 더 있을까.

사람이 곤충과 같길 기대하기란 원천적으로 불가능할 터다. 하지만 흔히 '벌레만도 못한' 인간이라며 사람을 곤충에 빗대어 꼬집는 관행은 이 같은 사실들의 역설적 효과를 더욱 키운다. 인간과 벌레가 꼭 같길 바라기 전에 차라리 비슷하게라도 살아가는 인간 군상을 떠올려 봄도 해볼 생각 가운데 하나일 것이다. 개미 같은 인간과 거미처럼 사는 사람, 아니면 영락없는 벌로 비유가 가능한 이들이 뒤덮인 세상이 이 땅이라면 지나친 표현일까. 이도저도 아닌 얼치기 벌레나 그 사이 애매하니 다리 걸친 회색 곤충들의 처지도 물론 감안하면서 말이다.

그렇게 살고 있는 인간 군상의 '나날'들은 각기 무의식적 관행과 그 단순 반복만으로 이루어지는 걸까, 아니면 정밀한 계산과 예측 가능한 결과를 의식한 정치적 행보의 축적으로 보아야 할까. 이들 두 물음을 아무리 합쳐본들, 동기와 의지의 결합은 쉽지 않고 객관적인 증명도 간단치 않다. 인간의 삶의 관행을 '원인'이란 변수에 맞춰 추적하는 일이 어렵듯, 그 단서의 하나를 벌레에서 찾아 이를 슬기롭게 엮는 작업도 복잡하긴 매일반이다. 벌레들의 행태를 견인하는 궁극의 이유란 것도 과학적 추론의 영역을 벗어나긴 힘들기 때문이다.

3

그러나 벌레의 행태를 인간탐구의 '방법'으로 인용할 것인지, 아니면 '내용'과 '대상'으로 동일시할는지는 선택의 문제로 남는다. 이를 혼동하여 방법과 목적을 뒤섞음으로써 사람과 곤충을 서로 복제하거나 둘이 마치 같은 양 오해함은 분명 곤란하다. 단지 비유함으로써 이해의 강도를 더하며 표현의 중심을 또렷하게 만듦은 문제되지 않더라도 벌레의 의인화나 사람의 변신 적용은 이미 문학의 영역으로 진입하기 때문이다.

문제는 여기서 한걸음 더 나아간다. 정작 탐구대상인 사람은 '누구'이며 그(녀)를 향하는 물리적 더듬이는 '어떤' 벌레의 것을 이르는가 하는 물음말이다. 그리고 그로써 기대할만한 설렘의 매력일 것이다. 사람이라면 누구일까. 벌레라면 무엇을 이름인가. 하 많고 많은 사람들 가운데 왜 하필 그(녀)이며, 그것도 곤충을 통한 이해와 탐색이라면 어쩌자고 그 미물인 걸까. 방법이 목적을 가리지 않는다면 탐구의 끝이 지향하는 해석의 밀림은 무엇으로 어찌 뒤덮여 있을까.

'보통사람의 위대함'이라는 것도 얼마든지 생각할 논리적 모순임을 모르지 않는 우리다. 그것이 단순한 위로로만 머물지 않고 숱한 인간들의 일상적 '견딤'과 '버팀'을 상찬賞讚하거나 그들 대부분의 삶의 평범함에 담긴 저력을 북돋는 도구가 될 수 있음도 모두는 잘 안다. 하지만 평범한 사람의 담백한 위대함을 그리기 위하여 평범함 그 자체의 입체적 속내를 끌어내는 일은 대척점에 서는 자의 예외적 독특함이나 핍진乏盡한 삶의 굴곡진 모습을 담아내는 과업보다 훨씬 힘겹다.

단순한 곡조의 반복이나 그 응용의 흐름이 주는 감동 역시 격정과 홍분을 담는 광폭의 음역을 감당하기 어려운 이치와 이는 통하리라. 평야의 풍광이 그들만의 곡절을 지니지 않는다는 주장은 말이 안 되지만, 높고 낮은 산맥의 내어달림과 그 장쾌하며 담대한 외형적 압도를 물리적으로 감당키란 어려운 법 아니겠는가. 갯벌도 살아있으나 이들을 감싸는 무정형의 바위들과 이들을 집어삼킬 듯 허구한 날 때려 치는 거센 파도하며 헤일 수 없는 바다거품에 먼저 눈길 앗기는 이치도 사람으로선 피하지 못한다.

언제 어디서든 만날 수 있고 이제는 보이지 않아도 늘 그랬으려니 할 만한 사람을 탐구대상으로 삼지 않을 이치야 너무나 당연하지 않을까. 그렇다고 기발한 사람들만 탑처럼 쌓아 오로지 그 열전과 통사적 삶에 빠져들거나 그 안의 드라마틱한 스토리들로 모두를 뒤흔들 궁리만 일삼음도 버겹고 메마르긴 매일반 아닐까. 문제는 '넘침'과 '모자람'에 있을 터다. 마침 맞게 사람이 사람을 탐구한다는 건 그래서 힘겹고 중요한 일임을 에둘러 깨닫는다.

탐구의 대상으로 떠오르는 이는 곧 '다시는 없을 사람'이다. 아니면 능히 '예견 가능하지 않은 인물'로 도드라진다. 직업으로 따지자면 아무나 손쉽게 감행하지 못할 임무를 담고 그만큼 위험하며 절박한 역할을 자임하는 사람일 것이다. 누군가 시킨다고 분연히 나설 일도 아니며 홀로 내켜 우러나는 마음으로 스스로를 불사르는 인물쯤이라 보면 맞으리라. 이런 일을 하는 이들 가운데 하나가 '혁명가revolutionary'다. 시나브로 세상 한 구석 고치거나 어설피 바꾸는 정도로는 양이 차지 않아 아예 '판'을 엎고 '꼴'을 뒤집어 삶의 공동체를 근본부터 혁파하겠다는 꿈으로 가득 찬 사람들 말이다.

이 땅에 혁명가라는 직업을 가진 이들이 역사 속에 얼마였는지 살피는 일은 의외로 복잡하지 않다. 그럴만한 인구가 그리 많지 않았을 뿐 아니라 혁명가라 온전히 부를 만한 인물도 별로 없었기 때문이다. 세상을 뒤엎는다는 꿈이 야무지면 야무질수록 실패와 좌절의 가능성도 그에 비례했고 보면, 좀체 꿈꾸는 일 자체가 삶의 장해였다는 해석도 가능할 정도다. 직접 나서서 정치질서의 기본을 뒤흔들거나 흐름을 바꾸는 일은 한국정치에서 그만큼 어려웠다.

효용가치의 크기에 비해 지불해야 할 육체적·정신적 비용도 상당할 뿐 아니라 생명의 위협까지 담보해야 하는 고위험과업이란 사실은 그러잖아도 운명론에 길들여져 있던 우리네 정치문화가 일찍이 정면 돌파할 주제는 아니었던 셈이다. 자신을 질서의 중심에 놓거나 바꾸려들지 않고 스스로 변방화하여 역사의 단절이든, 정치의 혼돈이든 고스란히 '받아들이는 데' 익숙했던 집단의 기억과 정적인 정치심리는 본디 혁명이란 어휘를 불편해할 수밖에 없었다.

그럼에도 불구하고 혁명만이 자신의 임무인 양 오롯이 버티며 감내한 자들은 이 땅에서도 엄연하였다. 이는 사실이자 집단기억으로 남아있다. 부피나 '절대인구'가 아니라 역사 속의 미미한 질량만으로도 죽음과 맞바꾸려는 진지함을 무기삼은 인물들은 점점이 솟아나고 있었으니까. 활짝 피어날 기미機微 비록 약하였어도 몇 송이 붉은 꽃잎은 지천으로 매달린 초록과 연두의 이파리들만으로도 제 '붉음' 빛낼 만 하였던 터다. 거개擧皆가 두려워 턱없이 떨며 흔들리고 있을 때 목숨마저 담보하는 용기와 저력은 혁명을 하겠다며 나서는 이들 아니고선 이끌어내기 어려운 기운이었다.

4

세상을 어떻게든 바꾸고 옮기려면 그때까지 통용되던 당연한 믿음은 깨야한다. 한두 사람이 아니라 나라 전체가 기대고 있는 믿음의 체계를 부수면서 공동체 구성원들의 삶의 모습을 근본부터 바꾸려는 과업은 세상의 모든 혁명이 지향한 근본 목표다. 이제껏 기댄 믿음은 잘못이며 나아갈 방향이 어딘지 까지 정교한 논리로 엮고 따르지 않을 수 없는 도저한 매력마저 향기롭게 묻히면 이름 하여 '사상'의 얼개도 가능하고 '철학'의 유인도 어렵지 않다.

이른바 '차이'와 '다름'의 문제는 모든 혁명이 의존하는 기대효과와 직결되며 특히 시대의 전환기에 돋보인다. 민중을 사로잡기까지 한다면, 물불가리지 않고 혁명에 뛰어들게 만드는 광기의 도화선이 되기도 한다. '붉음'이 '초록'을 제압하는 이치도 따라서 색 그 자체에 깃들어있는 비밀이 아니라 한 쪽으로 치우치거나 익숙해진 시지각이 차별의 감동을 지각하는 위대한 착각일 가능성이 크다.

흔히 대척점이라 부르는 반대지점, 그것도 물리·지리적으로는 '맞은편'이지만 거리와 관계없이 아득하기만 한 것은 거의가 멀리 있으리라 착각하는 까닭이다. 언젠가 다다를 반대편이 당장은 아련해지는 것도 그 때문이다. 혁명의 보색補色효과 역시 이 지점에서 증폭

된다. 차별도 억압도 없고 불편과 주눅도 사라지리란 꿈같은 유혹이 유토피아에서나 있을법한 신의 주문처럼 몰려올 때 혁명은 미래의 찬가 아니면 희한한 신기루로 보였을 터다. 붉음과 초록도 본디 서로를 밀쳐내야 할 이유는 없었던 셈이다. 둘이 같이 있을 때 하필이면 도드라졌던 것이다.

모든 혁명은 시대와 맞서려는 자들의 단호함과 당대의 기득권이 서로 부딪히는 파열의 형식이자 오랜 정치적 조율의 과정이다. 시대적 충돌방식이 새롭게 자리를 잡아나가는 절차다. 당장의 '맞섬'이 군중의 지지를 이끌고 맨 앞에서 이를 이끌거나 한 가운데서 조종과 통제의 끈을 움켜잡은 채 막후연출까지 장악하는 이들을 일컬어 '혁명가'로 이름 붙인지도 꽤 되었다. 성공과 실패의 가능성이 미리 내다보이는 혁명은 일찍이 없었다. 맞섬과 충돌의 순간순간들이 혁명의 전체 흐름 속에서 걷잡지 못할 만큼 사람들을 그러모을 때 궁극의 마력은 최초의 매력과 견줄 수 없는 기운으로 커져가고 있었던 터다.

그러나 '맞섬'의 대가는 곧 '죽음'이었고 '충돌'의 다음은 '혼란'이었다. 이 땅에서도 마찬가지였다. 성공한 혁명은 없으되, 숱한 혁명적 상황들이 죽음의 조건을 숙성시키고 끝내 시대와 맞서려는 자들을 도륙하거나 잡아 가두는 만행을 일삼은 것도 군주의 시대에서야 당대 상전들이 행할 지당한 과업이었다. 나라를 다스리는 주상의 자리가 엄연하거늘, 시천주侍天主를 암송하며 보이지 않는 하느님을 섬기는 일이 그랬고 외국군대는 이 땅에서 나가라며 들고 일어나는 농민들이 마뜩치 않았던 것이다. 하여, 국가의 기틀을 바로 잡지 못하는 군왕에게는 무능과 무책임의 반성에 앞서 이들부터 대역大逆으로 몰아 잡아 죽이는 일이 최우선이었던 것이다.

사옥과 박해는 다반사였고 처형과 도주는 일상이었다. 나라의 정치적 피폐가 아무리 클망정, 민중의 임무는 여전히 배전倍前의 충성이었고 반역과 도발은 목숨과 맞바꿀 행위였다. 그럼에도 불구하고 이 둘을 숨죽여 바라보는 민중의 가슴은 요동치고 있었다. 누가 이길 것인지 가늠하느라 헛갈려서가 아니라 이제는 정녕 세상이 달라질지 모른다는 기대 때문이었다. 맞서는 일은 그처럼 중요했고 충돌은 피치 못할 과정이었다.

기왕이면 체계적이고 손쉽게 이해하도록 미래세상을 그리는 작업은 혁명을 꿈꾸는 모든 이들의 근본 과제였다. 이론적인 뒷받침으로 대중적 설득력을 얻는 일이 우선이라면 실제로 그 같은 세상을 만들어내는 작업은 더 중요한 숙제였다. 아무도 나서지 않는 세상에 죽음으로 맞서며 그 일을 자처하는 건 여간 어렵지 않았던 터다. 구상 자체의 독립성마저 담보하여 세상의 호응을 이끌어낸다는 건 난감했고 다른 생각의 얼개를 옮겨 심거나 퍼뜨리는 일도 간단한 과업은 아니었다.

'혁명'이 '혁명가' 개인의 취향이나 탐욕의 장난감일 수 없는 이유는 단순한 인과론이나 목적론으로 살필 성질의 것이 아니다. 단지 세상에 '혁명가가 있다'고 하여 '혁명이 자동 담보되는' 게 아닌 까닭이다. '혁명이 성공하였다' 하여 당초의 '꿈과 구상이 고스란히 실현되었다'고 보기 힘든 이유이기도 하다. 아니, '혁명으로 잡은 권력'이 혁명으로 쓰러트린 '옛 체제의 질서와 기운을 크게 넘어서지 못'하는 낡은 원인임을 알려야하기 때문만도 아니다.

그것은 모순과 질곡으로 가득한 현실을 당대에 없애겠다는 의지의 숭고함sublimity을 잘 말해준다. 혁명의 제도화 과정에서 본연의 뜻을 잃어버린다 하더라도 이데올로기라는 이름의 숭고함이 혁명가의 동기나 추종자의 참여의 이유를 방해할 리 없기 때문이다. 즉, '일정한 목표를 향해 민중을 동원하고 참여시키기 위해 인위적으로 고안한 신념체계'가 이데올로기라고 의미를 규정하자면, 그 철학적 진정성과 사회적 설득력을 훼손할 논리는 누구도 합리화할 수 없다. 이를테면 누가 그 이데올로기로 혁명을 성사시킨 정권의 우두머리가 될 것인지 따위의 정치논리를 앞세워 본래의 뜻을 훼절·왜곡할 이유는 어디에도 없다는 얘기다.

그러나 이데올로기의 정치적 완성을 위해 치열하게 몸부림치는 일이 정녕 이데올로그의 의무인지 아닌지 까지 사람들은 좀체 따지려들지 않는다. 나아가 혁명의 완성이라는 저 터무니없이 황망한 과업마저 '그(녀)'에게 담보하는 게 옳은지 여부도 규명해야 했을 것이다. 설령 혁명의 후파後波가 혁명 그 자체의 흐름을 배반할지언정, 정치현실의 가혹함이 혁명의 발화發火마저 추궁하는 과업에 인색하였음을 모두는 잘 기억한다.

문제는 이 과업이 우리에게도 가능했느냐는 질문이다. 역逆은 곧 죽음이요, 반反은 이내 고단함과 처절함을 불러오는 사단임을 잘 알면서도 한사코 이를 무릅쓰겠다는 이들이 몇이었는지 이름을 부르고 머릿수를 헤아리기란 도무지 가물가물하다. 저항의 실체가 엄연하다면, 게다가 혁명도 그냥 혁명이 아니라 우리에게도 계급과 정치권력의 구조적·동시적 변화가 엄연해야 하고 늦었더라도 이른바 '사회혁명'이 필요함을 힘주어 말한 자 있었는지 주목해야 한다는 점이다.

그러나 우리에게 치명적인 약점이 도사려 있음을 왜 아니 모르겠는가. 나라 밖에서 어떤 주의가 들어오면 조선의 주의가 되지 않고 그 주의의 조선이 되어버린다는 단재丹齋의 일갈이 여기서 더 도드라지는 까닭이다. 모두의 뇌리를 후려치는 단발單發의 아픔은 물론 그로써 더 왜소해지는 전체의 자화상 때문에라도 부끄럼 커지고 도망가고픈 마음 한껏 일렁이니 말이다.

> "옛날 도덕이나 주의란 것이 그 표준이 어디서 났느냐? 이해에서 났느냐? 시비에서 났느냐? 중국의 석가가 인도의 석가와 다르며, 일본의 공자와 중국의 공자가 다르며, 마르크스도 카우스키의 마르크스와 레닌의 마르크스와 중국이나 일본의 마르크스가 다 다름이다. 그러나 우리 조선 사람은 매양 이해 이전에서 진리를 차지하려 하므로 석가가 들어오면 조선의 석가가 되지 않고 석가의 조선이 되며, 공자가 들어오면 조선의 공자가 되지 않고 공자의 조선이 되며, 무슨 주의가 들어와도 조선의 주의가 되지 않고 주의의 조선이 되려 한다.

그리하여 도덕과 주의를 위하는 조선은 있고 조선을 위하는 주의와 도덕은 없다. 아! 이것이 조선의 특색이냐, 특색이라면 특색이나 노예의 특색이다! 나는 조선의 도덕과 조선의 주의를 위하여 곡哭하려 한다."

그럼에도 불구하고 비판과 자탄은 성공적 사회혁명을 촉발할 불꽃이 아니었다. 자생적 이데올로기를 퍼뜨릴 묘종苗種의 충만한 자양분이 아니었음은 분노로만 끝날 분노의 허망함을 다시 일깨운다. 울분을 다스리기 위하여 울분에 기대는 건 독립의 실효를 담보하기 어려웠기 때문이다. 설령 조선의 사회주의가 아니라 사회주의의 조선이 되어버리는 결과가 초래되었다 하더라도 이데올로기의 적용과 실천을 고민하는 맹아적 판단의 '적극성'은 그 자체로 온전히 따져보아야 할 가치를 지닌다.

세상의 변화를 오롯이 이끌어내려는 이데올로기가 아니라 이데올로기 그 자체를 향한 복무의 허구를 맹공하는 신채호의 입장을 쉽사리 진영화하거나 정치화함은 그에 대한 예의가 아니다. 다만 이데올로기의 시대에 이미 진입해버린 조국의 혼돈 앞에서 여전히 혁명불가의 상황만 탓하거나 그로 인한 무능의 심화를 자책하는 건 아무 것도 하지 않은 채 단지 제 처지의 가련함을 운명으로 치부하거나 감상感傷의 그늘로 가리려는 것만 못한 일임을 새삼 자각하게 되는 것이다.

5

한국 현대사에서 박헌영만큼 혹독한 대접을 받는 이도 드물 것이다. 좌익이라면 이골 나도록 공격하는 문화까지 감안하지 않더라도 다분히 의도적인 비판과 함께 토착 사회주의자란 '그'밖에 없다며 들뜬 칭송과 총애를 동시에 끌어안아야 할 인물이었으니 말이다. 적절한 찬사와 비판을 넘어 맹종과 혐오의 극성을 단숨에 흡수하는 대상이 하필 같은 사람이었다는 사실은 아이러니다. 본디 정치의 세계에서도 싫고 좋음이 뚜렷하여 집단의 양극화마저 도드라졌고 보면 해방 후 한국사회에서 특정인을 향한 정처 없는 공격과 비난도 이해 못할 바는 아니다.

'떼'로 돌팔매질을 감행하거나 그 열기마저 감당 못해 아예 패싸움으로까지 발전하는 일도 이상하지 않다. 진영의 정치논리는 그처럼 생겨났고 미움과 저주도 이념의 다름을 핑계 삼아 온 나라 떠도는 유령처럼 지탱의 중심을 키워 나간다. 말이 이념이지, 사실 이데올로기란 단어도 생소하고 사상이란 어휘도 몸에 맞지 않은 옷처럼 익숙지 않기론 마찬가지였다. 혁명은커녕, 일찍이 정치적 의사표현에 길들여지지 않은 사람들에게 '자유'는 평소의 억눌린 감정을 표출하기 좋은 통로였고 '평등'은 기왕의 혐오를 해소하기 편한 핑계였다.

이제는 벌 받지 않아도 좋은 세상이 되었다는 자유의 신호가 소득의 평등과 토지 소유의 균형까지 금세 이룰 것 같은 기대감마저 온 나라를 뒤덮은 것도 무리는 아니었을 것이다. 그도 그럴 것이 자생적 사회혁명까지야 어림없었을망정, 마르크스와 레닌의 이름이 조선에도 들어오고 신분으로 찌든 세상에 계급 없는 사회가 소개되자 들뜨고 설렜던 것이야 당연했으니 말이다. 해본 적 비록 없지만 혁명으로 뒤집어지는 세상을 꿈꾼 자들의 감흥이야 다른 어느 것과도 말로 견줄 수 없을 터였다. 하지만 변혁은커녕 이제껏 누린 어떤 기득권도 놓칠 수 없어 움켜쥐며 몸부림치는 숫자가 세상 뒤집어지길 바라는 인구만큼 기세등등할 때 두 진영의 싸움은 불 보듯 뻔하였던 것이다.

강점기 조선의 정치적 핍박과 식민의 사슬을 사회주의 얼개로 부숴버릴 가능성을 설득·교화하는 일은 실로 가슴 떨리는 과업이었다. 박헌영 한 사람에게만 절실한 과업이 아니라 이는 상당수 조선 민중들의 감격을 담보할 정치적 매력으로 넘쳐나고 있었다. 가능하다면 조선왕조 말기의 정치적 피폐와 신분의 질곡을 일거에 뒤엎는 사회혁명을 앞당기고 싶었던 '그'였을 터다. 뒤늦게라도 반제·반봉건 기치를 드높여 과거의 정치적 무능과 침묵을 뛰어넘으면서 식민 조선의 멍에마저 동시에 날려버릴 사회문화적 기틀을 다진다는 건 당대 혁명을 꿈꾼 자들 모두의 생각이었을 것이다.

마르크스까진 그만두더라도 제국주의의 비열한 팽창욕구와 음험한 정치적 이기성을 세상에 고발하기로는 레닌만한 위인도 더는 없었다. 특히 그의 '자본주의 최고단계로서의 제국주의'는 식민조선의 상황타개를 위해 '일발쌍타一發雙打'의 정치적 효과를 지닌다. 자본주의는 반드시 멸망한다는 마르크스의 예언이 적중하지 않은 유럽과 미국의 현실을 제국주의 잣대로 재는 일은 단순히 그들 공간의 도덕적 패악悖惡과 정치경제적·윤리적 타락을 공격하는 도구적 의미만 반영하지 않는다. 더 나아가 역사발전은 이제 자본주의를 반드시 통과의례로 삼지 않아도 좋다는, 아니 그럴 수 있다는 레닌 자신의 점프(跳躍)이론이 불러일으킨 수정주의논쟁의 화살과 그 안에 담긴 불리한 여건을 개선·극복하려는 합리적 대안으로도 중요하기 이를 데 없었다.

바꿔 말해 서구자본주의의 악질적 팽창을 비판하고 구조적 원인의 대강을 제국주의로 대체·저주하는 작업은 레닌 자신이 저지른 이론적 과오와 변형(혹은 응용)에 뒤따를 공격의 완화나 사회주의적 자기방호를 위해서라도 절실했던 셈이다. 뿐만 아니라 자신들의 혁명을 국제적으로 정당화하고 그 객관적 추인을 위해 자본주의 강국의 치명적 오류를 집요하게 공격하는 행위는 정치적으로 효과적이었다. 강자의 도덕적 취약함을 약자의 윤리적 강점으로 공박·제압하는 일은 그 때문에 매력을 넘어서는 마력의 에너지로 작동한다.

군국주의나 전체주의까진 그만두더라도 강점기 조선을 압박하는 일본을 '제국주의'로 규정, 레닌의 반제투쟁논리로 정면 돌파하려는 박헌영의 정치적 의지도 그래서 몇몇 혁명가들하고만 나눌 고결한 전유물이 아니었다. 식민체제의 붕괴와 조선사회주의의 당대 완성은 동시 추구할 그들의 급진적 목표였다. 독립을 필생의 꿈으로 알던 민족운동세력과 목표는 같았을망정, 수단과 방법의 다름은 그들과 결과적 파쟁은 물론 분열 비용을 무릅쓰게 한 이데올로기적 투쟁 대가이기도 했다.

그러나 투쟁의 결연한 의지와 혁명의 열정적 욕구는 타율적 조국 해방을 맞으며 퇴색하기 시작한다. 분단구조 속에서 한반도 사회주의 혁명의 완성을 꿈꾸기란 닭의 알을 품어 타조를 낳겠다는 생각과 맞먹는 까닭이다. 민중적 기초의 빈곤이라는 혁명의 한계와 혁명가 자신의 인내는 물론 지탱의 근본을 시험하는 가혹한 억압 속에서 사회주의운동의 중추는 단련의 순간들을 경험한 다음이지만, 해방은 다른 외세에 의한 기존 외세의 '갈아치움' 이외의 별다른 감동을 담보하지 못한다. 꿈꾸었으되 이루지 못한 혁명의 아련함 곁에 이제는 혁명의 재건과 과잉을 염려해야하는 정치적 모순의 폭발이 정작 '혁명 없는 혁명' 혹은 아무도 눈물겹게 경험하지 못한 '혁명의 피로'마저 내뿜고 있었다.

조선의 사회주의가 아니라 '사회주의 조선'이 지니는 이데올로기적 타율성이 기왕에 동강난 반도를 더욱 슬프고 부끄럽게 했을지라도 박헌영의 비애는 해방공간에서마저 당 재건이 쉽지 않다는 사실로만 압축되지 않는다. 죽을 고생 다하여 강점기의 핍박을 견디고 혁명의 원시성마저 버텨냈다는 역사의 기억보다 해방 이후의 정치적 자유는 정작 그의 혁명적 자유까지 보장하진 않는다는 사연의 기구함과 그 입체성 때문일 터다. 그리하여 본디 꿈꾸었던 혁명의 설렘이나 그 모판에서 빛나던 묘종의 영롱함도 메말라버려 애당초 무엇을 하려 했는지조차 모호해져 버린 그악스런 현실정치와 급기야 생존마저 불투명해진 정치적 초라함은 또 뭔지 헤아려야만 할 까닭이 희한해서다.

6

그 정치적 초라함이란 모든 혁명이론에 내재한 또 다른 비루함과 어김없이 맞닿는다. 역사 속의 모든 혁명은 어쩌자고 한결같이 혁명 이전의 상태로 되돌아가며 그 허무한 복귀와 흥분을 되풀이하는가 하는 물음말이다. 이 땅에서 '혁명'이란 도무지 어떤 뜻이며 그 '배반'과 '퇴행'은 또 뭘까. '계급독재'와 '국가전복'은커녕, 민중교화와 혁명의 정치교육단계부터 좌절과 실패를 반복해야만 했던 나라에서 혁명의 성패와 혁명 이전으로의 복귀란 대체 무슨 의미를 지니는 걸까.

문제는 이 땅의 혁명가들과 정작 그들이 추구하였던 혁명의 관계다. 게다가 궁극적으로 실패 아니면 과거로의 회귀 사이에서 방황하는, 아니면 정치적 동력상실로 표류하는 혁명의 민낯을 혁명가의 애초의 고뇌에 비추어 함께 그려보는 일일 것이다. 혁명가와 혁명의 관계가 급기야 엘리트와 권력의 사이로 변질되는 건 운명이다. 왕을 죽이며 세상을 뒤엎은 양 착각하고 끝내 거사의 주체끼리 죽고 죽이는 일도 혁명의 미혹이 낳은 역사의 찌꺼기다.

정녕 왕이라도 죽이면서 민중 동원에 나섰다든지 외삽外揷의 이데올로기일망정, 응용과 조율을 거쳐 빼앗긴 조국의 산하를 통렬하게 되찾기라도 했다면 혁명의 감흥은 남달랐을 것이다. 천보만보를 양보하여 이들 두 과업의 벅찬 부담감을 고스란히 되 물린다 해도 또 다른 외세가 그어놓은 분단의 선이나마 자발적으로 녹이고 흔쾌히 뛰어넘을 고도의 정치력을 발휘할 가망이 있었더라면 혁명의 앞선 미흡未洽은 양해 가능하였을는지 모른다.

그 모든 근·현대 콤플렉스의 중심에 박헌영이 있다. 억압의 강도가 반항과 도전의 그것을 웃돌았다 하더라도, 상황의 족쇄가 혁명가의 운신을 크게 제한하고 있었더라도 역사 단절의 한 대목에서 더는 앞서 나가지 못한 그의 통렬함은 상반된 평가 대상이다. 흔히 '비운의 혁명가'로 규정하는 세속의 눈길이 그의 평균값이라 하더라도 그가 좀체 행운이라는 대척점으로 손쉽게 이동하지 못하는 까닭도 찬찬히 따져볼 때는 이미 많이 지나버렸다.

그를 환호하는 이들과 그악스레 저주하는 자들의 대결논리는 여전히 접점을 찾지 못하고 있다. 뿐만 아니라 그의 존재조차 잊고 말리란 예측도 얼마든지 가능하다. '칭송 → 매도 → 망각'으로 이어지는 평가의 대결구도는 사실상 박헌영이라는 한 인물에게만 제한 적용되지 않는다. 해방공간의 좌우익을 가른 정치적 인물들 거의 모두에게 적용되는 선명한 대척점은 역사해석의 중립성이나 균형 있는 시각을 용납하지 않는 한국정치문화의 필연적 결과다.

중도는 곧 회색이며 말해야 할 때 자신을 숨기는 비겁과 퇴행에 다름 아니고 이념의 중간지대란 본디 옳고 그름을 판명해야 할 인간이라면 밟고 디딜 곳이 아님을 유난스레 밝히는 이 땅이었다. 좌우익의 거점이란 곧 자신의 모든 존재이유였고 동시에 적과 동지를 가르는 불가피한 텃밭으로 정치화할 수밖에 없었다. 어느 한쪽에 분명히 서지 않고선 상대의 눈 밖에 났고 자칫 모든 걸 잃는 절체절명의 위기와 맞닿았기 때문이다. 차라리 변절이라도 하며 어느 한 진영의 품에 깊이 안기거나 아니면 기왕의 자리에서 극단의 충성으로 붙박는 선택적 정치화의 길이 운명처럼 굳어짐도 얼마든지 예측 가능했던 터다.

당대를 기억하는 이들의 정치적 소회를 '집단'으로 호출하려해도 이념의 거점은 또렷해진다. 정치의식이란 본디 복잡한 감정구성체이며 겉마음과 깊은 속내의 편차 역시 그럴듯하게 숨기고 꾸며야 할 정교한 얼개임을 이내 알아차리게 되는 까닭이다. 전략 전술적으로 변절했다면 모를까, 한번 뜻을 세운 정치적 인간의 입장이란 그리 가벼이 바꾸고 덧없이 흔들릴 성질의 것이 아니다. 따지고 보면 박헌영의 생사와 관계없이 노선의 대립과 진영 차이는 엄연하며 깊이 역시 다르다.

이 같은 차이와 다름에도 불구하고 혁명의 지체와 미완(성)이 혁명가 자신의 조바심과 좌절을 재촉하였음은 또 다른 관심대상이다. 왕조의 강제적 해체는 차치하고라도 강점기의 연장과 느닷없는 해방공간의 타율적 자유가 부추긴 혁명의 압박은 거듭되는 정치 환경의 불행 치곤 가혹했다. 가뜩이나 자신의 의견을 집단화해 본적 없는 자들의 정치적 빈곤과 넘쳐나는 자유의 간극을 메우기도 버거웠지만 해방공간에서마저 사회주의 조선의 기치를 드날리지 못한다는 부담은 혁명가의 부끄러움으로는 정량화하기 힘든 노릇이었다. 민중의 대부분이 달아오르고 있건만 자발적 정치세력화의 한계에서 증폭하는 정치의 과잉은 사실상 혁명만으로도 달래기 힘겨운 기이한 열정과 기대상승효과로 들끓고 있었다.

외세의 억압통치가 저항 지체나 표현의 미흡을 단숨에 뛰어넘을 행운의 요인마저 보장하지 않았던 과거는 유독 박헌영에게만 아쉬웠던 게 아니다. 거창하게 말하여 민족 모두의 멍에요, 민중 전체의 장벽이었던 터다. 그럼에도 불구하고 하필 '그'의 비애가 무겁기만 한 것은 절벽 같은 정치적 장해의 반복과 이를 심화시키는 예외적 모순의 중첩 때문이다. 강점기 조선의 폭력통치가 첫째 모순이라면 해방공간의 미군정체제는 모처럼의 당 재건과 혁명의 기획을 가로막은 두 번째 절벽이다. 월북과 북부조선의 합류는 사회주의 조선건립의 목표를 저버리지 않으려는 정치적 일관성의 발로였고 김일성을 낙점하는 스탈린의 흉중을 알면서도 지근거리의 정치를 불사한 것도 '혁명'과 '운동'을 섞지 않고 '지하활동'과 '세포정치'의 기억을 잊지 않으려는 마지막 노력의 일환이었다.

식민체제와 군정체제의 압박에 이어 김일성체제와의 중첩적인 경쟁은 박헌영의 정치활동을 궁극적으로 제한한 세 개의 꼭짓점이다. 이들을 이음매로 엮어 역사의 삼각 틀을 고정시키면 그 안에서 좀체 고립과 소외의 족쇄를 분쇄하지 못하는 그였음에 다시 주목하게 된다. 그 틀은 그에게 삼각감옥三角監獄이었다. 하지만 비록 그를 옭아매는 구속의 창살일망정, 이음매를 엮는 각기의 시간대는 그 자체로 독자성을 지니며 서로 다른 평가와 해석의 대상으로 오롯이 남아있다. 연결되어 있지만 각기 독립적으로 인식해야 할 세 가지 시간대는 정작 그에겐 역사적 힘이자 정치적 짐이며 돌이키지 못할 안타까움의 근원으로 자리하기 때문이다.

7

모두가 아연해하며 자칭 '제국'이라 부르는 자들의 압박에 주눅 들어있을 때 죽기를 각오하며 사회주의로 저항 대오를 꾸린 그는 식민지 백성들의 팬덤이었다. 3·1운동이 '운동'으로만 정체된 까닭을 추궁하며 그것이 '혁명 아님'을 일갈하는 것만으로도 민중의 부끄러움은 나라 잃은 기왕의 치욕과 의식적 내파內破의 기운을 확장시키기 충분했다. 운동의 끝까지 '질서'만 간절했던 지도부의 무능은 실패와 무책임의 극치를 드러내기 때문이다. 억압의 강도가 저항의 총합을 이겨낼 만큼 폭력적이었던 강점기체제에서 끝내 자기반성적 대항폭력을 동원하지 못한 콤플렉스는 고스란히 해방공간의 조바심과 사회적 울기로 과잉 성장한다. 그것이 지체된 혁명을 자동 담보할 인화력引火力도, 도화선도 아니었지만 좌우의 격돌은 예전부터 이 땅이 마치 이데올로기의 나라였던 양 피터지게 이어지고 있었다.

해방공간의 정치당국자들이 조율과 융합으로 '분단조선'의 역사모순을 기꺼이 녹이고 또 부술 극적 조건을 숙성시켰더라면 한국전쟁 전후사의 일정은 크게 달라졌을 터다. 지난 역사에 '만일'을 대입하고 새로운 상상과 삶의 대안을 꿈꿔보는 일이 종국에는 감각적 자위나 지적 돌파구를 마련해보려는 의식적 자구수단임을 모르지 않는 우리다. 하지만 당대의 인물들을 수학적으로 조합하고 통계적으로 정교한 '경우의 수'를 상정하더라도 그것은 한낱 인문학적 팩션 만들기에 불과하리란 지적도 감안해야 할 것이리라.

그를 환호하고 열망하며 이제는 '땅 위로 올라오라'고 서둘러 변혁의지를 불태운 해방의 에너지도 결국은 절반의 통합조차 가능한 일이 아니었음을 역사는 호되게 기억한다. 하지만 박헌영의 사회주의혁명론이 맹아성을 드러냈다 하더라도 '스탈린-김일성'의 일방주의와 볼셰비즘 우선의 폭력노선을 제어할 여유와 그때 펼쳐졌을 '과거'를 구상해보는 일은 중요하다. 설령 분단의 고착화는 마찬가지였다 해도 애당초 북한을 장악한 인물이 박헌영이라면 동북아 국제질서는 물론 한국과의 정치적 관계 설정은 또 다른 문제일 것이기 때문이다.

애도哀悼와 후회는 같지 않다. 안타깝고 절절한 심사가 역사의 강물을 돌이킬 리 없듯, 엄연한 산하山河의 자리마저 뒤엎을 어디 새로운 기운을 불러올 수 있으랴. 자꾸 뒤돌아보며 어느 한 인간의 정치적 행적이 마뜩치 않음을 아쉬워하는 일과 이제는 그마저 확인할 수 없는 부존재의 존재감을 체감하는 과업도 그래서 다르다. 있었던 일들과 사라진 인물의 관계를 파헤치고 애써 연결고리를 찾기라도 하면 숱한 가설과 발견의 대가를 포기하려 하지 않음도 인간이기에 저지르는 또 다른 무리일 터다.

대단한 변화의 가능성을 실제 현실로 확인하지 못하고 그에 부응하는 역사의 흔적마저 찾지 못한다면 후회는 더 커질 것이다. 아무리 앞당겨 서둘러도 늦어버릴 수밖에 없는 후회의 운명은 그러잖아도 시간이 흐를수록 모두의 희망과 꿈을 대체하는 법이다. 아니, 차라리 내일보다 더 빠른 속도로 후회가 앞날을 지배할는지 모른다. 할 수 있었던 일을 끝내 해내지 못한 경우와 그 일을 애타게 기다린 추종자들의 아쉬움이 후회의 폭과 깊이를 더하게 만드는 이치도 그래서 이해 못 할 바는 아니다.

뒤따르는 자들의 슬픔 역시 부피로 말할 성질의 것은 아니리라. 애석함과 아쉬움을 뛰어넘는 감각적 애수의 정념이 '슬픔'이라면, 그 감정이 역사에 녹고 정치에 물들 때 후회의 정서 곁에 어느덧 연민의 정이 깊이 개입하는 현상도 외면할 필요는 없다. 누가 누군가를 누구보다 더 많이 슬퍼하며 애잔해 한다는 감정의 상대성은 본디 명쾌한 변별력을 유지하거나 객관화하기 어렵다. 애도의 강도가 크면 클수록 후회의 가능성도 비례하지만 그 역은 좀체 성립하기 어렵다. 후회한다고 하여 모두가 슬퍼할 리 없기 때문이다. 다만 그 두 가지 감정 사이의 모종의 길항拮抗을 중재하는 연민, 즉 애틋함의 정도는 그것이 어느 쪽에 더 가까이 근접하느냐에 따라 느낌 차이나 개인별 행태의 다름을 감지할 것이다. 슬픔에 한층 다가가면 비애의 정념은 더 커질 것이고, 후회의 정서에 근접할라치면 통한의 크기도 그에 비례할 일이다.

단지 박헌영이 이제 눈앞에 '없음'을 애도하기란 힘겹다. 그가 누군지 아예 모르는 이들도 숱하니 그 핑계대긴 곤란할 터다. 하지만 새로 알리고 가르치며 슬픔의 대상으로까지 계몽하려면 역사적 과오와 폭력적인 삶의 한계는 비탄의 장막 상당부분을 가린다. 마찬가지로 어두운 그의 그림자가 제아무리 집단의 또 다른 애석함을 부추길망정, 혁명의 용맹정진이 삶의 모두였던 벅찬 기억마저 다시 호출함은 늘, 그리고 더 중요하다. 그것은 젊은 그가 한때 내뿜던 꿈결 같은 기대요, 우울한 시대의 의식적 자산이다.

암울한 시대에 혁명을 꿈꾸었지만 끝내 혁명에서 멀어지고 만 그였다. 뒤늦은 자유의 공간에서 부끄러운 독립의 여백이나마 붉게 물들이려 했지만 그 핏빛 꽃잎마저 모조리 져버리는 꼴을 맥 놓고 보아야 했던 혁명가의 막바지 삶이란 게 꼭 그랬다. 정치적 배반으로 치떠는 인간의 목숨이란 애당초 역사를 탓하거나 민족을 향해 눈 흘긴다고 위로하거나 구원할 상대가 아니었다. 빛과 어둠이 교차하는 혁명가의 삶을 바라보는 일도 그 행적의 평균값을 구하기 힘든 만큼 단순치 않다. 빛 속에서 그를 보면 더없이 환하지만 어둠에 묻혀 갈 곳 몰라 헤매노라면 본디 그의 외양은 오간데 없이 의심과 불안에 찌든 반역의 주체로만 도드라지기 때문이다.

동강난 반도의 위아래에서 그를 보는 눈길도 각기 같지가 않다. 어느 한쪽의 평가가 온전할 리 없다면, 빛과 어둠이 만나는 짧디 짧은 순간 속에서 명징한 눈빛으로 그를 응찰하는 시선의 긴장도 한껏 지탱해야 할 터다. 밝음과 어둠의 접점에서 시선의 균형을 꾀하는 일이 끝내 중도노선을 표방한 정치적 회색지대의 안주 아니면 기회주의적 배신의 낙인을 부르는 계기가 된다 하더라도 자칫 진영논리 때문에 분석의 폭대를 스스로 흔들거나 해석의 각도를 임의로 틀어버리는 잘못은 범하지 말 일이다. 빛과 어둠을 영원한 모순과 배타적 갈등관계로만 보는 시선도 초극대상이다. 사라져버린 혁명가의 '평전'을 써야할 이유이자 목표다.

8

치욕과 찬양의 틈새에서 의식과 육신의 지탱거점을 온전히 가누기란 본원적으로 힘겨운 이들이 곧 '혁명가'였을 것이다. 하여, 끝내 자신이 이루려 그다지도 몸부림치던 과업이란 것이 '일체허망', '허무일색'으로 마무리되는 모습도 홀로 비장하게 응시해야만 하는 게 그(녀)들의 운명이었음을 역사는 자주 증언한다. 그렇다고 '모든 혁명이 혁명 이전의 상황으로 되돌아갈망정, 혁명가의 죽음 아니면 혁명 그 자체의 실패와 좌절로 종결된다'고 일반화하긴 힘들 것이다. 혁명의 일반이론 세우기가 어디 그리 만만한 일인가.

그나마 앞서 밝혔듯, 대부분의 혁명은 민중 보편의 절실함과 진지함을 끌어안는 대신 기구함과 변절 혹은 정치적 일탈의 과정을 무릅씀으로써 궁극적으로 본연의 목적을 이루지 못하고 마는 압도적 실패 확률을 높인다. 실패가 다반사요, 좌절이 운명이라면 한때 그렇게도 넘쳐나던 '혁명가'들의 '혁명'이란 곧 보통사람에게야 가없는 낭만 아니면 터없는 판타지에 다름 아니었을 것이다. 이룰 수 있는지 여부를 따지고 빠짐없이 검증하는 경험적 치밀함보다 해내겠다는 의지의 올곧음 하나만으로 정치현실의 장해와 난관을 헤쳐 나가려했음은 곧 원초적 무모함과 직결되고 있었으니까. 집요한 의지가 능력에 앞서고 강인한 동기가 환경을 뛰어넘을 때 불행은 이미 시작되고 있었던 것이니까.

『박헌영론: 한 조선혁명가의 좌절과 꿈』을 펴낸 지 25년 만에 그를 다시 생각해본다. 그는 도무지 누구였을까. 그리고 어떤 사람이었을까. 하지만 정작 그때 '사람'은 보지 않고 '그'의 생각일 것이라는 상상과 유추만 앞섰으며 해석의 여백부터 메우려 급급했었다. 그러다보니 호랑이는커녕 고양이털조차 그리지 못하고 만 꼴이었다. 안타까운 건 이 같은 필자의 무능만이 아니다. 애초에 '평전'쓰기란 '서두를' 일도 아니지만 하염없이 늦추고 기다리기만도 곤란했기 때문이다. 욕심부터 부리자면, 진즉에 적잖은 평전들이 나왔다면 인물에 대한 논의도 활발해지고 논쟁의 건설성 역시 충분하지 않았을까.

지극히 제한적인 박헌영 논의는 아직도 그의 인물성 '다룸'에서 논의 자체는 물론 해석의 모험성을 자극한다. 한국에서는 좌익이라는 꼬리표로 이미 배척대상이 된지 오래고 북한에서는 한국전쟁 직후 '미제고용간첩'으로 숙청된 이후 논의자체를 종결지었기 때문이다. 정치적 진영논리는 고약했다. 역사해석은 고사하고 어느 입장에 서느냐에 따라 '경청'보다 공격대상으로 '거점화'하여 논의의 출발부터 비판보다 비난과 저주에 익숙하도록 유도한 게 사실이다.

아주 엄격히 따지자면 이에 뒤따르는 지적 성가심은 어떻게든 어느 한 입장에 '서는' 행위 자체를 늦추고 발언보다 침묵을 자극함으로써 (노선의) '밝힘'이 곧 자기 손해라는 합리적 선택만 부추긴다. 어느 진영에서든 공격과 비난을 받지 않으려면 입장의 유보나 무선택의 회색지대에 안주하는 게 유리하다는 자기중심적 판단에 능하였던 것도 사회과학적 침묵과 무책임을 자극한 흔한 원인이었던 셈이다. 가뜩이나 과학적 중립이니, 몰가치적 탐구니 하며 역사와 정치마저 실증을 강요하던 세월을 사는 동안 해석의 회색지대는 지식인들의 안전판 노릇을 해주었으니 평전문화의 빈곤도 이해 못할 바 아니다.

자기입장의 표명이 버겁고 거북했다면 탐구의 외피를 빌린 자료 발굴은 자칫 부담스런 지식인들의 그럴듯한 대안이었다. 그리하여 그가 어디서 뭘 했으며 누굴 만나 무슨 말을 했고 또 다른 인사와 어떤 일을 꾸미려 했다든지, 그 때문에 다시 중요한 일들이 엮인다는 곡절의 인과론이 풍성해지고 인물 주변의 사연들은 가히 밀림처럼 억세고 풍요로운 스토리텔링의 얼개를 갖춘다. 자료 없이 작업의 진척이나 해석은 어렵지만, 자료 그 자체의 하염없는 축적은 평전 이전의 다양한 아카이브의 구축을 북돋울 뿐 그 자체가 힘이 되진 않는다. 게다가 기왕의 전언傳言들이나 소문과 함께 해석을 위한 적합한 기준 모색과정에서 짐이 되기도 한다.

논쟁의 불꽃을 당기기론 더없이 좋은 게 '평전쓰기'일 것이다. 하지만 이를 위한 '자료모으기'의 부담은 대부분의 집필자와 흔치 않은 전기정치 탐구자들을 자칫 '개미'로 만들어버린다. 편리한대로 자료를 엮고 임의적 해석과 의도적 정치성마저 기울이겠다면 '거미'의 계략으로 스스로를 감싸는 작업도 그리 어렵진 않을 것이다. 문제는 평전쓰기와 자료의 관계를 벌처럼 유지하고 끝내 건설적 산출물까지 이끌 생산성마저 보일 수 있을지 여부다. 꽃도 피우고 꿀도 빚는 저 양득의 과업 말이다.

9

모두가 벌이 되려 한다면 지식생태계에 남아있는 거미와 개미의 존재이유는 미미해지는 걸까. 이들의 관행은 반복행태로 익숙해진 인식대상일 뿐, 그들의 존재 자체를 선별적 가치판단이나 우열로 가릴 상대는 아닐 것이다. 다만 그 행태의 효용성은 지식발전의 활용거점으로 참조할 메뉴가 된다는 점에서 늘 주목할 필요가 있다. 게다가 벌의 움직임이 교훈적이라면 거미의 집요함과 개미의 성실성도 비교의 생산적 준거가 될 수 있으리라. 문제는 이들을 통한 탐구방법의 성찰과 함께 그 대상 자체로 '박헌영'을 소홀히 하였던 동기의 엄정한 해부다.

우리는 왜 그를 멀리 했던 것일까. 다가서기 곤란한 까닭은 아직도 현재진행형일까. 모두가 가까이 하기 힘들었다면 이제는 무엇부터 먼저 시작해야 할까. 자료 더미와 묶음 속에서 먼저 골라내야 할 소홀했던 기억은 무엇이며 지나쳐야 할 선입견은 또 뭘까. 문헌의 많고 적음이 탐구의 우선적 장해나 한계의 결정적 요인이라면, '사람의 탐구' 과정에서 자료란 도무지 뭘까. 해석의 과정에서 '직관'이 힘이 될 때가 있다면 기왕의 '성찰'과 '편견'은 짐일까, 아닐까. 행여 그를 향한 정치적 미움이나 인습적 경계가 다가서기 힘든 핑계라면, 그 같은 개인적 감정문제는 늘 먼저 풀거나 정리해야만 할 부담일까.

인물의 행적에 대한 사실적 정보 없이 '평전쓰기'가 불가능하다는 편견은 생각보다 뿌리가 깊다. 이 같은 편견이 곁가지를 칠 때 '현대사쓰기'의 빈곤도 그와 맥을 같이 한다. 구태여 박헌영뿐 아니라 해방공간을 전후한 한국 근현대사의 정치적 인물군이 하필 '평전'이란 형식 안에서 자유롭지 못한 것도 이념의 충돌이나 그들 각자의 정치적 유·불리를 둘러싼 연구자들의 의식적 복잡함에서 이유를 찾을 일이 아니다. 그보다는 집필과 탐구의 지체를 거의 자료의 불충분에서 찾으려는 편리한 도피처 마련이 가능했던 터다. 사실의 단순축적이 역사가 아니라는 오랜 상식에도 불구하고 '평전' 이전에 '전기'가 있고 전기 집필에 앞서 엄정한 행적확인과 그 실제적 확보가 필수라는 생각은 이미 '강박'처럼 굳어가고 있었다. 자기도 모르는 사이에 연구자들 대부분을 '개미'로 정착시킨 까닭이다.

자료의 한계를 핑계 삼아 해석의 가능성을 사전 차단하고 '인물들'의 정치적 됨됨이를 따지는데도 기다림의 미덕과 방임의 전략을 활용하려 듦은 적어도 지식인의 책무는 아니다. 그렇다고 분석의 성급함을 미화하거나 자료의 부분적 응용마저 두둔하려는 것도 할 일은 아니다. 자료의 완벽한 백업이 불가능하듯, 인물의 정치적 행적을 온전히 복원, 재현하는 일도 늘 기대할 수는 없다. 박헌영에 대한 후발 연구들이 폭을 넓혀가고 있음을 보면 작업 환경은 개선되고 있는 게 사실이다. 하지만 꿀벌의 노고를 흔쾌히 기대하긴 이르다는 생각에 이르면, 꾀할 수 있는 천착의 여정은 하염없으리란 다짐밖에 할 일이 없다. 성실함을 이길 재간은 어디에도 없기 때문이다. 아주 조금이라도 나아가기 위해 해야 할 작업 가운데 하나는 가능한 한, 넓고 깊게 파 들어가는 일일 것이다. 어쩌면 영영 끝내지 못할 저 무모한 굴착 말이다.

2017. 9

無心川邊에서

지은이 박종성 씀

차례

I. 연구

'사람'의 문제는 이 땅의 정치연구자들에게 으뜸가는 관심대상이 아니다. '사람의 연구'가 독립 주제를 이룰 정도면, 정치연구의 빈터는 넓었을 것이다. 일찍이 이론적 사고에 길들여져 누군가 그럴듯한 주장이라도 할라치면, 그 논리가 자기 삶의 공간에 적용 가능한지부터 따지는 연구자들이었다. 나아가 정권과 체제의 성격을 헤아리는 데 먼저 눈길 갔던 지식인들은 어느 한 '사람'의 정치적 존재양식보다 압도적 영향력을 행사하는 집단의 움직임이나 조직의 향배에 더듬이를 곧추세웠던 게 사실이다.

직업정치인들의 '사람' 관심이라는 것도 기실 누가 권력을 장악하느냐는 물음과 늘 맞닿아 있어 애당초 탐구대상이 아니라 자기에게 돌아올 권력지분의 실질적인 몫으로 맞춰지게 마련이다. 정치적 추종과 동시에 치열한 관찰이 필요한 까닭이다. 그렇다면 사람, 그중에서도 특히 '정치적 인간'에 대한 학문적 관심은 그 자체만으로 파고들어야 할 즉자성卽自性을 지닌다. 산이 있어 그냥 산에 가듯, 그 사람이 있으니 단지 그(녀)에게 가야한다는 비유도 가능할 것이다.

사람에 대한 연구의 빈곤은 전기傳記 일반에 대한 학문적 관심은 물론, 전기학적 접근도 소홀하게 했다. 정치학이 채택하는 일상적 분석대상의 크기가 워낙 큰 탓도 있지만, 개인에 대한 관심이 국가나 집단 혹은 조직 전체에 밀리는 경향이고 보면 이 같은 문제도 이해 못할 바 아니다. 하지만 전기의 유형도 당사자 자신이 집필하는 것과 다른 사람이 쓰는 경우가 다르고 여러 명을 동시에 다루는 열전 형식까지 감안하면 사람이 사람을 '고르게' 탐구한다는 것도 결코 쉽지 않음을 알 수 있다. 특히 자서전이나 회고록처럼 편견과 자찬은 물론 고의적 폄하와 왜곡까지 무릅씀으로써 자신이 자신을 균형 있게 바라보며 온전히 기록한다는 건 지극히 어려운 과업임을 자각하게 된다.

그러나 집필과 구성에서 평전이 다른 경우들보다 어려운 건 객관성과 공정성 때문이다. 게다가 아무리 고른 시각을 지탱하려 애쓴다 한들, 어느 한 사람의 삶을 다른 사람이 평가·해석하는 데는 또다시 집필자의 주관이 개입할 수밖에 없고 그에 따른 역비판마저 감안하게 된다. 전기와 평전의 차이를 미술 개념으로 비유하자면

'자화상'과 '초상화'의 그것이라 말할 수 있을 것이다. 잘 그리든 못 그리든, 자기 얼굴을 제 손으로 그린다면 적어도 당사자의 사후 불만이나 감정의 찌꺼기 따위는 문제가 없으리라.

늘 문제가 되는 건 타인이 그려주는 초상화다. 피카소의 말처럼, '똑같지 않아서가 아니라 멋지지 않아서'다. (여전히 살아 있다면) 그림의 주인공은 물론이고 중심이든 주변이든 그를 둘러싼 관심의 동심원 속 인사들이 입맛대로 그리지 않았다며 뒷 담화에 능할 게 분명하기 때문이다. 남이 보는 자기와 스스로 기대하는 자신의 편차가 크면 클수록 '관계의 정치'는 시작부터 파탄을 예고한다. 하지만 모두가 자기를 멋있게 그려주길 바라는 '기대의 정치'는 평전의 장에서 대부분 무너진다. 못 생긴 부분을 아예 빼주든 혹은 부끄러운 대목을 미화해주길 바라는 것도 인간이기에 가능한 욕망이다.

지식인들이라 하여 크게 다를 리 없다. 더하면 더했지 집착과 편견도 모자라지 않는다. '정치적 인간'의 경우도 마찬가지다. 타인의 평가를 액면 그대로 받아들일 인간의 숫자는 의외로 적다. 좀체 '비판'을 견뎌내기 힘들어하고 때로 이를 '공격'으로 오인하는 현상을 인간 본성으로 이해하는 것도 무리는 아닐 것이다. 따라서 전기 작업의 미진함이나 평전의 상대적 빈곤은 게으름의 반어라기보다 평판에 대한 집필자들의 사전 공포 때문이었을 것이다. 하지만 이 점을 역설적 위안의 근거로 삼으려든다 해도 어둡고 눅눅한 삶의 부분에 눈감으려는 인간본능까지 연구자들에게 고쳐달라 떼를 쓸 수는 없다. 정치학 탐구의 하위영역으로 '전기정치학'이라는 분과가 발

전할 수 없었던 까닭이다.[1]

그럼에도 불구하고 '박헌영'에 대한 전기정치학 작업이 간헐적으로 진행되었음은 다행이다. 이는 대부분 나라 어려웠던 시절, 그의 정치적 영향력을 둘러싼 특정한 기대와 사회주의적 문제해결이란 선별적 관심을 회고·정리하려는 결과물들로 크게는 역사 자료이거나 작게는 특이한 이력의 인물을 둘러싼 정치적 호의의 반영으로 파악할 것이다. 자신이 서는 정치노선 차이에 따라 이 같은 편차는 사실상 환호와 저주라는 극한의 대척점을 사이에 두고 엇갈린 반응과 두드러진 행태 차이를 보여 온 게 사실이다. '그'이기 때문에 계속 읽어야 할 이유가 있는가 하면, '그'라서 더는 바라보아야 할 필요가 없는 경우들 말이다.

---

1 이에 대해서는 다음 연구 참조할 것. 신복룡, "전기정치학 시론," 한국정치학회(편), 「한국정치학회보」 제32집 3호(1998), pp. 9-29. 그는 한국의 전기정치학biographical politics을 역사학이나 전기문학에서 독립시켜 하나의 독립된 학문영역으로 키울 수 있는지 따진다. 무엇보다 전기정치학을 정치학 분과로 보되, 정치학자가 군인이나 혁명가를 포함한 정치가와 정치사상가의 생애를 기록한 전기물로 이해한다. 대체로 그 집필 동기는 국난기 민중을 감동시키기 위한 의지의 표현이 대부분이었고 전기학의 형성사는 영웅전 시대를 거쳐 서구에서는 헤로도투스와 플루타크, 셰익스피어로 이어지고 중국의 사마천司馬遷이 쓴 열전列傳은 물론 명·청대의 군담 소설로 골격이 이루어진다고 본다. 하지만 전기정치학의 완성은 청말, 양계초梁啓超에 의해 이루어진다. 유념해야 할 전기정치학 방법으로 그는 다음 몇 가지에 주목한다. 영웅사관과 민중사관의 갈등을 어떻게 조화할 것인지, 해당 인물에 대한 애정과 비판의 부피를 어떻게 조율할 것인지, 특히 한국 인물사연구의 중요한 동인인 문중門中 사학의 편견은 어떻게 극복할 것인지, 사료로서의 자전自傳과 구전口傳의 허구 혹은 진실은 어떻게 분별할 것인지 등이 그것이다.

박헌영을 둘러싼 이제까지의 관심을 과잉 단순화할 우려는 있지만 그 결과물들을 '문자'와 '문헌' 형식으로 제한하자면 크게 네 가지로 나뉜다. 다음 그림은 이를 압축한 생각의 단면들이다. 우선 증언 형식의 사실수집과 집적자료들이 눈에 띤다. 이는 박헌영과 어느 한 시기 함께 활동했거나 적어도 지근거리에서 물리적 관계를 지탱하며 누구보다 믿을만한 당대의 기억을 바탕으로 증언의 신빙성을 더해준 경우다. 그의 실질적 활동기인 강점기 조선과 해방공간, 그리고 적어도 월북단계까지 어느 한 시기든 그를 가까이 대한 이들의 당대 복원은 중요한 기초자료다. 표현과 전달과정에서의 과장은 어느 정도 감안해야 하지만, 경험의 지평을 함께 밟은 사람들의 증언을 대체할 역사자료는 따로 더 기대하기 힘들다.

이 같은 사실들을 바탕으로 당대를 분석하고 흐름의 성격을 따지며 주변을 함께 견주는 작업은 주로 인문사회과학을 전공한 연구자들이 수행한다. 현대사연구를 본업으로 삼는 역사학자들과 함께 당대의 정치·경제·사회현상을 총체적으로 다루려는 해당분야 전공자들의 노력의 결과다. 하지만 박헌영만 탐구대상으로 '작정한' 경우는 흔치 않다. 따라서 집적자료들 가운데 성실한 선별과 반복독해가 필요한 것이 여전한 오늘의 학문현실이다. 한때 유행처럼 번져나간 해방공간연구 가운데 특히 국가건설기의 경쟁관계 속에서 그의 위상을 논의하는 경우가 한 축이라면, 간헐적으로나마 그를 독립적 탐구대상으로 주목한 사례들이 또 다른 중심을 이룬다. 문제는 아무리 이들 두 유형을 합쳐본다 해도 정작 그가 누구였는지 흔쾌한 윤곽을 그려내기 쉽지 않다는 점이다. 전부를 보려다 부분을 놓친 대표 유형이라 할 것이다.

자신만이 안다고 자부하며 머잖아 사실의 인지를 비밀의 폭로인 양 자랑하려 들 때 역사는 자칫 권력이 된다. 증언이 은밀함의 대명사가 되는 것처럼, 연구자들이 가장 허虛해하는 대목이 역사의 디테일이다. 사실을 모른 채 분석한다는 게 부담의 근원이라면, 마치 당대를 살다 왔거나 당장 경험하고 있는 것처럼 모두의 눈앞에 사실을 재현해내는 경우가 작가다. 아예 없는 얘길 꾸며내기 때문에 지을 '작作'자를 붙여주기도 하지만 정녕 그랬을는지 모르리란 생각을 심어주는 이들이라서 허구가 매력이 되는 이치도 작품에서 발견할 수 있는 장점일 터다. 박헌영을 새롭게 읽을 수 있는 세 번째 유형이 픽션의 세계에서 발견되는 것도 그 때문이다. 그 역시 인프라가 방대하진 않지만 '허구'를 탐구의 '동력'으로 활용할 근거는 영화나 연극, 드라마에 이어 소설과 시를 중심으로 한 문학에서 이제 만화로까지 넓혀진다.[2] 박헌영의 인문학이 기여한 또 다른 결과다.

---

2 세기말 만화작업 가운데 대표적인 것은 다음 경우다. 강덕(원안)·이원복(구성)·오수(그림), 『찢겨진 붉은 깃발: 박헌영과 남로당』(서울: 어문각, 1990). 그러나 본격적인 작업은 박헌영의 친자 가운데 하나인 원경스님(속명: 박병삼)을 통해 이루어진다. 부친의 기념사업회를 만든 원경은 박헌영의 일대기를 만화로 만드는 작업에 나서 출생에서 해방까지 모두 여섯 권으로 그의 전반기 삶을 압축한다. 이에 대해서는 다음 참조할 것. 유병윤, 김용석, 임경석 지음·유병윤 그림·원경 대종사, 임경석 감수, 『경성 아리랑 1: 박헌영의 어린 시절과 경성보고 시절(1918년)까지』(만화로 보는 한국 근현대사·꽃다발도 무덤도 없는 항일운동가 이야기) (서울: 플러스예감, 2015); 『경성 아리랑

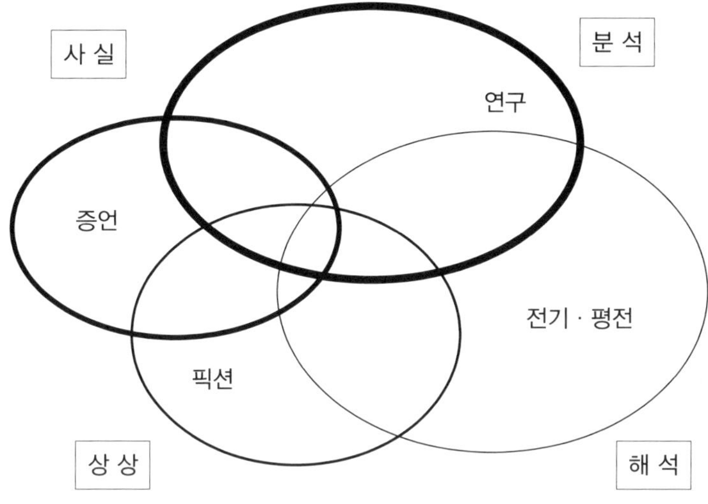

모두가 거짓은 아니지만 전부가 진실일 수도 없는 생각의 접점에서 픽션은 사실과 허구의 경계를 확장한다. 게다가 그 빈자리를 메우는 힘이 '상상력'이란 것도 오래된 지식 가운데 하나다. 과거의 역사를 아무리 인지·기술했다 하더라도 문제는 그 객관적 사실을

2: 3·1 만세운동에서 1922년 4월 박헌영 체포까지』(서울: 플러스예감, 2015); 『경성 아리랑 3: 두 번의 투옥과 옥중 투쟁(1922년 4월-1927년)』(서울: 플러스예감, 2015); 『경성 아리랑 4: 박헌영의 탈출에서 경성 트로이카 결성까지』(서울: 플러스예감, 2015). 같은 시리즈의 만화는 제목을 달리하여 계속 출간된다. 유병윤, 김용석 지음·유병윤 그림, 『만화 박헌영 5: 꽃다발도 무덤도 없는 비운의 혁명가·1932년 세 번째 투옥과 경성콤그룹 지하활동 시작』(서울: 플러스예감, 2015); 『만화 박헌영 6: 꽃다발도 무덤도 없는 비운의 독립운동가·경성콤그룹 활동에서 해방까지』(서울: 플러스예감, 2015).

다시 세상 눈높이에 맞게 전달·표현하는 주관적 얼개가 고르게 사회화하지 못했다는 점이다. 다시 말해 박헌영에 대한 사회교육장치는 물론 정치적 수용을 위한 기준조차 학문적으로 합의된 바 없다. 그것이 언제나 가능할는지 예측마저 불가능하다는 점에서 정치교육의 앞날을 내다보긴 힘들다.

회고록이나 자서전 류의 '전기'형식은 아예 기대조차 어려운 현실 속에서 다양한 평전을 기다리는 이유도 진영논리가 우선하는 현실의 제약 때문이다. 이는 사실 박헌영 한 사람만의 문제가 아니다. 당대를 헤쳐나간 동시대 경쟁자들 모두에게 고루 해당하기 때문이다. 게다가 평전형식으로 박헌영을 돌아보려는 시도가 극히 제한적임은 논쟁에 뒤따르는 유형무형의 부담을 잘 반증한다. 관심이 없거나 적을 때 무심함이 이어지는 이치야 당연하지만, 열정이 지나칠 때 불꽃의 부피에 눌려 '바라보는 것'만으로 환호의 부담을 피하려는 현상이 우세한 것도 지난한 시대를 거친 사람들의 삶의 요령이다. 궁금하긴 해도 발 담그기 저어하고 동경은 할망정 선도투쟁은 물론 직접 말 섞고 쟁론 주역으로까지 자신을 키울 역량이란 기대하지 않으려는 게 보통사람들의 정치행태였던 셈이다.

현재까지 평전 형식으로 박헌영을 다룬 문헌은 극히 제한적이다. 그렇다고 문헌마다 갖추고 있는 이념의 무게와 정치적 다양성을 견줄 합리적 균형추를 필자는 갖고 있지 않다. 그것은 객관적 평가 이전에 간단히 다루지 못할 해석의 영역이며 함부로 손대지 못할 울력한 결과물인 까닭이다. 자신의 얼개를 바탕으로 해석하고 타인의 삶을 향한 진득한 관찰의 결과를 정량화·수치화하는 것 자체가 온당하지 않기 때문이기도 하다.

'해석' 행위는 때로 흠모와 추종의 예를 다하려는 이들의 우회적 조응이거나 이를 표현하는 지적 공손함마저 담는 그릇 역할을 맡기도 한다. 물론 이 역시 확률과 경향으로 담보할 뿐, 항상성을 지니는 과학현상은 아닌 채로 말이다. 본디 자기가 싫어하는 사람을 중립의 잣대로 작정하며 온전히 해석하긴 힘들며 자신이 지닌 혐오와 배척을 변명하고자 에둘러 얼룩진 갑옷을 입히기도 쉽지는 않은 법이다. 그럼에도 불구하고 평전마저 특정 이념에 기울거나 해석의 유력한 잣대에 기대려 '듦'은 그 자체로 문제임을 지적하지 않을 수 없다.

흔히 지적하는 대로 평전과 위인전은 다르다. 하지만 평전이 이내 위인전이 되거나 궁극적으로 후자를 지향하는 암묵의 열쇠가 되는 경우도 잦은 걸보면, 분석과 해석의 경계도 모호한 게 사실이다. 중요한 것은 평전과 주변 자료들과의 유기적 관계다. 증언이 사실의 1차 전달매체라면 이들을 수집·분석하는 주체는 연구자들이며 사회교육의 평이한 도구로 세상을 향해 본격적인 흥미를 유발·지탱하는 역할은 작가들이 담보한다는 사실들 말이다. 평전은 결국 이들 세 단위의 자료들과 어떤 방식으로든 엮이거나 상호의존적 틀을 간직하게 마련이다.

그러나 이들 네 유형은 단지 박헌영의 삶을 담는 도구적 차이일 뿐 근본적인 다름을 전제하지 않는다. 그릇이 내용물을 대체할 수는 없으며 둘을 아예 섞거나 녹일 수도 없는 까닭이다. 이들의 유기적 상호관련성은 의외로 강하다. '회고'와 '자전' 형식은 기대하기 힘겹지만 박헌영 본인이 남긴 탐구결과나 기록물들은 예외적 문헌자료로 후발연구의 기초를 이룬다. 뿐만 아니라 동시대를 함께 한 이들의 증언이 연구의 탄력을 더하고 새로운 상상과 해석의 자극원이 되는 것도 물론이다. 당대를 재현하는 인문학적 노력이나 극적 추론이 가능하다는 것은 해석과 분석을 넘어 연기와 상상행위는 물론 한 인간의 지난한 삶을 통째로 재구성하거나 압축적으로 음미할 감각적 자원이 될 수 있다는 사실도 얼마든지 확인할 수 있는 '우리'다.[3]

3 손석춘과 안재성에 이어 조선희의 경우가 대표적이다. 평전이 기왕의 자서전이나 회고록의 영역을 넘어 문학적 상상력과 역사의 실제를 넘나드는 이른바 '탈경계'의 매체가 될 수 있는 가능성도 이들에게서 얼마든지 읽을 수 있기 때문이다. 손석춘은 구술을 통한 타자의 기억을 체계적으로 정리하되, 이를 압박하는 역사·정치적 피해의식과 심리적 부담의 집단성에 주목한다. 그런가 하면 이를 바탕으로 한 박헌영 가족사의 문학적 복원도 부분적으로 가능하게 했다. 원경의 구술과 기억에 방점을 찍는 데 이어 주세죽의 정치적 곡절들을 소설로 재현한 것이다. 손석춘, 『박헌영 트라우마: 그의 아들 원경과 나눈 치유 이야기』(서울: 철수와영희, 2013); 『코레예바의 눈물』(서울: 동하, 2016). 뿐만 아니라 안재성은 이미 소설처럼 평전을 쓰거나 기억해야 할 역사 속 인물의 삶에 문학의 옷을 입히는 데 주저하지 않는다. 안재성, 『박헌영 평전』(서울: 실천문학사, 2009); 『이현상 평전』(서울: 실천문학사, 2007). 그런가하면, 박헌영과 임원근, 김단야 등 세 조선혁명가들과 관계한 세 여성들의 이야기 역시 얼마든지 문학형식으로 재현가능하다는 점에서 조선희는 관심대상이다. 주세죽과 허정숙, 고명자 등 세 여인들의 관계와 생각을 소설로 다시 엮음은 그 자체로 경청할 필요가 있기 때문이다. 이에 대해서는 다음 참조할 것. 조선희, 『세여자·1: 20세기의 봄』 (서울: 한겨레출판, 2017);

평전도 결국 설득력 강한 픽션이나 팩션의 단서가 될 수 있고 연구와 증언 역시 이들에게 강력한 상상의 불꽃을 허여하는 해석의 열쇠가 된다는 믿음이 지탱하는 한, 네 유형의 경계를 선명히 가르려는 건 어리석은 일이다. 차라리 그들 사이의 상호의존성을 통해 내용의 공약수를 찾으려 지속적으로 궁리하는 일이야말로 꿀벌의 정치학을 완수하는 한 가지 대안이 될 수 있을 것이다. 누가 언제 어디서 어떻게 박헌영에게 관심을 가졌고 그 형식은 또 어떤 모습이었으며 발견의 궁극은 과연 무엇이었는지 천착해야 할 이유도 여기 있다. 관심의 층위가 두텁다 하여 그 내용이 다 옳거나 풍요롭다 말할 수 없듯, 눈길의 누적총량과 부피가 작다는 이유만으로 이를 관찰의 우선순위에서 배제·홀대하거나 아예 외면하려 해서도 곤란하다는 건 늘 잊지 말아야 할 항목이다.

평전 작업에 앞서 박헌영 연구의 인문적 기초와 사회과학적 배경에 주목하려는 것도 양적 부피 때문만이 아니다. 해방공간 전후의 한국정치가 겪어야 했던 역사의 단절과 저항의 잠재력 고갈 속에서도 박헌영의 도전적 저력에 대한 선별탐구는 물론 현대사 연구의 지평을 강점기까지 소급·확장시킨 노력의 결정체들을 바로보아야

『세여자·2: 20세기의 봄』(서울: 한겨레출판, 2017). 이 같은 작업들이 가독성readability을 높이고 당대 역사를 경험하지 않은 이들에게 객관적 현장감과 가상의 실제를 '실존적'으로 체득하게 할 계기를 가깝게 마련한다는 점은 주목할 만하다. 다만 이들의 주관적 해석이 읽는 이들 각자의 감각적 균형점을 온전히 지탱하게 할 인문학적 근거가 될 수 있을는지는 또 다른 관심대상이다.

한다는 필요가 큰 몫을 차지하는 까닭이다. 세기의 전환기를 거치며 현대사 연구의 지평이 눈에 띄게 넓어지고 깊이 또한 상당함은 널리 알려진 사실이지만, 그 가운데 가장 두드러진 대목은 강점기 조선사회주의의 '발원'과 '확장'이다.

오래도록 '억압'과 '금기'의 대상이던 이 주제는 군사정권의 뿌리 깊은 정치적 콤플렉스로 취약한 집권과정에 뒤따르는 정통성 보강을 위해 궁리한 가장 만만한 규제의 핑계이자 통치의 명분이었다. 사회주의가 늘 당국의 다스림의 이유였다는 사실이나 이를 지속적으로 용인한 지난 세기의 역사는 분명 아이러니다. 식민당국이 그리도 민감하게 의식한 정치적 부담이 해방 후에도 어김없고 사회주의를 경계한 세상의 강박마저 세기가 바뀌도록 지탱한다는 사실 말이다.

겁주며 민중을 사로잡고 괴롭히면서 운동의 주역을 다스리기로 이만큼 좋은 구실이 없었다면 연구의 지체는 당연했을 것이다. 하지만 지속적인 정치적 민주화와 열악하나마 현대사 탐구의 튼실한 지탱이 한국사회주의연구의 토양이 된 것은 따지고 보면 다행이다. 박헌영에 대한 학문적 관심도 곧 이 같은 열기의 지체와 압박에 따른 당연한 반작용이다. 물론 그것이 그 한 사람만 겨냥한 선택적 탐구가 아니라 운동사의 전체 맥락과 변화를 전제하거나 그를 담아내는 역사적 인물연구였던 건 지극히 당연하다. 총체 속의 개체 혹은 보편 속의 특수와 같은 비유도 가능할 터다.

어떤 '형식성'을 지니든 박헌영을 둘러싼 인물탐구가 모두 일정한 연구의 결과임은 지적해 둔 바와 같다. 그들 사이의 차이에도 불구하고 탈경계 현상이나 구분의 용해가 충분히 엿보임도 이미 이야기한 것과 같다. 다만 여기서 주목하려는 '연구'의 각별함이란 서로의 학문 활동을 통해 문헌형식으로 그 결과를 자기언어화한 경우로 국한하려는 것이다. 책이나 논문은 물론이고 학위를 의식한 연구결과와 자료수집형식을 통한 지적 활동을 포함하되, 박헌영을 선별적으로 다뤘거나 전체 속의 한 부분으로 천착하는 경우들을 아우르려는 것이다.

그에 대한 연구의 흐름을 체계적으로 이해하려면 크게 두 개의 얼개가 필요하다. 무엇을 어떻게 다뤘는지 알기 위해서라도 이 문제를 파악하는 일은 특히 중요하다. 박헌영의 일생을 횡축으로하여 생애사의 시간대별 구분과 그 전체 맥락을 얼개의 한 기준으로 삼는다면, 다른 하나는 세대별 관심과 선호에 따라 연구자들이 어떻게 접근·분석했는지를 종축으로 파악할 필요가 있다. 후자의 얼개와 전자의 그것을 교차 이해하거나 비교론적으로 조합하는 작업 역시 불가피하다. 즉, 박헌영의 삶과 후발 세대들의 탐구결과를 서로 교차시켜보는 것이다.

이를 그림으로 이해하면 다음 쪽에 그린 겹침, 혹은 펼침과 같다. 박헌영의 역사적 존재감을 X축 안에 과잉 단순화하고 각 시기별 활동내역에 대한 근현대 연구자들의 접근을 Y축으로 모아보면 주제별·시대별 탐구 빈도는 물론 그를 향한 세대별 관심이 어떤 경향을 보이는지 체계화할 수 있다. 다만 유념할 것은 세대별 연구자들의

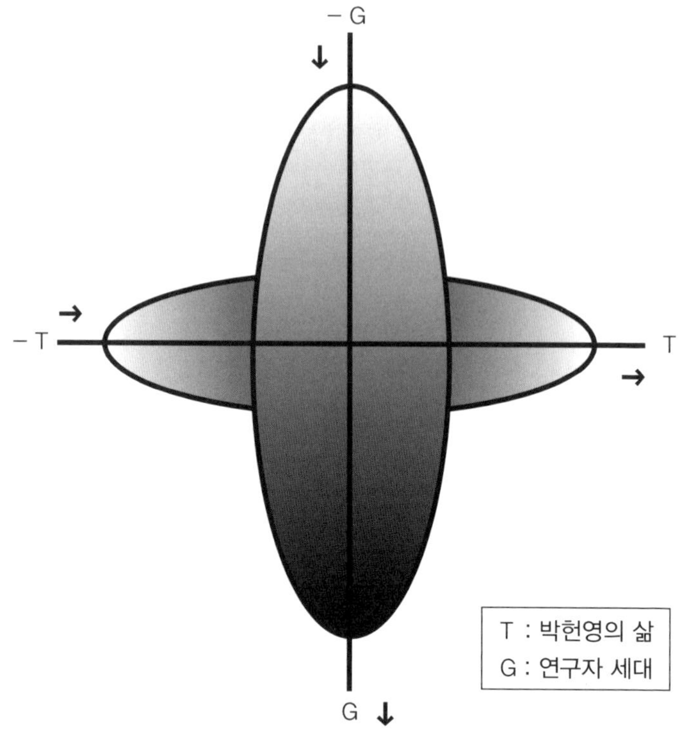

삶이 실제 박헌영의 일대기와 역사적 일체감을 갖거나 시기적 중첩성을 지니진 않는다는 사실에 주목할 일이다. 후발 탐구대상으로 '사라진 혁명가'의 삶을 회고·조망한다면 두 도형의 교차와 중복은 곧 박헌영의 강점기 잠행과 운동 혹은 지하활동과 감옥투쟁에 이어 해방 후 당 재건과 정치적 주도권 장악으로 관심의 초점을 맞추고 있음을 알 수 있다. 뿐만 아니라 도형의 색감 농도와 확산 분포로 미루어 그림의 이념형은 오늘의 세대로 이행할수록 연구의 질량과 울림이 더 커져가고 있음을 확인할 수 있다. 하지만 젊은 박헌영과 월북 이후 만년의 모습은 상대적으로 탐구가 취약함을 아울러 헤아리게 된다.

여기서 말하려는 연구자들의 '세대구분'도 편의적임을 밝혀둔다. 그들의 생사여부와 관계없이 그 기준이 절대적일 수 없음은 물론이다. 학문적 영향력이란 본디 불명확하며 연구자 각자의 주관적 해석이 뚜렷한데다 운동현장에 있던 이들과 학문후속세대의 차이를 고려해야만 하기 때문이다. 아울러 이들을 매개하는 중간세대로 해방 후 한국현대사연구에 본격적인 불을 붙이고 대중적 저변을 크게 넓힌 당대 연구자들을 감안하면 그들의 '연령'은 여기서 세대를 가르는 자연스런 준거가 된다. 특히 『해방전후사의 인식』(이하 '해전사'로 부름) 초판본이 출간되는 1979년을 기점으로 삼고 다시 그 필진들 가운데 한국전쟁을 기준으로 한 전후前後세대[4]에 유념하자면, 1)

---

4 '해전사'는 한국현대사연구의 상징문헌이다. 후발 연구의 본격적 계기는 물론 한국현대사 이해를 위한 대표적인 사회교육매체로 이바지했기 때문이다. 하지만 그것이 해방공간에 대한 군사정권시절의 묵시적 관심이나 '지하독해활동'의 반작용 혹은 지체된 탐구의 폭발로 가시화한 것인지, 아니면 예정된 학문적 분출로 하필 박정희가 시해되는 해와 출간시기를 같이 하는지는 불분명하다. 중요한 것은 이들 물음을 동시에 풀기 위해 그 답의 중심으로 '1979년'이라는 천문학적인 수치를 가두기보다 그때라도 문제를 제기한 1쇄본 필자들의 면면과 논의주제들을 아울러 파악하는 일이다. 대표적인 연구2세대로 분류하려는 당대 필진은 다음과 같다. 송건호·진덕규·김학준·오익환·임종국·백기완·김도현·이동화·유인호·이종훈·염무웅·임헌영 등이 그

당시 필자들 가운데 전전戰前세대를 연구2세대로 설정하고 2) 그들에게 배웠거나 다시 그들의 문헌과 연구결과로 학습한 전후戰後세대를 3세대로 이해할 수 있으며 3) 이들 모두에게 문제의식의 근본을 각인·제공한 혁명운동주체를 연구1세대로 인식할 수 있을 것이다.

기존의 문헌들을 바탕으로 박헌영을 탐구할 때 접근 기준은 크게 네 가지로 세워야 할 것이다. 1) 박헌영 본인의 연구writing와 주장rhetoric 2) 박헌영에 대한 제3자의 '인물론'적 접근man to man, 그리고 3) 초기공산주의운동 혹은 강점기 조선 사회주의운동 속에서의 박헌영의 위상topos과 4) 좌절의 형상화projection 과정 등이 그것이다. 특히 두 번째와 세 번째 기준을 적용할 경우 앞서 지적한 세대별 접근편차와 내용의 다양성은 각별히 유념해야 할 것이다. 무엇보다 여기서 연구1세대로 지칭하려는 일련의 그룹은 활동시기는 달리할망정, 박헌영과 지근거리에서 같이 혁명을 구상하거나 저항의

들이다. 송건호(외) 11인, 『해방전후사의 인식』〔오늘의 사상신서·11〕(서울: 한길사, 1刷 1979). 흥미로운 사실은 '해전사'를 통한 한국현대사연구의 세대 분화가 자연스럽게 이뤄진다는 점이다. '해전사'는 이때부터 만10년 간 모두 여섯 종의 서로 다른 연구결과를 내면서 1989년에 시리즈를 마감한다. '해방전후사의 재인식'이란 타이틀로 2006년에 뒤를 이은 작업은 '해전사'에 대한 뉴라이트 진영의 반작용이다. 이에 대해서는 다음 참조할 것. 박지향·박철·김일영·이영훈, 『해방 전후사의 재인식 1』(서울: 책세상, 2006); 『해방 전후사의 재인식 2』(서울: 책세상, 2006). 물론 박헌영은 이들 작업에서 전체 속의 '부분' 혹은 정치 역사적 '개체'로 다뤄진다. '해전사' 이전까지 박헌영의 기본 문헌적 근거조차 발견하기 힘들었던 사실은 아무리 강조해도 지나치지 않다. 그는 연구현장에서도 상당기간 지하에 방치되고 있었다.

순간들을 함께 했고 실패와 절망마저 공유했던 이들의 행적은 물론 기억을 바탕으로 한 증언에 주력하기 때문에 탐구 후속세대의 분석이나 해석과는 일정한 변별력과 독창성을 유지한다.

그들의 주장을 온전히 신뢰할는지는 늘 다른 과제로 남는다. 게다가 비록 함께 하진 않지만 증언주변을 맴도는 적잖은 의문들과 지속적 관심을 지니는 자들이 지탱하는 미덥지 '못함' 역시 '인물연구'의 퍼즐로 남는다. '자리를 함께 했다'는 이유만으로 모든 걸 완벽히 복원할 리 없으리란 예감과 같이 '현장부재'가 항구적 불신과 무책임의 원인일 수만은 없다는 반론가능성도 잊지 말아야 한다.

박헌영에 대한 '인간탐구'는 곧 이 같은 생각의 다양성을 전제로 한 '분석'과 '해석'의 가능성을 암시한다. 뿐만 아니라 그와 관계한 숱한 인사들의 '기억'과 '고백'은 물론 이를 향한 또 다른 상호주관적 반응을 읽고 기대할 개연성도 새삼 커진다. 특히 사라진 혁명가의 총체적 삶을 대상으로 삼되, 개인적 관심을 지닌 일정 시기의 활동과 사상이 세대별로 어떻게 달리 조망·분석되고 있는지 헤아리자면 그 단면은 편의상 〔$A^n = P\frac{TS}{G^n}$〕[5]로 등식화할 수 있을 것이다. 그(녀)가 역사적 인물이든 아니든, '사람탐구'는 그 '사람'의 시·공간적 삶에 대한 자신 아니면 자신이 몸담고 있는 세대(의 불특정 다수)

5 '인물탐구'란 곧 일정 공간(Space)을 무대로 활동하는 특정 대상(P)의 시대적 삶(Time)에 관심을 지닌 개인이나 불특정 다수의 세대별(Generation) 연구 인력이 도모하는 분석의 총체(Analyses)로 이해할 수 있을 것이다.

의 분석결과로 이해할 수 있기 때문이다.

가장 먼저 유념할 것은 박헌영 자신의 생전기록을 중심으로 한 1차 문헌탐색이다. 이를 위해 여러 문헌 안에 흩어져있는 그의 육성과 손끝기록을 취합하기보다 이미 출간된 『이정 박헌영 전집(이하 '전집'으로 부름)』[6]의 참조가 바람직하다. 하지만 그의 생각의 단면은 반드시 제한된 문헌이나 특정 자료로만 국한, 집중 탐색할 필요가 없을 것이다.[7] 이를테면 측근이나 추종세력을 아우르는 1세대 문헌 속에서 당대 고민의 공유와 극복 방법은 객관적으로 잘 드러나기 때문이다.[8] 뿐만 아니라 후발연구자들이 시도하는 여러 분석과 인문학

---

6 모두 9권으로 구성된 '전집'의 출처는 다음과 같다. 이정박헌영전집위원회(편), 『이정 박헌영 전집 1: 일제시기 저작편』(역사비평사 펴냄·공급처 서울: 선인, 2004); 『이정 박헌영 전집 2: 미군정기 저작편』(역사비평사 펴냄·공급처 서울: 선인, 2004); 『이정 박헌영 전집 3: 북한시기 저작편』(역사비평사 펴냄·공급처 서울: 선인, 2004); 『이정 박헌영 전집 4: 일제시기 관련자료편』(역사비평사 펴냄·공급처 서울: 선인, 2004); 『이정 박헌영 전집 5: 미군정기 관련자료편①』(역사비평사 펴냄·공급처 서울: 선인, 2004); 『이정 박헌영 전집 6: 미군정기 관련자료편②』(역사비평사 펴냄·공급처 서울: 선인, 2004); 『이정 박헌영 전집 7: 북한시기 관련자료편』(역사비평사 펴냄·공급처 서울: 선인, 2004); 『이정 박헌영 전집 8: 신상자료·회고·증언·주세죽 자료』(역사비평사 펴냄·공급처 서울: 선인, 2004); 『이정 박헌영 전집 9: 화보와 연보』(역사비평사 펴냄·공급처 서울: 선인, 2004).

7 발표 당시의 어법과 문투를 그대로 실은 '전집' 콘텐츠도 중요하지만 이를 다시 오늘에 맞춰 다듬은 경우도 눈여겨볼 것이다. 후자의 방법으로 박헌영의 생각을 재구성한 1세대 문헌으로는 다음 참고할 것. 박헌영, 『조선 인민에게 드림』(파주: 범우, 2008).

8 정치적 후배이자 동료로 따르던 이들의 생각 속에 박헌영의 그것이 삼투滲透한 현상은 지극히 당연했을 것이다. 한 예로 다음 문헌 참조할 것. 이강

적 해석까지 종합하면 박헌영의 원초적 판단과 정치적 의도가 어떻게 달리 비쳐지는지는 그 자체만으로도 탐구대상이 된다. 진의와 본심은 '정치적'으로 허망하거나 궁극적으로 사적인 경우가 흔하지만, 박헌영의 경우 그 윤곽과 내용이 무엇인지 명확히 헤아리기 위해서라도 기록의 본원적 의미[9] 파악은 여기서 중요하다.

시대를 함께 하며 같은 노선을 걷거나 사회주의 정치활동을 한 이들의 '박헌영 읽기'가 문헌으로 가시화된 시기가 80년대 초였음은 여기서 다시 눈여겨볼 일이다.[10] '해전사'의 출간 영향과 한국현

국, 『민주주의 조선의 건설』(파주: 범우사, 2006). 특히 강점기 혁명 활동이나 지하운동을 꾀하는 과정에서 집중적인 저술이나 차분한 천착의 지탱이 좀체 쉽지 않았던 점을 감안하면 그나마 연구1세대의 기록과 집필은 주목해야할 대상이다. 제3자의 입을 통해, 혹은 그들의 말을 소문으로 접하는 경우보다 당대의 일들을 현장의 목소리로 듣는 것은 그래서 더 각별하다.

9 그의 활동을 보통 세 시기로 나누듯, 강점기의 정치적 동기가 과연 '사회주의혁명'에 의한 '완전자주독립'이었는지, 해방공간의 목표가 각축하는 정치세력들을 압도하는 '실질적 집권'으로 모아지는지 규명해야 한다면 월북 이후 정치적 의지의 윤곽은 최종적으로 '김일성 없는 조선'의 헤게모니 장악이었는지도 따져보아야 할 것이다.

10 박헌영에 대한 기존의 전언과 소문의 정치학을 경험적 접근으로 제압한 최초의 노력은 박갑동에 의해 이루어진다. 다음 문헌은 박헌영에 대한 국내 최초의 전기물로 기록된다. 박갑동, 『박헌영: 그 일대기를 통한 현대사의 재조명』(서울: 인간사, 1983). 이후 김남식은 80년대의 박헌영 알리기 작업에서 또 다른 선두를 차지한 경우다. 그는 박헌영 개인에 대한 접근뿐 아니라 남로당 활동을 근거로 당의 정치적 존재양식을 자료형식으로 밝히는 데 주력한다. 특히 다음 문헌 참고할 것. 김남식·심지연 편, 『박헌영 노선비판』(서울: 세계, 1986); 김남식, 『남로당 연구·I』(서울: 돌베개, 1984); 『남로당 연구·II: 자료편』(서울: 돌베개, 1988); 『남로당 연구·III: 자료편』(서울: 돌베개, 1988).

대사에 대한 폭발적 관심이 온 나라에 퍼지도록 박헌영 사후 30여 년간의 침묵이 무엇을 뜻하는지도 아울러 생각할 것이다. '박정희-전두환-노태우'로 이어지는 군사정권은 민주화의 지체는 물론 분단구조의 외연확장을 통해 민중의 정치참여를 배제·강화한다. 사회주의는 정치억압과 통제를 위한 가장 만만한 핑계였고 민중의 정치의식을 둘로 가르는 절호의 명분이었다. 이미 사라진 지 오래인 박헌영이 이 땅에서 두 번 죽어야 했던 까닭도 여기서 확장된다.

이 같은 정치통제는 비단 박헌영뿐 아니라 주변의 좌익인사 대부분을 향한 관심을 멀리하게 했고 학문적인 연구마저 불편하게 만든 직·간접 계기를 이룬다.[11] 하지만 그런다고 지하탐구활동으로 연명하거나 하염없는 기다림만으로 소일할 지식인들이 아니었다. 주제의 선정과 탐구의 실질을 꾀하는 과정에서 '사회주의'는 여전히 부담스러웠지만 운동사에 대한 역사적 정리와 학문적 체계화 작업은 더 이상 늦출 일이 아니라는 자각 역시 부분적으로 가시화한다. '해전사' 간행을 주도한 이후, 해방공간의 사회과학은 물론 인문학의 복원까지 의식한 연구2세대는 그렇게 등장한다.[12]

연구는 주로 정치학자와 역사학자의 몫이었다. 기왕의 학문장벽

---

11 그럼에도 불구하고 80년대의 인물사 연구는 좌우익 진영을 가리지 않고 간헐적으로 이어져 '몽양'과 '설산' 연구로까지 이어지고 민주사회주의운동을 개척한 정치학자까지 다룰 만큼 지평을 넓힌다. 이에 대해서는 다음 참조할 것. 이기형, 『몽양 여운형』(서울: 실천문학사, 1984); 이경남, 『설산 장덕수』(서울: 동아일보사, 1982); 김학준, 『이동화평전』(서울: 민음사, 1987).

12 '해전사'의 간행에서 '해방의 문학'과 '분단의 정치'는 키워드 가운데 하나다.

은 두 부문의 학문적 합의나 용어의 통일을 새삼 어렵게 했지만 연구의 다양한 진척은 그나마 논의의 지체를 극복할 대안이었다. 김학준, 심지연, 진덕규, 신복룡 등이 정치학 부문 2세대 연구자들[13]이라면 강만길, 서중석, 성대경 등은 기왕의 보수사학이 환호한 전근대적 탐구의 무게중심을 현대사, 특히 20세기 중반으로까지 옮기기 위해 애쓴다.[14] 새삼스럽게도 그것은 주로 '사람'을 중요시하려는 연구

13 제한된 지면 위에 이들의 연구결과를 압축하기란 쉽지 않다. 다만 연구 2세대의 대체적 윤곽을 잡는데 다음 연구자들의 결과물은 당대의 탐구경향과 성격의 단면들을 잘 말해준다. 김학준, "해방3년의 시기에 있어서의 남북한 좌파 지도자들의 공산주의관," 서강대학교 동아연구소(편), 「동아연구」 제7집(1986), pp. 65-89. 심지연, 『대구10월항쟁연구』(서울: 청계연구소, 1991); 『이강국 연구』(서울: 백산서당, 2006); 『이주하 연구』(서울: 백산서당, 2007); 『조선 공산주의자들의 인식과 논리』(서울: 백산서당, 2015); 『해방정국의 정치이념과 노선』(서울: 백산서당, 2013); 진덕규, 『권력과 지식인: 해방정국에서 정치적 지식인의 참여논리』(파주: 지식산업사, 2011); 『한국정치의 역사적 기원』(서울: 지식산업사, 2002); 신복룡, 『한국분단사 연구』(서울: 한울, 2001); "망국을 바라보는 좌파들의 시선: 백남운·박헌영·전석담," 한국동양정치사상사학회(편), 「동양정치사상사」 제8집 2호(2009), pp. 163-195; "한국공산주의의 발생 배경," 한국정치학회 주최 추계학술회의(00a/10/20-21) 〔한국정치사 분석〕, pp. 1-22; "해방 정국에서의 박헌영과 김일성의 갈등," 건국대학교 사회과학연구소(편), 「사회과학논총」 제24집(2000b), pp. 1-46.

14 저항민족주의를 매력의 대상으로 강하게 인식하지만, 조선조 말부터 강점기 끝나도록 민중전체의 자발적 봉기를 담보할 실질적 정치에너지로 숙성되지 못한 사실에 역사학자들이 아쉬워하는 것도 무리는 아니다. 사회혁명은 당연히 촉발·확장했어야 할 역사적 요청이었기 때문이다. 그 결과 해방공간의 열렬한 남북한 구성원들이 사회주의 이데올로기의 급진적 확장을 기대한 것도 기왕의 역사적 애석함을 뛰어넘을 또 하나의 대안이었을 것이다. 이 같은 인식의 흐름에 대해서는 역사학 부문의 다음 연구2세대와 그 결과물들에 주목할 것. 강만길, "8·15해방의 민족사적 의의," 대한기독교서회(편), 「기독

방법의 자발적 '발견'이자 '터득'이었다. 나아가 압도적 정치권력이나 강압적 정치폭력에 좀체 저항하지 못한 민중의 수동성을 계도·극복하고자 애쓴 지도자들의 존재감을 부각시키려는 적극적 움직임이다.

이른바 '인물연구'의 봇물은 때마침 일렁이던 해방공간에 대한 압도적 탐구 분위기와 화학적으로 합성했고 박헌영을 복원한 박갑동, 김남식 등 연구1세대의 노력 역시 학문적 관심확장의 뇌관으로 작동한다. 이데올로기에 대한 뒤늦은 압도와 열풍도 강했지만, 궁극적으로 상황변화의 호기를 살리지 못한 해방공간 지도자들의 역량 부족과 정치적 한계가 역사적 목마름과 안타까움으로 고스란히 전환한 것도 새삼스런 그때의 일이다. 아쉬움이나 정치적 회한이야 가

교 사상」 제30집 8호(1986), pp. 36-47; 『분단시대의 역사인식: 강만길 사론史論집』(서울: 창작과비평사, 1992); 『한국민족운동사론』(파주: 서해문집, 2008); 서중석, 『한국현대민족운동 연구: 해방후 민족국가 건설운동과 통일전선 』(서울: 역사비평사, 1996); 『한국현대민족운동 연구 2: 1948-1950 민주주의, 민족주의 그리고 반공주의』(서울: 역사비평사, 1996); 서중석·김덕련, 『서중석의 현대사 이야기: 해방과 분단 친일파 편/서중석 답하다-김덕련 묻고 정리하다』(파주: 오월의봄, 2015-2016); 서중석, "국내 독립운동세력의 해방 후 국가건설방향: 여운형의 인민공화국, 인민당, 신탁통치관련문제를 중심으로," 성균관대학교 대동문화연구원(편), 「대동문화연구」 제56집(2006), pp. 289-321; "냉전체제와 한국 민족주의의 위상," 독립기념관 한국독립운동연구소(편), 「한국독립운동사연구」 제15집(2000), pp. 97-131; "해방정국의 중도파 정치세력을 어떻게 볼 것인가," 한국민족운동사학회(편), 「한국민족운동사연구」 제39집(2004), pp. 5-33; 성대경·전명혁·김일수·최규진·임경석·김인덕·장세윤·안태정·김득중·이신철 지음, 『한국현대사와 사회주의』(서울: 역사비평사, 2000).

실 리 없지만, 분단이 아예 역사로 기정화·고착화해버리기 전까지만 해도 각자 추종·존숭尊崇하는 자들의 정치력 약화나 상실은 평소의 기대와 희망과는 어림없는 일들이었다. 하물며 갑작스런 죽음이나 암살·테러의 대상이 되는 경우 까지랴.

역사를 움직이는 주체야 민중이라지만 이를 이끄는 건 거의 한 사람, 그것도 '인물'이라 부르기 족한 비범한 이들로 가능한 터다. '꽃보다 사람이 아름답다'는 까닭도 그래서였을 것이다. 전체를 바라보는 눈과 미래를 읽는 머리차이는 물론 타고난 덕성과 자제력은 사람 앞에 사람들이 모여드는 이유다. 뿐만 아니라 정치를 핑계 삼아 권력 좇는 이들이 지금껏 버리지 못할 자신의 '업業'으로 간직하는 무형의 자산이자 치명적 한계인 셈이다. 비록 실수하고 설령 배신과 위계로 집단의 바람을 저버리는 한갓된 존재로 전락할망정, 그나마 '사람'이 사람 아닌 존재보다 나은 '위인'으로 대접받거나 뒤따름의 대상이 되는 이유도 이 같은 능력 혹은 힘에서 비롯된다. 이름 하여 '리더십'이라 부르기도 하고 개인의 '정치역량'이라 칭하는 용어도 그렇게 생겨났던 것이다.

'꽃'보다 아름다울 뿐 아니라 '벌'보다 탁월한 것이 '사람'임은 다시 강조할 필요 없는 대목이다. 행여 벌레의 세계에서 앞서 거론한 몇 종의 유형들을 싸움붙일 일이야 전혀 없는 자리가 여기다. 하지만 새삼 돋보이는 특출함이란 것도 별달리 견줄 데 없이 치열한 노동력이 일궈내는 가시적 산출물과 그 어김없는 집단적 반복 관행이라니 말이다. 아무리 '내용'을 대체할 수 없는 '방법'이며 '목적'을 가리거나 지우지 못할 '수단'이라 하더라도 벌에게서 배워야 할 것은 그런 것들이다. 감히 사람이 따라잡지 못할 저 경이로운 날갯짓과 지칠 줄 모르는 종교적 성실성의 경지를.

그러나 벌보다 '사람이 훌륭'함을 힘주어 말하는 이들이 엄연한 곳이 사람 사는 이 땅이다. 게다가 가장 별 볼일 없는 사람일망정, 제일 탁월한 벌보다 낫다고 말하는 '사람'마저 흔쾌히 찾을 수 있는 '별'이 바로 여기 지구라니 흥미롭지 않은가. 마르크스는 이렇게 말한다.

> 노동은 무엇보다도 먼저 인간과 자연 사이에서 이루어지는 하나의 과정이다. …· 그는 이 운동을 통해 외부의 자연에 영향을 미치고, 그것을 변화시키며, 그렇게 함으로써 동시에 자기 자신의 자연(天性)을 변화시킨다. …· 우리가 상정하는 노동은 오로지 인간에게서만 볼 수 있는 형태의 노동이다. 거미는 직포공들이 하는 일과 비슷한 일을 하며, 꿀벌의 집은 많은 인간 건축가들을 부끄럽게 한다. 그러나 가장 서투른 건축가를 가장 훌륭한 꿀벌과 구별하는 점은, 사람은 집을 짓기 전에 미리 자기의 머리 속에서 그것을 짓는다는 것이다. 노동과정의 끝에 가서는 그 시초에 이미 노동자의 머리 속에 존재하고 있던 〔즉 관념적으로 이미 존재하고 있던〕 결과가 나오는 것이다. 노동자는 자연물의 형태를 변화시킬 뿐 아니라 자기 자신의 목적을 자연물에 실현시킨다. 그 목적은 하나

> 의 법처럼 자기의 행동방식을 규정하며, 그는 자신의 의지를 이것에 복종시키지 않으면 안 된다. 그리고 이 복종은 결코 순간적인 행위가 아니다. 노동하는 신체기관들의 긴장 이외에도 합목적적 의지가 작업이 계속되는 기간 전체에 걸쳐 요구된다.[15]

집단(체)적 노동관행이 감동을 준다 해도 사람의 그것을 벌의 경우와 견줄 수 없다고 이 주장을 확장해도 우리의 상식은 허물어지지 않는다. 사람만이 '생각'이란 걸 진행하며 그 '일'이 의지와 관념을 자극하고 자연변화는 물론 끝내 사회와 역사까지 바꿀 '힘'의 실질을 지닌다는 사실이 놀랍도록 적절해서다.[16] 생각이 반드시, 그

15 칼 마르크스 지음·김수행 옮김, 『자본론: 정치경제학 비판』 제1권·자본의 생산과정(상), 제3편 7장·노동과정과 가치증식과정 (서울: 비봉출판사, 2006), pp. 235-236.

16 이는 곧 현상학에서 말하는 정치적 동기의 '의미'를 연상시킨다. 인간의 모든 행동에는 각기 '이유'가 있고 동기의 결과물은 '의미'를 머금는다는 철학적 주장과도 궤를 같이한다. 하지만 그렇다고 해서 인간의 삶이 늘 의지의 결과물은 아니며 '의도치 않은 사회적 행위의 결과물'임을 인정해야 하는 것도 중요한 모순 가운데 하나일 것이다. 이에 대해서는 다음 참조할 것. Raymond Boudon, *The Unintended Consequences of Social Action* (London: Macmillan Press, 1982). 이를테면 박헌영의 사회주의 활동에 깃든 고전적 순수성과 휴머니즘을 토대로 운동의 결과적 배반이나 그 극단적 변용으로 치닫는 '격차'를 어떻게 이해할 것인지는 여전히 풀기 힘든 과제이기 때문이다. 그 사이에는 과연 무엇이 자리하는가. 박헌영의 교조주의적 경직성이 더욱 심화하고 이를 온존·용인하는 당 내외 현실 정치적 한계라는 몇 마디로 답의 얼개는 가능할까.

리고 항상 결과를 담보하지는 않는다. 하지만 이건 분명하다. 사람은 적어도 밑그림의 '전체'를 그리며 머잖아 그 그림을 만지고 볼 수 있는 '입체'로 만들어낼 능력이 있다는 점. 그것은 이미 감격이나 흥분을 넘어 오랜 관행이자 상식으로 굳어져버려 더 놀라거나 너무 격해질 이유조차 없다는 대단함의 보편화. 개미는 비행기를 못 만들고 거미는 고속도로를 건설할 수 없으며 벌은 꿈으로조차 혁명을 모의하지 못한다는 사실들 말이다.

아무리 서투른 건축가일지언정, 가장 훌륭한 꿀벌보다 훨씬 낫다는 진단을 대단한 건축가에게 적용하자면 보나마나 벌만 더 초라해질 것이다. 하지만 마르크스의 말을 액면 그대로 제한 적용하자면 사람과 벌의 비교란 역할로만 국한해야 할 뿐, 이야기를 키우기 곤란하다. 사람과 사람의 견줌은 간단한 문제가 아니기 때문이다. 사람이 벌보다 집을 잘 짓는 건 맞지만, 모든 사람이 다 훌륭한 집을 짓는 건 아니며 설령 그렇다 하더라도 '좋은 집'이란 무엇인지 애매하기 이를 데 없을 뿐더러 비교의 엄격한 객관성을 유지하기도 어렵다. 게다가 집만 잘 짓는다고 모든 게 훌륭한 건 아니며 건축 아닌 다른 일로 따지자면 '견줌'과 '차이'란 본디 근원적 특징과 각자의 장점을 은폐하기 좋은 핑계가 되어버리는 까닭이다.

결국 사람은 그(녀) 홀로 총체이자 전부이며 온전히 다뤄져야 할 존재다. 그래서 귀할 수밖에 없으며 높고 무거울 수밖에 없다. 또한 각자는 그들 각자로 자신의 삶 속에서 빛나게 마련이다. 한때든 영원하게든 말이다. 산 자나 죽은 이나 '평전'으로까지 다가설 대상이라 하여 읽는 이들 모두가 그 주인공을 숭배하거나 추앙할 필요까지는 결코 없는 까닭이기도 하다. 만일 그래야 한다고 은연중 운을 떼거나 적어도 그렇게 바라는 이들에겐 다른 뜻이 있을 것이다. 충성이나 존경, 아니면 추종이나 복종 같은 정치적 행위 혹은 그를 방불케 하는 정치심리란 본디 '억지로' 불러일으키거나 주문할 대상이 아니기 때문이다. 하물며 강력하고 흡인력 센 주문呪文까지라야.

박헌영이란 한 인간을 다면적으로 살피는 작업은 곧 연구3세대의 대표적 특징이다. 객관성은 한층 높아지고 관찰과 분석의 깊이 또한 더해진 게 우선의 강점이라면, 유난스레 굴곡진 그의 삶의 여정을 한 축으로 하고 그 속에서 심화·발전한 사상의 궤적을 다른 한 축으로 삼아 이들을 교차 회전시키는 방법으로 논의를 진행하는 것이 다음의 방법론적 장점이다. 뿐만 아니라 강점기 조선의 억압구조를 넘어 이 같은 '인물-사상'의 분석 스펙트럼을 해방공간과 월북단계로까지 '연장·교차'하려는 확장성마저 보인다는 점에서 다면성을 드러낸다.

특히 이 같은 분석적 입체성은 가깝게는 좌담[17]에서부터 학위논

17 다음 경우들에 주목하자. 강만길·진덕규·최상룡 좌담, "특집·군웅의 각축 해방3년사: 해방3년사는 민족분단의 역사," 「월간 조선」(1985년 8월호), pp. 514-530; 김득중·김무용·박한용·신춘식·안태정·이준식·전명혁·임경석 좌담, "한국 사회주의운동사, 무엇을 어떻게 볼 것인가," 진보평론(편), 「진보평론」 제8호(2001년 가을), pp. 414-455; 윤해동·박병삼 대담. "혁명과 박헌영과 나,"(원경스님 생모 구술 포함) [97/03/29(토)] 역사문제연구소(편), 「역사비평」 통권37호(1997 여름), pp. 99-142.

문과 학술지 논문을 거쳐 근현대사 기록을 위한 사료나 자료집에 이르는 등 방대한 문헌체계를 통해 입체성을 더한다. 강점기 국내 사회주의운동을 이끈 여러 인물들 가운데 박헌영의 위상과 비중은 지금도 연구 중이다. 누가 운동을 '대표'했는지, 어떻게 그 맥은 분열했는지, 파행과 균열의 책임은 누구에게 있는지에 이르는 다양한 문제부터 그들 각자가 기대며 업힌 고전사회주의 개념은 무엇인지까지 논의는 본격 분화한다.

사실상 민중의 정치가 원천 봉쇄된 식민지 조선에서 '운동'이 '정치'를 흡수할 가능성도 크지는 않았다. 정치란 본디 꿈조차 꾸지 못하는 데다 운동은 곧 죽음이었거늘, 나라 잃고 모국어마저 빼앗긴 민족이 정체성의 극심한 혼돈 속에 가뜩이나 주눅 들어가는 나날은 그 자체가 비극이요 가여운 상황이었기 때문이다. 이를 탈피할 절호의 기회로 3·1을 제대로 정치화하지 못한 모순은 당대의 한계치곤 깊기만 했다. 그로써 한층 강해질 수 있었던 '민족'은 '민중'이 되질 못했고, 계급의 분노 역시 첨예화하지 않음으로써 신분의 족쇄는 여전한 운명의 굴레로 내면화되고 있었던 터다.

때문에 식민체제의 억압은 본격화하고 저항의 구심점은 하는 수 없이 지하화하는 정치적 불편함만 가중되고 있었다. 해방 후 4·19와 5·16의 정치변동이 독자적 연구주제를 이루듯, 3·1이 단순한 천문학적 의미를 넘어 정치적으로 복잡한 성격을 지니는 탐구대상[18]이 되는 까닭도 당대 저항의 성격에 깃든 아쉬움 혹은 안타까움과 늘 직결되기 때문이다. 미래는 몰라도 과거는 도무지 바꿀 수 없는 역사의 회한이 하필 기왕의 저항민족주의 열기와 성공적으로 결합·승화하지 못한 탓도 있었을 터다. '운동'이 '항쟁'을 넘어 '혁명'으로 선뜻 다가서지 못하였던 구조적 한계 말이다.[19]

3·1은 젊은 박헌영이 넘어야 할 문턱이었다. 저항의 학습과 좌절의 확인이 그의 평생 과업이듯, 이 날은 견결堅決한 투쟁의 앞날을

18 다음은 3·1의 연구 지평이 어디까지 확장될 수 있는지 잘 보여주는 대표적인 경우다. 박헌호·류준필(편), 『1919년 3월 1일에 묻다』(서울: 성균관대학교 출판부, 2009).

19 3·1의 역사현상을 하필 정치나 운동행위로만 제한하지 않고 경제와 사회, 문화와 예술의 경계를 넘어 역사의 현재성을 공유할만한 기억의 콘텐츠로 언제든 다시 똬리 트는 일은 이제 어렵지 않다. 뿐만 아니라 해방공간의 한국정치까지 되비출 거울로 3·1이 오늘 어떤 메시지와 의미를 지니는지 역시 격정적으로만 돌아볼 대상은 아닐 것이다. 다만 해방 후 한국정치의 한계가 3·1의 '비혁명성'에 빚지고 있는지 여부를 따지는 과정은 여전한 이념적 대립과 해석의 갈등을 전제한다. 그러나 이는 어느 진영이 옳고 누가 그른지를 가를 절대적 기준이 되는 게 아니라 도리어 3·1이 오늘의 정치 갈등을 해석하는 거울일 수 있음을 암시한다. 이를테면 우리는 왜 아직도 국제적 외삽폭력을 국가폭력으로 제압하지 못하는지, 즉 국가폭력은 민중폭력의 통제와 고립을 일삼는 갈등관리의 상위개념으로만 제한할 뿐, 제국의 부활이나 재건을 노리는 제3의 힘 앞에서 왜 항상 영원한 '타자'일 수밖에 없는 것인지 다시 생각하게 만든다. 이는 늘 국가폭력의 상대적 자율성을 제한하고 국가를 전쟁수행 직전단계까지 민중폭력의 관리자로만 한정한다. 아무리 최고 권력의 지시와 치밀한 판단아래 반복 집행하는 국가폭력이라 하더라도 '행정권력'의 최고·최후개념으로 군대와 경찰 혹은 사법권력 등이 제국주의의 도입과 확장을 막고 자발적으로 맞서 싸울 역량을 민중에게 위임하는 결과론적 대체현상은 역사의 지속적인 아이러니다. 이와 관련하여 3·1의 정치진영논리와 그 현대사적 해석의 유증과 부담에 대해서는 다음 연구 참조할 것. 차승기, "기미와 삼일: 해방직후 역사적 기억의 전승," 한국현대문학회(편), 「한국현대문학연구」 제28집(2009), pp. 309-334.

예감할 신선한 마중물이었다. 구한말(1900)에 태어나 왕조의 몰락과 해체부터 체험하는 일은 열아홉 소년이 온몸으로 감당하기 버거웠지만 어딘가 함께 대들 상대가 있고 더불어 함성이라도 내지를 곳이 있다는 건 젊디젊은 그에게 차라리 '축복'이었을 터다. 학교에서의 징계나 앳된 청년의 첫 번째 투옥이란 장차 치르게 될 본격적인 옥고와 시련의 예방주사에 불과했고 10대의 정치적 방황은 사회주의 조국의 미래와 밑그림을 상상하는 낭만적 계기였던 셈이다.

그러나 본격적 혁명경험이 없었던 그에게도 3·1은 시시했다. 타고난 명민함을 정치적 참담함과 역사적 암울함으로 적셔 스스로 단련한 청년 박헌영에게 3·1은 자발적 봉기의 원형이자 사회혁명 전초前哨였던 동학농민전쟁만 못한 '실망스런' 사단이었다. 규모는 컸지만[20] 덜 폭력적이고 '질서'만 외치며 공약3장을 되뇌는 지도부의 혁명성이란 궁핍하기 그지없던 탓이다.

20 3·1의 국내정치지평이 전국화하고 있음은 널리 알려진 사실이다. 하지만 당대 정치적 공간분화에 대한 연구자들의 관심은 정작 깊지 않았다. 다음 경우는 대표적인 예외사례다. 이현주, "3·1운동기 서울에 배포된 전단과 정치적 지향 : 「3·1운동 독립선언서와 격문」을 중심으로," 인하역사학회(편), 「인하사학」 제10집: 한영국교수 정년기념호 (2003), pp. 881-910; 박이준, "전남지방 3·1운동의 성격," 국사편찬위원회(편), 「국사관논총」 제96집(2001), pp. 119-149; 김진호, "충남지방 3·1운동 연구," 충남대학교 대학원 사학과 한국사전공 박사학위논문(2002); 김부성, "3·1운동의 공간 확산에 대한 연구," 서울대학교 대학원 지리학과 석사학위논문(1978); 류시현, "1920년대 삼일운동에 관한 기억: 시간, 장소 그리고 '민족/민중'," 한국역사연구회(편), 「역사와 현실」 제74호(2009), pp. 175-202.

하지만 곡절 많고 고단한 그의 삶[21]의 시그널이자 '사회주의조선의 계급혁명'을 완수하기 위한 역사적 도화선이 될 줄이야 정작 그 자신도 모르고 있었다. 그나마 그만한 저항기류라도 있어 혁명의 민중적 맹아를 찾을 수 있었고 배양과 확장 가능성을 궁리하려는 인사들도 중국과 러시아를 오갈 수 있었던 터다. '세계피압박민족의 해방'을 꿈꾸는 열성자들과 이를 계도하려는 레닌의 사회주의 혁명 구상이 접점을 찾는 것도 하필 3·1의 열기가 퍼져나가던 그때의 일이었으니 말이다. 이 같은 기류야말로 조선을 억압·도륙하고 있는 일본제국주의와 동북아 국제질서를 재편하려는 군국주의적 팽창욕구를 사상으로나마 제압해 버리려는 의식적 급진성과 정치적 조급성political impatience을 동시 반영한다. 이 같은 구상이 청년사회주의자의 안타까운 꿈과 희망을 족足히 자극하고 당장은 견뎌내야 할 역사의 족쇄를 송두리째 뽑아버릴 가망의 기미로 작동하였던 건 불행 중 다행이다.

그다지 길지 않은(56) 그의 삶의 여정을 평이한 전기적 방법으로 압축, 재구성하는 인문적 작업은 박헌영을 대중적·국제적 인물로 인식·확장하는 사회과학적 노력과 서서히 수렴한다.[22] '사랑[23] –

---

21 그의 삶 전반에 대한 압축으로는 다음 참조할 것. 박종성, 『박헌영론: 한 조선혁명가의 좌절과 꿈』(서울: 인간사랑, 1992), pp. 29–30; 신복룡, "박헌영의 비극적 삶 뒤에 두 여인과의 엇갈린 사랑이," 〔인물로 본 해방정국의 풍경·9 박헌영: 한 공산주의자의 사랑과 야망〕「주간조선」 2365호(15/07/13–19), pp. 24–28.

22 좋은 예로 다음 연구를 들 수 있다. 김세균, "세계사회주의운동과 박헌영,"

투옥–고문–유학–이별[24]–재건–월북–전쟁–재판–숙청'이란 꼭짓점들은 그의 들끓는 삶의 마디마디를 잘 말해준다. 아울러 남과 북 어디서도 환영받지 못한 정치적 '주변성marginality'은 물론 중국과 소련 역시 한국사회주의 정권의 주도권을 국내토착주의자에게 맡길 의향이 없음을 간접 추론하게 된다.[25]

그의 일대기를 훑되, 강점기 조선사회주의 운동의 이론적 맹아로 마르크스주의의 초기 도입 국면을 연구3세대가 주목한다는 사실은 특히 중요하다. 이론 없는 운동이 불가능하고 실천 없는 혁명 역시 있을 수 없다는 자각과 자기계몽에 나서는 모습은 3·1에 대한 실망을 뛰어넘으려는 유의미한 적극적 대안의 하나였기 때문이다. 조선의 사회주의적 '몰두'가 강점기 혁명의 열정적 방법으로 역사에 등장하는 현상과 운동의 시작이 곧 억압과 단속 빌미가 되는 비운의 과정도 이들이 놓치지 않는 대목이다.[26]

진보평론(편), 「진보평론」 제24호(2005 여름), pp. 169–196.

23 임경석, "박헌영과 김단야," 역사문제연구소(편), 「역사비평」 통권53호(2000년 겨울), pp. 118–148; 이철, 『경성을 뒤흔든 11가지 연애사건』(서울: 다산초당, 2008), pp. 261–299.

24 김단야는 고명자와 부부의 연을 맺고 있었지만 박헌영의 부인 주세죽과 정분情分이 난다. 김단야는 급기야 연락 끊긴 고명자를 뒤로 하고 주세죽과 결혼한다. 오랜 투옥생활로 소식을 알 수 없는 박헌영이 영락없이 죽은 줄로만 알던 그녀는 김단야와의 사이에서 아들, '비딸리이(世丹)'를 낳는다. 둘의 사이가 단순한 물리적 인간관계를 넘어섰음을 알게 된 박헌영이 옛 처에 대한 감정을 정리한 것은 형기를 마친 다음이다.

25 안승일, 『비운의 혁명가들』(고양: 연암서가, 2014), pp. 227–302.

26 강점기 조선사회주의운동의 고난이 3·1에서 출발한다는 학문적 합의는 아

실패의 연속이기에 더욱 아련해지는 투쟁이요, 좌절의 가없는 반복일랑 언제 끝날지 알 길 없어 더 방황하는 조선사회주의자들이었다.[27] 아니, '계급혁명'이라는 더 높은 이상에 한 발짝 다가서려 애면글면하며 일제의 담장을 까치발로 뛰어넘으려던 조선공산주의자들이었다.[28] 그렇게라도 저항주체가 형성되고 견고한 전위의 대오가 혁명의 그날까지 붉은 깃발 움켜잡을 수만 있다면 '콤무니스트'라는 단어의 생소함도 얼마든지 견뎌낼 작정이었다.[29] 하기야 여전히 겁에 질려 일제의 총칼을 피하거나 흔쾌히 그 깃발 아래 모여들지조차 않는 민중의 주눅이야말로 운동의 가장 큰 걸림돌이었다. 하지만 그렇다고 그만둘 투쟁 또한 아니었다. 모처럼 모여든 운동의 중추는 죽기를 각오했고 실제로 죽음의 문턱마저 예감해야 할 형편이었다.[30]

직 도모된 바 없다. 하지만 식민체제의 공고화라는 기왕의 역사단절이 그날 이후 물리적 억압강화와 그 구조화로 나타나는 '폭력의 정치'는 총독부의 또 하나의 메뉴로 정착한다. 이를 이해하는 단서로 다음 연구들 참조할 것. 김용달, "3·1운동기 학생층의 역할과 행형분석," 단국대학교 법학연구소(편), 「법학논총」 제31집 2호(2007), pp. 41-72; 장신, "삼일운동과 조선총독부의 사법대응," 역사문제연구소(편), 「역사문제연구」 제18호(2007), pp. 141-160.

27 김성동, 『꽃다발도 무덤도 없는 혁명가들』(고양: 박종철출판사, 2014). pp. 19-36.

28 안성일, 『혁명에 배반당한 비운의 혁명가들』(서울: 선인, 2004), pp. 237-314.

29 고지훈, "박헌영_왜 공산주의는 안 되는가?: 조선 최고의 공산주의자, 진보적 민주주의를 실험하다," 사람으로 읽는 한국사 기획위원회 펴냄, 『시대의 디자이너들: 우리의 역사를 설계한 5명의 영웅들』(파주: 동녘, 2010), pp. 18-75.

이데올로기라는 게 도무지 뭔지조차 모르는 다수를 온갖 주눅의 수렁에서 건져내는 일은 마르크시즘의 전파와 투쟁의 외연을 확장하는 것보다 한결 힘겨웠다. 민중 다수가 수상쩍어하며 정치적 믿음을 담보하지 못하는 상황 속에서 '그들' 대부분을 자기편으로 끌어들이거나 절실한 저항 의지를 변함없이 지탱하도록 독려·계몽하기란 동지들의 배반이나 분파적 일탈을 막기보다 어려웠다. 혁명은 억지로 성사시킬 수 없는 정성스런 과업이자 기다림의 책무였던 까닭이다. 세력을 형성하기 이전에 앞장섰던 이들이 먼저 붙잡히거나 투쟁대열에서 생각이 달라진 소수가 다시 새로운 '세'를 이루며 대립각을 세우는 일도 의도치 않았던 행위의 또 다른 결과다.

비슷한 생각을 가진 사람들끼리 모여 정당을 만든다는 건 적어도 조선사회에서 꿈꾸지 못할 일이었다. 왕조의 시대가 그랬고 식민체제에서도 마찬가지다. 그럼에도 불구하고 제국주의의 억압의 굴레를 뚫고 민족을 자유롭게 하며 누대累代에 걸쳐 쌓인 계급적 모순마저 끊겠다는 각오로 역사 전면에 나서려 애쓰는 일은 민족주의와 사회주의를 대립적으로 바라볼 수 없도록 운동주체를 채근한다. 박헌영 역시 거세게 몰아치는 모더니즘의 열기 속에서 '독립'의 의무는 물론 '계급타파'와 '사회주의조선'의 꿈을 완수해야 한다는 다중

---

30 강점기 조선의 혁명 운동가들에게 사회주의혁명은 고통과 동의어였다. 고문과 투옥이 일상화하는 역사의 실제애 대해서는 다음 참조할 것. 안재성, 『잡지, 시대를 철하다: 옛 잡지 속의 역사 읽기』(파주: 돌베개, 2012), pp. 72–75, 218–223, 241–261, 343–353, 383–385.

의 부담을 이겨내야 했던 건 그 자체로 비극이다. 함께 하기 힘든 것들과 함께 하며 견디기 어려운 여러 압박들과의 혼존 마저 넘어서야만 하는 '엇갈림'과 '맞섬' 혹은 그 사이에서 가없이 흔들려야 하는 '유동'의 부담은 이미 시작된 천문학적 근대와 함께 그가 끌어안아야 할 복잡한 내면풍경이다.[31]

이 같은 문제의식들을 강하게 의식한 연구자들은 크게 세 가지 유형으로 논의의 가닥을 잡는다. '인물'과 '사상', '정당'이 그것이다. 이들 세 꼭짓점을 준거삼아 학문적 논의를 진행하려는 자세와 방법도 상대적으로 안정된다. 이 역시 연구자군의 사전 합의나 합리적 의도를 갖고 진행된 기획의 결과는 아니다. 지극히 자연스런 관심의 클러스터링clustering이라 여겨 무방할 것이다. 인물사연구의 인프라 확장과 현대사 연구의 심화는 3세대 연구자들의 개선된 학문조건을 잘 말해준다. 그들이 누릴 학문적 부가가치의 폭과 전반적 깊이가 과거보다 얼마나 나아졌는지 읽을 수 있기 때문이다. '당대'를 함께 하진 못하였어도 역사현장을 호흡하는 데 추론과 상상을 넘어서도록 견인하는 실증자료와 인물별 각론 연구도 변별력을 갖춰나가고 있다.

그러나 이 같은 생각은 기존연구의 실제를 완벽하게 대변하지

---

31 이 문제를 파고드는 연구들로는 다음 주목할 것. 류승완, 『이념형 사회주의: 박헌영·신남철·박치우·김태준의 사상』(서울: 선인, 2011); 윤해동, "'교차와 대립': 박헌영 사상의 위상," 수선사학회(편), 「사림」 제24호(2005), pp. 247-274.

않는다. 이제까지의 연구결과들을 내용과 형식으로 면밀히 헤아려 보면 이처럼 세 개의 큰 덩어리로 재구성할 수 있다는 것뿐이다. 그 결과를 압축시켜 본 게 다음 그림이다. 이들 세 가지 대상은 사실 따로 존재하지 않는다. 서로 강하게 연계될 뿐 아니라 다른 어느 하나를 배제할 경우, 논의의 중심은 허전하고 겉돌기 때문이다.

자신이 믿는 미래세상을 만들기 위해 혼신으로 애쓰는 '정치적 인간'들 대부분이 뜻을 함께 하는 자들과 오래 갈 조직이나 정당을 만들고 민중을 설득·계몽·동원하기 위해 평생 몸부림치는 일은 19세기말까지 이 땅에서 생소했다. 나라 잃은 세상에서도 민중의 정치적 자기결정권을 보편화하기란 좀체 망연했기 때문이다. 그럼에도 불구하고 이들을 다잡고 생각을 바꿔나가며 세상의 근본까지 뒤엎겠다는 뜻을 굽히지 않기란 지난하기 이를 데 없었을 터다. 이 같은 과업을 무릅쓴 사람들을 그저 평범한 이들이라 치부하는 것도 쉬운 일은 아니다. 견디기 어려워도 참아내고 일상적 삶의 굴레를 버티되, 초인적 행적을 마다치 않으며 진지함과 치열함의 내력을 역사로 남긴 이들을 일컬어 '인물'이라 칭하는 까닭도 그 때문이다.

박헌영만이 조선사회주의의 완성과 이를 위한 결연한 투쟁을 각오하였던 건 아니다. 하지만 적잖은 이들의 의지를 결연히 조직화하며 부단히 채근할 역량까지 주도할 뿐 아니라 이를 정치화한 점에서 기왕의 사회과학은 그의 '리더십'을 주목한다. 동시에 그의 생각은 물론 그와 평생을 함께 하려 한 철학적·사상적 동지들의 혁명인식과 실천궤적을 놓치지 않으려는 것이다. 박헌영의 초기 사상투쟁과 강점기 지하활동의 중심 혹은 주변부에서 함께 싸운 이들의 정치적 행적을 지도화maptualization하기란 그래서 여간 어렵지 않다. 앞서 지적한대로 사회주의사상의 도입과 강점기 조선의 정치적 변용도 어느 한 인물의 능력과 노력만으로 가능했던 게 아니고 보면 '초기운동사'에서 역할중복과 차이의 구분은 쉽지 않은 일이다.

마르크스주의의 조선화 과정과 이를 이론적으로 담지한 인물들의 사상적 투철함은 균일하지 않다. 그에 따라 운동의 정치화에 기여한 사상가들의 주도 역량도 다양했다. 강단사회주의the Forum Socialism의 이론적 매력과 학문적 공산주의가 현실변혁을 직접 담보하지 못하는 것처럼, 급진정치경험이 없는 민중들에게 혁명을 계몽하거나 그 이후의 삶마저 웅변으로 학습하기란 누구나 할 일이 아니었다. 일제와 싸우며 민족을 해방하고 역사로 찌든 '봉건'마저 털어내며 계급을 자유롭게 '하기'란 벅차오르는 모순이었다. '반제·반봉건' 기치는 그래서 감동적이지만 누가 이를 견고히 그리고 단호히 성사시킬는지는 아득하기만 했다.

젊은 박헌영을 알려면 김철수를 읽어야 하고 운동의 저변을 파다보면 이재유와 김재봉, 김약수 등과 만나게 되는 까닭도 자연스럽다. 이관술과 정태식도 이해해야 하지만 박치우와 강달삼도 헤아려야 하고 이현상과 이강국을 멀리할 수 없는 사연도 강물처럼 다가온다. 김삼룡과 이주하도 있지만 이영과 정백도 있고 주영하와 이승엽도 함께 하되, 김일성과 모택동을 빼면 삶의 종장終章을 다시 맞춰보기 어려운 이가 그 사내다. 차라리 임화나 이태준의 힘만으로 그 남자를 구할 수 있는 역사라면, 이 땅의 지난 세월은 가없이 낭만적이었을 터다.

어느 한 사람이 많은 이들을 그러모아 고결한 과업을 함께 수행한다 하더라도 죽는 날까지 함께하는 의리만이 집단 지탱의 생리적 근본은 아니다. '동지'라 해도 때로 엇갈리며 상처를 주는가 하면, 보이지 않아도 끈끈한 연대의 감정이나 넘쳐나는 존재감은 조직을 하나로 묶는 기이함이자 투쟁의 나날이 가르쳐준 교훈이기도 했다. 멀리서 던지는 돌이야 동지를 죽일 치명의 독은 아니지만 가장 가까이서 옆구리를 찌르는 칼일랑 피할 재간도, 외면할 배반도 아니었던 터다. 분노와 탄식의 기미조차 내지를 여유란 아예 없었다. 제국주의의 억압도 아프고 불편하지만, 말조차 통하지 않는 밖의 적보다 내부의 이단자가 두려운 이유도 그래서였다.

운동의 층위가 다양하듯, 연구의 단층과 각도 역시 다면적일 수밖에 없음은 인정해야 할 학문현실이다. 필자가 유념하는 삼각구도의 편의성만큼이나 사회주의 운동주체의 '사람됨'과 사상적 '결연함', 그리고 그들의 '조직 활동'이 지니는 '삼투'효과도 과학적 구분이나 체계적 변별이 가능하지 않다는 걸 유념하는 일은 늘 중요하다. 꼭짓점을 전체로 아우를 때 그림이 안정적으로 보이는 까닭이나 이해의 유기적 관련성 역시 마찬가지라는 데 주목할 것이다.

동일한 사상지평과 정당조직 안에서 활동하는 서로 다른 인물들의 행위를 면밀히 관찰·추적하고 해석의 다양한 틀을 마련해 가는 것이 현대사 속의 정치적 인간들에 대한 평전작업의 기본일 것이

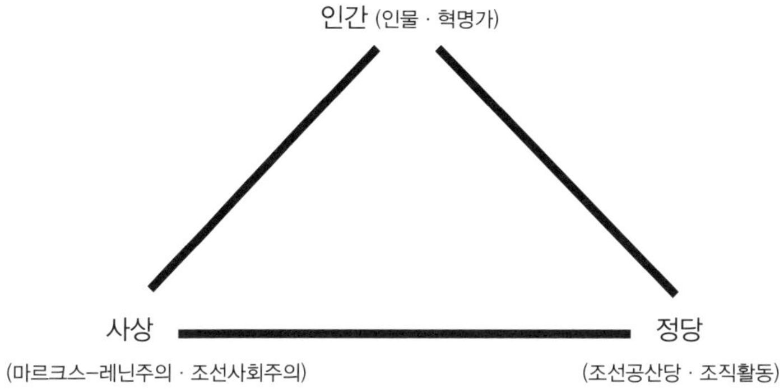

다. 사람의 생각은 같을 수 없으며 적잖은 자기세계의 변화와 굴절의 경험을 인정하는 것이야말로 작업의 부수적인 효과일 것이리라. 박헌영에 대한 인물사연구가 주변의 또 다른 인물들의 정치행적에 대한 관심을 자극하는 승수효과를 키우는 것도 주목해야 할 항목이다.

이들 주제를 아우르는 연구3세대의 폭과 깊이는 간단치 않다. 인물의 행적에만 치중하면 자칫 사상의 수용과 적용은 소홀해지고 이들 두 문제를 동시천착하다 보면 행여 정치적 실천과 조직활동을 외면하게 되는 오류도 감안해야 하기 때문이다. 그렇다고 이들 세 주제를 균형적으로 안배하거나 한꺼번에 다루길 기대한다는 것도 좀체 쉽지 않음을 유념하면, 박헌영에 대한 사회과학적 천착은 복합적일 수밖에 없다. 운동주체가 그 한사람만이 아니라는 이유도 이유지만, 생각의 미세한 편차를 보이는 인물들 개개인의 정치적 판단층위를 총체적으로 담아낼 틀을 고려한다는 것도 단순한 작업은 아니기 때문이다.

그럼에도 불구하고 이들 삼각구도의 각론 탐색은 유의미하다. 우선 인물연구는 사상탐구와 정당연구에 앞선다. '누가 언제 어디서 무엇을 어떻게 왜' 했는지는 평전작업의 기본일 뿐 아니라 모든 인문사회과학의 출발점이며 중요한 거점인 까닭이다. 특히 오랜 세월 금단의 영역으로 방치했던 좌파인사들의 활동과 행적에 대한 이른바 존재론적 탐구는 그만큼 지체될 수밖에 없었고 고의적 왜곡과 폄하의 그늘 역시 견뎌야만 했다. 후즈후*Who's Who*란 개념이 우익의 전유물인 양 여겨져 온 과거를 보면 좌파지도진영의 인물사 탐구[32]는 그 자체로 독자적 가치를 지닌다.

이 부문의 연구는 크게 세 가지 유형으로 진행된다. 사회주의운동을 주도하거나 끝내 같은 진영에 합류하진 않았지만 우익의 친일행적이나 보수적 행태와는 각을 세운 저항인사들[33]과 국내(토착)자

---

32 탐구현실의 척박함에 유념하자면 연구2세대의 노력은 눈에 띄는 작업의 원동력으로 항시 인용가능하다. 운동 주체의 인물사 연구를 위한 데이터베이스와 연구의 기초 인프라로 누가 무엇을 했고 언제 어디서 어떻게 활동했는지 추적하려면 다음 자료는 특히 중요하다. 인물탐구를 위한 효율적인 축적자료accumulative data로는 여전히 압도적인 까닭이다. 강만길·성대경 공동 엮음, 『한국사회주의운동 인명사전』(서울: 창작과비평사, 1996).

33 무정부의자들이 이에 적합할 것이다. 이를테면 신채호를 비롯하여 박열·가네코 후미코金子文子 커플 등은 그들의 노선과 이념을 결코 '사회주의'로 붙박지 않되, 투쟁과 저항의 결연함을 끝까지 고수한다. 정치형식으로 '저항'의 모습은 같아 보이지만 행동을 견인하는 믿음의 성격과 판단의 실천근거를 동기화하는 방식은 자못 '미니멀'하다는 점에서 아나키즘과 소셜리즘의 편차는 의외로 크다. 달리 표현하면, 비슷하지만 다르고 정치적 디테일이 같지

생공산주의 세력[34], 그리고 박헌영 이전의 사회주의운동가[35] 등으로 나눠볼 수 있다. 연구자들에게 해방 전후사의 사회주의운동과 좌절은 뒤늦게 발굴·탐색한 인물들의 존재감과 물리적 행적에 이어 사상적 적용의 한계라는 당연한 과제와 맞물리며 다가간다. 누가 왜 그처럼 실망했고 어쩌자고 같은 이념의 세계에 젖어들면서도 같지 않은 생각들로 다투며 괴로워했는지를 알려면 편의상 사람과 믿음

않아도 지향점은 동일한 둘은 결국 전반적 차이와 결정적 유사성이란 경계선을 공유한다. 아울러 운동의 유사성을 견주면 민족주의진영의 좌우분열도 의식하지 않을 수 없는 게 사실이다. 독립과 해방이란 정치목표는 같았어도 정치폭력의 사용정도와 혁명의 인식에서 둘은 차이가 나기 때문이다. 무정부주의와 강점기의 관계로는 다음 연구 참조할 것. 이호룡, "신채호의 아나키즘," 역사학회(편), 「역사학보」 제177호(2002), pp. 67-104; 한국독립운동사연구소 기획·김인덕 지음, 『박열: 극일에서 분단을 넘은 박애주의자』(서울: 역사공간, 2013); 하승우, "항일운동에서 '구성된' 아나코-코뮨주의와 아나키즘 해석경향에 대한 재고찰: 크로포트킨의 사상을 중심으로," 한국동양정치사상사학회(편), 「동양정치사상사」 제7권 1호(2007), pp. 5-25.

34 '자생'과 '토착'의 의미체계를 어떻게 명료화할는지는 여전히 문제다. 독학과 자기계몽정도로 따지면 유학의 경험여부가 기준이 될 수 있을 것이고 이론과 학문의 우선보다 현실변혁을 위한 실천의지와 급진성 과잉으로 판가름하면 투옥과 고문의 견딤 혹은 도주와 저항의 지구력 등 역량규모로 따져볼 수도 있을 것이다. 대표적인 연구로 다음 참조할 것. 김희곤, 『조선공산당 초대책임비서, 김재봉』(파주: 경인문화사, 2006); 한상도, "김두봉의 항일역정과 인생유전," 건국대학교 인문과학연구소(편), 「인문과학논총」 제39집(2003), pp. 131-148; 이기훈, "종속과 우월: 식민지 엘리트의 사회적 기반과 의식," 한국역사연구회(편), 「역사와 현실」 제63호(2007), pp. 27-38; 정창현, 『인물로 본 북한현대사: 한반도의 또 다른 역사, 그 소용돌이 속의 인물들』(서울: 민연, 2002); 임경석, "강달영, 조선공산당 책임비서," 역사문제연구소(편), 「역사비평」 통권58호(2002년 봄), pp. 247-272.

의 구분은 불가피해진다.

그러나 인물과 사상을 분리하기란 여간 어렵지 않다. 늘 '물에 빠진 소금이 되어선 안 된다'고 외치던 김산의 생각을 응용해보면 더욱 그렇다. 일제의 압박은 놔둔 채, 조선 사회주의혁명은 제대로 돕지도 못하며 조국을 떠나 중국혁명이나 거드는 조선인의 처지란 게 어설피 섞여버린 자기정체의 갑갑함과 무능 사이에서 흔들리는 언필칭 혼돈의 혁명가에 다름 아니었기 때문이다. 설령 물에 빠진 소금이었을망정, 이미 빠져버린 소금의 원형을 분리·복원한다는 것은 자칫 과오의 절차와 정치적 동기의 순수성을 거꾸로 가리는 일만큼이나 힘겨운 과업이었을 것이리라.[36]

---

35 박헌영보다 한 세대 앞서는 대표인물로 김철수를 들 수 있다. 훗날 박헌영과 정치적으로 대립관계에 놓이는 그도 처음부터 불편한 존재는 아니었다. 시류변화나 정치적 영향력 차이에 따른 차별적 대응이 적과 동지의 경계를 넘나드는 경쟁적 긴장관계로 바뀌는 경우가 적잖았다. 김철수에 대한 국내연구의 흐름은 다음과 같다. 임경석, "김철수와 그 경쟁자들," 역사문제연구소(편), 「역사비평」 통권61호(2002년 겨울), pp. 144-173; "김철수와 조선공산당 제2회 대회," 역사문제연구소(편), 「역사비평」 통권60호(2002년 가을), pp. 167-192; 이균영, "자료 김철수 친필유고(220매)," 역사비평사(편), 「역사비평」 계간5호(1989년 여름), pp. 348-374; "김철수 연구: 초기 공산주의 운동사는 다시 써야 한다," 역사문제연구소(편), 「역사비평」 계간3호(1988년 겨울), pp. 240-289; "김철수와 박헌영과 3당 합당," 역사문제연구소(편), 「역사비평」 계간4호 (1989년 봄), pp. 271-284; 한국정신문화연구원 현대사연구소(편), 『지운遲耘 김철수金錣洙·자료총서 제4집』(성남: 한국정신문화연구원 현대사연구소, 1999).

36 박종성, "김산의 혁명사상 연구: 유산된 혁명의 정당성은 옹호될 수 있는가?," 서원대학교 사회과학연구소(편), 「사회과학연구」 제8호(1995), p. 69.

이 같은 생각조차 허용되는 곳이 학문의 지평일 터다. 연구3세대의 장본인들로 이런 작업을 이끈 이들도 많지는 않다. 과거보다야 풍요롭지만 현대사의 비극을 낱낱이 복원하고 난감한 역사를 바꾸기 위해 누구보다 진지했던 인물들과 실천의 원동력으로 변혁사상의 관계를 찬찬히 헤아린 탐구자들은 제한적이다. 이 부문을 이끄는 연구자들로는 임경석과 안재성이 있다. 역사학에 발을 딛고 '넓고 깊게 파기'[37]에 주력하는 경우가 임경석이라면, 문학의 옷을 입고 '좁고 집중적으로 천착'[38]하는 이가 안재성이다. 그런가하면, 공산주

---

37 인물사 뿐 아니라 인물주변사도 다루고 '박헌영 일대기'에 이어 조선공산당의 비밀외교에 이르는 역사의 디테일마저 놓치지 않는다는 점에서 그의 스펙트럼은 넓다. 게다가 미시사와 거시사의 경계는 물론 운동의 초기국면을 주목하는가 하면, 아예 이 땅의 사회주의의 기원까지 소급하려는 사상사적 관심까지 마다치 않는다. 이에 대한 연구들로는 다음 참조할 것. 임경석, 『모스크바 밀사: 조선공산당의 코민테른 가입 외교(1925–1926년)』(서울: 푸른역사, 2012); 『잊을 수 없는 혁명가들에 대한 기록: 윤자영·김단야·임원근·박헌영·강달영·김철수·고광수·남도부·안병렬』(서울: 역사비평사, 2008); 『초기 사회주의운동』(한국독립운동사편찬위원회 편집·천안: 독립기념관 한국독립운동사연구소, 2009); 『한국사회주의의 기원』(서울: 역사비평사, 2003); 임경석·이정박헌영기념사업회, 『이정 박헌영일대기而定 朴憲永一代記』(서울: 역사비평사, 2004).

38 두 사람은 박헌영을 중심코드로 삼아 현대사의 빈자리를 메워 나간다. 임경석이 사실추적과 사료의 집적을 통해 인물사의 실제를 좇는 데 집중한다면, 안재성은 문학적 상상과 현재적 복원으로 세기의 편차를 넘나든다. 전자의 경우 사실의 성실한 축적과 회고를 위한 역사 복기復棋에 주목하는 반면, 후자는 현장성의 강화와 역사적 동류의식배분 혹은 즉시적 감화를 위해 직접화법의 반복과 문학적 기정화 작업에 치중한다. 따라서 두 사람의 작업 사이에 흐르는 팩트와 픽션 혹은 팩션의 편차는 불가피하다. 소설적 기법은 경우에 따라 역사기록을 넘어서는 상상의 과잉으로 감당키 어려운 사실적

의는커녕 '주의' 자체에 몽매하던 이 땅에 정치사상으로서의 사회주의와 그 사회철학적 기본을 '도입·적용··수용'시키기 위해 애쓴 인물들의 연구도 빼놓을 수 없는 대목이다.

이 부분의 연구를 담지한 이들이 '전상숙[39] · 김재현[40] · 신주백[41] · 전명혁[42] · 박종린[43]' 등이다. 특히 강점기초 사회주의사상의 수용과 마르크스주의의 조선화 과정을 지속적으로 탐구하고 나아가 박헌영 그룹의 러시아 유학과정[44]까지 다룰 만큼 조선사회주의운동의 각론 구성은 이제 체계적으로 정비된 셈이다. 인물연구의 지평이 결코 간단하거나 만만치 않음을 방증하는 작업은 지속적으로 쌓인다. 그것이 결코 완성형 개념이 아니라 진행형 시제일 수밖에 없는

간극마저 잉태하는 게 보통이다. 하지만 인문학적 엄정성을 내세워 역사의 기록과 과거의 이해란 그만큼 더디고 난삽할 수밖에 없다는 일상의 선입견을 금세 극복하게 해준다는 점에서 픽션의 의미는 사회교육매체로도 지극히 탄력적이다. 임경석 못지않게 안재성의 기여가 적지 않은 이유다. 그의 문학정치학 작업은 이미 박헌영과 동시대 인물군의 데이터베이스를 구성할 만큼 집중적이며 촘촘한 편이다. 이관술과 이재유에 이어 경성콤그룹을 중심으로 한 강점기 지하운동활동, 그리고 월북문인 이태준에 이르기까지 소설기법에 따른 그의 작업은 곧 박헌영을 중심으로 한 문학적 동심원 그리기로 확장, 구체화한다. 이에 대해서는 다음 결과물들 참조할 것. 안재성, 『실종작가 이태준을 찾아서』(서울: 푸른사상, 2015); 『이관술: 1902-1950』(서울: 사회평론, 2006); 『이현상 평전』(서울: 실천문학사, 2007); 『잃어버린 한국현대사: 피와 순수의 시대를 살아간 항일독립운동가 19인 이야기』(서울: 인문서원, 2015); 『경성 트로이카』(서울: 사회평론, 2004); 안재성 지음·장선환 그림, 『식민지 노동자의 벗 이재유』(파주: 사계절출판사, 2008).

주제임도 물론 포함하면서 말이다.

---

39 전상숙, 『일제시기 한국 사회주의 지식인 연구』(서울: 지식산업사, 2004); "사회주의 수용 양태를 통해본 일제시기 사회주의운동의 재고찰," 한국동양정치사상사학회(편), 「동양정치사상사」 제4권 1호(2005), pp. 155-171; "한국 초기 사회주의 지도세력에 관한 고찰: 조선공산당을 중심으로," 이화여자대학교 대학원 정치외교학과 석사학위논문(1987).

40 김재현, 『한국 사회철학의 수용과 전개』(서울: 동녘, 2002).

41 신주백, "박헌영과 경성콩그룹: 최초 발굴 재판기록을 통해서 본 경성콩그룹의 조직과 활동," 역사문제연구소(편), 「역사비평」 통권13호(1991년 여름), pp. 267-311.

42 전명혁, "1930년대 이강국과 그의 인민전선론 인식," 경상대학교 사회과학연구원(편), 「마르크스주의 연구」 제5권 3호(2008), pp. 177-196; "사회주의 사상의 도입과 조선공산당 창건," 진보평론(편), 「진보평론」 제2호(1999년 겨울), pp. 334-358.

43 특히 그는 강점기 조선의 사회주의수용에 대해 집중적 관심을 보인다. 시기와 지역, 사상가와 수용대상 등 폭넓은 부분에 걸쳐 이 문제를 천착한다. 그의 연구결과들로는 다음 참조할 것. 박종린, "1910년대 재일유학생의 사회주의사상 수용과 '김철수그룹'," 수선사학회(편), 「사림」 제30호(2008), pp. 153-172; "1920년대 사회주의사상의 수용과 맑스주의 원전 번역: 『유토피아에서 과학으로의 사회주의의 발전』을 중심으로," 한국근현대사학회(편), 「한국근현대사연구」 제69호(2014), pp. 37-67; "1920년대 사회주의사상의 수용과 사회과학연구사," 역사문제연구소(편), 「역사문제연구」 제26호(2011), pp. 209-233; "1920년대 사회주의사상의 수용과 일월회," 한국근현대사학회(편), 「한국근현대사연구」 제40호(2007), pp. 45-68; "1920년대 전반기 사회주의사상의 수용과 물산장려논쟁," 한국역사연구회(편), 「역사와 현실」 제47호(2003), pp. 67-88; "1920년대 초 공산주의 그룹의 맑스주의 수용과 '유물사관요령기'," 한국역사연구회(편), 「역사와 현실」 제67호(2008), pp. 77-100; "1920년대 초 사회주의사상의 수용과 「신생활」," 수선사학회(편), 「사림」 제49호(2014), pp. 73-105; "1920년대 초 정태신의 마르크스주의 수용과 '개조'," 역사문제연구소(편), 「역사문제연구」 제21호(2009), pp. 137-157; "바쿠닌과 슈티르너의 아나키즘과 식민지 조선," 한국동양정치사상사학회(편), 「동양정치사상사」 제7권 1호(2007), pp. 27-45.

강점기 조선사회주의운동과 해방 후 분단구조 속에서 운동의 지속은 중요한 문제다. 분단공간에서 서로의 정치적 우위와 주도권을 점유·장악하기 위해 남북한 당국의 밀사역할을 담당한 '인사'들의 거래와 탐문[45]의 의미는 여기서 아무리 강조해도 지나치지 않는다. 특히 미군정의 장기화로 설 땅을 잃게 된 박헌영의 해방공간의 제약을 '월북'의 기정화로 돌파하려는 과정에서 활약한 인물들의 행적과 기여[46]도 밑줄 그어야 할 부분이다. 하물며 남북한의 대립적 정권이 들어서게 되는 과정은 물론 그 제도적 고착화 절차[47]까지랴.

사회주의 혁명사상의 전개와 운동 국면의 변화 역시 둘로 나뉜

---

44 임경석(2000), 앞글, pp. 132-134, 139-142; 김국화, "동방노력자공산대학 조선학부 연구(1924-25년)," 성균관대학교 대학원 사학과 석사학위논문(2013).

45 이에 대해서는 다음 연구 참조할 것. 유영구, 『남북을 오고간 사람들: 남의 조직사건과 북의 대남사업』(서울: 글, 1993).

46 박병엽 구술·유영구/정창현 엮음, 『김일성과 박헌영 그리고 여운형: 전 노동당 고위간부가 본 비밀회동』(서울: 선인, 2010).

47 서동만, 『북조선사회주의 체제성립사: 1945-1961』(서울: 선인, 2005); 서대숙 지음·서대숙 옮김, 『북한의 지도자 김일성』(서울: 청계연구소, 1989); 최용탁, 『남북이 봉인한 이름 이주하』(서울: 가갸소랑, 2013). 북한정권수립에 이바지한 크고 작은 세력들의 긴장과 균형까지 여기서 논의하긴 그 자체로 너무 방대하다. 하지만 정권수립은 강력한 지도자 한 사람의 카리스마만으로 가능하지 않고 견제와 추종의 정치적 단위들이 보이는 치열한 경쟁과 이를 의식하는 권력의 가치배분결과임을 인정하게 된다. 문제는 누가 더 많이 이바지했는지에 대한 대중적 지지와 그에 따른 정치적 정통성 확보를 위해 권력지분을 어떻게 산정할 것인지와 직결된다. 북한의 경우는 다음 연구 참조할 것. 정병일, "북한의 초기국가건설과 연안파 역할: 역사적 재조명," 서강대학교 대학원 정치외교학과 박사학위논문(2012).

다. 강점기와 해방공간의 분화 혹은 그 이후를 말한다. 엄격히 말하자면 사상운동의 전개 역시 국내와 해외정치공간을 감안하여 권역별 블록화 현상과 그 각축과정까지 아우르는 광범위한 분석틀을 요구하는 게 사실이다. 하지만 여기서는 주로 박헌영이 주도한 그것에 국한하기로 한다. 그가 간접 체험한 강점기초의 러시아혁명은 적어도 꿈이자 희망으로 다가온다. 사랑하며 아끼는 이들과 직접 수학한 러시아에서의 사회주의이론은 한시라도 바삐 적용해야 할 변혁의 도구였다. '반제·반봉건'의 혁명 깃발[48]은 두말할 필요조차 없고 자본주의를 반드시 거치지 않고도 봉건주의단계에서 역사는 막바로 사회주의 정거장에 도착할 수 있다는 레닌의 도약이론 역시 젊은 혁명가의 가슴을 치기 족했다.

혁명이론의 오류와 모순은 흐르고 넘쳐나는 '울림'과 '떨림'에 가려 제대로 보일 리 없었다. 운동주체의 잠재적 정치욕구와 그에 따른 결과로 헤게모니 장악을 위한 실질경쟁이 끝내 계파투쟁의 골을 넘지 못하게 되리란 예측도 그리 또렷하진 않았다.[49] 미래에 무릅써야 할 엄청난 문제들 때문에 당장의 과업을 미루거나 게을리 할 수 없었던 까닭이다. 투쟁대상을 제국주의와 봉건주의로 모아가면

48 이에 대한 연구의 한 예로 다음을 들 수 있다. 홍익표, "박헌영 반제노선 전개과정연구," 고려대학교 대학원 정치외교학과 석사학위논문(1990).

49 '파쟁'은 조선사회주의운동의 상수인 양, 인용·인식된다. 이에 대해서는 주로 다음 참조할 것. 장복성, 『조선공산당파쟁사』(서울: 돌베개, 1984); 최봉춘, "조선공산당파쟁론," 한국민족운동사학회(편), 「한국민족운동사연구」 제65호(2010), pp. 73-106.

서 해방공간의 국가건설과정까지 돌파[50]하거나 주변의 온갖 정치적 고통마저 흔쾌히 이겨낼 일은 아니었다.[51]

신분의 억압적 잔재와 계급모순을 깨고 제국주의의 음험한 민족 압박까지 동시에 부순다는 사상적 열정으로 새로운 세상을 꿈꾼 이들이 모여 만든 이 땅 최초의 정치적 결사체가 '조선공산당(이하 '조공'이라 함)'이다.[52] 1925년 4월 17일을 기억해야 할 이유다. 출발부터

---

50 조현수, "박헌영의 국가건설사상: 사회주의 국가건설," 오문환 외 6인 지음, 『국가건설사상 III』(고양: 인간사랑, 2006), pp. 213-257.

51 강점기 조선사회주의운동의 사상적 기반과 그 단절적 지탱은 아직 온전히 기록되지 않고 있다. 기초연구로 다음 몇 가지가 대표적이다. 박종성, "박헌영의 정치노선연구," 서원대학교(편), 「서원대학교 논문집」 제25집(1990), pp. 173-192; 박한용, "1930년대 혁명적 노동조합운동," 진보평론(편), 「진보평론」 제5호(2000년 가을), pp. 363-380; 강동진, "일제하의 한국사회운동사 연구," 건국대학교 학술연구원(편), 「학술지」 제11집(1970), pp. 101-129; 김형국, "1929-1931년 사회운동론의 변화와 민족협동전선론," 국사편찬위원회(편), 「국사관논총」 제89집(2000), pp. 259-282; 이준식, "일제강점기 사회주의운동의 진화와 발전: 민족문제인식을 중심으로," 국사편찬위원회(편), 「한국사론」 제43집·광복60년 한국의 변화와 성장 그리고 희망(2006), pp. 57-99; "한국근대사에서 사회주의계열 민족해방운동의 역사적 실체," 서해문집(편), 「내일을 여는 역사」 통권24호(2006년 여름), pp. 68-82; 이수일, "일제말기 사회주의자의 전향론: 인정식을 중심으로," 국사편찬위원회(편), 「국사관논총」 제79집(1998), pp. 95-134; 이균영, "코민테른 제6회 대회와 식민지 조선의 민족문제," 한국역사연구회(편), 「역사와 현실」 제7호(1992), pp. 293-339; 최규진, "조선 사회주의자들의 운동노선과 합법공간진출(1929-1945년)," 성균관대학교 대동문화연구원(편), 「대동문화연구」 제56호(2006), pp. 253-288.

52 조형열, "〈조선공산당선언〉, 일제하 조선공산당의 운동노선과 민족통일전선," 서해문집(편), 「내일을 여는 역사」 제27호(2007년 봄), pp. 265-275; 신춘식, "조선공산당을 위한 변명," 진보평론(편), 「진보평론」 제3호(2000년

분파투쟁을 무릅쓴 당이 향후 3년에 걸친 억압과 재건의 길[53]에서 마저 견뎌야 했던 위기[54](1928년 4차 조공의 와해)는 크게 네 가지다. 1) 조공은 조선민중의 정치적 대표성을 지니는가, 2) 조공은 식민당국의 압박을 극복할 내재적 투쟁역량과 대외교섭능력을 갖췄는가[55],

---

봄), pp. 301-313; "조직주체를 중심으로 본 '조선공산당' 창건과정," 수선사학회(편), 「사림」 제8호 (1992), pp. 39-74; 이준식, 『조선공산당 성립과 활동』(한국독립운동사편찬위원회 편집·천안: 독립기념관 한국독립운동사연구소, 2009); 자료발굴, "소련에서 최초로 발견된 조선공산당 기관지 「불꽃」(제7호, 1926년 9월 1일)에 실린 『조선공산당선언』," 역사비평사(편), 「역사비평」 통권19호(1992년 겨울), pp. 349-361; 박재만, "코민테른 제3차대회에서의 고려공산당의 보고," 역사비평사(편), 「역사비평」 계간6호(1989년 가을), pp. 357-368.

53 이에 대한 본격적인 탐구는 다음 참조할 것. 한국역사연구회 1930년대 연구반, 『일제하 사회주의운동사』(서울: 한길사, 1991); 최규진, 『조선공산당 재건운동』(한국독립운동사편찬위원회 편집·천안: 독립기념관 한국독립운동사연구소, 2009); 신주백, "1930년대 사회주의운동 연구: 1929-1930년대 전반기 당 재건운동을 중심으로," 국사편찬위원회(편), 「국사관논총」 제64집(1995), pp. 169-214; "1930년대 혁명적 노·농운동의 조직문제에 관한 한 연구," 역사문제연구소(편), 「역사비평」 계간7호(1989년 겨울), pp. 103-122; 박종린, "1920년대 '통일'조선공산당의 결성과정," 한국사연구회(편), 「한국사연구」 제102호(1998), pp. 215-259; 이준식, "조선공산당 재건운동," 진보평론(편), 「진보평론」 제4호(2000년 여름), pp. 309-324.

54 김남식과 심지연은 이렇게 비판한다. "일제하의 공산주의자들은 1928년 4차 조공의 와해를 끝으로 당 재건이라는 과제를 끝내 이루지 못한 채 1945년을 맞이하게 되었다. ⋯⋯1925년에 조직된 조선공산당도 1928년 해산때까지 결국 당의 강령을 채택하지 못했던 사실을 생각할 때, 박헌영은 1945년 당에서도 일제하의 한계를 극복하지 못하고 그대로 답습한 셈이다. 당 생활의 원칙과 당 조직의 체계들을 규제하는 당 규약의 경우도 당 강령과 마찬가지 상태였다." 김남식·심지연(편), 앞책, pp. 537-538.

55 임경석, "1926년 조선공산당의 코민테른 가입 외교," 수선사학회(편), 「사

3) '파쟁'은 조공 운영의 상수인가, 변수인가[56], 4) 그들은 이 같은 모순과 한계를 동시 극복할 자체 리더십을 확보했는가[57]가 그것이다.

파쟁의 한계만큼 문제였던 것이 조선공산주의운동의 정치적 공간분화spatial differentiation다. 조공의 국내파쟁에 앞서 이미 해외로 진출한 민족주의 좌파진영의 자기중심적 정당운용[58]은 상해와 이르쿠츠크로 나뉜 두 개의 고려공산당[59] 혹은 일본[60]·만주 등지의 조공활동[61] 모두의 문제였기 때문이다. 파쟁이라는 문제 하나로 그

림」 제39호(2011), pp. 229-255; "식민지시대 반일 테러운동과 사회주의," 한국역사연구회(편), 「역사와 현실」 제54호(2004), pp. 321-347; "잡지 「콤무니스트」와 국제선 공산주의그룹," 한국사연구회(편), 「한국사연구」 제126호(2004), pp. 177-201.

56 유승렬, "1920년대 조선공산당의 조직위상에 대한 비판," 역사문제연구소(편), 「역사비평」 계간7호(1989년 겨울), pp. 58-84.

57 이에 대해서는 다음 참조할 것. 임경석, "김철수와 그 경쟁자들," 역사문제연구소(편), 「역사비평」 통권61호(2002년 겨울), pp. 144-173; "김철수와 조선공산당 제2회 대회," 역사문제연구소(편), 「역사비평」 통권60호 (2002년 가을), pp. 167-192; 이현주, "조선공산당의 권력구상과 '조선인민공화국'," 한국근현대사학회(편), 「한국근현대사연구」 제36집(2006), pp. 75-110.

58 최선웅, "1920년대 초 한국공산주의운동의 탈자유주의화 과정: 상해파 고려공산당 국내지부를 중심으로," 고려사학회(편), 「한국사학보」 제26집(2007), pp. 285-317.

59 고려공산당 전반에 대한 연구로는 다음 참조할 것. 임경석, "고려공산당연구," 성균관대학교 대학원 사학과 국사전공 박사학위논문(1993).

60 김인덕, "조선공산당재건투쟁협의회 일본출판부의 조직과 활동," 한일민족문제학회(편), 「한일민족문제연구」 제3집(2002), pp. 37-68.

61 만주의 경우로는 다음 연구결과들 참조할 것. 장세윤, "재만在滿 조선혁명당의 조직과 민족해방운동," 수선사학회(편), 「사림」 제18호(2002), pp. 71-104; 최정식, "조선공산당 만주총국 조직과정연구," 고려대학교 대학원 한국

들의 정치역량을 폄하·배제할 수 없음은 분명하다. 하지만 운동단계마다, 정치적 공간의 확장시점마다 이를 슬기롭게 극복하지 못한 운동 당사자들의 계파중심주의는 분단의 고착화를 넘어 북한정권 수립이후까지 지속된 사실상 고질의 한계다. 강점기 조선사회주의 운동의 국내정치화와 해외공산당 통합 혹은 그 제도화를 논의해야 할 필요에도 불구하고 궁극적 공허함을 이겨내지 못하는 이유이기도 했다.

정치적 생각 혹은 사상의 '충돌'과 '파쟁'은 다른 개념이다. 하지만 사상의 동질성 속에서도 실천방법이나 전술적 차이를 바탕으로 생각이 갈리거나 더욱이 권력쟁취가 목표의 전부가 될 때 자신의 노선과 입지는 적과 동지를 가르는 선명한 기준이 되는 경우가 흔하다. 정치적 태생은 같아도 운동결과와 권력 장악여부에 따라 '패clan/clique'가 갈리고 목숨을 거는 싸움이 본격화하는 것도 당사자들에겐 눈앞의 현실이 된다. 나눠가질 가치의 희소성으로 인한 투쟁은 곧 직업정치의 운명처럼 굳어지는 것이다.

강점기 조선사회주의 운동에서 '파쟁'은 흔히 운동 전체의 맥락을 부정해 버리거나 일정한 목적성을 지닌 또 다른 노선의 정치적 공격명분으로 변질·호도되는 경우가 흔하다. 애먼 트집이나 억지 비

사학과 석사학위논문(2002); 황민호, "1920년대 후반 재만在滿한인공산주의자들의 노선전환과 간도봉기에 관한 연구," 국사편찬위원회(편), 「국사관논총」 제79집(1998), pp. 63-94.

판도구로 악용했던 탓이다. 이 같은 행위가 흔히 반공을 전면에 내세우는 보수우익의 강제적 진영논리나 극우 파시스트들의 '반대를 위한 반대'의 잦은 메뉴로 애용되는 경우도 상식처럼 굳어진 지 오래다. 그럼에도 불구하고 조선공산당의 경우는 이 같은 지적과 오해를 피할 재간이 없다. 한국 근·현대사 최초의 자생적 사회주의정당이 당 강령조차 제대로 채택하지 않은 채 타율적 억압에 따른 재건불능의 내재적 한계를 고스란히 드러냈기 때문이다. 여기서 식민당국의 극단적 억압은 다시 당 재건과정을 어렵게 만든 것 역시 사실이다. 그런다고 해서 그들 사이의 생각의 '다름'을 슬기롭게 조율·극복하지 못한 내재적 모순이 면책되는 건 결코 아니며 그로 인한 책임소재마저 사라질 수 없는 까닭이다. 특히 조선공산당 창립대회에 참석한 19인[62]가운데 이를 피할 수 있는 사람은 하나도 없다는 데 주목해야 한다.[63]

---

62 이들 명단의 실존성 여부에 대한 논란에도 불구하고 다음 연구는 설득력 있는 근거로 그 진위를 추적, 참석자의 이름을 압축한다. 임경석, "조선공산당 창립대회연구," 성균관대학교 대동문화연구원(편), 「대동문화연구」 제81집(2013), pp. 365-366. 그들은 다음과 같다. 〔김상주金尙珠·김약수·김재봉·김찬金燦·독고전獨孤佺·송봉우宋奉瑀·유진희兪鎭熙·윤덕병尹德炳·정운해鄭雲海·조동호·조봉암·주종건朱鍾建·진병기陳秉基·최원택崔元澤·홍덕유洪悳裕·김기수金基洙·박헌영·신동호申東浩·이봉수李鳳洙〕

63 임경석은 이렇게 단언한다. "강령을 채택하지 못한 이유는 명백했다. 4월 당대회 대의원들 사이에 내재한, 조선혁명의 성격과 목표에 관한 견해차이가 강령 채택을 불가능하게 했던 것이다. 강령 작성을 중앙집행위원회에게 위임한 것은 대회 석상에서 표출된 이견을 예각화하지 않으려는 고려에서 나온 결정이었다. 조선혁명의 성격과 과업에 관한 의견은 일치하지 않았지만, 그

강점기 조선사회주의 운동과정에서 주목해야 할 또 다른 연구대상은 박헌영이 몸담은 정치적 결사체와 주변단체들과의 '관계' 혹은 '흐름'이다. 비슷하지만 결코 같지 않고, 크게 다른 듯 보여도 실제로 상당부분 공유하는 정치적 '정서'와 행동의 '문화'를 나눈다는 점에서 이 문제는 사실상 독립적 탐구주제다. '신간회'는 물론 '서울청년회'와 3·1이후 격앙·고조된 정치적 저항의식을 담는 지방단위 결사체까지 아우르면 이는 사회주의 운동세력이 지나치지 못할 중요한 행동단위였기 때문이다.[64]

렇다고 해서 창당대회를 결렬시킬 의도는 대의원 누구에게도 없었던 것이다." 윗글, p. 372.

64 이들 문제에 대해서는 주로 다음 연구결과 참조할 것. 임경석, "1922년 상반기 재 서울 사회단체들의 분규와 그 성격," 수선사학회(편), 「사림」 제25호(2006), pp. 211–240; "초기 사회주의자들의 군사활동: 고려혁명군을 중심으로," 국사편찬위원회(편), 「국사관논총」 제75집(1997), pp. 35–64; 이현주, "서울청년회의 초기조직과 활동: 1920–1922," 국사편찬위원회(편), 「국사관논총」 제70집(1996), pp. 1–43; 전명혁, "서울청년회의 분화와 서울파의 형성," 한국외국어대학교 역사문화연구소(편), 「역사문화연구」 제9집(1999), pp. 139–172; 정용욱, "신간회 조직의 한계와 반제민족통일전선," 역사문제연구소(편), 「역사비평」 계간7호(1989년 겨울), pp. 85–102; 조규태, "신간회 경성지회의 조직과 활동," 국사편찬위원회(편), 「국사관논총」 제89집(2000), pp. 237–258. 홍영기, "1910년대 전남지역의 항일비밀결사," 전남사학회(편), 「역사학연구」 제19집(2002), pp. 393–418. 1920년대 후반 학생운동의 확장에 대해서는 다음 연구 참조할 것. 김성민, "1920년대 후반 광주지역 학생운동조직의 발달," 한국근현대사학회(편), 「한국근현대사연구」 제37집(2006년 여름), pp. 193–232; "1920년대 후반 서울지역 학생운동의 조직과 성격," 한국근현대사학회(편), 「한국근현대사연구」 제31집(2004년 겨울), pp. 169–203.

문제는 그들 사이의 이념적 편차나 행동양식의 다름보다 더 큰 곳에 있었다. '저항'이라면 두렵기 그지없는 데다 여전히 주눅 든 채, 대열 전면에 나서길 꺼려하는 압도적 다수의 조선 민중이었다. 그리고 이들과의 절대적 연계를 도모하지 못한 채, 운동의 주도권만 노리거나 국내 헤게모니 장악 이후 유리한 정치적 거점마련에 급급한 당대 실천단위들을 제대로 바라보는 일이다. 천신만고 잘 버텼지만 이 대목에서 별다른 역할을 주도하지 못한 박헌영에 유념하며 말이다.

제국주의와 맞서 싸우기 위해 '혁명가'의 역할로 스스로를 감싸기란 힘겨웠을 것이다. 저항과 대립만도 버거운 상황에서 꿈쩍 않는 민중을 계도하고 새로운 세상의 얼개마저 세워 그들을 덩실거리게 만들기란 다시 태어나기보다 어려웠으리라. 어떻게 명분을 세운들, '식민의 나라'에서 자기 몸 하나 온전히 추스른다는 건 민중계몽과 궁극적 교화 앞에서야 차라리 소박한 목표였기 때문이다. 이념에 의한 세상의 변화라곤 꿈조차 꾸지 못한 이들에게 이념이 무엇인지 그 내용을 가르치며 달라질 세상의 모습까지 주입·감동시키려는 일체의 행위는 '조선사회주의 혁명'의 완수 이상으로 힘겹고도 중요한 과업이었다. 과장하면 그런 세상이 실제 오리란 기대에 부풀거나 들뜨기보다 장차 그러리란 생각의 기발함만으로도 적잖은 이들이 흔들리고 있었을 것이다.

맹아적 단계의 이데올로기적 홍분일망정, 그런 생각의 '자락'만으로도 꿈결처럼 흔들렸음은 당연했다. 그악스레 견디던 나날을 어떻게든 버틸 새로운 출구나마 찾을 민족의 중추라면 차라리 행복하였을 것이다. '주어진 자유'의 대가를 장차 분단과 전쟁으로 치러야 했던 이들이라면, '해방'이라는 단어와 '광복'이라는 메시지가 던지는 인식의 근본 차이가 무엇인지도 금세 터득할 일이었다. 쟁취한 자유, 즉 자발적 근대화에 성공한 이들이 치르는 정치적 행위를 반드시 혁명이라고만 표현할 것이었다면 해방공간의 조선 민중들이 극복해야 할 주눅의 무게도 여전히 버거웠다. 이념은커녕, 행동과 실천의 자발성을 도출해 본적 없는 이들에게 느닷없는 '자유'와 도둑처럼 찾아든 '해방'이란 '고통' 그 이상도 이하도 아니었기 때문이다.

'해방이 박헌영에겐 반갑지 않았다'고 단언하는 건 논리적으로 무리다. 하지만 가슴 벅찬 상황을 자기 뜻대로 운용할 수 없었던 역설은 차라리 홀로 애태우며 삭여야 할 '시기'이자 기묘한 '질투'처럼 그의 품을 헤집는다. 게다가 일찍이 맛보지 못한 정치적 자유와 함께 얄미운 거짓처럼 찾아든다. 때로 혁명을 요구하는 사회주의자들의 포효 앞에선 그리도 곧잘 뒷걸음질 치던 민중의 대부분은 '좌'와 '우'의 싸움을 눈여겨 바라볼 만큼 용감해졌고 어느 진영에 몸담는 게 자신에게 유리한 지 판단하고 저울질할 만큼 '합리적'으로 변해가고 있었다.

상황도 상황이지만 경쟁하는 정치세력들과 더 알지 못할 속내를 옹골차게 숨기는 민중의 태도도 그에겐 '짐'이었다. 버겁도록 몰아치는 불운의 먹구름이야 혹여 기다리면 사라질 수 있으리라 여겼지만, 기실 숨기지 못할 속내와 한창 나이의 혁명가가 맞서야 할 최대

최강의 적은 바로 자신에게 숨어 있었다. 미행과 도주, 억압과 체포, 취조와 고문, 투옥과 옥중투쟁에 이어 끝 모를 지하활동을 통한 무작정의 정치적 '기다림'은 그를 의심 많고 조바심내지 않을 길 없는 운동가the impatient revolutionary로 바꿔놓고 있었던 터다.

문제는 이미 지칠 대로 지쳐 늪인지 산인지 가늠키 어려운 조선혁명의 앞길을 그래도 가늠해야만 했던 박헌영의 곤고困苦한 '육신'이었다. 40대 중반에 이르도록 그리도 파란만장한 삶을 버텼지만, 모스크바나 북경도 그가 쉴 곳은 어림없었고 이르쿠츠크나 상해 역시 기꺼이 안길 데는 아니었다. 궁극으로 '서울'은 그의 행동중심공간이었고 행여 떠나더라도 돌아와야 할 불안한 안식의 미래였다. 이제는 족히 맛볼 행복이자 감동의 기회였으련만, 아직도 비껴가는 세월은 그의 또 다른 불운이 더 혹독하고 참담할 뿐이라는 앞날을 예고하고 있었다. 극단적으로 바라보면 그의 '쉼터'는 조국 안에 없었다.

전대미문의 정치적 자유라 한들 누려도 좋을 그였지만, 감내하기 어려운 정치적 조건의 악화는 단순히 '불운misfortune'이란 단어만으로 형용하긴 어려웠다. 보란 듯 다시 일으켜 세워 조선공산당 '본연'의 모습을 펼치고 가능하다면 확장과 번영의 국내거점을 튼실히 마련하고 팠지만 남한은 이미 그가 뻗어나갈 자유의 공간이 아니었다. 최소한의 정치적 생존을 위해서라도 그가 택할 수밖에 없는 공간은 '북'이었다. 원치 않는 월북일망정, 기꺼이 무릅써야 했던 그의 삶은 하필 그 이후부터가 절정이다. 스탈린이 아무리 신임하는 김일성이더라도 사회주의 정권의 궁극적 주도권이 박헌영 자신에게 돌아오리란 믿음마저 없었다면 지나간 45년 삶은 너무나 허전하고 외로웠을 터다.

길어야 1년 남짓 이어진 그의 해방공간투쟁이 강점기 활동기의 그것보다 연구와 분석에서 제한적임은 불가피하다. 46년 9월, 완전 월북한 그가 한국전쟁기 다시 임장臨場확인을 위해 남하할망정, 경성콤그룹 이후 남로당까지 이어지는 절반의 주도권을 현실 정치적으로 굳히거나 그것만으로 당대 한반도 사회주의운용의 기선을 제압할 수는 없었다. 남북한 정치공간에서 동시에 밀리는 입지와 박헌영에게 우호적이지 않았던 외부환경에 이어 물리적으로 확인이 어려운 월북 이후 10년간 활동은 관찰과 추적의 적잖은 제약이 뒤따른다.

그럼에도 불구하고 해방공간 투쟁기의 박헌영 연구는 다양하게 진행된다. 갑작스레 주어진 자유로 들끓는 정치상황과 감격이야 말할 수 없는 지경이지만 이를 심리적으로 정돈할 능력이나 사회적으로 통합할 기운마저 없었음은 예기치 않은 과제였다. 강점기간의 독립투쟁과 실천경력을 내세워 이른바 '지분경쟁'에서 우위를 다투려는 과정은 혼선 그 자체다. 아직 지상으로 올라오지 않았던 박헌영이지만 그에게도 정치적 자유는 비상한 자산이었고, 자신만이 온전한 주역이라고 내세울 수 없는 엄혹한 상황 역시 신중히 저울질해야 할 선물이었다.

해방공간의 박헌영 활동에 대한 기존 연구와 관련하여 동시에 생각하게 되는 딜레마는 크게 세 가지다. 새삼스런 역사의 재구성으로 강점기 이후 한국전쟁기에 이르도록 박헌영을 덮치는 정치적 불운의 지속이 그것이다. 그의 조공활동을 억압하는 일본의 정치폭력과 미리 내다보지 못한 미국의 군사폭력에 이어 소련의 견제폭력으로 심화하는 분단의 고착화는 궁극적으로 박헌영의 상대적 자율성을 위축시킨다. 누군가와 맞서 싸우는 게 그의 평생 운명이었다 한들, 한결같이 계속되는 대타적 투쟁의 시퀀스는 '일본 → 미국 → 소련'과의 관계 역시 끝내 우호적일 수 없게 만든다. '적'일 수 없는 소련마저 비는 피하게 할 지붕이었을지언정, 바람이나 눈마저 막아낼 외투와 튼실한 담장노릇까지 할 수 없었던 건 각별한 아이러니다.

다음 그림은 그가 끝내 뚫지 못한 세 겹의 두터운 장막과 맨몸으로 감당키 어려웠던 중층의 한반도 모순을 암시한다. 멀리는 국제관계의 암묵적 교착과 가까이는 마음 같지 않은 동지들의 갈등과 이반이 만년의 박헌영을 괴롭힌 다중의 장해였음을 반증한다.[65] 제

65 조공의 재건이 지속적으로 어려웠던 직접적인 이유가 당대 한반도의 국제적 이해관계 균점均霑과 갈등 혹은 그 충돌에 있었던 건 물론 아니다. 즉발적 원인은 분명 합의와 타협을 이끌지 못하는 내부에 있었다. 그리고 목적의 고결함을 위해 각자의 명분을 포기하지 않으려는 강력한 정치성과 불타협이 곧 정의임을 잊지 않으려 애쓴 대표집단이 사회주의그룹이었음도 부인할 수 없다. 하지만 국내정치를 결정하는 원인遠因과 구조적 변인이 국제관계와 국가이익으로부터 배양·숙성된다는 사실은 해방공간에서도 예외가 아니다.

한된 시기였지만, '해방 직후'는 그래서 특별한 관심대상이다.[66] 정치적 흥분과 감동도 한몫했지만 새로운 자유의 공간에서 승리를 선점하려는 여러 정치세력들의 각축과 충돌은 흥미롭고 긴장어린 부제로 도드라졌기 때문이다.

그러나 해방 후까지도 정치적 재건과 통합능력을 발휘하지 못한 좌파 내부의 지속적 갈등은 우파와의 합작마저 성사시키지 못한 구

---

66 같은 해방공간이라 하더라도 45년 8월 15일 이후의 시간적 지평을 호흡하는 방식과 대응의 문화는 달랐다. 뿐만 아니라 나날의 변화를 감지·행동하는 조응의 모습도 같지 않았다. 이에 대해서는 특히 다음 참조할 것. 박종성, 『한국의 정치폭력: 해방 후 권력과 민중의 충돌』(서울: 서울대학교출판부, 2001), p. 167. 해방직후 정치상황에 대한 인문·사회과학의 관심은 폭넓게 펼쳐진다. 대표적인 단면들로 다음 연구 참조할 것. 이환병, "해방직후 맑스주의 역사학자들의 한국사인식," 한국사학사학회(편), 「한국사학사학보」 제5집(2002), pp. 41-88; 정승현, "해방공간의 박헌영: 공산주의의 한국화," 서강대학교 현대정치연구소(편), 「현대정치연구」 제5권 2호(2012), pp. 133-164; 신주백, "해방, 광복," 역사문제연구소(편), 「역사비평」 통권75호(2006년 여름), pp. 291-295; 이완범, "해방 직후 공산주의자들의 혁명단계론," 한국학중앙연구원(편), 「정신문화연구」 제31집 3호(2008), pp. 5-40; 이주환, "해방직후 조선공산당 내 분파투쟁과 '북조선분국'," 동국사학회(편), 「동국사학」 제38집(2002), pp. 195-229; 고지훈, "해방 직후 조선공산당의 대미인식," 역사문제연구소(편), 「역사문제연구」 제17호(2007), pp. 203-233; 기광서, "해방 직후 조선공산당에 대한 소련의 입장," 역사문제연구소(편), 「역사비평」 통권65호 (2003년 겨울), pp. 227-248; "해방 후 김일성의 정치적 부상과 집권과정," 한국역사연구회(편), 「역사와 현실」 제48호(2003), pp. 249-279; 남광규, "해방 직후(1945.9-11) 정당협력운동의 실패와 이승만, 박헌영의 임정 견제," 한국국제정치학회(편), 「국제정치논총」 제46집 1호(2006), pp. 143-164; "해방초 임정·인공 정치기반의 동질성과 대립원인," 한국국제정치학회(편), 「국제정치논총」 제45집 3호(2005), pp. 149-169.

조적 원인으로 작동한다.[67] 혼돈과 무질서 속에서도 모처럼의 자율적 구조조정(혹은 자발적 재구조화the voluntary restructuralization)을 이룩하지 못한 점은 모처럼의 민주주의 학습과정을 일탈한 치명적 한계다. 결국 해방공간의 한국정치연구는 거침없이 '몰려드는' 주제의 과잉으로 단순화시킬 수 있다. 하지만 자세히 들여다보면, 궁극적 헤게모니 장악과 '비(非/未)제도적 제도화' 과정으로 부를 힘의 공백 상태에서 최종승자를 가리는 무한경쟁의 절차[68]를 다루고 있음을

---

67 이에 대해서는 다음 참조할 것. 정용욱, "조선공산당 내 '대회파'의 형성과정," 국사편찬위원회(편), 「국사관논총」 제70집(1996), pp. 45-76; 이준식, "조선공산당 재건운동," 진보평론(편), 「진보평론」 제4호(2000년 여름), pp. 309-324; 김인식, "좌우합작운동에 참여한 우익 주체의 합작 이론," 국사편찬위원회(편), 「국사관논총」 제96집(2001), pp. 271-304; 이완범, "조선공산당의 탁치노선 전환 이유: '소련지령설'의 비판적 보완, 1945-1946," 한국학중앙연구원(편), 「정신문화연구」 제28집 2호(2005), pp. 161-185.

68 북한정권 수립기에 대한 대표연구들로 다음 참조할 것. 이종석, "북조선공산당과 조선신민당의 북조선로동당으로의 '합동'에 관한 연구," 국사편찬위원회(편), 「국사관논총」 제54집(1994), pp. 205-236; 이주철, "1950년대 조선로동당의 하부조직 재편," 고려사학회(편), 「한국사학보」 제23집(2006), pp. 269-306; 전현수, "「쉬띄꼬프 일기」가 말하는 북한정권의 성립과정," 역사문제연구소(편), 「역사비평」 계간30호(1995년 가을), pp. 133-162; 정병일(2012), 앞글. 해방공간의 국가건설에 대한 포괄적 연구로는 다음 참조. 김인식, "「8월테제」의 '진보적 민주주의' 국가건설론," 한국민족운동사학회(편), 「한국민족운동사연구」 제55집(2008), pp. 361-403; 김무용, "해방 후 조선공산당의 혁명론과 국가구상, 그리고 노동운동," 진보평론(편), 「진보평론」 제7호(2001년 봄), pp. 323-349; 김석근, "조선의 '건국'과 '정치체제 구상'에 대한 시론적 접근: 몇 가지 쟁점과 관련하여," 한국동양정치사상사학회(편), 「동양정치사상사」 제7집 2호(2008), pp. 5-27; 안태정, "미군정기 조선노동조합전국평의회와 노동자운동," 진보평론(편), 「진보평론」 제6호(2000

곧 알게 된다. 탐구와 관찰의 외연도 넓혀져 국내연구자는 물론 외국인의 눈길까지 해방공간을 포섭하고 있음[69]은 주목할 일이다.

한반도 분단의 기정화와 고착화 과정은 정치적 거대좌절the Grand Frustration의 화석화 혹은 지속적인 충격의 누적화로 집약된다. 분단구조의 지탱은 '합작'과 '통합'을 강조하는 진영의 난관을 도리어 자극하기도 하고 아예 물리적 절멸을 자초하는 기습적 정치폭력대상으로 전락시키기도 한다. 남한의 정치적 린치와 테러 혹은 암살이 횡행하는 상황은 따라서 북한의 지속적 숙청과 사법폭력의 대척점에 오롯이 자리한다. 끝내 북의 김일성과 남의 이승만만 남게 되는 정치적 공제과정은 고난의 강점기 투쟁이 한낱 덧없고 부질없는 일이었음을 회고하게 만든다.[70] 결국 경쟁 없는 유일체제의 등장

년 겨울), pp. 382-402.

69 대표적인 인물이 강점기 치하 서울에서 주일본 소련총영사관(서울 정동)의 부영사로 체류한 '아나톨리 이바노비치 샤브쉰'의 부인, '샤브쉬나'(때로 러시아 원어표기에 맞춰 '샵쉬나'로도 씀)다. 그녀는 당시 꼼소몰스까야 쁘라브다지의 통신원으로 조선과 조선 문제에 대해 관찰·숙지한 내용들을 치밀하게 기록, 관련문서를 추적한다. 특히 그의 남편 샤브쉰은 당대의 탁월한 조선통이다. 다음 두 문헌은 해방 전후의 조선에 대해 '보고 들은' 내용을 바탕으로 한 샤브시나의 기록이다. 파냐 이사악꼬브나 샤브쉬나 지음·김명호 옮김, 『1945년 남한에서: 어느 러시아 지성이 쓴 역사현장기록』(서울: 한울, 1996); 『식민지 조선에서: 어느 러시아 지성이 쓴 역사현장기록』(서울: 한울, 1996). 일본인들의 한국현대사 연구도 이제는 흔한 일이다. 특히 그 한 예로 다음 참조할 것. 후지이 다케시藤井たけし, "해방 직후-정부 수립기의 민족주의와 파시즘: '민족사회주의'라는 문제," 역사문제연구소(편), 「역사문제연구」 제24호(2010), pp. 125-155.

70 양창진, "해방직후 김일성과 박헌영의 노선투쟁," 한국정신문화연구원 한국

과 이를 옹위하는 스탈린의 '일국일당원칙'이 박헌영의 명운을 옥죄는 정치환경으로 굳어져가는 상황은 분단의 고착화가 빚은 또 다른 예상 밖 결과였던 셈이다.[71]

'조선공산당 → 재건불능의 조공 → 경성콤그룹 → 조선공산당 북부조선분국 → 남·북로당 → 조선로동당'으로의 전환과 변화는 곧 박헌영의 주도권 재구와 상실을 잘 압축할 뿐 아니라 그의 정치적 단절과 지속의 외양을 고스란히 대변한다. 남·북로당의 생화학적 통합이 극도로 어려웠음[72]은 김일성과 박헌영의 갈등이 빚은 결과이기도 하지만 토착사회주의자들에 대한 의심과 편견을 드러낸 스탈린의 평소원칙을 잘 반영한다. 게다가 그 같은 원칙의 일관성은 바로 자신의 안정적 위성정권구축과 맞닿고 있었다. 시간이 흐를수록 스탈린의 의중이 김일성에게 기울고 있음을 짙게 감지한 박헌영에겐 스스로 삭이고 고즈넉이 뛰어 넘어야 할 울기의 씨앗이었던 셈이다.

학대학원(편) 「한국학대학원 논문집」 제11집(1996), pp. 203-221; 신복룡(2000b), 앞글; 박병엽 구술·유영구/정창현 엮음(2010), 앞책.

71 심지연(2013), 앞책; 신복룡(2001), 앞책; 박성기, "해방정국의 정당갈등과 분단체제형성에 관한 연구: 한국민주당과 조선공산당을 중심으로," 부산대학교 일반대학원 국민윤리학과 박사학위논문(2000).

72 남로당의 경우로는 다음 연구 참조할 것. 정병준, "박헌영·남로당노선 무엇이 문제인가," 역사문제연구소(편), 「역사비평」 계간5호(1989년 여름), pp. 277-303; 김득중, "남조선노동당의 조직 활동과 대중운동," 진보평론(편), 「진보평론」 제8호(2001년 여름), pp. 307-329; 정해구, 『10월인민항쟁 연구』(서울: 열음사, 1988).

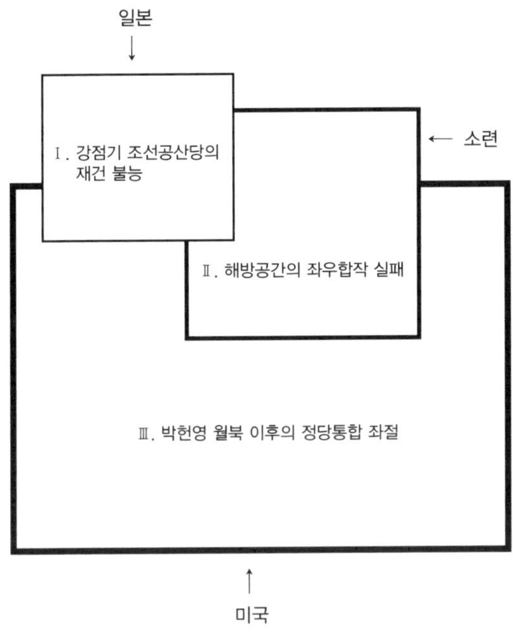

평전의 부피와 종류의 다양함이 곧 해당 인물의 사람됨이나 평판을 반증하는 지표일 리야 없다. 논의의 풍요가 연구의 품격과 콘텐츠의 수준을 담보하는 게 아님과 같은 이치다. 다양한 출간이 보장될 수 있는 처지였다면 얘기는 물론 달랐을 터다. 진영의 첨예한 정치적 대결논리와 비판 아니면 공격으로 일관하는 그간의 편파적 풍토를 감안하면, 일정한 주장이 동원 가능한 반응의 자장은 연구자들뿐 아니라 지식인들 대부분의 선명한 입지를 스스로 잃게 만들었다 해도 과언이 아니기 때문이다. 극단적으로 말해 비판의 표적이

되고 싶지 않거나 공격의 화살이 때로 자신을 난타·관통할까 지레 두려워했음도 지우지 못할 현실이었으니 말이다.

박헌영을 평전형식에 담는 작업이 제한적[73]이었던 이유야 이것만이 아닐 것이다. '그'를 향한 개인적 호·불호가 엄격히 갈리는 차이도 감안해야 할 것이고 이 같은 편견을 털어내려는 탈 이데올로기적 호방함의 사회적 확산을 눈여겨본들, 자료의 불충분을 핑계 삼은 작업의 지연도 한 몫 하였을 터다. 하지만 사라진 혁명가를 둘러싼 정치적 판단유보는 아직도 지배적이다. 분단 구조아래 남북한 어디서도 환호하지 않는 곡절이란 게 하필 어느 한쪽 스탠스stance를 택함으로써 우러나는 이념적 부담으로부터 자유롭고자 하는 소극적 욕망 때문이었던 것이다.

평전 작업의 지연을 자료의 부족과 기록의 한계에서 구하는 논리는 사실상 허용하기 어렵다. 그것은 비단 박헌영처럼 숱한 논란대상으로 들끓는 경우로만 국한되지 않는다. 누구라도 삶의 여정을 샅샅이 뒤지고 그로 인해 쌓여만 가는 자료의 '홍수'가 보장되어야 한 인간의 평가나 해석이 오롯이 넘쳐날 수 있는 건 아니기 때문이다. 박헌영 역시 자료가 더 충만해져야만 해석상의 갈등이 균형점을 찾는 건 아니다. 그 때문에 오해와 공격의 여백이 확장된 건 아니지 않은가.

73 비판이든 칭찬이든, 혹은 둘의 균형을 꾀하며 출간물 제목으로 박헌영 이름 뒤에 '평전'을 붙박은 경우는 이제까지 하나뿐이다. 안재성(2009), 앞책.

평전이 없었기에 평전을 쓰기 힘들었다는 변명도 성립되긴 힘들다. 문헌의 빈곤이 평전의 과업을 가로막는 근본이유가 아니듯, 평전의 제한과 황폐함이 평전작업의 장해가 될 수 없다는 사실을 이해하는 것도 마찬가지로 중요하다. 자료의 풍요와 문헌의 충만함이야 인문학적 완벽주의를 보강하는 학문적 상수임에 틀림없다. 하지만 유념해야 할 대목은 평전이 지니는 강점과 가치를 바로보는 일이다. 섣부른 주관주의의 함정이 필자 자신이나 독자를 함께 가두는 독배의 저장고일망정, 평전은 자료로 채워나가는 '숨은 그림 찾기'의 도구가 아니다. 그것은 익숙한 이해 틀을 다시 생각해볼 새로운 '구성' 대상[74]이며 시도해보지 않았던 '발상'의 모멘텀으로 바꿔 헤아릴 필요가 있다.

그렇다면 연구자들은 박헌영을 '어떤 사람'으로 이해하고 있을까. 그의 정치적 성격과 비중은 어느 지점에서 어떻게 자리매김할 수 있는 걸까. 게다가 그를 '가치판단'할 때 역사적 캐릭터를 둘러싼 개인적 호오好惡처리와 정치적 공과功過 사이의 균형은 어떻게

74 평전의 형식과 내용은 날로 진화한다. 평전은 이제 한 인간의 일기보다 자세한 일상의 기록을 담거나 과학적 추론의 결과일 수도 있고 아예 한 나라의 특정시대를 묘사하는 총체적 도구로 활용할 수도 있다. 그런가하면 당사자는 물론 그의 가족까지 평전 주인공이 된다. 다음 문헌들이 대표적이다. 스티븐 네이페, 그레고리 화이트 스미스 지음·최준영 옮김, 『화가 반 고흐 이전의 판 호흐』(서울: 민음사, 2016); 셰시장解璽璋지음·김영문 옮김, 『량치차오 평전梁啓超傳』(파주: 글항아리, 2015); 궈롄푸郭廉夫지음·홍상훈 옮김, 『왕희지 평전王羲之評傳』(고양: 연암서가, 2016).

꾀하고 있을까. 적잖은 문제들과 함께 평가의 균형추는 온전히 지탱하고 있는지, 그에 따른 해석의 잔재는 감당할 재간이 있는지 역사에서 사라진 한 인간을 둘러싼 논의의 여운은 간단치 않은 게 사실이다.

이제껏 살펴보았듯 오늘의 학문현실은 박헌영의 삶과 사상을 다면적으로 접근한다. 깊이와 내용의 편차는 엄연히 감안해야 하지만, 적어도 그의 삶의 줄기와 정치적 곡절들만큼은 상세한 윤곽을 드러낸 게 사실이다. 즉, 그가 언제 어디서 무엇을 했고 왜 그 같은 행적을 쌓게 되었는지 정치사적 인과론의 규명은 연구자들의 기본 관심사 가운데 하나다. 오랜 준비와 감수 끝에 빛을 본 그의 『전집』은 이를 방증할만한 믿을만한 근거로 활용되는 현실이고 보면, 그의 정치경로는 이제 평전의 절대 콘텐츠로 편입되기 어렵다. 행적의 보완이나 삶의 전면 재구성을 평전작업의 근본으로 삼기 힘든 것은 이제 상식이다.

덧붙이건대, 박헌영의 평전을 그의 미공개 사연이나 체험의 발굴로 채워야 할 틈새의 '사실적' 보완도구 정도로 이해하는 건 유감이다. 평전은 이미 밝혀진 사실들만으로도 흐르고 넘쳐나는 해석의 창고들을 곁에 두고 있는 게 사실이다. 게다가 어떤 형식으로든 이를 감행·추진해야 함에도 불구하고 이를 유예하고 있었다는 「고백록」의 (인문학적) 전조前兆로 호명할만하다. 문제는 여기서 그치지 않고 그를 둘러싼 역사·정치적 평가의 극명한 엇갈림이 여전히 첨예하다는 점이다.

다음 표는 이 같은 분석의 대척점들을 잘 보여준다. 박헌영은 한국현대사에서 폭력과 파괴를 일삼은 극좌모험주의자로 파쟁과 분란의 장본인이라는 해석으로부터 이제는 남북한 모두 박헌영의 (정치적) 복권을 위해 대화와 협력의 적극성을 보여야 한다는 논리에 이르기까지 그를 둘러싼 이해의 스펙트럼은 가히 합의 곤란한 지경임을 알 수 있다. 따라서 어느 한 쪽의 견해가 옳고 그른지 답을 구하자면 그것은 행적의 여백을 메우거나 뉴스 가치쯤 키우는 정도의 사실史實공개로 소임을 다한다고 여기는 경우보다 차라리 나을 것이다. 논쟁 없는 시대에 다툼의 단서를 제공하고 대화와 소통의 가망이라곤 찾기 힘든 세상에서 다시 이데올로기의 논전을 염두에 두는 일[75]은 당대의 '생각'과 '사상'의 정돈을 위해서라도 요긴하기 때문이다.

당내의 고질적 파쟁과 '대구 10월항쟁' 등 폭력의 집중사용이 보

---

75 박헌영은 아직도 논쟁중심에 선다. 한 인물에 대한 역사적 회고와 평가가 얼마나 엇갈리는지 살피려면 그를 보면 되기 때문이다. 연구자들 사이의 생각 차이도 이를 잘 반증한다. 때로는 의견통일보다 생각을 달리하자고 합의한 것처럼 여겨지는 경우도 얼마든지 가능한 걸 보면 더욱 그렇다. 손석춘의 작업에 대한 안재성의 길지 않은 서평을 두고 김기협이 다시 평한 내용도 이를 잘 말해준다. 안재성의 서평은 먼저 다음 참조할 것. http://www.pressian.com/news/article.html?no=68875 이에 대한 김기협의 비평적 답변형식으로 이루어진 글로는 http://www.pressian.com/news/article.html?no=68932 참조할 것. 안재성의 답과 김기협의 이어지는 논쟁은 다시없지만 이를 둘러싼 연구자들의 생각 차이는 '정치적' 다름의 세계를 엄연히 전제한다.

수진영의 야박한 평가를 견인하는 정치적 상수로 자리한다면, 박헌영이 아니었던들 한국 근현대사에서 그처럼 단호하고 결연한 저항의 맥을 찾아볼 수 없다는 역사적 호연성浩然性은 무한방점을 찍어야 할 진보주의 해석의 요체다. 이처럼 선명한 대립과 차이는 두 진영 사이의 조율과 타협이 애당초 불가능함을 전제한다. 정치사상의 극단적 자기중심성까지 감안하면 보수주의를 '파쇼'의 끝자락에 얹으려는 진보진영의 시각은 우익의 입지를 어느덧 극우전체주의로 몰고 가는 데 주저함이 없다. 마찬가지로 자신들을 극단화하는 상대의 처지 역시 폭력과 모순의 덩어리로 응수하려는 반反진보적 사고는 이데올로기의 접점모색이 불가능함을 잘 말해준다.

역사의 정치적 이해와 정치의 역사적 해석과정에서 감상주의는 결과론적으로 해악을 부추기는 요인임을 부인하지 못한다. 무기력과 패배주의의 숙성은 물론 지나간 시간대 속에서의 소극적 부유浮遊가 역사 이해의 건전한 길을 외면하게 만들기 십상이기 때문이다. 그럼에도 불구하고 박헌영의 역사적 존재양식이 고스란히 '슬픔'이란 형용사와 친화할 수밖에 없는 까닭은 그의 운명적 불행과 어김없는 악순환의 반복 때문이다. 지속적인 '극적 극단성'을 지니는 삶의 굴레로 보면 행복해져도 좋았으련만 끝내 그 변곡점을 넘지 못한 한스러움의 반복도 큰 몫을 차지하였을 것이다. 게다가 불운의 연속이라고만 묘사하기엔 너무나도 야속한 삶을 한데 담는 단어로 '센티멘털'을 능가할만한 건 당장 없기 때문이다.

그는 근대적 이성으로 무장하여 천만군중의 동원을 담보할 현란한 능력의 소유자도 아니고 신식무기를 철갑처럼 두른 군사력도 갖추지 못한 '지도자'였다. 넘쳐나는 의지 하나로 혁명의 봉우리에 붉은 깃발 꼽겠다고 다짐할 때부터 혹독한 난관은 예고되고 있었다. 저항 민족주의밖에 이데올로기라면 더는 없는 나라에 사회주의 교과서가 지칭하는 혁명의 미학을 이식하겠다고 분연히 나선 사내의 눈에는 계급 없는 세상과 민중이 주인되는 나라만 들어왔을 뿐, 좌우합작이니 중도노선의 제도화니 하는 따위의 절충주의란 저열하고 비겁한 정치타협에 다름 아니었다.

식민의 백성이길 포기한 독기어린 고전사회주의자의 '쟁투'가 자신의 의지와 레닌의 교과서만으로 관철될 일이었다면, 비극의 윤곽이야 차라리 덜 원색적이었을 것이다. 성숙한 박헌영의 뇌리를 지배한 것도 젊은 박헌영이 부여잡던 '지독한 순수'였기에 훗날 김일성마저 그를 일컬어 물색모르는 '이론가'로 빈정거린 속내의 대부분도 이해 못할 리 없을 것이다. 다시 혁명을 준비하겠다며 민족해방전쟁부터 결연히 치르겠다고 덤벼대는 청년사회주의자의 행색이란 어차피 또 다른 사내의 눈에는 애송이로밖에 지나지 않던 터였으니까. 같이 있을 수 없는 '둘'이 함께 지내야 할 상황이란 애당초 가혹한 '갈등' 밖에 더는 아니었으니까.

이제 다시 평전 형식 안에 그를 담아야 할 까닭은 뭘까. 생각의 다양성도 무시 못할 이유겠지만 적어도 이제껏 알려지지 않았던 사실들의 '밝힘'과 그에 따른 기발한 센세이셔널리즘은 우선의 이유일 수 없다. 아직도 궁금하기 짝 없는 저 숱한 '팩트'들의 모래알 줍

김남식·심지연	고준석
※불철저한 마르크스·레닌주의자: 1. 조공의 분파성과 독선적 파벌운용 2. 대중정당으로의 전환에서 나타난 편파성 3. 박헌영의 지도노선이 낳은 극좌 모험주의 전술 4. 박헌영과 당 지도부 대미관·세계관의 비일관성[76]	한국 혁명사 최대의 비극은 국내파 공산주의 세력의 궤멸에 있다. 남에서는 미국과 이승만 일파의 검거·투옥·학살에 의해 수십만 당원과 인민이 희생되었고, 북에서는 김일성정권의 숙청에 의해 남로당원이 지상에서 소멸한다. 남아 있는 것이라곤 남의 군사파쇼독재뿐이고 북에서는 김일성 독재뿐이다. 재난으로 죽음을 맞이한 혁명가들의 종말이 애석하기 그지없다.[77]
안재성	**샤브시나**
실패한 혁명가, 박헌영을 역사에 길이 남을 위인이라거나 불세출의 영웅이라 찬양하기는 어렵다. 그는 공산주의 이론에는 탁월했지만 선동력과 포용력 등 대중정치가로서 필요한 정치수단은 거의 갖추지 못한 사람이었다. 근본 성품은 온후하고 지성적이었음에도 불구하고 정치적 입장은 다분히 교조주의적이었던 것도 사실이다. 표범처럼 단단한 인상에 좀처럼 웃지 않는 과묵하고 비밀주의적인 성향은 지하운동의 지도자에게는 적합했을지라도 공개정당의 지도자에게는 어울리지 않았다. 그러나 그는 결코 미국간첩노릇을 했거나 비겁자인 적은 없었다.[78]	지식인다운 외모와 다소 멋쩍어하는 듯한 미소, 눈에 띄지 않을 만큼 주위를 살피는 태도(지하활동의 오랜 습관으로 인한 듯)와 침착하고 과묵함. 왠지 무게가 있어 보이는 모습[79]
박갑동	**손석춘**
나는 1951년 5월, 북한에서 박헌영의 초조한 듯한 마지막 모습을 본 일이 있다. 지금도 그 모습이 눈에 선하다. 그가 마지막 사형대에 올라섰을 때, 순간 하나의 인간으로서 무엇을 생각했었을까. 만일 형의 집행자가 총부리를 겨누고 '마지막 소원이 무엇이냐'고 물었다면 그는 뭐라고 대답했었을까. 박헌영의 일생을 생각할 때마다 그런 상상을 해본다. 천행으로 자유의 품에 안긴 이래, 나는 공산주의자란 인간의 사고로 창조할 수 있는 것 가운데 가장 비정한 정치체제라는 것을 뼈저리게 느꼈다. 박헌영의 죽음을 통해 볼 때 더욱 그런 생각이 드는 것이다.[80]	만일 김일성이 아니라 박헌영이 북의 지도자가 되었다면 20세기 후반의 우리 역사는 어떻게 전개되었을까?[81]/박헌영의 복권을 제기하는 것은 현존하는 평양의 정치체제를 전면 부정하는 것과 곧장 이어지지 않는다. 그 둘은 맥락이 다른 문제이거니와 엄연히 60년 넘게 전개되어 온 역사적 과정을 그 누구도 지워버릴 수 없는 일이다.[82]

76 김남식·심지연(편), 앞책, pp. 537-541.
77 고준석 지음·유영구 옮김, 『비운의 혁명가 박헌영』(서울: 글, 1992), p. 237.
78 안재성(2009), 앞책, pp. 27-28.
79 손석춘(2013), 앞책, p. 188.

윤해동	신복룡
박헌영 사상은 '유동하는 사상'으로서의 특징을 지닌다. 한국근대사상의 특징을 좌파와 우파가 상호 교차하고 대립하는 측면을 중심으로 고찰하는 것은 이런 점에서 중요하다. 박헌영이 견지하고 있던 사회주의사상은 부르주아민족주의사상의 근대성을 공유하고 있었고 근대성을 초월하고자 하는 점에서는 부르주아민족주의와 대립하고 있었다. 하지만 그의 사상은 바로 그 지점에서 좌절하고 있었던 것이다. 이런 점에서 그의 사상은 비극성을 담지하고 있다. 그 비극성은 이후 그의 사상이 단절되었다는 점에서도 주어지는 것이지만, 바로 이런 측면 곧 근대성을 초월하고자 하는 그 지점에서 좌절하고 있었다는 점에서 더욱 그러하다. 그런 측면에서 한국 근대 부르주아민족주의사상도 비극적이었다. 사회주의사상의 좌절로 말미암아 근대성에 더욱 집착하게 되었다는 점에서 그 비극성이 주어진다고 하겠다.[83]	이념의 선악을 떠나 박헌영의 생애는 불우한 시대의 한 지식인의 비극적 생애를 소설처럼 보여주고 있다. 그는 아마도 자신의 정치적 기반인 서울로 돌아와 재기하고 싶었을 것이다. 그러나 박헌영은 전략적으로 실수했다. 그는 남한의 우익과의 투쟁에 몰두하는 동안에 이미 탈진해 있었으며 신진공산주의자인 해외파, 특히 코민테른과의 연계·배려를 소홀히 한 것이 실수였다. 고전적 공산주의자인 그는 이 점에서 순진했으며 김일성을 너무 낮고 어리게 평가했다. 뿐만 아니라 박헌영은 전술적으로 실수했다. 초기의 공산주의자들은 서울이 한국정치의 중심지가 되리라고 생각하고 서울에 집결했다. 그들이 이곳에서 생존하지 못하고 월북했을 때 그것은 이미 늦었다. 현지 기반이 없는 그들은 국외자에 지나지 않았다.[84]

기는 안 그래도 넘쳐나는 이 땅의 평전의 질량[85]만 늘릴 가장 그럴듯한 핑계일 것이다. 하지만 그것이야 언제든 앞으로의 후발 작업에서 넘실댈 포말泡沫들 아니겠는가. 사실의 발굴이 평전의 취지에 역행한다고 말할 수는 없다. 다만 그것이 전부라는 오해만큼은 언제 어디서든 바로잡아야 한다.

80 박갑동, 앞책, pp. 5-6.
81 손석춘(2013), 앞책, p. 188.
82 윗책, p. 190.
83 윤해동, 앞글, pp. 271-272.
84 신복룡(2015), 앞글, p. 28.
85 김기협, "차라리 이완용을 '민족 영웅'이라고 말해 보지?: 〔발칙하고 싶었던, 하지만 그러지 못한〕 김윤희의 『이완용 평전』" 「프레시안」(11/06/03): http://www.pressian.com/news/article.html?no=66382.

따라서 그가 1) 언제 어디서 누굴 만나 무슨 얘길 나누고 2) 그 후 어디를 향하는지 보다 차라리 3) 하려던 말 가운데 굳이 하지 않은 속내는 무엇일지 가늠하고 4) 다가가고 싶지만 내키지 않았던 상대에 대한 지속적 관심의 내용이 더 중요하리라. 앞의 두 항목은 전기와 자서전류에서 우선시하는 '고백'이나 '발견'일 것이고 후자는 새로운 '해석'과 '추론'의 대상이라는 데 눈길이 간다. 이 같은 생각은 기왕의 박헌영 연구를 의식할 경우도 마찬가지다. 이처럼 필자가 주목하려는 것은 그의 탐구를 둘러싼 '성긂scarcity'과 '덜함(혹은 드묾·rarity)'의 문제다. 생애의 종단縱斷도 중요하지만 삶의 시대별 횡단橫斷도 놓칠 수 없는 이유다. 혁명가의 종적蹤迹보다 소중한 것이 그가 맺은 관계와 그 지탱인 까닭이다.

많은 이들이 다루지 않고, 다루었다 해도 한쪽으로 치우쳤던 해석에 다시 의문을 품는 건 평전작업의 기본일 것이다. 시대를 함께 겪어보지 않고 '당대'를 말하는 일은 늘 위험하다. 연구를 핑계 삼아 진술의 책임을 감히 회피할 수도 없으며 생각하고 쓰는 작업 그 자체도 무한자유를 누릴 수 없음 역시 모르지 않는 우리다. '당대'를 늘 '현재로서의 역사'로 파악하는 과업도 간단치는 않다. 의도치 않은 행위의 결과로 이어지는 정치현상들의 누적과 변화는 역사 앞에서 겸허해질 수밖에 없는 존재가 바로 '인간'임을 반복 학습시키기 때문이다.

모더니티의 담장 아래 떨구어진 '조선 사회주의혁명'의 붉은 꽃봉오리도 그처럼 낱낱이 이파리 흩어져 버릴는지 누군들 예감하였겠는가. 생각은 지극히 '근대적'이고 나라를 바꾸겠다는 기획과 구상은 '급진적'이었을망정, 따라야 할 민중은 너무 멀리 있고 들끓는 이데올로기의 내용물일랑 그들에게 너무 뜨거웠던 사실도 기억하는 이들은 실상 그리 많지가 않다. 이제는 머잖아 잊고야 말 불온不穩의 역사쯤 펌하하는 일도 견뎌내긴 힘겹다. 만지고 곱씹기에도 부담스럽고 알뜰히 삼켜 온전히 소화해내기란 더더욱 곤란하기만 했다. '근대'를 온전히 '부르지도 세우지도' 못하고, '혁명적'이지만 끝내 혁명의 문턱마저 그려내지 못한 그에게 도둑처럼 찾아온 해방과 덤으로 덮친 분단의 골은 홀로 넘기 어려운 반도의 모순이었다.

숱한 이들이 다가서며 입체적으로 다루었어도 기실 탐색의 성근 영토를 찾는 일은 용이하지가 않다. 사실의 발굴과 규명 혹은 취합보다 해석에 치중한다 하더라도 출생에서 죽음에 이르도록 익숙지 않은 주제와 분석의 희소성을 감내하는 일은 또 다른 인내를 필요로 하기 때문이다. 필자는 이제 혁명가가 거친 삶의 변곡점들을 다시 추리고 그가 맺은 사람들과의 관계에 주목하고자 한다. 혁명을 꿈꾼 한 교조주의자의 삶을 몇 개의 덩어리로 재구성하고 이를 다시 돌아보며 평전을 꾸리려는 의도의 끝은 그래서 그의 곁과 뒤를 다시 관찰하려는 것뿐이다.

출생과 부친에 대한 존재론적 강박, 여인들과의 이어지는 인연과 '문학'의 힘, 사랑의 굴절과 좌절, 자녀의 출산과 가족구성의 지속적 단절, 정치적 '글쓰기'와 '말하기'의 편차, 혁명 동지들과의 동행과 이별, 거침없는 저항과 도전의 역정, 월북과 전쟁의 파노라마,

재판과 죽음의 곡절 등 글감의 꼭지들이야 그의 삶의 마디만큼 간단치가 않다. 아울러 그의 삶을 대하며 느끼는 부담 역시 단순한 의지만으론 깨기 어렵다.

간단없는 불행과 허망한 죽음이 불러오는 황당함까진 그만두더라도 다시 보아야 할 그의 빈자리는 꽤 넓다. 어떤 방법으로든 정치적 복권을 논의해야 할 시점마저 더는 늦출 수 없다는 요구도 늘 외면만 할 게 아니다. 첨예한 진영논리에 그를 다시 '가두려 함'은 도그마의 경직성에 물든 혁명가의 만년을 지속적으로 방임하거나 때로 난자亂刺하려는 정치적 편의주의와 크게 다르지 않기 때문이다. 평소의 미움을 언어와 노선으로 은폐하는 작업도 속절없이 되풀이할 일은 아니다.

II. 출생

박헌영은 첩의 자식이다. 부친 박현주朴鉉柱의 소실小室, 이학규李學圭와의 사이에서 태어난다. 박현주의 본부本婦, 최씨가 사망한 이후 본처자녀들을 따로 살림 차리게 한 다음 정식 부부가 된 두 사람은 박헌영을 제1자로 호적에 올리지만 서류상의 '서자庶子' 흔적은 말끔히 사라지지 않는다. 세간에는 이미 아들 하나를 두고 있던 박현주가 유난히도 딸을 기다려 따로 부인을 들였다[1]는 소문도 있었

1 박갑동은 이렇게 전한다. "박헌영의 어렸을 때 친구였던 장이진張利鎭옹에 따르면 …· 박현주는 본처인 김씨('최씨'를 잘못 알고 씀)에게서 장남 지영을 얻었으나 집안에 딸이 없다는 핑계를 대고 지영이 열한 살 나이 때인 1899년 충남 서산 출신의 이씨를 소실로 맞았다. 그 해가 무척 흉년이어서 새색

지만 고스란히 믿긴 어렵다.

세상의 모든 통정通情과 막후 사연이 그렇듯, 핑계는 이내 정치요 구실은 논리를 마련한다. 게다가 그 모두를 감싸는 감정의 외피로 그들에게도 '사랑'이 있었을 터다. 이제 와 그걸 따지고 헤집는 일 또한 누구에게든 편치 않음이야 사실이다. 인물탐구라는 명분도 명분이지만, 왕조 사회가 몰락하도록 여성들에겐 유난히 불리하고 남성들은 안온키만 한 성정치적 불균형을 여기서도 어김없이 확인할 수 있기 때문이다. 지도자의 집안은 그에 걸맞게 모범적이어야 한다는 청교도적 주문이라며 오인할 수도 있겠지만 박헌영이 고수하는 사회주의적 순수만큼 문중의 내력을 꼼꼼하게 따지는 건 문제일 리 없다.

오늘날의 성 평등논리로 당대를 손쉽게 재단하거나 조선의 남자라면 모름지기 여자를 셋 정도 거느려야 한다는 '주자가례朱子家禮'의 허황한 기준을 애써 외면하려는 것 또한 여기서는 어울리지 않는다. 다만 가계는 꾸미거나 배제할 수 없으며 가족사의 비밀이란 숨길 수는 있어도 없애거나 잡아 뗄 주제도 아니고 증발상대 역시 아님을 다시 강조하게 되는 것이다. 언제 어디서든 굳이 한 개인을 은근히 가리려 드는 프라이버시의 장막이란 그래서 그(녀)에 대한

시는 벼 몇 섬에 팔려왔다는 말도 있었다. 박현주의 경우는 유별나게 딸자식을 얻는다고 소실을 얻어 신양리 주변에선 그 뒤 두고두고 화제로 남아있다." 박갑동, 앞책, p. 9.

공적 탐구현장에서는 거둬지는 법이다.

지도자의 높은 도덕성을 가문의 의무로까지 요구하는 일은 간단치 않다. 구태여 '노블레스 오블리주noblesse oblige'까지 끌고 들어가지 않더라도 말이다. 서자 없는 가계 구성으로 집안의 독특한 권위를 뽐낼 수 있는 전통은 사실상 왕조국가 말기까지 담보하기 어려웠던 셈이다. 지금의 잣대가 가혹하기만 한 '당대'는 역사 속에 너무나 흔하지만 박헌영만 하더라도 자신의 태생적 한계를 극복하기란 좀체 힘겨운 일이 아니었을 터다. 엄밀히 따지자면 그것은 당사자의 몫도 아니고 시대의 족쇄이자 문화의 함정이었다. 그리고 그에 갇힌 한 인간이 끈질기게 '견뎌야 할' 제 몫의 운명 같은 것이었다.

성리학이 심어놓은 남성우월주의의 허구와 이를 오롯이 견뎌낸 조선 여성들의 순응의 역사가 그리 질기도록 이어지던 세월 끝자락에 한 사내가 태어난 그 해가 하필 '1900년'이었던 곡절도 우연 빼고는 설명할 재간이 없다. 흔히들 말하는 '사랑'만으로 생명의 잉태가 가능한 건 아닐 터다. 생명이 생명을 품고 실제로 낳는 '일' 안에는 논리와 과학 혹은 적확한 언명들로는 헤아리기 힘겨운 도저到底함이 있음을 여기서 다시 짚는다. 세상에는 '작정하는' 새 생명도 숱하지만 '그렇지 않은' 출발도 많기 때문이다.

이렇게도 생각해볼 수 있으리라. 생명을 '만들며 품고 낳는' 행위는 곧 누구라 할 것 없는 집단의 여망을 대행하거나 언어와 문자로 표현하기 어려운 역할을 이행할 드문 존재를 세상 밖으로 밀어내는 간단치 않은 물리적 행위일 것이다. 세상 누군가는 맡아야만 할 가혹한 역할이 하필 사회주의적 항거나 반식민투쟁의 호전성 혹은 응전의 형식으로 모습 갖추는 일이었다면 이 역시 결국은 사람의 임무였던 셈이다. 처음부터 그는 고단했고 운명인 즉 험난했던 터다.

종교적 관점으로 조준하자면 고난의 십자가를 대신 짊어진 존재였거나 혁명의 성공도 하늘의 은총인 즉, 온갖 고통 마다치 않는 수행자의 '기꺼움'을 서슴없이 찬양할 것이다. 서자로 태어난 자가 걸머져야 할 혁명가의 처지란 세상 어떤 처연함이나 결연함도 마다치 않을 일이었다. 태생이 쓸쓸하거나 닥쳐올 삶마저 척박한들 하등 문제될 리 없고 안온한 인생들로선 꿈조차 꾸지 못할 과업을 기획·실천하는 현실도 운명의 승화를 무릅쓰며 불태워야 할 현실이었던 셈이다.

그러나 예외적 삶의 여파와 그 가치에 사로잡힌다 해도 인물 '분석'과 '해석'을 '예찬'이나 '칭송'과는 구분할 것이다. 한 인간의 출생을 들여다보려면 남녀 사이에 실제 '있었던 일'들과 관계의 네트워크를 좇아야만 한다. 원인 없는 결과가 어디 있겠는가마는, 한 인간이 다른 한 인간만 사랑하며 가족을 꾸리라는 주문이야 애당초 신의 소관이었을 것이다. 하지만 한 인간의 태생과 삶을 담는 가족사의 추적은 인간에게 허여된 또 다른 과업이다. 그 방법 가운데 하나로 '유물론'은 어김없이 유효하다. 인간관계의 추적과 기억의 현상학을 결합하는 일에도 이는 여전히 중요하고 '가족'은 '국가의 기원'이자 세계를 구성하는 기층 '단위'이기 때문이다. 뿐만 아니라 사회를 틀 짓고 생동적으로 추동하는 생물학적 결정요인이 인간과 인간의 성적 교접the sexual intercourse이라는 유물론적 사고는 역사의 실증적 소급을 위해서도 주목할 필요가 있다.

모든 간통과 음행은 물론 불륜의 사통私通fornication 결과 역시 유물론은 도덕적 가치판단이나 윤리적 잣대로 먼저 재단하지 않는다. 눈에 보이는 세계는 물론 더 나아가 우주는 어떤 원인으로 생성, 구체성을 지니는지 먼저 따져보아야 할 까닭이다. 나아가 결과에 대한 철학적 추궁보다 구조와 체계의 불평등을 먼저 탓하는 패러다임의 특성은 모든 '잘못'이 역사 속 세상의 틀과 얼개에 있지 유별난 어느 한 개인이나 특출한 인물에서 비롯된 것이 아니라는 생각을 고집한다. 역사는 인류의 고통을 강화·지탱하였으되, 궁극의 책임은 갈등과 미움의 흐름 전체를 담보한 시스템과 지배계급에 있다는 사고는 그 속에서 일탈하거나 무책임한 '개인' 혹은 '소수자'들을 자유롭게 한다.

엥겔스는 이렇게 말한다.

> 우리가 알고 있는 모든 가족 형태 중에서 일부일처제만이 현대적 성애가 발전할 수 있는 유일한 형태였다고 해서 이 현대적 성애가 전적으로 또는 주로 일부일처제 하에서 부부 상호간의 애정으로서 발전하였다고 볼 수는 없다. 남편의 지배 하에 있는 견고한 단혼의 본성 전체가 이것을 배제한다. 역사적으로 능동적인 모든 계급 즉 모든 지배계급들에 있어서 결

혼이란, 대우혼對偶婚[2] 이래 그러하였던 것처럼 부모가 정하는 바대로 이루어지는 정략적인 것이었다. 그리고 정열로서의, 더욱이 어떤 인간이든 (적어도 지배계급이라면) 당연히 가지고 있는 정열로서의, 그리고 성적 충동의 최고 형태-이것이야말로 성애의 특성을 이루는 것이지만-로서의 성애가 역사가 등장하는 최초의 형태인 중세 기사의 사랑은 결코 부부간의 사랑이 아니었다. 정반대이다. …… 아내와의 관계에서 성애가 진정한 규칙이 되고, 또 될 수 있는 것은 오직 피억압 계급들 사이에서 뿐이다. 따라서 오늘날에는 프롤레타리아트 사이에서 뿐이다.-이 관계가 공식적으로 인정되는 관계인가 아닌가 하는 것은 상관이 없다. 그런데 이 계급에게서는 고전적 일부일처제의 기초도 모두 제거되어 있다. 일부일처제와 남성의 지배는 다름 아닌 재산의 보존과 상속을 위해서 이룩된 것인데, 그들은 그러한 재산을 전혀 가지고 있지 않으며 따라서 그들에게는 남성의 지배권을 행사할 아무런 동기도 없다. 뿐만 아니라 그들에게는 그렇게 할 수단도 없다. 남성의 지배를 보호하는 민법은 오직 유산자들을 위해, 그리고 프롤레타리아트들에 대한 유산자의 관계를 위해 존재한다. 그것은 돈이 드는 것이므로, 가난한 노동자와 그의 아내에 대한

2 미개사회에서 한 혈족의 형제와 자매 또는 다른 혈족의 형제나 자매 사이에 남자 한 사람과 여자 한 사람씩 짝짓는 결혼형태를 말한다.

관계에서는 아무런 효력도 갖지 못한다.[3]

박헌영이 이 대목에 공감했는지 여부는 중요하지 않다. 그의 태생적 한계를 위무하거나 가로막는 담장 '구실'로 삼으려 함이 아니니 말이다. 유물론까지 생각지 않더라도 왕조 말기에 태어난 그로서는 '서자'라는 처지의 불편함이나 괴로움 이전에 부친의 가계가 '순혈주의'만으로 지탱하지 않았다고 생각하였을 것이다. 가족 구성원들의 분화와 확장과정에 본가本家의 전통만 고수하지 않는 조선 남성들의 이기주의와 윤리적 자기검열로부터의 상대적 자유는 관습이자 공공연한 문화였기 때문이다.

경제적 여유가 없으면 성적 자유와 문화적 방종조차 누릴 형편이 못 된다는 사실은 엥겔스가 아니라도 누구나 헤아릴 세상의 상식이다. 프롤레타리아트의 처지로는 성적 방만함이나 육체적 문란함을 누릴 수 없고 이 또한 부르주아지의 전유물일 수밖에 없다는 판단은 '유물론자'다운 생각이다. 게다가 마르크스 못잖게 지배계급

---

3 프리드리히 엥겔스, 「가족, 사적 소유 및 국가의 기원」칼 맑스, 프리드리히 엥겔스 지음·김세균 감수, 최인호(외) 옮김, 『칼 맑스 프리드리히 엥겔스 저작선집』제6권 (서울: 박종철출판사, 1999), pp. pp. 81-83, *passim*. 엥겔스에 대한 인간적 탐구와 평전의 기초 작업으로는 다음 문헌들 참조할 것. Terrell Foster Carver, *Engels* (Oxford: Oxford University Press, 1981); *Friedrich Engels: His Life and Thought* (London: Macmillan, 1989); J. D. Hunley, *The Life and Thought of Friedrich Engels: A Reinterpretation* (New Haven, CT.: Yale University Press, 1991); Fritz Nova, *Friedrich Engels: His Contributions to Political Theory* (London: Vision, 1967).

에 대한 분노와 적대의식으로 사무친 엥겔스의 생각을 잘 반영한다. 서자로 태어난 경우 역시 자신의 태생이 스스로의 의지와 노력의 결과가 아닌 한, 이 같은 문헌 근처에조차 다가서지 않았다 해도 자신의 정체를 고민할 언덕이나 자위할 출구는 마련할 수 있었을 것이다. 집안의 사회경제적 능력이 괜찮고 행세 꽤나 할 경우였다면 태생의 한계란 아비의 신분과 삶의 여유로 상쇄할 수도 있을 터[4]였다.

박헌영의 가계는 대가족이 아니다. 당대의 가족문화로 보면 비교적 단출한 관계망을 보인다. 조부와 부친 가계도 마찬가지고 후실로 합류한 모친의 혼인 전 가족관계도 번다繁多하지 않다. 박헌영의 조부까지 선대 관계와 당대 방계만 제한적으로 살피면 인적 분포는 그리 넓지 않다. 조부 박홍원은 영해寧海박씨 신라 박제상 54대손 태사공파太師公派 예산 문중의 후예로 헌종조 기해己亥년(1839)생이다. 조모 전주 이씨는 이일석李逸錫의 딸로 같은 시기 무술戊戌년 7월 7일생으로 회갑도 못되어 세상을 뜬다.

3남 1녀를 둔 이들의 후손 가운데 박헌영 생부生父인 박현주는

---

4 박헌영의 학적부 기록이 다음과 같이 구성되고 있음은 자의적 판단 결과였다기보다 주위의 지도와 권유 혹은 긍정적 해석 때문이었으리라. "◯ 박헌영이 취학한 대흥보통학교 학적부의 보증인 란에는 박현주의 직업이 '농업'으로 기재되어 있다. 한편 경성고등보통학교 학적부의 보증인 란에는 박현주의 신분이 '양반'으로, 직업이 '상업'으로 쓰여 있다. 생활형편은 비교적 넉넉했던 것으로 보인다. 1925년 당시 약 1만 엔의 동산과 부동산을 소유했으며, 농사를 짓고 여관업을 경영한 관계로 생활에는 별 어려움이 없었다고 한다.〔신의주지방법원, 「피고인 박헌영 신문조서(제4회)」 1926.4.23〕" 이정박헌영전집위원회(편), 『전집』 제9권, p. 113.

아들로 둘째다. 본디 최철원崔喆原의 딸, 탐진耽津최씨와 혼인하여 1남 2녀를 둔 그가 서산 출신의 신평新平이씨(李學圭)를 후실로 앉힌 때는 1899년이다. 전 남편 조씨와 사별한 서산댁은 박현주와 재혼하기 전 이미 열 살 터울의 딸, 조봉희를 두고 있었다. 훗날, 박헌영의 활동을 물심양면으로 돕는 누이 조봉희와 그녀 소생인 '김제술(한산스님)·김정진(김소산)' 등은 모두 외가의 이복 피붙이들로 끈끈한 인간관계를 잇는 이들이다.

당대의 기록들만 하더라도 남존여비의 관행이 진하게 남아 여성들의 경우는 대부분 본관에 성씨만 남기는 일이 흔했고 혼인의 근거로 남편의 성명만 대표격으로 달아두는 정도였다. 남성들이라 해도 굳이 이름이나 정체를 남기려 들지 않는 경우의 수는 엄연하다. 후일 요정 '대원각'을 맡는 김정진(김소산)과 스님의 길을 걷는 김제술(한산) 남매의 생부가 그러하고 그들의 외조부 역시 성씨만 남기는 사례는 문화적으로 예외다. 기녀의 길을 걸어야 했던 딸 조봉희의 개인 가족사를 지켜보며 재가再嫁 후 예산에서 국밥집을 운영해야 했던 생모 이학규 또한 마음 편치 않았을 것임은 헤아리고도 남음이 있다.

박헌영으로 인해 가족들 모두가 치러야 했던 물리적·정신적 고초는 두말할 필요가 없다. 일찍 세상여윈 이복 여동생을 제외하고 이복 사촌형제 전원과 존속들의 마음고생은 물론 육체적 고단함 역시 마찬가지다. 끝내 당당하고 싶었지만 태생의 한계와 아울러 연민과 애증의 복합심리를 평생 끌어안고 살아야 했던 박헌영에게 '가족'은 안기고 기대야 할 '산'이었다. 때로는 언덕처럼, 경우에 따라서는 넘지 못할 장벽으로 엄존하는 '그들'은 삶의 모판이자 안식의 보루였다.[5]

누구나 그러하듯, '가족'은 청소년기 박헌영의 의식형성과 정신적 숙성과정에 적잖은 영향을 준다. 아무리 태어난 시기가 구한말이었다 해도 후처 소생을 가만 놔둘 리 없는 세상의 눈길은 그에게 상처였고 아무리 뛰어넘으려 해도 사라지지 않는 마음의 담장같은 것이었다. 기왕의 논의들을 종합하면, 세상의 지탄과 주변의 눈총은 그의 콤플렉스를 키웠고 이것이 바로 그를 훌쩍 웃자라게 한 정치심리적 동인이 된다는 생각이 지배적이다. 바꿔 말하면, 열등감은 박헌영의 힘이었다는 분석 말이다. 과연 그럴까.

박헌영은 1900년에 충남 예산군 광시면光時面 서초정리瑞草井里에서 아버지 영해寧海 박씨 현주(1867–1934)와 어머니 신평新平 이씨 학규(1867–?) 사이에 출생했다. 제적등본에 따르면, 박현주에게는 이미 맏아들 지영(芝永·1891년생)이 있었고 박헌영 뒤로 두 딸(1905년생·1912년생)이 있었다. 이미 맏아들이 있었던 점으로 보아 자식을 얻기 위해 소실을 맞이한 것 같지는 않다. 아버지는 쌀가게를 경영하면서 약간의 농지를

5 영해 박씨 족보를 바탕으로 한 박헌영 가족사의 초기모습에 대해서는 윗책, pp. 111–116 참조할 것.

소유한 중상의 재산가였던 것으로 보아 궁핍하지는 않았을 것이다. 박헌영은 훗날 자신이 '봉건 양반 가정에서 출생했다'고 말한 바 있지만 이는 아마 열등감의 표현이었으리라고 생각된다.[6]

연구자들이 이처럼 상상과 추론에 기대는 건 실증적 자료의 중요성을 몰라서가 아니라 경험적 대면이나 확연한 기억을 기대할 수 없기 때문이다. 설령 그것이 가능하다 해도 탐구 대상인 한 인간이 자신의 어린 시절 인식과 체험을 성년기 행동의 촉발과 배경으로 어느 정도 진솔히 인정할는지는 연구자와 장본인의 확실한 보장이 어렵다. 이 같은 추론을 경향과 추세에 따른 '이론적 사고'의 결과로 바라보는 것도 한계는 분명하다. '열등감'이란 어느 한 순간 아니면 평생을 지속하는 심리적 함정일망정, 그 사람의 모든 성장과 행동의 결정요인으로 일반화하긴 어렵기 때문이다.

박헌영의 정치사회적 복합심리란 것도 일정 시기 '개인'의 특정 심리적 '장해' 아니면 정서적 '불편함'의 한 단면으로 제한하는 대신, 평생 고통을 담보하는 심층적 트라우마로 가두려는 시도 역시 무리다. 심리적 고통이 예외적 자아방어기제를 숙성·강화하고 일상의 저항심을 발전·승화시켜 혁명의 경지까지 지향하는 이유도 여기서 배양된다는 분석마저 자주 기억하는 우리다.

6 신복룡(2015), 앞글, p. 25.

문제의 근원이 존재 그 자체에 있음에도 기어이 남 탓을 하거나 스스로를 원망하는 경우도 흔한 게 현실이리라. 하지만 인간 본연의 문제임을 초연히 인정하며 누구도 아무나 미워하지 않는 무벌無罰적 방어와 초월적 보상을 기대할 수만도 없는 것이 사회과학 탐구현장의 처지다. 가설의 수립과 검증 혹은 반증절차를 거쳐 적실성을 높이려는 이른바 이론화 과업이 역사적 확인이나 사실의 발견(굴)에 앞서는 까닭이다.

자료의 신빙성 여부를 떠나 이 같은 생각의 확장과 고착화에 이바지하는 것은 주변인들의 증언 때문이기도 하다. 측근의 회고와 기억도 그 가운데 큰 비중을 차지한다. 박헌영과 함께 생활한 동네사람들의 증언에 따르면, 박헌영이 자라서 공산주의 사상을 갖게 된 동기도 따져보면 천대받던 서자의 저항의식에서 싹텄을 것이라고 말하기도 한다.[7] 확인한 길 없는 이 같은 짐작과 전언은 자칫 손쉽게 사실로 둔갑해 버리거나 곧이듣게 만드는 사회적 인식의 단초가 되기도 한다.

박헌영 개인이 가졌으리라 추론하는 콤플렉스란 것도 지극히 주관적인 개념이듯, 이를 어느 한 개인의 성인사회화 과정까지 확장하거나 보편적으로 기정화하려는 학문적 시도 역시 적잖은 무리와 결정론적 오류의 함정을 숨기는 게 사실이다. 발달심리학 이론을 근거로 한 청소년의 정체성 자각과 사회적 성숙과정의 적용뿐 아니라

---

7 박갑동, 앞책, p. 10.

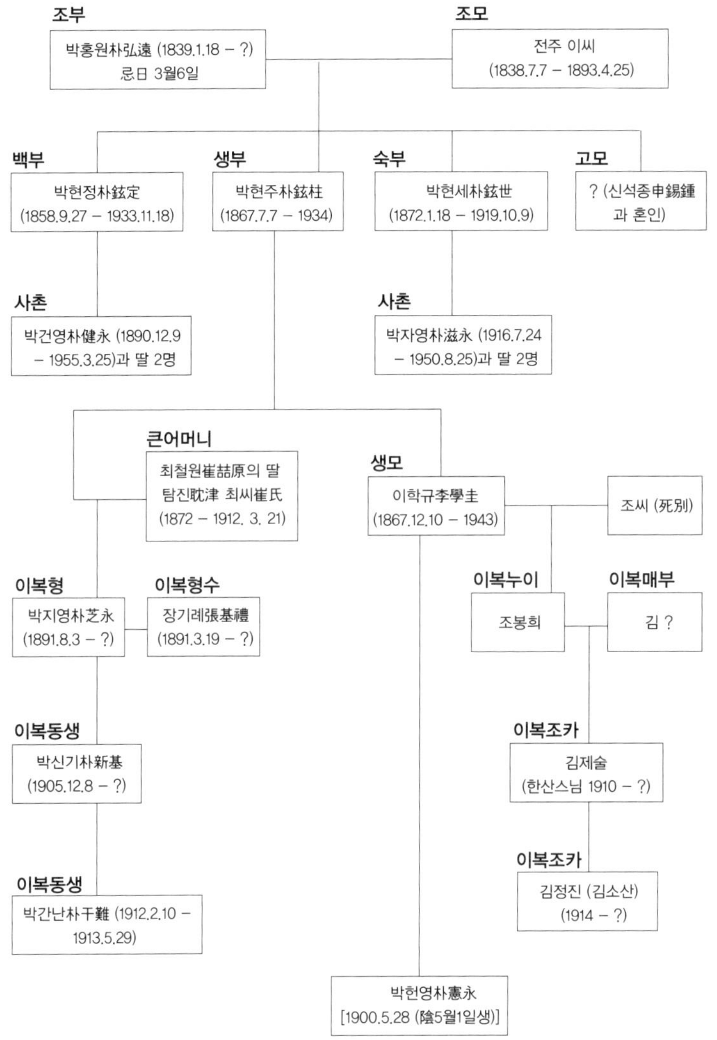

본적: 충남 예산군 신양면 신양리 299번

이를 정치 심리적으로 확장 대입하여 유·소년기의 가치박탈이나 심대甚大한 상처가 성장과정의 정신적 왜곡과 과잉 보상의 자기암시를 유발함으로써 보통사람들로선 기대하기 어려운 결과를 낳는다는 해석 역시 그렇기 때문이다.

전대의 충격과 트라우마가 후대의 성격과 행태를 배양·결정한다는 심리적 인과론은 '자극(S)-반응(R)'의 메커니즘에 이어 '박탈(D)-보상(C)'의 논리를 낳고 인간과 사회의 관계를 엮는 폭발적 매력을 동원한다. 왓슨Watson과 스킨너Skinner의 이론이 그랬고, 프로이드Freud에서 아이레만저Iremonger로 이어지는 이론적 영향[8]도 논의의 일관적 고전성을 더한다. 뿐만 아니라 성인사회화와 평생주기에 걸쳐 형성되는 자아와 사회정치적 정체성 역시 이들의 이론적 논의와 직·간접적 상관성을 지닌다.

그 결과 혁명가의 퍼스낼리티도 이 같은 논리구조 속에서 '생성-숙성-보존'된다는 가설의 수립이 가능했고 발달심리이론의 적용대상은 심리학에서 정치학과 사회학 영역으로까지 이동한다. 에릭슨Erikson의 노력[9]이 울펜스타인Wolfenstein에게 영향을 주고 기왕

---

8 이에 대해서는 특히 유년시절의 애정결핍과 후대의 정치적 성공을 다룬 다음 연구들 참조할 것. Lucille Iremonger, *The Fiery Chariot: A Study of the British Prime Ministers and the Search for Love* (London: Secker and Warburg, 1970); 김형곤, "조지 워싱턴의 성장과정(1732-1775)에 관한 해석적 논의: 애정결핍과 자기보상의 랑데부," 한국서양문화사학회(편), 「서양사학연구」 제22집(2010), pp. 33-71.

9 60년대를 휩쓴 에릭슨Erik Homburger Erikson의 주장은 박헌영의 유·소년

의 이론적 울림에 다시 눈길을 돌리게 했던 것도 지난 60년대 전후

기 성장과 이후의 정치사회화 과정을 이해하는 이론적 준거로 여전히 중요하다. 다만 그 유의미함만으로 해석의 절대근거를 삼긴 어렵다는 데 유념할 것이다. 그의 텍스트로는 다음 참조할 것. Erik H. Erikson, *Childhood and Society* (New York: W. W. Norton, 1963); *Identity: Youth and Crisis* (New York: W. W. Norton, 1968); *Identitiy and Life Cycle* (New York: International Universities Press, 1959). 그의 심리사회적 발달psycho-social development이론은 모든 유기체가 특정목적을 갖고 태어났고 성공적으로 발달하면 이 목적을 완수한다고 보는 후성설後成說을 기반으로 삼는다. 프로이트가 정신성psycho-sexual 발달이론에 치우쳐 청소년기까지만 설명하고 성인기 이후는 별다른 언급이 없었던 것에 비해 에릭슨은 청소년기 이후의 성인기를 초기성인기, 중년기, 노년기로 나눠 전 생애를 다룬다. 인간에게는 미리 정해진 여덟 발달단계가 있는데 모든 사람들은 유전적 기질을 바탕으로 사회환경과 상호작용하며 한 단계씩 거친다. 각 단계를 성공적으로 완수하면 정상적이고 건강한 개인으로 발달해 갈 수 있지만 어느 단계에서 실패하면 그와 관련한 정신적 결함을 갖고 살아가게 된다. 이때 발달단계에 따라 발달과업이 정해지고 이를 해결하여 그 핵심가치를 달성했는지 여부에 따라 발달정도를 판단할 수 있다. 프로이트의 정신분석은 초기아동기에 부모와의 경험을 가장 중요한 상호작용으로 보지만 에릭슨의 이론은 그보다 넓은 사회적 경험들, 즉 가족 외 사람들과 맺는 인간관계의 경험들도 자아발달에 중요한 영향을 미친다고 하는데 이는 두 이론의 가장 큰 차이점이다. 여덟 단계 중 첫째 단계는 생후 1년 사이에 경험하는 '신뢰 대 불신(trust vs mistrust)' 시기다. 이 시기에 아기가 원하는 것을 일관되게 얻고 욕구를 만족스럽게 충족하며 자신이 안전한 곳에서 살아가고 있음을 경험하면 이 세상을 살만한 곳이라 신뢰하게 된다. 에릭슨은 인간의 가장 밑바탕에서 버팀목이 되어주는 덕목을 '신뢰'라고 본다. 두 번째는 '자율성 대 수치심과 의심(autonomy vs shame & doubt)'이다. 이제 걸음마를 시작하고 세상을 탐색해 나가는 2세경의 발달과제다. 환경에 대해 자유롭게 탐색하고 충분히 경험하여 성취감을 느끼면 자율성이 생기지만 이때 부모가 지나치게 통제하고 혼내거나 겁을 주면 수치심과 의심을 갖는다. 3-5세경에는 '주도성 대 죄의식(initiative vs guilt)'의 시기가 온다. 프로이트의 오이디푸스 기와 겹치는 시기로 또래들과 경쟁하고 자기가 원하는 것을 적극적으로 주장하는 동안 아이의 주도성이 길러진다. 다음 단계인 '근면성 대 열등감(industry vs inferiority)'의

의 일이다. 장차 혁명을 꿈꾸거나 '혁명적인' 성격을 굳히게 되는 계기도 어렸을 때의 충격과 고통 혹은 심각한 가치박탈에서 출발한다는 생각은 결국 에릭슨의 발상에 빚지는 셈이다. 간디와 레닌, 그리

시기는 초등학교에 입학하는 학령기 연령대로 이때부터는 열심히 노력하는 것을 통해 성취감을 맛보기 시작한다. 그리고 자기가 노력한 만큼 결과를 얻지 못하면 주변 또래집단에 비해 뒤떨어진다고 느끼게 되어 열등감이 생긴다. 청소년기에 접어들면 '정체성 대 혼돈(identity vs role confusion)'의 시기가 온다. 내가 누구인지, 또 사회에서 어떤 역할을 할 수 있는지에 대한 개념을 형성하면 건강한 정체성이 만들어지지만 이를 해내지 못하면 혼돈의 심리상태에 빠져 모든 것을 부정하거나 정서적으로 큰 괴로움을 겪는다. 에릭슨은 특히 이 시기에 주요한 두 가지 과제가 있다고 말한다. 하나는 자신이 어느 집단에 속해 그 집단의 책임과 의무를 완수하는 '소속감(commitment)'이고 다른 하나는 가족의 울타리 밖에서 새로운 것을 찾아보려고 시도하는 '탐색(exploration)'이다. 이 두 가지를 모두 잘 해내면 성공적 정체성을 형성하는데 만일 소속감만 있고 탐색할 용기가 없으면 '정체성의 조기 마감(foreclosure)'이 일어난다. 반면, '소속감'을 거부한 채 '탐색'만 하고 싶어 하는 사람은 '모라토리엄(moratorium)'에 머무른다. 여섯 번째 단계가 20-40세 사이의 초기 성인기로 '친밀감 대 고립감(intimacy vs isolation)'의 시기다. 이 단계는 가족이 아닌 이성이나 친구와의 관계를 얼마나 친밀한 사회적 관계로 만들 수 있는지가 중요한 임무다. 적절한 친밀감을 형성할 수 있어야 결혼하여 가정을 이루거나 직업을 갖고 사회적 정체성을 만들 수 있다. 이를 성취하지 못하면 자신의 삶이 고립되어 있다고 느끼며 강한 우울감에 빠질 수 있다. 일곱 번째 단계는 중년기로 '생산성 대 침체성(generativity vs stagnation)'의 시기다. 자기가 직접 성취하는 것보다 이제는 후배들에게 도움을 주면서 성취감을 느끼고 이를 통해 후배들의 감사를 받는 것이 중요해지는 시기다. 이때 자기가 물려줄 만한 것이 하나도 없다고 느끼면 침체에 빠진다. 마지막이 노년기로 '자아통합 대 절망(ego integrity vs despair)'의 시기다. 이제는 인생을 정리하고 돌아보면서 삶의 의미에 대해 음미하고 이해하려는 노력이 중요하다. 이 단계를 잘 넘긴 사람은 삶의 통찰과 지혜를 얻는다.
http://navercast.naver.com/contents.nhn?rid=241&contents_id=70041

고 트로츠키 같은 이들이 그와 같았다는 울펜스타인의 주장[10]은 기왕의 탁월한 사상이나 정치적 부르짖음에 의한 외생적 교화 혹은 이데올로기적 감화에 따른 믿음의 발화로 혁명의 촉진이 가능하다는 생각[11]을 뒤흔든다.

확고한 '신념'도 지독한 '트라우마'에서 출발한다고 믿어버리면 얘긴 간단할 것이다. 하지만 두 콘셉트의 연관성을 밝히기보다 후자의 경험 그 자체와 생애주기별 정체성 확인에 치중하는 울펜스타인은 이렇게 말한다.

> 트로츠키와 레닌은 사춘기가 끝나갈 무렵 각기 혁명의 코앞에 다가서고 있었다. 트로츠키가 완연한 혁명에 참여하는 시기는 레닌보다 좀 더 시간이 걸렸다. 간디도 비슷한 문제로 긴장하고 있었지만, 깊은 수렁에 빠져있어 러시아의 두 사람보다 훨씬 불확실했다. 그의 사춘기는 레닌의 사춘기와 달리 아버지가 죽기 전에 이미 좌절과 실패로 가득했다. 아버지와 아들의 죽음은 그를 거의 압도했고 아버지의 사라짐은 간디에게 특히 크나큰 위기였다. 그가 아버지의 위치에 도전할만

10 Eugene Victor Wolfenstein, *Revolutionary Personality: Lenin, Trotsky, Gandhi* (Princeton, N.J.: Center for International Studies, Princeton University Press, 2016).

11 James Hadley Billington, *Fire in the Minds of Men: Origins of the Revolutionary Faith* (New York: Basic Books, 1980).

한 행동을 할 즈음, 그는 아내와 인도로부터 도망가 복종과 공격, 여성다움과 용기가 결합된 생활방향은 물론 그 같은 삶을 정당화할만한 길을 찾고 있었다. 이들 세 사람은 아버지 세대에서 끝나지 않은 일들을 갖고 사춘기에 돌입한다. 그들은 한결같이 '가족'이란 멍에와, 간디처럼 아내가 포함된 광범위한 가족 속의 풀기 힘든 짐들을 짊어진다. 그들은 각기 아버지의 권위에 대한 최초의 이미지에 갇혀 있었다. 특히 이들 셋은 불신과 수치심에서 차이가 있지만 그 핵심에는 이 같은 중요한 유사성을 찾을 수 있다. 나는 이들 세 사람의 공통적인 특성을 혁명가의 필수조건으로 바라보자고 제안한다. 하지만 이 같은 특성들은 필요충분조건의 '필수적'이거나 그것들 모두를 분명히 충족시키고 있는 것도 아니다. 왜냐하면 이들 말고도 많은 사람들이 어려서 비슷한 외상적 경험을 겪었고 비슷한 문제들을 남겼기 때문이다. 사춘기가 끝나갈 무렵, 물리적인 사건들을 체험한 모든 사람들은 대부분 정치적 항의나 특히 혁명에 간여할 기질들이 다분했다. 하지만 이런 분명한 기질들도 실제로 혁명에 가담하거나 실천할 수 있으려면 혁명에 대한 적절한 촉매와 전제조건이 결합해야만 가능하다. 이와 반대로 어떤 조건은 개인적 기질에 제동을 가하여 혁명을 촉발시키지 않는다.[12]

12 Wolfenstein, *op. cit.*, pp. 100–101.

결정적인 유사성과 전반적 차이에 주목한 비교론적 발견은 인식과 사고를 자극한다. 이에 힘입어 비교정치학이 연구의 풍요를 자랑하고 비교사회학 역시 탐구의 영역을 누빈 것도 지난 세기의 일들이다. 하지만 울펜스타인 스스로 위에서 자인하듯, 이 같은 발상은 하나의 힌트일 뿐 항구적 필요충분조건이 아니다. 발달심리학적 '발견'과 '발상'은 선택적 친화력을 지닌 예외적 현상일 뿐, 일반화가 가능한 단서는 아니기 때문이다.

바꿔 말하자면, 어릴 때 상처받고 자라며 고통당했다 해서 모두가 '혁명가'가 되는 건 아니다. 사회과학의 치명적 결함이자 약점인 제한적 특수성과 일반화의 함정은 여기서도 어김없이 반복한다. 에릭슨과 울펜스타인의 가설만으로 혁명가를 간파하기 곤란하다는 사실은 박헌영을 '박헌영' 그 자신으로 이해할 필요를 더욱 자극한다. 어설픈 적용에 뒤따르는 우려 때문이다. 그보다는 차라리 이론과 실체를 매개할 특정한 탐구의 고리를 찾아 이를 집중 천착하는 것이 더 효율적이며 가치 있는 작업이 될 것이다. 이 대목에서 주목하려는 콘셉트가 바로 박헌영의 '콤플렉스'다. 그리고 그 순환론적 이해다. 이는 연이어 살필 박헌영과 '여인들' 사이의 복합적 인간관계는 물론 그의 삶을 관통한 태생적 한계를 객관적으로 매개할 연결장치가 된다는 점에서 섬세하게 접근할 필요가 있다.

박헌영을 이론이나 개념으로 비추지 않고 박헌영 그 자신으로 '읽는 행위'는 박헌영의 움직임과 이를 견인하는 동기에 의미를 부여하는 일들로 지속적 관찰과 사유를 요구한다. 그는 과연 괴로워하거나 흔들리고 있었을까. 아니면 자신만의 철칙과 예외적 원칙으로 넘쳐난 강철 같은 존재였을까. 다음 몇 가지 항목은 이를 궁리할 크고 작은 단서들이다.

1. 의지와 능력이 비례하는 개념이라면, 심리학에서 말하는 '콤플렉스'란 단어도 불필요했을 것이다. 목표에 도달하는 정치적 속도도 전혀 문제될 리 없고 결과적으로 좌절과 어긋남에 괴로워해야 할 까닭도 없을 것이기 때문이다. 박헌영 역시 서자로 태어난다는 사실은 그의 의지와 아무런 관계가 없었던 터다.

2. 성장과정에서 그가 느꼈을 심리적 불편함을 일정한 용어로 굳이 표현하자면, 이 단어 외에 마땅한 건 더 없다. 그가 실제로 얼마나 크고 강하게 이 같은 심리적 고통에 시달렸을 것인지도 물론 불분명하다. 하지만 여러 정황 증거를 종합할 경우, 주변의 시선을 의식하지 않을 수 없었을 것이며 이를 극복하기 위해 어떤 방법으로든 자아방어 '기제機制'를 활용하려 했을 것이다.

3. 그것이 '일', 즉 부단한 사회주의 '운동'이나 결연한 '혁명' 지향성으로 구체화한 것인지도 실체적 검증은 쉽지 않다. '둘'이 '관계있다'고 확증할 근거나 계기도 불명확하다. 하지

만 문제는 태생적 한계의 대척점에 가족사의 또 다른 예외적 현상이 엄존·반복한다는 점이다. 서자의 몸으로 일생을 견디는 그가 다시 새로운 삶의 인연으로 다른 여인들의 몸에서 새 생명을 '잉태-출산'하게 한 행위는 예외적 업 아니면 특별한 운명론으로밖에 따로 설명할 수 없는 것일까.

4. 그것을 단지 '우연'으로 본다면, 박헌영의 존재감과 책임의식은 무색해진다. 정녕 그건 우연이었을까. 본처 소생 말고도 세 명의 자식을 더 낳은 박헌영의 성적 '자기결정'은 의도치 않은 행위의 결과로 제한해야 하는가, 아닌가. 아무리 사생활이 중요하며 존중해야 할 개인의 본능이라지만, 혁명가의 프라이버시를 따로 월등히 인정하거나 사회적 보호의 한계마저 별도로 변명할 순 없는 노릇 아닐까.

'태생적 한계'란 어휘를 콤플렉스로 대체 사용하자면 이는 그의 심리적 처지를 부정적으로 확장하는 한 방편일 것이다. 그의 삶을 삶 그 자체로 온전히 받아들이려는 담담함도 이 같은 편견을 털어내고 난 다음에라야 가능한 자세일 터다. 박헌영의 심층심리에는 어떤 모습으로든 자신의 출생과 소생 사이를 잇는 불가해한 연결고리가 자리한다. 그리고 단어 몇 개로는 간단히 설명하기 힘든 또 다른 정서적 인과론이 개입·순환한다. 이즈음 던져보아야 할 물음들은 그래서 이런 게 아닐까.

혁명가의 고독과 탈진은 가족의 해체와 재구의 원인일까, 아니면 그 결과일까. 혁명가의 '사랑'은 어떤 모습으로 현현顯現하는 걸까. 그것이 행여 자기위안과 안식의 방편으로 나타난 이기적 행위의 결과라면, 세상 바꾸겠다는 원초적 정치의지와 이는 양립할 수 있는 것일까.

혁명가의 삶에서 개인의 도덕성을 어디까지 요구할 것인지는 늘 어려운 물음으로 남는다. 윤리적 자기검열이나 도덕적 자기경계의 강박처럼 여겨질망정, 혁명의 대오를 유지하며 국가의 족쇄를 풀겠다고 나선 이의 삶의 주변이 끝까지 강고한 모범의 틀로 채워지지 못하였음은 치명적 '짐'이다. 가족이 흩어지고 인연의 얼개가 부수어졌어도 새로운 생명의 잉태와 출산으로 이어지는 인연의 반복과 개인적 사연의 '되풀이'는 혁명이 요구하는 초인적 힘이나 불가사의와는 나란히 자리할 수 없는 문제였다.

거듭 묻자. 박헌영은 이 문제 앞에서 왜 단호하지 못했을까. 그리고 간단없는 인연의 골을 헤쳐 나오지 못했던 걸까. 새 생명의 잉태와 출산은 자신의 태생을 가리거나 뛰어넘을 위무의 방편이나 극복의 계기일 수 있었던 것일까. '민족의 모순'과 '계급의 한계'와 '역사의 단절'을 꾸지람하면서도 종국에는 '도덕적 자기완결' 앞에 허망하게 무너지고 마는 성정치적 결단력의 한계는 혁명이론과 실제의 간극만큼 바라보기 버겁다. 자신에게 보다 엄격하지도, 단호하지도 않았던 가족구성의 안타까움은 단지 영원한 동정과 이해의 대상으로 묻어버려야 하는 것일까.

'큰 일'을 한다는 명분은 여느 집안처럼 양육이나 가족애를 기본으로 삼는 친권행사를 유예시킨다. 본업의 정치적 핑계도 핑계지만, 아버지의 역할은 본디 내세우지 못할 아득한 의무이자 무책임하며 무능하기 짝 없는 평생의 멍에였다. 누구보다 힘겨운 장본인은 자녀들 본인이었다. 마주하거나 항시 함께 할, 일상의 가족들로선 전혀 문제될 리 없는 동반의 나날들이 정작 아련하고 꿈같은 시간으로 각인된 것도 궁극의 귀책歸責은 아비의 몫이다.

가족의 부양과 자기 과업추진을 양립하기 어려웠을 것이란 추론도 적지 않은 여인들과의 인연의 축적 앞에선 무색해진다. 만남이 반복되는 경우의 수만큼, 절절한 고적孤寂과 곤혹스런 난관은 변명과 자기검열의 부담 앞에서 그를 옥죄었을 것이며 손쉽게 마음 붙일 데 없는 역할중첩과 신산한 삶의 지탱은 언제든 도피와 초월의 계기로 작동하였을 것이다. 늘 모범적이지만은 않았던 혁명가의 이 같은 삶의 굴레는 과연 용서와 양해대상일 수 있는 것일까. 하여, 그가 그처럼 혐오한 '봉건주의'와 '제국주의'의 기치는 물론, 자본주의의 도덕적 해이와 사회적 타락의 허울을 박헌영 자신에게 대입·적용함은 지나친 모순일까.

가없는 슬픔과 단절의 당혹함 앞에서 곤혹감을 느끼는 주체는 단지 그의 '자식'들만이 아니다. '비판'과 '공격'의 구분 없이 적대의식의 반복확인으로 역사적 과업을 감당하려 한 그가 곧 모순과 적폐의 주체로 구태를 답습하는 한계야말로 지난 세월을 기억하는 불특정 다수의 관객들을 혼돈과 미망의 굴레로 끌어들이기 때문이다. 투옥과 감금의 장기화에서 비롯된 지독한 소외는 물론 해방과 월북 이후의 물리적·지리적 단절감은 어떤 형태로든 안식과 위무의 나날을 간구懇求하게 하였을 것이다. 그런다고 연약해질 혁명가는 아니지만, 상식과 상상을 넘어서는 그의 삶에서 '태생의 한계'와 '가족의 구성'을 겹쳐보는 일이 그저 간단치만은 않은 이유다. 혁명가를 장악하는 의식의 대부분이 강철심장에서 솟구치는 것만도 아니요, 기운의 본바탕 역시 냉혈한의 의지만으로 감당할 수 없다면 '그'에게도 '사랑'은 어려운 '정치'였던 셈이다. 그도 엄연한 사람이었던 까닭이다.

III. 여인

'영웅호걸'이란 단어가 '영웅호색'으로 탈바꿈하는 건 시간문제다. 시대를 휩쓸며 세상을 바꾸거나 걸출한 능력과 기운으로 역사의 방향을 틀어 기다리던 상황을 현실로 만드는 이들을 '지도자'라 부르는 일도 정치의 시대에선 이상할 리 없다. 이른바 정치적 거물이 되어 권력을 장악하면 많은 것들이 집중되어 보통사람들이라면 생각지도 못할 가치를 일상으로 독점하며 기꺼이 누리는 것은 특히 전근대 사회에서 보통이기 때문이다. 힘 있는 자가 권력의 이름으로 빨아들이는 명예와 돈 주변에는 그래서 성정치적 '누림'의 대상들도 얼마든지 가능했다.

그렇게 보면 높은 자가 행여 성적 방만함을 자랑하거나 이미 적잖은 것들을 움켜잡고도 더 많은 걸 추구하려는 강자의 행태를 굳이 탐욕이라 여기지 않는 것도 역사가 학습시킨 권력의 상식적 일탈이었다. 그 같은 현상의 반복을 의심하지 않았던 것은 차라리 그러려니 '했던' 집단의 의식과 기억 때문이었다는 표현이 더 옳으리라. 이 같은 의식적 관행은 왕이든 지도자든 남들 앞에 나선 자들 보편의 허구적 욕망을 한없이 용서할 뿐, 절제와 초극의 대상일 수 없다는 사고마저 기정화한다.

관행이자 습관처럼 고착화한 권력과 성의 밀착은 정치본능의 확장과정에 등장하는 지극히 자연스런 현상이다. 그 결과 가장 많이 누린 자가 제일 먼저 잃거나 상실에 따른 허무와 망연함의 부피 역시 그에 비례함도 지난 세월이 일깨운 삶의 귀한 교훈이다. 따라서 위대하다고까지 치부하는 인물들의 결과적 행태가 성적 자제와 혹독한 자기검열의 강화란 대목에서 끝내 도덕적 고결함을 잃게 되는 경우를 자주 확인하는 것도 역사의 지난 관행이다. 오늘의 현실에서도 이는 마찬가지다. '몰래 한' 사랑의 결과가 원치 않는 새 생명의 잉태와 출산으로 이어지거나 끝내 그 사연의 주역들이 가눌 길 없는 마음의 곤경에 처하는 경우도 얼마든지 듣고 보는 우리들이기 때문이다.

'하고 싶은 일'들을 '하지 않는' 것도 능력이며, '할 수 있는 일'을 스스로 '잊고 멈추는' 힘 역시 권력이 범접하지 못할 경이롭고 도저한 기운임은 여기서도 명징하다. 박헌영을 '영웅'이나 '호걸'로 보긴 어렵다. 그를 겪은 많은 이들의 회상을 다시 더하지 않더라도 판에 박은 행동과 자신의 사고틀을 좀체 벗어나지 않으려 했던 '교조적 인간'의 모범을 지도자로 보기보다 호방하고 출중한 인물로 못 박는 건 경우에 어긋나기 때문이다.

적잖은 여인들을 만나 예외적 인연의 골을 팠을망정, 그렇다고 그를 일컬어 집착의 주체로 몰고 가는 것도 문제다. 영웅이나 호걸이 아니기 때문에 '호색가' 역시 아니란 논리가 아니라 새로운 만남과 성적 결합을 기정화한 인연의 지탱까지 매도할 순 없다는 이유에서다.

그럼에도 불구하고 필자는 박헌영의 성정치적 방황과 여인들과의 인연의 관리에서 단호하지 못한 이력에 다시 한 번 주목한다. 특히 '어미'를 달리하는 그의 소생이 모두 넷이며 양육의 현실적 여건이나 이들 본인의 의사와 상관없이 '관계'를 맺고 이어간 그의 행태는 궁극적으로 '책임'이니 '절제'니 하는 것과는 거리가 멀었음을 지적한다. 품고 기르거나 인연의 살가움을 손수 잇지도 못할 것이었다면 '관계'는 왜 맺고 지탱하였던 걸까. 외로움과 괴로움의 극복을 위하여? 위로받고 싶은 심정과 절절한 소외의 탈출 방편으로? 도피와 안주의 대안적 길을 마련하고자? 원초적 결핍감과 가족적 허허로움을 단숨에 뛰어넘으려는 인간적 본능 분출 때문에?

그가 지금 당장 눈앞에 나타나 진솔한 대화나 소통을 시도할 계제를 다시 마련한다 해도 혁명가의 간단치 않은 '가족정치' 내력을 천착하기란 쉽지 않은 형편이다. 한 남자의 고단한 삶에서 만나고 헤어진 여인들 각자의 속내도 쉽게 헤아릴 수 없는데다 임신과 출산의 사연까지 진지하게 고백받길 원하는 여러 경우의 수라니 말이다. 무모한 상상 속 권유지만, 한사코 '사랑'만 하였을 뿐 관계의 생물학적 귀결까진 마다할 수 없었던 걸까. 멍에와 한의 지탱은 가족사의 단절과는 또 다른 문제일 것이다.

잠시 에둘러 가자. 논의의 흐름에서 벗어나는 듯 여겨지지만, 다른 이들이 겪은 사연의 중첩과 유사성은 생각을 정리하는 데 조금이나마 도움이 될 터다. 하지만 '비슷함'은 '같음'과 결코 다르며 각자가 느끼는 사랑의 감정이나 만남을 이어가는 정겨움은 그 자체로 존중해야 할 대상임을 각별히 유념해야 한다. 아울러 각기의 관계를 잇는 각자의 계기는 단순 비교대상일 수 없음을 자각하는 일 역시 중요하다. 누가 누굴 더 많이 좋아하고 덜 싫어했는지 정량화quantification하기 힘겹듯, 어떤 이의 성적 일탈이 한결 괘씸하거나 더 나쁜지도 견줌이나 헤아림의 대상일 수 없기 때문이다.

인간의 성적 지조와 섹슈얼 모럴리티를 삶의 평가에서 항구적 지표로 삼는다면, 우리가 기억하는 위대한 인물들의 순위나 긍정적 가치판단내역들은 크게 바뀌어야 할 것이다. 인식의 구조조정이랄까, 이해 틀의 재구성이랄까 이제까지의 상식을 근본부터 뒤집는 혁명은 여기서부터 새롭게 발원해야 할 터다. 굳이 박헌영과의 개인적 인연이나 연관성을 찾으려 해서가 아니라 행적과 이력 그 자체로 영구히 가둬둘 수 없는 흠결을 이미 충분히 갖춘 인물들의 사연 때문이다.

여전히 이름을 날리고 있는 인물들을 한결같이 '위인'과 '명사'

들로 굳건히 믿는 까닭도 어쩌면 '키우고 부풀렸던' 우리 모두의 편견 부피 탓일 것이다. 턱없는 상상과 성급한 가치판단이 부실한 낭만의 벽을 높이듯, 그 허망한 담장의 밑동이 여지없이 허물어질 때, 도망갈 곳은 의외로 좁거나 아예 없다는 것쯤 각오해야 할 지난 역사다. 어쩌면 앞으로도 그리 이어질 세월이라 해도 허무와 미망의 시간들이야 너끈히 각오해야 하리라. 사람을 실망시키는 건 그래서 사람이었다. 그런데 대체 누가 어쨌다는 말인가.

역사 속의 대단한 예술가들 모두가 그런 건 아니지만, 초인적 의지와 업적을 보인 이들 상당수가 자신을 스스로 죽인 경우임을 알고 나면 '실망'은 흔히 '동정'과 '공감'으로 바뀐다. 작업의 고통과 절망적 처지의 극한이 술과 마약을 탐하게 하거나 아무도 달래주지 않는 그들을 품고 보듬은 이들은 어렵잖게 다가설 눈부신 창녀였음을 상식으로 인정하는 우리다.

그러나 자주 찾은 매음굴은 '가정'이 아니고 어느덧 바뀌어버린 파트너들이 '가족'일 수는 없었다. 잠을 청하여도 정신은 나날이 맑아지고 전에 없는 힌트와 열정으로 작업의 박차를 더욱 키울 수 있는 이유도 이미 전신에 퍼진 매독 '균' 때문이었음을 알게 된 건 당사자들에겐 그나마 불행 중 다행이었다.[1]

죽음과 맞바꾸어야 할 만큼 처절한 예술혼이었다 하더라도 거

1 데버러 헤이든Deborah Hayden 지음·이종길 옮김, 『매독: 천재성과 광기, 매독에 얽힌 미스터리』(고양: 도서출판 길산, 2004).

대한 일생을 마감해야 할 절체절명의 순간에 한 인간을 초라한 침대 위로 인도한 에너지의 고갈이 성병 때문이었다는 사실을 바로 인지하는 일은 상식의 얼개를 뒤흔든다. 니체와 고흐가 그랬고 베토벤과 슈베르트가 '스피로헤타Spirochaetales'[2]와 싸워야 했던 내막을 그러나 사람들은 잘 모른다. 마네의 다리가 썩어가고 히틀러의 영혼이 짓무를 대로 짓물러 벌써 망가진 다음임을 기억하는 사람들도 의외로 적다. 누가 그들을 그렇게 만들었을까. 그들 모두가 그처럼 죽음을 준비하였던 걸 사람들은 왜 진즉 알아차리지 못했던 걸까.

완벽한 듯 보인 자아가 그처럼 망가지거나 끝내 허무하게 무너지리란 생각일랑 좀체 하지 않는 게 보통 사람들의 인식세계다. '어찌 그럴 수 있겠는가' 라는 도덕적 반문이 자신들만이 관리하는 실망의 샘에 배반의 독을 타는 것도 순간의 일이다. 그래서 '분노'와 '매도'의 손길을 어느 새 돌팔매와 불화살로 탈바꿈시키는 동물의 이름도 '인간'인 법이다.

매독균이 동원하는 실망과 공포의 그림자는 부피와 규모만 달리할 뿐, 모든 인간들이 탐닉·함몰하는 성적 관계의 만듦에서 다시 처연해진다. 이른바 '교접의 정치학the intercourse politics'에서 풍기는 기묘한 분냄새와 그리 비싸지 않은 향수찌꺼기의 후각적 '집적거

2 매독Syphilis균을 포함하는 분류 목目이다. 성교 감염에 의한 후천매독(성감염증)과 모자감염(태반감염)에 의한 선천매독으로 나뉜다. http://terms.naver.com/entry.nhn?docId=2833990&cid=55647&categoryId=55649.

림'이 웬만한 남성들을 벌써 한번 망쳤거나 두세 번 죽이고도 남을 천박의 향기로 내쳐 후리는 관행일랑 삶의 굴레 곳곳에서 확인할 수 있다.

'위대하다'고 여기는 이들에게만 이 병이 퍼진 건 물론 아니다. 세상의 유행처럼 매독은 번져간다. 헤이든은 이렇게 말한다.

> 1907년, 독일의 작가 슈테판 츠바이크는 19세기 말에서 20세기 초까지 오스트리아 빈의 젊은이 10명중 1-2명이 대개 매춘부와의 관계 후 매독선고를 받았다고 기록하고 있다. 또한 이들 중 많은 수가 가혹한 운명을 이기지 못해 권총자살을 택했다. 그렇다면 과연 어떤 두려움이 그들을 죽음까지 내몰았을까? 첫 번째는 눈앞에 놓여 진 금욕의 사슬을 견딜 수 없었을 것이며, 두 번째는 자신의 병이 연인에게까지 전염될 수 있다는 도덕적 딜레마가 들이닥쳤을 것이다. 또한 당시 치료제로 쓰였던 맹독성 물질인 수은과 비소는 때로 병 자체에 버금가는 심각한 부작용을 일으켰고, 산모가 매독 환자이면 갓난아이 몸에 시커먼 딱지가 앉을 위험이 있었다. 게다가 그들은 매독이 유전성 질환이라는 잘못된 통념 때문에 가문의 대가 끊길까 두려워했다. 그러나 모두를 통틀어 가장 끔찍한 저주는 심신을 망가뜨리는 무서운 질병과 다년간 싸워야 한다는 사실이었다. 게다가 말기에 이르면 갑작스레 성격이 돌변해 광기의 전조를 보인다는 것도 커다란 두려움이었다. 실

제로 환자들은 이 시기에 이르면 갑작스레 파우스트의 거래처럼 폭발하는 듯한 희열감에 휩싸인다. 이때 환자는 자신이 경험한 깊은 통찰력, 놀라운 식견, 신비로운 지혜 등을 말로 똑똑히 표현할 수 있어 19세기 말에는 드물긴 하지만 매독이 천재를 낳는다고 믿었다.[3]

실제 감염인구야 상세히 살필 수 없지만 다음 표만 보더라도 유명인들의 감염추이는 19세기로 몰린다. 이름만 보더라도 저명한 사람 가운데 특이한 경력은 문학·예술인 말고도 링컨이나 히틀러 같은 정치인들이 포함된다. 문제는 어디선가 감염된 경로의 특징과 이를 관리·은폐하려 한 초인적 방어로 맞춰지지만 링컨의 경우, 부인 메리가 옮겼고 히틀러는 젊은 시절 유태인 여성 보균자와의 사이에서 이미 만성질환의 길로 접어들었다는 사실이 흥미롭다.

'권력'과 '예술'이 '매독'과 양립할 수 있는지는 보는 이의 시각에 따라 다를 것이다. 연민과 혐오의 꼭짓점을 사이로 벌어질 사람들의 생각은 동정적 애틋함이나 극단의 거부감을 오가며 호사가들은 물론 호기심 가득한 지적 열성주의자들의 촉수를 흔들 것이다. 세상이 환호하는 업적과 결과로 말하면 그 뿐, 한 인간의 지명도와 사생활이 삶의 평가에서 우선항목일 수 없다는 입장은 그로써 크게 실망하고 지지와 신뢰의 철회마저 각오하는 맞은 편 진영과 어차피

3 데버러 헤이든Deborah Hayden 지음·이종길 옮김, 앞책, pp. 44-45.

19세기 이전	19세기	20세기
크리스토퍼 콜롬버스 (1451-1506) 이반 뇌제雷帝(1530-1584)	쥘 드 공쿠르(1830-1870) 에두아르 마네(1832-1883) 랜돌프 처칠(1849-1895) 알퐁스 도데(1840-1897) 아르튀르 랭보(1854-1891) 프랜시스코 데 고야(1746-1828) 하인리히 하이네(1797-1856) 루드비히 판 베토벤(1770-1827) 프란츠 슈베르트(1797-1828) 로베르트 슈만(1810-1856) 샤를 보들레르(1821-1867) 메리 링컨(1818-1882) 에이브러햄 링컨(1809-1865) 귀스타브 플로베르(1821-1880) 기 드 모파상(1850-1893) 빈센트 반 고흐(1853-1890) 프리드리히 니체(1844-1900) 오스카 와일드(1854-1900)	알 카포네(1899-1947) 구스타브 클림트(1862-1918) 카렌 블릭센(1885-1962) 제임스 조이스(1882-1941) 아돌프 히틀러(1889-1945) 앙드레 지드(1869-1951)

어깨를 나란히 하지 못한다. 종말론적 낭만과 추종의 대열은 한사코 얼음 같은 사회적 도덕률과 공존의 길을 함께 걷기 좀체 어렵기 때문이다.

이 같은 엇갈림의 연장선 위에 에이즈의 '감염'도 더불어 자리할 것이다. '난 사람'들의 삶에서 작품과 작업과정을 뺀 나머지 항목이 오롯이 사적私的 영역이라면, 그것들에 대한 사회적·윤리적 논란은 배제할 것인가, 말 것인가. 권력자나 예술가뿐 아니라 세상 누구에게든 이 같은 잣대는 동일하게 적용해야 한다는 주장도 설득력 있고 삶이 끝나는 날까지 오욕과 명예의 갈림길에서 자신을 다스릴 자는 오직 '스스로'일 뿐이라는 주장들도 그만의 가치를 담는다.

'매독이면 어떻고 에이즈면 또 무슨 문제겠는가'라는 호방한 질문이 전자라면, 환호와 선망을 재고하는 쪽이 후자일 것이다. 하지만 성적 취향과 위생학적 자기관리능력은 철저히 개인의 문제로 본다 하더라도 질병의 감염과 그 사회적 파장 앞에서 이를 단정하게 초극하지 못한 궁극의 책임은 당사자들의 몫임을 부인할 길은 없다. 누구도 그 앞에서 자유롭지 못하며 도피의 명분을 만들 수 없는 까닭이다. 하물며 역사를 넘어 언제든 현실로 이를 자각할 앞으로의 삶이란 더욱 중요하지 않을까.

성적 '자유'와 탐닉의 나날이 불러오는 '방만'의 토사물은 엄연히 다르다. 그것은 결코 일치할 수 없으며 '같이' 보아 달라 갈구하지 못할 두 개의 전혀 다른 독립 대상이다. 뿐만 아니라 세상 어느 누구에게나 일관성 있고 균등하게 적용해야 할 가치판단의 항목일 것이다. 엄밀히 말하여 누가 누구를 더 많이 좋아하거나 덜 싫어하는 그 일이 어찌 '과업'일 수 있겠는가마는, 실은 그것이 선망과 혐오의 주제일 수는 있어도 옳고 그름의 상대일 것인지는 늘 생각해볼 문제이리라.

그러나 온 정성 기울여 스스로를 태우고 정념의 상대마저 가없이 덥힌 후, 끝내 외면 못할 새 생명 앞에서마저 무한 자유를 누리려 한 인사들의 행색은 훗날 초라해지는 법이다. 굳이 '가치판단'이란 단어를 쓸 필요조차 없이 그래서는 결코 안 되는 이치는 '도리'와 '정리情理'인 까닭이다. 이 문제와 앞서 지적한 치명적 성병의 감염 역시 병렬적으로 다루거나 단순 비교대상은 아니다. 이를테면 어느 경우가 도덕적 흠결이나 사회 윤리적 실수로 더하고 덜한 문제일는지는 손쉽게 답할 물음이 아니기 때문이다.

그럼에도 불구하고 '반문'은 가능할 터다. 천재성과 반사회성은 '같은' 개념일까, 아니면 예술과 인륜은 반비례한다고 보아야 옳은 것일까. 흔쾌히 세상이 인지하는 대목은 아니지만, 매독으로 죽어가는 클림트의 뒤로 태생을 달리하는 자식이 무려 열 넷이었다는 사실을 단순히 수용하기 어려운 것도 그래서다. 생전에 그가 이미 열네 건 양육소송에 휘말렸던 사실을 그의 작품 전부와 상쇄하거나 없던 일로 치부하자는 가상의 상상이 터무니없는 이치와 이는 맞닿는다. 사랑을 핑계 삼아 둘 사이의 낭만의 지평만 무한대로 뻗어나가기 힘겹게 만드는 사연들 역시 원치 않는 임신이나 태어날 '사생아'들의 갑갑하고 닫힌 처지와 직결될 수밖에 없(었)다.[4] 아이는 뒷전이고 만남과 관계의 지속이 먼저였던 대가다.

'그들'의 사랑은 본처가 엄연히 살아있거나 이미 맺은 연인 '관계'를 청산하지 않은 상황에서 또 다시 만들고 지탱하는 경우가 대부분이다. 죽음이나 이별로 기왕의 인연이 정리될망정, 다시 인연을 엮거나 관계의 중첩이 지속되는 것도 낭만의 잣대로는 전혀 기이하

4 사생아 모두가 탁월한 역사 속 인물로 클 수만 있었다면야 그들의 아픔과 서운함도 크게 줄었을 터다. 하지만 그(녀)들 역시 초인적 인내와 노력은 물론 치열한 경쟁과 자제력으로 세상이 주목할 수 있었음은 또 다른 고난의 결과다. 엘리자베스 1세나 다빈치가 그렇고 카스트로 역시 예외가 아니다. 이들의 삶에 깃든 결정적 유사성과 전반적 차이에 대해서는 다음 참조할 것. 주레 피오릴로Jure Fiorillo 지음·이미숙 옮김, 『사생아 그 위대한 반전의 역사』(서울: 시그마북스, 2011).

지 않다. '남몰래' 지속하는 이른바 불륜이 관계의 기본을 이루는 가운데 '애틋함'을 동력으로 삼(아 일상에서 벗어나려)는 심리적 원심력은 관계의 힘이자 짐으로 작동한다. 차후 태어날지 모를 아이들의 양육이 우선이 아니라 둘 사이의 관계 그 자체의 지탱을 절체절명의 과업으로 키웠던 적잖은 경우의 수를 사람들은 곧잘 기억한다. 그러니 인간이겠지만 하늘 가까이 오른 이들을 다시 가없는 바닥으로 떠밀어 버리는 어리석음마저 턱없이, 그리고 덧없이 반복하는 '난사람'들이었다.

갖고 있는 것이 없어 허허롭고 외로웠음이 아니다. 간직할 길 없이 넘쳐나는 격정과 당장의 아름다움을 떨치지 못하는 '급진적 솔직함'이 문제였다. 그리하여 모든 걸 당장 지워버리고 잊게 만들어 '비우며 기다리는' 일보다 '채우고 저지르는' 행각이 먼저임을 하염없이 일깨웠던 터다. 그 같은 관계의 급작스러움은 때로 '운명'처럼 탈바꿈하기도 하고 숙명보다 더한 인연의 굴레로 둘 사이를 옭아매기도 한다. 그래서 일상의 마음가짐으로는 가누기 힘든 절박함하며 아무리 고통스럽더라도 그대로 '이어감'이 속절없는 '끊음'보다 고결할 것이란 역설적 변명도 가능했던 것이다.

'치명적 눈멂'이 그래도 새삼 달콤하기만 하였던 기왕의 사연들을 재구성하긴 쉽지 않다. 하지만 우선 눈길이 가는 인물이 마르크스와 엥겔스다. 그들이 내뿜는 서양지성사속의 에너지와 비판적 사고의 명성과 달리 집안일을 돌봐주던 하녀와의 일탈과 가족갈등은 일상의 기대를 허문다. 평소 엥겔스의 재정지원에 의존하던 마르크스의 낭비벽이나 친자본주의적 소비패턴까진 그만두더라도 부인 예니가 1850년 돈을 구하러 유럽으로 떠난 사이, 마르크스가 28세의 가정부 헬레나 렌헨 데무트(별명은 님Nim)를 유혹, 임신에 이르게 된 후 1851년 6월 23일 혼외자 프레데릭 데무트(애칭은 프레디Freddy)가 세상에 나온 까닭이다.[5]

헬레나가 자신과 마르크스의 친자를 낳고도 출생신고를 미루다 끝내 아버지 이름을 빈칸으로 놔둔 사연[6]이나 이 대목에서 비공식적으로나마 자신이 친부임을 인정해준 엥겔스의 행동[7]은 단순히 그들만의 의리나 우정으로 남지 않는다. 마르크스의 당당하지 못한 행태도 행태지만, 그를 어떻게든 보호하려는 엥겔스의 자세도 여기서 돋보인다. 하지만 이를 둘러싼 마르크스의 고통[8]과 가족갈등을

5 트리스트럼 헌트Tristram Hunt 지음·이광일 옮김, 『엥겔스 평전: 프록코트를 입은 공산주의자』(파주: 글항아리, 2010), p. 340.

6 메리 게이브리얼Mary Gabriel 지음·천태화 옮김, 『사랑과 자본: 카를과 예니 마르크스, 그리고 혁명의 탄생』(고양: 모요사, 2015), p. 308.

7 트리스트럼 헌트 지음·이광일 옮김, 앞책, p. 340.

8 '자식들만 없었으면 나는 자살했을 것'이라고 엥겔스에게 편지를 쓸 만큼 마르크스의 감정생활은 간단치 않다. 생전에 부인, 예니 뿐 아니라 아들 둘(기도Guido와 에드가르Edgar)과 딸(예니 롱게Jenny Longuet)의 죽음마저 무릅쓴 참담함 곁에는 늘 함께 하지 못한 프레디에 대한 미안함까지 어우러져 이를 둘러싼 괴로움도 복잡하였을 것은 이해 못할 바 아니다. 이에 대해서는 다음 참조할 것. 피에르 뒤랑Pierrre Durand 지음·신대범 옮김, 『마르크스의 사랑』(서울: 두레, 2013), pp. 153-160; 한스 위르겐 크뤼스만스키Hans Jürgen Krysmanski 지음·김신비 옮김, 『마르크스의 마지막 여행』(서울: 말글빛냄, 2015). pp. 12-21.

풀어나가는 방식이나 마르크스가 죽은 후 엥겔스의 시중을 들기 위해 다시 기꺼이 '그'에게 향하며 죽는 날까지 동거한 헬레나의 행동은 일상의 기대와 상상을 넘어선다.[9]

성 충동을 억제하기보다 분방하게 실천하거나 예술적 승화의 경로로 변형·유출하는 경우는 역시 화가나 작가들에게서 도드라진다. 굳이 피카소까지 거명하지 않더라도 부인을 집에 둔 채 모델 까미유와 한사코 동거를 마다치 않은 로댕하며 위에서 말한 클림트가 보인 기이할 정도의 성적 허기는 이미 광기의 수준을 넘어서고 있었다. 훗날 제기될 양육소송이 두렵거나 자신을 향한 세상의 지탄을 의식할 요량이라면 어찌 그처럼 서슴없는 클림트였을까.

사회운동가나 정치사상가들도 변혁과 참여의 대열에 동참하면서 성정치적 단호함으로 자신을 추스르지 못함은 생각해보아야 할 대목으로 남는다. 자유의 이름으로 민중의 삶을 걱정하고 '사람이 곧 하늘'임을 외치던 해월 최시형도 천상 '사람'이었다. 요즘으로 말하면 거물 운동권인 자기 때문에 쫓겨 다녀야 했던 부인 손시화 여사나 조리돌림 당하는 네 딸들을 봐서라도 새로 혼인하라는 주위의 권유만은 이겨내야 하지 않았을까. 끝내 안동 김씨와의 재혼에 응하는 해월의 머쓱함은 영락없이 손씨 부인이 죽은 줄로만 알았다는

9 메리 게이브리얼Mary Gabriel 지음·천태화 옮김, 앞책, p. 947. 그도 그럴 것이 사생아 프레디는 죽을 때까지 마르크와 엥겔스 두 사람 중 누가 자신의 아버지인지 확실히 몰랐을 정도다.

변명과 겹쳐지지만 평소의 그답지 않다. 그때가 19세기말이기 때문이었다는 구실도 핑계치곤 궁색하다.

러시아 유대계로 태어나 미국으로 망명 이민한 엠마 골드만도 분방하기로는 마찬가지다. 노동운동 선동죄로 수감되면서 갇힌 채 독서에 탐닉하는가 하면 산아제한운동 불법화에 맞서는 자유연애론자로 1차 대전 중에는 전쟁과 징집에 반대한다. 죽는 날까지 아나키스트를 지원하는 일이라면 세상 끝까지라도 갈듯 열정을 멈추지 않으며 번갈아 두 남자를 끌어안은 곡절은 여간해선 꿈꿀 일이 아니다.[10]

18년 유배생활을 견디는 다산을 지극정성으로 돌본 강진 '초당艸堂' 기슭의 주막 여인 남당네(서옥)의 존재는 막상 부인 풍산 홍씨에게 어떻게 다가갔을까. 그녀의 헌신과 출산을 정작 본가에선 흔쾌히 받아들일 수 없었다는 인문적 상상[11]은 과연 '상상'으로만 끝나는 걸까. 그것이 다산에 대한 세상의 긍정적 편견과 버겁도록 큰 기왕의 위용을 축내리란 염려 때문이라면 이 역시 재고대상은 아닐까. 그러나 전언의 내용이 팩션도 픽션도 아니라면, 끝내 대둔사 비구니로 몰종적沒蹤迹한 딸 '홍임'의 통한은 누가 무엇으로 어떻게 위로해

---

10 20세기의 대표적 아나키스트로 그녀의 삶에 대해서는 다음 참조할 것. 캔데이스 포크Candace Falk 지음·이혜선 옮김, 『엠마 골드만: 사랑 자유 그리고 불멸의 아나키스트』(서울: 한얼미디어, 2008).

11 정찬주, 『다산의 사랑』(서울: 봄아필, 2012), p. 87. 본부本婦와의 갈등을 들여다보려면 최문희, 『정약용의 여인들』(파주: 다산책방, 2017) 참조할 것.

야 할까. 그것이 정녕 생부의 과업이었어야 했음에도 뒤늦은 의무감에 길을 나선다면 그 또한 지나친 가책에 지나지 않는 것일까.

천하의 정약용도 유배 중 얻은 처와 자식 걱정으로 속앓이 하는 모습을 보면 그 또한 어쩔 수 없는 '인간'이었다. 상상과 창작이 아니라 이를 엄연한 '사실' 그 자체로 받아들여야 할 까닭이다. 개인의 고난과 당당치 못한 성적 인연을 결백하니 얽히지 않게 하긴 그처럼 어려웠던 터다. 해배解配되던 때, 그의 나이 57세인 1818년이고 그러고도 두해가 지나도록 강진에 있는 또 다른 처와 어린 딸 생각으로 속 끓이는 모습은 그의 또 다른 진면목이다.

> 이렇게 머뭇머뭇 시간만 흐르다 보니 꼭 이루어진다는 기약은 없지만 어린 딸의 일로 마음에 병이 하나 생겼는데 어떤 결말이 날지 모르겠습니다. 내 나이가 이처럼 많으니 남에게 정절을 지키라고 강요할 수도 없는 노릇인데, 여러분들의 의견은 어떤지 모르겠습니다. 비록 주인과 손님의 사이라 해도 어찌 이처럼 행랑에서 서로 잊은 것처럼 할 수 있답니까? 첫째는 거리끼는 것이오, 둘째는 기다리는 것이오, 셋째는 인편이 없어서이겠지요. 그 본마음을 이해하고 결과를 지켜볼 뿐입니다. …· 1820년 8월 3일 …· 저간의 상황은 줄입니다. 저는 여전합니다. 어린 딸의 목에 생긴 종기에 대해서는 말씀이 없으신 걸 보니 이미 나은 듯하군요. 이만 줄입니다. 8월 9일[12]

본부本婦 풍산 홍씨와의 겸연쩍음은 그렇다 치더라도 소식 전할 길 묘연한 강진주막 남당네(서옥)와의 서먹함 곁에 딸의 안부가 염려스러워 애면글면하는 사내의 심사란 영락없이 속정 깊은 아비의 그것이다. 유배 후 본가인 남양주로 복귀하였으나 마음만은 강진을 향하며 게서 엮고 맺은 인연이 살갑게 다가왔을 것이다. 사람이라면 어쩌지 못할 인연의 동아줄과 사랑보다 깊은 미련이 빚는 마음의 변주였을 터다.

왜 아니 보고 싶고 다시 품고픈 딸자식이 아니었으랴. 선뜻 불러들이고 싶지만 그것이 여의치 않은 아비의 마음하며 어떻게든 함께 하고프건만 그 또한 뜻대로 되지 않는 처지에 자칫 무너질 듯 말 듯 한 남자의 자리가 거유巨儒면 무엇하며 필부匹夫라 한들 괜찮지 않을 까닭이 어디 있겠는가. 끝내 어미는 딸을 보내지 않아[13] 아비의 계획이야 틀어지지만, 자기 역시 훌연히 달려가지 못하며 아이 또한 이내 보내지 못하는 여인의 속내인들 과연 편키만 하였으랴.

자식을 몰래 둠이야 누군들 그(녀)의 '개인사'이겠으되, 사실의

---

12 "荏苒如此, 無以期必, 以稚女事, 作一心恙. 未知作何結局耶. 吾年此高, 不可强人之守紅, 未知僉議如何. 雖於主客之間, 豈有如是孟浪若付之相忘者耶? 一則拘也, 二則待也, 三則無便也. 如此本情, 且觀畢竟而已. …· 庚辰八月三日, 戚記無名頓. …· 多少並略之. 弟, 狀姑如昨耳. 稚女項癰, 無所 示, 似已平矣. 姑不宣. 八月九日. 戚記頓." 정약용 지음·다산학술문화재단 엮음, 『(《여유당전서》 미수록) 다산茶山 간찰집簡札集』(서울: 사암, 2013), pp. 208-209; 조성을, 『연보로 본 다산 정약용: 샅샅이 파헤친 그의 삶』(파주: 지식산업사, 2016), pp. 732-733

13 조성을, 윗책, p. 733.

숨김이나 왜곡은 끝내 덮을 수 없는 진실 앞에서 할 일이 아니다. 하물며 생때같이 살아있는 자식들과의 이별이나 행방불명까지랴. 선배 박영희의 배려를 끔찍스레 고마워하진 못할망정, 온갖 무례와 패악을 무릅쓰며 배신과 일탈을 여지없이 반복한 임화의 행각이 여전한 천재성에 가려지는 '까닭'이나 두 여인을 순차적으로 사랑하고도 각기 제 소생인 '딸'과 '아들'조차 행복하게 만들지 못한 '문책'일랑 대체 어디서 재촉해야 하는 걸까. 곁에 있을 때 온전히 품지 못하고 산채로 살갑지 못하였던 죄과를 하필 전쟁 중 몇 마디 시 구절로 대신하는 아비의 무능이란 대관절 또 무엇일까.[14]

치미는 표현욕과 오만가지 들끓는 생각도 즐겨야 할 고통처럼 끌어안는 경우가 있다. 해야 할 일이란 단 하나, 자유의 쟁취지만 정작 이를 위해 홀로 할 수 있는 일이라곤 전혀 없을 때 겸연쩍고 갑갑하여 뒤돌아보는 일은 또 어떤가. 그처럼 울렁거리는 나날들이 하필 나라 뺏긴 시절이었음은 시인 이상에게 고문이었다. 메마른 위악과 절망적 자폐自斃의 유혹도 부질없음을 왜 모를 '그'였을까.

오롯이 혁명하고 가없는 전쟁이라도 치러 온 나라 짓누르는 이국의 폭력에 맞서지 못한 젊은 시인의 정치적 '하릴없음'은 도무지 '퇴폐'없인 씻지 못할 '부끄럼'이었다. 그러다 죽음에 임박한 시인이 애절히 찾던 건 '레먼(몬)'의 속살이 아니라 '메롱(멜론)'이 먹고팠던 것이라고 임종을 지킨 부인[15]과 연구자들[16]은 전한다. 시든 달든 본

14 조영복, 『월북 예술가 오래 잊혀진 그들』(서울: 돌베게, 2002), pp. 43–46.

디 이 땅에서 열린 종자가 아니었거늘, 동경까지 건너가 이승을 떠나며 '거짓근대'만 확인한 시인의 마음이 이미 몸과 유리되고 꿈조차 증발되고 있었던 터에 이는 그저 달디 단 '과실' 하나가 아니라 '손에 닿기 어려운 모든' 걸 상징·농축하려는 그의 진짜 마지막 언어였을 것이다.[17]

어쩌자고 동경엘 갔는지 불분명한 이유만큼이나 왜 한 달 만에

---

15 구본웅의 이모였던 김향안은 이상의 마지막 여인이다. 변동림이란 이름으로 더 알려진 그녀는 결혼 후 몇 달 살아보지도 못한 채 동경으로 급히 건너가 남편의 임종을 지킨다. 김향안이 전하는 현장 모습과 시인의 육성을 듣자. "귀에 가까이 대고 '무엇이 먹고 싶어?', '셈비끼야千匹屋의 메롱'이라고 하는 그 가느다란 목소리를 믿고 나는 철없이 천필옥에 메롱을 사러 나갔다. 안 나갔으면 상은 몇 마디 더 낱말을 중얼거렸을지도 모르는데 …. 메롱을 들고 와서 깎아서 대접했지만 상은 받아넘기지 못했다. 향취가 좋다고 미소 짓는 등 표정이 한 번 더 움직였을 뿐 눈은 감겨진 채로. 나는 다시 손을 잡고 앉아서 가끔 눈을 크게 뜨는 것을 지켜보고 오랫동안 앉아 있었다. 담당 의사가 운명은 내일 아침 열한시쯤 될 것이니 집에 가서 자고 아침에 오라고 한다. 나는 상의 숙소에 가서 잤을 거다. 거기가 어디였는지 지금 생각이 안 난다. 다음날 아침 입원실이 열리기를 기다려서 그의 운명을 지키려고 그 옆에 다시 앉다. 눈은 다시 떠지지 않았다. 나는 운명했다고 의사가 선언할 때까지 식어가는 손을 잡고 있었다는 기억이 난다." 김향안, "이젠 이상의 진실을 알리고 싶다," 문학사상사(편), 「문학사상」(1986. 5), pp. 62–63.

16 이보영, 『이상평전: 암호적 예술의 숲을 찾아서』(전주: 전북대학교출판문화원, 2016), p. 281; 김윤식, "레몬의 향기와 멜론의 맛: 이상李箱이 도달한 길," 문학사상사(편), 「문학사상」(1986. 6), pp. 159–170.

17 박건용, "이상 문학에서의 '이상李箱', '13' 및 '레몬'의 의미," 일지사(편), 「한국학보」 제31권1호(2005), p. 127. 그는 이렇게 글을 마무리한다. "그것은 시대적 압박 속에서도 거부할 수 없는 생명력과 갱생을 일깨우기 때문이다. 그런 의미에서 이상 문학은 또한 구원에의 현대적 탐사다."

거기서 죽어야 했는지도 의문이다. 하지만 이상의 정치적 항거와 일본의 냉대라는 이유 말고도 사망진단서에 밝힌 병명은 슬프도록 진지하다. '뇌 매독'이었다. 동경제국대학 의학부가 전하는 더욱 정확한 사인은 '신경성 매독'이다.[18] 하필 '그'도 '매독'이라니.

이보영은 그의 죽음에 깃든 정치적 성격을 따지면서 이렇게 개탄한다.

> 그의 죽음은 한국인이 그 대상인 일본민족의 전통적인 민족차별이라는 정치적 문제를 제기한다. 그 민족차별은 서울에서의 '도항증명서' 발급과 동경에서 그가 당한 가택 수색에 이르기까지 철저했던 것이다. 그에게 '결핵성 뇌 매독'을 옮겨준 환자는 물론 창녀다. 따라서 그의 죽음이 제기하는 또 하나의 문제는 그와 창녀와의 관계인데, 이는 이상 개인과 동시에 그의 문학과 깊이 관련된다. 그는 자신의 병명을 듣지 못했지만, 만일 들었다 해도 '완이이소莞而爾笑' 했으리라. 그는 창녀를 동류의식을 가지고 대했기 때문이다. 그 점에서 그는 뇌 매독환자이기도 했던 모파상과 고야 및 매독환자였던 보들레르, 반 고흐, 고갱 그리고 니체를 연상시키지만, 그들과 다른 점도 있었다. 그에게 창녀는 일제 식민지의 피압박 계층의 상징이기도 했기 때문이다. 이처럼 이상에게 창녀의

18 이보영, 앞책, p. 723.

의미는 결코 단순한 게 아니었다. 결코 무지한 '노는계집'이 아니었다. 심지어 완고한 가정을 훨훨 벗어난 프리섹스라는 관념을 널리 유포시킨 첫째가는 공로자가 창녀임을 이상은 잘 알고 있었다. 그는 섹슈얼한 언어유희에서 자주 창녀에게 정신적인 빚을 지곤 했다. 이상이 작가로서 활동하는 동안 지속적인 관심과 동병상련적인 애착심을 가지고 작품에서 다룬 창녀가 매독을 전염시킴으로써 그의 가해자가 된 것은 신랄한 아이러니가 아닐 수 없다.[19]

서둘러 백년을 살고 팠어도 나이 고작 '스물여섯일곱' 즈음 이승을 떠야할 억울한 끝의 읊조림이란 이처럼 화려했다. '각혈하는 메마른' 몸과 '전근대에 갇혀버린 세상'을 이탈하려 몸부림친 그의 문학을 모던보이의 하릴없는 짓거리쯤 깎아 내리려는 결례일랑 범하지 말자. 만난 지 두 달 만에 지분 내 어린 금홍과 영영 헤어지되 평생의 열락과 고통을 질투처럼 학습한 젊은 시인을 두고 '봉별逢別'은 삶의 전부라느니, 혹은 한갓된 허무라는 둥 흑백의 논리로 가르치려 들지도 말자.

자기 여자를 벗에게 빌려주는 걸 '우정간음'이라고 둘러대는가 하면, 심지어 친구들에게 추천까지 하며 '그래도' 진심으로 사랑한 여인이었다면서 세상 향해 기꺼이 고백하는 그에게 '모던'은 바로

19 윗책, pp. 724-725.

'금홍'이 아니었을까. 도무지 이룩하지 못할 엄청난 미래를 애써 만들고 재촉해야 할 심사의 '버거움'하며, 아무리 몸부림쳐도 어림없는 마음 속 부담과 주눅의 기발함을 합쳐 이르는 시대의 예외적 표현이라 해도 무방하지 않을까. 하여 '모던'은 '근대'를 일컫는 '외국어'가 아니라 가도 가도 허허롭기만 한 시인 곁에 곱디곱게 서 있던 '여인'이었을 것이다.

그래서 영원한 '내 것'일 수도 없고 당장 취하고 폐기할 한갓된 존재는 더더욱 아닌, 멀리 있어도 가깝게 두고픈 '아스라함'의 또 다른 별칭이었는지 다시 따져볼 것이었다. 그게 이 땅의 '모던의 운명'이자 '바람'이었을 것이다.[20] 이상이 '창녀'를 강점기 조선의 '처지'와 꼼짝없는 '닫힘'의 조건 안에 온전한 '갇힘'을 농축하는 핵심 이미지로 반복 사용한다면 전 민중의 '굴종'과 '침묵'은 '매춘'에 다름 아

20 이상이 하필 죽기 전 일본을 찾은 진짜 이유가 '근대의 발견'을 의식한 일종의 조바심이나 기갈스런 허기에 있다고 이해하는 사람들도 퍽 많다. 하지만 끝내 실망과 허무로 끝나버린 일본기행을 뒤로 한 채 삶의 마감까지 감내해야 했던 이상의 평가를 두고 김윤식은 야멸차다. 이를테면 그의 눈에 비친 동경이 '혼모노ほんもの(진짜)'가 아니라 모조리 '시로모노しろもの(가짜)'로 비쳤던 건 도무지 뭘 잘 모른 채 손쉬운 가치판단을 했다는 속내다. "동경이 가짜 근대였다는 것은 역사적·사회적 진실이 아닐 터이다. 왜냐면 일본이란 진짜 자본주의를 행하고 있었던 곳이다. 제국주의란 자본주의와 동의어가 아니었던가. 그런 동경에서 진짜 근대를 목도하지 못한 것은 이상의 둔감함이 아닐 수 없다. 그는 근대 자본주의의 원리가 무엇인가를 알아차릴 능력(공부)이 근본적으로 모자랐다. 뉴욕이나 런던에 갔던들, 자본주의 원리를 모르는 한, 동경 인상과 같았을 것임엔 의심의 여지가 없다." 김윤식(1986), 앞글, p. 163.

닐 터다. 이상이 그때 무너지지 않고 좀 더 버텨 분단과 해방은 물론 전쟁까지 똑바로 목도했다 한들, 이 같은 문학적 환유換喩[21] 행각을 멈추진 않았을 것이다.

잠시 돌아가려 하였음이 좀체 멈추지 않는 '에두름'으로 지루해진 책임도 온통 필자의 몫이다. 하지만 역사에서 걸출하였던 인물들에게 여성이란 '힘'이자 동시에 '짐'임을 다시 확인한 건 앞으로의 논의를 위해 그리 해롭지 않은 상식이다. 또한 어떤 변명으로 덧대거나 하늘같은 논리로 두둔해도 '편력'과 '탐닉'의 대가가 그들 모두의 명성과 업적 부피와 전혀 별개의 판단대상임을 일깨운 건 부수적 수확이다. 마음의 빚과 절망의 무게만으론 부족하여 매독까지 이겨내야 하는 역설은 '죽는 날까지 한 점 부끄럼 없기'가 죽기보다 어려운 과업임을 계몽한다.

파멸의 목전에 크고 작은 성병마저 앓았다는 것으로 곧 그(녀)의 삶이 불행했다 말하는 건 지나친 단정일 터다. 몰래한 사랑일망정, 그 사랑도 죽는 날까지 정녕 성실하였다면 쾌락의 대가와 자기연민의 결과가 부과하는 온갖 고통의 더께도 흔쾌히 짊어질 일이었다. 비교도, 변별도 애당초 불가능한 '사랑'인 데다 그 일 자체와 결과의 변주를 놓고 '옳고 그름'을 따지는 일일랑 어리석은 짓임도 새삼 일깨운 그네들이다.

---

21 사물을 표현하되, 그 속성과 밀접한 관계가 있는 다른 낱말을 빌려 부분이나 전체를 표현하는 수사법을 이른다.

다음 표는 앞서 살핀 인물들과 그들의 여자, 그리고 그 소생의 관계를 압축한 결과다. 세상에 드러난 사실들과 전언에 기초한 무작위 추출이다. 따라서 역사의 실제 즉, 실체적 진실과는 다를 수 있음을 미리 전제한다. 다시 말해 인물들이 관계 맺은 상대의 숫자는 이와 다를 수 있다. 앞의 내용들을 압축, 경험적 단면들만 밝히자면 그 내용은 아래와 같다. 클림트의 경우, 소생이 너무 많아 이름마저 일일이 거명하긴 부담스럽고 다른 이들의 사생아 역시 생년월일까지 밝히는 작업은 생략한다. 중요한 것은 거론하려는 당사자와의 '관계'이며, 굴절과 단절의 사연들이었던 까닭이다.

다시 논의의 줄기로 돌아가자. 박헌영에게 '여인'은 어떤 존재였을까. 위로의 주체? 사랑의 대상? 안식의 인도자? 아니면 도피와 잠행의 조력자? 아울러 복수複數의 '여인들'은 무엇을 연상시키는가. 앞서 살핀 인물들과 그들 곁을 스친 적잖은 여인들의 이미지는 박헌영의 '그녀들'과 어떻게 겹치고 엇갈릴까. 크게는 같되 작게는 도드라지는 차이도 '근본적'인 게 아니라면, 다가오는 여인들이나 떠나는 이들 역시 그에겐 '힘'이자 '짐'이지 않았을까.

순차적인 만남의 대상들만 더해도 박헌영의 '여인들'은 모두 '다섯'이다. 박헌영의 생자生子를 출산한 이들만도 '셋'이고 소생은 전부 '넷'이다. 세상 어느 누구든 남녀의 만남과 헤어짐이야 어찌 몇 마디 말로만 농축할 일이겠는가 마는 계기와 모습은 당연히 달랐다. 곡절과 사연으로 점철되는 과정 역시 그 자체가 극적임은 세상이 알고 있는 바와 같다. 사랑과 상처를 함께 겪게 한 첫 번째 여인은 본처,

인물	배우자 혹은 우선 동거인	후처 혹은 차기 동거인	혼외자
마르크스Marx, 엥겔스Engels	예니 마르크스 Jenny Marx	헬레네 렌헨 데무트 Helene Lenchen Demuth	프레데릭 데무트 Frederick Demuth
최시형(海月)	부인 손씨孫時嫌	안동 김씨	
정약용(茶山)	부인 풍산 홍씨	강진 다산초당 기슭 주막의 주모: 남당네(서옥) -홍임 모母	홍임紅任-대둔(흥)사 비구니
엠마 골드만[22] Emma Goldman	알렉산더 버크만 Alexander Berkman	벤 리트먼 Ben Reitman	
구스타브 클림트 Gustav Klimt	에밀리 플뢰게 Emilie Louise Flöge	마리아 짐머만 Maria Zimmermann /아델레 블로흐 바우어 Adele Bloch-Bauer	총14명
로댕 Rodin	로즈 뵈레 Rose Beuret	까미유 끌로델 Camille Claudel	
임화	이귀례 (딸 혜란)	이현욱 (필명 지화련·아들 원배)	
이상	김향안(변동림)	금홍/최정희/권순옥 (까페 '학鶴·쓰루'의 여급)	

'주세죽'이다.

22 골드만의 남성편력은 화려하다 못해 피곤할 정도다. 버크먼과 리트먼 말고도 그녀는 1887년 제이콥 커쉬너와 결혼한 지 두해 만에 이혼한다. 새 남자였던 버크먼이 암살혐의로 징역형을 선고 받고 경찰에 쫓기는 상황 속에서도 골드만은 에드 브래디와 사랑에 빠진다. 그녀의 이 같은 분방함이 자유 연애론자로 자신의 입지를 과시하고자 했던 정치적 판단결과인지, 아니면 지극히 왕성한 본인의 성적 의지의 발로였는지는 불분명하다. 이 자리가 그 전수全數를 밝힐 계제는 아니지만, 기록으로 남아 있는 인물들을 추적할 근거로는 캔데이스 포크Candace Falk 지음·이혜선 옮김, 앞책, pp. 680-681 참조할 것.

상처는 깊었다. 독립을 위해서라면 영혼이라도 내걸고 '사회주의 혁명'에 사로잡히는 일쯤 애당초 그들 부부에겐 문제도 아니었지만, 가정을 지키지 못한 혁명가의 회한은 분노의 더께와 함께 두터워진다. 그것도 하필 둘도 없는 '끔찍한' 동지에게 사랑을 앗긴 사내의 비극이란 좀체 상상이나 짐작의 대상이 아니다. 부인에게도 일말의 핑계는 없지 않았다. 길어지는 남편의 투옥과 거듭되는 단절의 불편은 물론, 이겨내야 할 고독의 부피도 일상의 헤아림을 족히 넘어섰을 터다.

홀로 버티면서도 꿋꿋함 하나로 기꺼웠던 부인의 눈앞에 물리적으로 살갑고 따사로이 다가서는 남편의 동지가 '남자'로 여겨진 건 본능의 문제를 넘어선다. 흔들리는 부인의 마음 한구석에 은연중 자리하는 남편의 근황이 영락없는 죽음으로 뒤바뀐 것도 가책에 따른 자격지심의 결과였을 것이다. 하지만 상하이에서 김단야와 재혼(1933년)한 부인의 처지를 출옥(1939년 가석방) 이후에야 알게 된 박헌영이 주위에 함구를 명하고 이를 엄히 단속하려 한 사실도 극한의 체념이 빚은 분노의 또 다른 반응이었을 것이다.

부인의 변심을, 그것도 6년 세월이 지나고서야 과거지사로 확인한 남자의 직업이 '혁명가'라는 사실은 무색하기 이를 데 없다. 혁명은 당장의 일일 수 없었다. 하지만 대의와 명분 앞에 무너질 수 없는 그가 마주한 '현실'도 받아들여야 할 '운명'이자 뚜렷하며 불편한 '굴레'였다. 무너지는 속내와 의연해야 할 겉모습 사이의 머나먼 틈새를 메울 수단이란 '술'밖에 없었으리라.

상처가 저절로 아물길 바란다는 것도 힘겨웠다. 적어도 그건 받아들이기 어려운 배신이자 결별의 징표였기 때문이다. 아무리 혹독한 고문과 목숨을 내건 투옥의 나날들이었다 해도 영락없이 죽은 줄 알고 다른 남자와 다시 결혼을 감행하는 행위는 그가 아는 주세죽이 아니었다. 젊은 박헌영에게 이는 혁명의 좌절과 국가의 상실과 또 다른 충격이요, 아연한 고통이었다. 의기투합하던 혁명동지에게 자신의 처를 앗긴 사내의 심정이란 무엇으로도 출구를 마련하기 힘든 노릇이었다.

충격과 배반의 정서를 이겨내야 함은 물론 딸 비비안나(박영)와도 떨어져 살아야 하는 아비의 심정이란 편치 않았다. 무엇으로도 감내하기 힘겨웠다. 처와의 결별이 김단야와의 이별을 재촉한 건 극히 당연했다. 상하이와 모스크바를 오가며 잡지 「콤무니스트」를 함께 만들고 제국의 압제를 넘어 사회주의조국을 세우자던 열혈 혁명동지와의 관계는 정작 여인을 사이에 두고 무너져 내린다. 둘의 투지가 현실로 불붙길 다시 바란다는 건 이미 글러버린 상황이었다.

조지훈은 자신의 시, '사모思慕'에서 '남자에게 여자란 기쁨 아니면 슬픔'이라고 쾌도난마의 언어를 쓴다. 문학적 과잉단순화의 매력이야 시어의 마력과 함께 증폭되게 마련이지만, 인문적 차용을 의식하는 이 대목에 그러나 크게 마음 쓰진 말자. 박헌영의 삶을 단지 몰가치적 사회과학의 탐구 틀에 가둬 한사코 경직된 언어로만 이어가려는 방임도 더는 되풀이하지 않도록 하자. 거대담론에 치이고 잘 보이지도 들리지도 않는 '국가'와 '역사'에 손쉽게 갇히는 잘못도 이즈음 다시 돌아보면 어떨까.

사랑을 다해
사랑하였노라고
정작
할 말이 남아 있음을 알았을 때
당신은
이미 남의 사람이 되어 있었다.

불러야 할 뜨거운 노래를
가슴으로 죽이며
당신은 멀리로 잃어지고 있었다.

하마 곱스런 웃음이 사라지기 전
두고두고 아름다운 여인으로
잊어 달라지만
남자에게서 여자란 기쁨 아니면 슬픔.

다섯 손가락 끝을 잘라
핏물의 오선을 그려
혼자라도 외롭지 않을 밤에
울어 보리라.

울어서 멍든 눈 흘김으로
미워서 미워지도록 사랑하리라.

한잔은 떠나버린 너를 위하여
또 한잔은 너와의 영원한
사랑을 위하여
그리고 또 한잔은 이미 초라해진
나를 위하여
마지막 한잔은 미리 알고 정하신
하나님을 위하여

-사모思慕 · 조지훈-

엄연한 공산주의자이자 열혈 청년사회주의자인 그에게 시의 마지막 행은 거북살스러우리라. 하지만 조지훈의 시는 주세죽과의 물리적 별리뿐 아니라 이를 무릅써야 할 '그날 이후'의 박헌영의 처지를 영락없이 압축한다. 게다가 그의 정서적 위무를 위해 당장이라도 인용·대입할 시어들로 가득하다. 굳이 특정한 인물을 거명하지 않더라도 일상의 이별과 상처를 담대하게 보듬기로는 이만한 글도 없고 보면, 시는 힘이며 문학이 정치가 되는 까닭도 다시 두드러진다. 다만 시어의 현실적 적합성보다 상황의 동질성과 정서적 이입의 메커니즘을 감안해보자.

그러나 부인과의 결별이 (그 다음 여인으로) 이순금과의 동거를 재촉한 현실적 계기인지는 불분명하다. 혁명가들의 여(남)성 편력이야 파헤치고 단죄할 대상이 아니라는 금단논리는 이제 다시 생각해 보아야 한다. 혁명의 승리가 아무리 승자독식의 원인일망정, 혁명가의 성정치적 모럴리티까지 두둔·격상시키는 압도적 수단일 수는 없다. 행적의 평가는 생애주기를 통하되, 업적의 정치적 비중을 헤아리는 일과 전혀 별개인 까닭이다.

이혼이라도 할 수 있었더라면 덜 불편했으리라. 하지만 능히 짐작은 하였으나 풍문으로 접한 '재혼' 사실하며, 그에 따른 제 처지의 난감함이란 얼마든지 스스로 무너지거나 방황의 계기로 십상이었던 터다. 그가 공개적 '동거'의 길을 걷지 않았던 것도 단지 보안상의 이유나 정치적 유명세를 피하려 한 때문만은 아니었을 것이다. 자기 연민과 방황은 물론 지속적 투옥에 따른 육체적 고단함을 완화할 대안이 당장의 결혼일 수는 없었던 까닭이다.[23]

---

23 주세죽의 처지도 행복할 리 없다. 남편의 생사여부조차 불확실한 상황 속에서 다시 결혼을 감행하는 여인의 단호함 역시 간단히 사랑 때문만으로 재단할 수는 없다. 하지만 스탈린의 숙청 열풍을 피하지 못한 새 남편 김단야의 운명이나 자신의 유배도중, 아들 '김비딸리이(김세단)'의 죽음마저 무릅써야 하는 삶의 굴곡은 그 혹독한 대가를 다시 따져보게 만든다. 얻으면 잃고 다가서면 멀어지는 저 희한한 삶의 굴레를 주세죽은 온몸으로 증언하는 셈이다. 이 대목에서 오스카 와일드의 앤솔로지anthology는 또 어떤가. 결국 불행해질 수밖에 없는 인간의 삶에서 사랑하는 사람은 마음 다치고 힘겹게 하게 마련이며 함께 하든 그렇지 않든 서로에게 훈장처럼 상처를 주는 '일'말이다. "인생은 가끔 우리를 속이죠. 쾌락을 달라고 하면 주지만 슬픔과 절망

주세죽과의 이별이 박헌영의 여성관을 어느 정도 바꿔 놓는지는 생화학적 측정이 어렵다. 이순금과의 은밀한 관계가 지극한 '절망'의 자연스런 숙성 때문이었는지도 엄밀히 따져보긴 애매하다. 이를 잠정적 심리파멸의 한 '국면'으로 보든, 아니면 망가져가는 지도자의 모습을 더 이상 지켜보기 힘겨웠던 추종자들의 '권유'로 이해하든 숨은 그림의 단서들은 그를 '슬픔'과 '분노'에 절은 평범한 남자로 만들기 충분했다. 흔히 '아지트 키퍼agitpunkt keeper'로 부르는 엄호요원의 직능은 특정보호대상을 향한 헌신적 봉사와 열정적 조직관리로 좁혀진다. 혹독한 투쟁기간이나 혁명적 지하활동기의 보안유지는 물론 조직원 사이의 소통과 정보의 교환·전달을 위해 '심복'은 늘 곁에 자리해야 할 존재였다.

아무도 믿을 수 없는 상황 속에서 기댈만한 유일 상대는 그나마 지도자의 '복심腹心'이었다. 그(녀)의 뜻을 조직원들에게 제대로 전하고 지지자와 추종자들의 의지를 다시 확약하기 위하여 중요한 건 의연히 서로 '살아남기'였다. 뿐만 아니라 올바른 노선과 투쟁방향을 견지하기 위해 절실히 필요한 건 지도자의 옹위擁衛였다. 지도자를 지켜야 한다는 주문은 비단 이데올로그들만이 아니라 이들을 희망

이 그 뒤를 따라오죠. 금발머리를 가지고 있는 한때 너무나 섬기며 사랑을 하였던 차가운 심장을 가진 그 나무를 …… 계속 쳐다보게 되죠. 이 세상에는 두 가지 불행이 있어요. 하나는 원하는 것을 얻지 못하는 것이고 다른 하나는 얻는 것이죠." *Wilde* (1997), Dir by Brian Gilbert ; [01 : 50 : 41－01 : 51 : 45].

과 꿈의 대안으로 여기는 수많은 민중들에게도 생존과 버팀의 보람이었기 때문이다. 여전한 공포와 억압이 판치는 시절, 그래도 그런 세상을 이끌 '누군가' '살아있다는 것'은 더없이 안정적인 정치 심리적 자구책으로 작동한다.

해방 전 박헌영이 만나는 몇 명의 여인들 가운데 이순금과 정순년이 돋보이는 것도 이 같은 집단적 관심과 예외적 역할 속에서 찾을 수 있다. 두 여인들 모두 박헌영의 동거대상으로 일정기간 기거와 숙식을 순차적으로 함께 했고 지도자의 보호를 최고 목표로 삼았던 터다. 정순년과는 훗날 원경스님으로 알려진 아들 박병삼을 두지만, 이순금과는 후사를 두지 않는다. 친정아버지의 노여움 끝에 뒤늦게 목수와 강제결혼을 무릅써야했던 생모 정순년 대신, 어린 박병삼을 키우며 또 다른 동거자인 김삼룡과 정치적 동지관계를 끊지 않던 이순금의 존재는 박헌영에게 유독 특이했다. 같이 살며 동류의식을 나누는가 하면, 동시에 또 다른 소생의 피붙이를 품고 양육의 고단함을 흔쾌히 짊어지는 처지란 단순한 언어로 묘사가 어렵다.

주세죽과의 이별이 쓰라림을 요구했다면, 훗날의 이성적 만남과 관계의 지탱이란 충분히 이를 상쇄하고도 남을 정념들로 넘쳐나야 했을 것이다. 그것도 부부의 연을 맺기 전, 연적관계로 잃어야 했던 여인이 아니라 생떼 같은 헤어짐으로 동지의 배반을 정리해야 할 심사란 좀체 견디기 어려웠던 까닭이다. 설령 식민의 혹독함과 투쟁기의 결연함이 삶의 편안함을 고스란히 거부할 또 다른 핑계였을망정, 박헌영에게 행복이란 적어도 여인들과의 자연스런 관계 속에서 기대할 일은 아니었다.

이순금과의 (동거) 관계도 부부사이로 인지·발전할 만큼 자연스럽진 않았다. 식을 올리지 않고도 부부인줄 여길 만큼 가까웠지만 그 사이는 오히려 의문대상이다. 이순금과 주거공간을 함께 하는 가까운 사이임에도 불구하고 새로운 여인과 다시 부부의 연을 맺는 박헌영의 자세는 이를 부채질한다.

정태식의 오촌조카, 정순년을 실질적 후처(이자 아지트 키퍼)로 영입·강권하는 '동지'로서의 행태나 이를 마다치 않은 지도자의 자세는 적어도 박헌영을 향한 일상의 정치적 기대와는 다른 것이었다. '외롭고 괴로운' 지도자의 처지야 누군들 이해 못하겠는가마는, 불굴의 투지로 저항의 푯대를 잃지 않는 자의 행로가 프라이버시의 추구와 지탱에서마저 의연하길 바라는 건 인지상정이다. 하지만 나라 위해 '큰 일'을 도모하는 인물이란 명분은 추종자들이나 숭앙의 주역들로 하여금 굳이 과잉배려하거나 한사코 무리하게 만든다. 이순금과의 관계가 물리적으로 엄연함에도 새로운 혼인 계기를 마련하는 건, 본처가 살아있지만 죽은 줄로만 알았다며 재혼을 결행하는 최시형의 '그것'과 어김없이 빼닮고 있었다.

이 대목에서 분명히 짚어보자. 이 땅의 혁명을 삶의 목표로 세웠던 자들의 성 모럴과 그 현실적 해이 혹은 윤리적 하자에 대한 뒤늦은 가치판단 말이다. 굳이 이 문제를 논의의 중심에 두려하지 않거나 아예 원천적으로 피하려드는 관행이 아직 그 기운을 다하지 않은 것도 사실이다. 아니 아예 거론조차 제대로 하지 않았다는 표현이 더 옳을 것이다. 왜 그랬을까. '혁명'과 '지조'는 어쩌자고 양립할 수 없는 걸까. '절개'와 '변혁'은 함께 하지 못할 무슨 이유라도 스스로 간직하는 것일까.

누군가는 답할 것이다. '혁명은 대의요, 공적인 업무의 최고가치일 뿐 이를 담보하기 위하여 개인의 도덕적 완벽성까지 뒤따를 필요는 없다'고 말이다. 그 같은 문제제기가 행여 해당 인물의 정치적 존엄이나 위신(업)의 고결함을 해치기라도 할 가망이 있다면, 이를 극구 저지하거나 변명하는 게 추종자들의 의무라고 맹신하는 현상도 탓하지 못하는 현실이다. 그도 그랬을 것이 제국주의의 폭압을 뚫고 혁명을 추진하는 과정은 상상을 넘어섰고 삶의 영위 이전에 생존이 우선의 목적인 절박함을 바탕에 둔다는 변명이 가능했던 터다.

그들의 활동공간이 국내외를 망라한 건 물론이고 어디서 활동(약)하였든, 항시 쫓기고 불안하며 언제 어디서든 체포와 살해의 위험도 큰 만큼 육체적·물리적 제약이 항존하였음은 당연한 과거다. 국내지하조직과 점조직 활동도 중요했지만, 열악한 조건 속의 해외활동이나 국제적 연대투쟁을 위한 실천단위는 극히 제한된 자금과 인적·물적 자원으로 암약하고 있었다.

해외운동과정에서 혁명가들의 거처는 열악했다. 정보유지 위주의 생활 속에서 의식주란 꿈조차 꿀 수 없었고 개인별 자유와 독립적인 생활공간의 향유란 전혀 불가능한 상황이었다. 게다가 빈한하기 짝 없는 자금으로 버티려면 남녀 혼(합)숙과 육체적 공존은 다반사였고 운동주체의 연령이 대부분 20대 초반의 열혈 사회주의자였음에 주목하면 혁명 욕구와 성적 탐욕의 균형을 도모한다는 건 어불성설이었다. 안 그래도 사회주의혁명의 메카였던 러시아와 서구의 근대를 강제 이식한 상해의 유러피언 컬쳐 쇼크에 고스란히 노출된 조선의 젊은 남녀 혁명가들이 완벽한 모럴리티로 자신의 입지를 단호히 이어간다는 건 거의 불가능했기 때문이다.

3·1의 좌절 이후 상해와 모스크바를 넘나드는 1920년대 박헌영과 김단야가 그랬고 이들 사이를 파고드는 주세죽과 두 사내 사이의 기묘한 삼각관계가 끝내 여인의 순차적 결혼으로 이어진 것도 극적이다. 신의주와 상해에서 각기 사법당국의 그물을 피하지 못한 박헌영의 모진 '업'은 결국 그에 대한 동정과 보상의 빈자리를 한층 넓힌 것도 사실이다. 이순금과의 동거를 은연중 받아들이는 훗날의 세상인심도 따지고 보면 이를 바탕으로 한 인정적 용인 아니면 보상적 외면으로 이해할 것이다.

정작 조선사회주의 혁명가들에게 성적 탐욕의 자제나 이를 둘러싼 항구적 모범을 기대한다는 게 얼마나 무모한지는 새삼스럽다. 부인이 엄연히 제 집에 있건만, 새로운 사랑을 앞세운 동거생활에 기꺼이 나섬은 물론 욕정과 탐닉의 구현과는 거리가 먼 고결한 혁명본업을 곁에 둔 채 두 여인을 동시에 품는 식의 성정치적 일탈은 항구적 혁명 가치로 내건 '반제·반봉건 투쟁'의 서슬 푸른 함성과는 멀어도 한참 먼 일들이다.

이순금만 하더라도 동거대상은 모두 셋이다.[24] 박헌영 말고도 이재유와 먼저 시·공간을 함께 한 이순금의 남편은 알려진 대로 김삼룡이다. 하지만 김삼룡은 이미 결혼한 몸이었다. 경성콤그룹을 이끈 이들의 정치적 조율로 박헌영 역시 그룹 멤버가 되지만, 이순금과 김삼룡 '둘'은 조직의 확장과 지탱만큼 정순년과 '박'의 소생인 박병삼을 기르고 돌보는 데 주력한다. 그런가 하면 이순금의 친오빠, 이관술이 교사로 재직한 동덕여고의 동창생, 박진홍[25]은 이재유의 아지트 키퍼로 서로 다른 시기의 위장 부부역할을 맡아 '관계'를 잇는다. 알면서도 서로를 외면해야 할 '여인들'의 상호 애증과 견딤의 세월은 '혁명'과 '사랑'이 나란히 버틸 낭만의 콘셉트가 아님을 이처럼 잘 말해준다.

조직의 지도자를 옹위하기 위해 자존심의 온갖 자락들과 육체의 고단한 통증을 눌러야 하는 삶은 보통 사람들이 견뎌내야 할 버거움과 달랐다. 자기감정의 즉발적 노출과 분노의 표현은 두말할 필요 없는 금기대상으로 속내의 엄정한 관리가 우선이었기 때문이다. 조직의 보호와 혁명완수를 위해 '정보'는 사람의 목숨을 앞섰고, 지도자의 존귀는 '사랑' 쯤으로 망칠 가치가 아니었다. 어떻게든 모시고 보호해야 할 누군가를 '섬기는' 일과 끓어오르는 정념 안에 온갖 감정의 여운들마저 눙치고 '억누르는' 과업은 여성혁명가들 보편의

24 "이순금 일대기: 동지와 연인들, 「울산포커스」(06/12/31). http://www.ulsanfocus.com/news/articleView.html?idxno=31724

25 김성동, "현대사 아리랑: 혁명전사가 된 문학소녀 박진홍," 「주간경향」 1201호(16/11/15).http://weekly.khan.co.kr/khnm.html?mode=view&code=116&artid=19162&pt=nv#csidxeef04815a220dc59f093323a99803b0

중요한 의무였던 셈이다.

그러나 제한된 공간을 물리적으로 공유하거나 적어도 한집에서 남녀의 만남이 잦아지는 경우, 이른바 '접촉사고'의 빈도가 높아지는 건 혁명이나 사랑과는 다른 차원의 일이었다. 그것도 한창 나이의 젊은 남녀라면, 이데올로기의 불꽃보다 정념의 거친 파도가 먼저 그들의 육신을 덮쳐옴도 뭐라 먼저 탓할 일은 아니었을 것이다. 안 그래도 일상의 호감을 넘어 운명적 사랑의 낌새마저 알아차린 사이라면 스스로 말리고 가릴 남녀관계도 아니었던 터다.

박헌영의 두 번째 투옥과 그에 따른 기약 없는 '고독'을 모를 리 없는 단야였다. 다가오는 남편의 그림자 위에 살갑고 적극적인 배려가 실제로 겹쳐짐은 이성과 도덕만으로 견뎌낼 주세죽(코레예바)이 아니었을 것이란 짐작도 얼마든지 가능하게 한다. 사실의 역사적 근거를 딛고 이를 다시 상상으로 복원하는 과업은 이제 익숙한 '팩션 만들기'다. 상하이에서 재혼한 후 러시아에서 살던 주세죽과 김단야의 당시 모습을 손석춘은 이렇게 재현한다.

> 이정而丁(박헌영의 아호雅號)과 단야, 두 사람을 비교하는 자신을 발견할 때마다 스스로 '나쁜 년'이라고 되뇌었지만, 단야는 언제나 다정다감했다. 모든 사소한 일까지 나를 우선하며 일일이 내 의견을 물어 존중해주었다. 수도사적 금욕주의자에 가까운 이정과 달리, 단야는 외투에서 잠옷까지 선물했고 때로는 순록고기까지 구해와 직접 요리하기도 했다. 내 몸

또한 그와의 사랑에 익숙해져갔다. 단야의 몸을 처음 받아들일 때 엄습했던 은신처 매음굴의 교성들과 이정에 대한 죄의식도 시나브로 사라져갔다. 단야의 탄탄한 엉덩이는 태형으로 살점이 떨어져나간 곳에 새롭게 올라온 살로 하얗게 무늬가 졌고, 내 하얀 젖가슴에는 담뱃불로 지진 곳이 흉측하게 남아 있었다. 단야와 사랑을 나눌 때마다 우리는 서로의 상처를 어루만지며 때로는 '3·1운동의 훈장'이라고 속삭였다. 이정은 꼭 필요한 자리에서만 술을 마셨지만, 단야는 술을 종종 즐겼다. 어느새 나는 단야와 사랑을 나누기 전에 술 한 잔을 나누는 '의식'에 젖어들었다. 보드카 독주가 온몸으로 달콤하게 퍼져갈 때면, 행복감과 뒤섞이던 죄책감이 시나브로 사라지며 쾌감의 농도는 짙어갔다. 당시 소련정부가 내건 국정 구호인 '생활은 훨씬 나아졌다. 인생은 더 행복해졌다.'가 실감이 나 사랑을 나눈 다음 날 출근길에는 〈인터내셔널〉을 콧노래로 부르는 자신을 몇 차례나 발견하기도 했다.[26]

세상이 흔히 '불륜'이라 지칭하는 은밀한 관계를 넘어 아예 결혼까지 감행하는 여인의 '결단'은 또 어떨까. 좀체 쉬운 일이 아니었으리란 예단이나 턱없는 동정론을 의식해서가 아니라 사랑 앞에 진솔하려는 주세죽의 곧은 성정과 단호한 결행은 '사회주의자'다운 급

26 손석춘(2016), 앞책, pp. 284-285.

진성을 잃지 않는다. 에둘러 방황하며 남몰래 타인의 시선을 피해 교묘히 만나거나 긴장어린 관계로 여생을 낭비하느니—박헌영에겐 미안하지만—제대로 된 관계수립과 지탱을 감행하려 '함'은 가히 폭력적이었다. 자신의 삶 앞에서 끓어오르는 진지함을 지우지 못하는 여인의 행동은 위선도 위악도 아닌 연정이기에 가능했던 일로 말이다. 하지만 제아무리 절실한 '새' 사랑이라 한들, '그'를 두고 항구적 매력이니 숭고함이니 칭송할 대상만도 아님은 물론이다.

여기서 돌아보아야 할 문제는 적잖다. '혁명과 사랑'의 양립이 좀체 가능하지 않은 과업이라면, 이 문제는 비단 좌익진영의 고난에 찬 로맨스에만 적용할 까닭이 약하기 때문이다. 보수우익이라고 어디 고결하고 단아하기만 한 '과거'였을까. 이루 다 형용키 어려운 방종과 호사를 반성 없이 되풀이하는 '현재' 역시 아닌가. 서로를 거울처럼 비추는 역사 앞에서 좌익의 추상같은 호령은 그나마 우익진영의 과오와 나태를 질책할 시대의 준엄한 채찍으로 작동하였던 터다. 하지만 기대와 달리 자신에게 끝내 엄격하지 못하였던 좌익의 자기균열과 해이함을 치열하게 반성하는 일은 우익의 '그것'만큼 오늘 모두의 과제로 남는다. 민족을 규탄하고 조국을 긴장시키며 엄중히 채근하던 기개와 논리의 칼끝은 왜 정작 교만한 자신을 벼리거나 이를 담보할 향기로 마지막까지 청초清楚하지 못하였던 걸까.

박헌영과 여인들의 '관계'에서 현 앨리스(한국명: 현미옥玄美玉)의 '자리'는 특이하다. 인연의 길이를 시간으로 환산하면, 그가 만난 여인들 가운데 가장 '먼저(1920)'였고 처형의 형식을 밟는 박헌영의 최후를 감안할 때 그 경험지평마저 함께 한(1956) 독특함 때문이다. 이렇게만 보면 현 앨리스는 그가 알고 지낸 가장 오랜 여성으로 이해할 수 있지만, 관계의 농도와 의사소통의 친밀성 정도로 보아 반드시 이와 비례하진 않는다.

현 앨리스와의 인연은 3·1운동 이후 박헌영이 상해로 건너가 생활할 때 그녀의 부친인 현순玄楯 목사의 집에서 하숙을 할 당시부터 시작된다. 하지만 바로 다음 해(1921) 주세죽과 결혼하는 박헌영을 감안하면 '먼저 만났다'는 사실은 단순한 '사실'로만 남을 뿐이다. 그들의 결혼 이전, 현 앨리스가 박헌영에게 정작 어떤 감정을 지녔을는지는 우선의 문제가 아니다.

그러나 만남 이후 그들의 극적 최후가 현실로 드러날 때까지 36년간, 현 앨리스의 삶은 '복잡' 그 자체였다. 한인목사의 딸로 하와이에서 태어난 미국시민권자로 한국에서 3·1을 겪은 뒤 상하이로 건너갔고 거기서 공산주의를 접한 다음, 미국에서 본격 활동한 그녀는 태평양전쟁 발발 뒤 일본과 싸우기 위해 미군군무원으로 일한다. 이후 현 앨리스는 도쿄를 거쳐 해방공간의 서울에서도 근무한다. 이 때 미군 내 공산주의자들과 꾸준히 접촉하고 박헌영 등과 접촉했다는 이유 등으로 다시 미국으로 추방당한다.

그녀의 다종다양한 이력은 결과적으로 북한의 악용대상이 된다. 특히 한국전쟁의 패전책임을 박헌영에게 씌우려는 북한 당국에게 현 앨리스의 존재는 만만한 먹잇감으로 전락한다. 미제의 고용첩자로 혐의를 조작하는가 하면, 이를 기정화하여 박헌영과 함께 물리적으로 제거할 명분을 마련하는 데 주력한 북한이 둘의 사이도 단순한 관계로 보지 않으려 했음은 재론의 여지가 없다. 공식적인 지휘관계나 사무적인 그것이 아니라 연정을 바탕으로 한 남녀관계의 연장으로 해석한 건 북한이 내세울 명분으로 얼마든지 가능했기 때문이다.

특히 현 앨리스에 대한 박헌영의 생각보다 그 반대 감정은 여인의 간단치 않은 진지함이나 심각함으로 자주 오인되곤 한다. 그것은 일상적인 사랑이나 헌신적 봉사로 인식되기도 하고 나아가 그만큼 보통의 인간관계가 아님을 과장하거나 호도하는 빌미가 되기도 한다. 둘의 사이가 어느 정도의 열정과 깊이였는지, 혹은 그 강도와 방향 역시 어느 쪽이 더 크고 뜨거웠는지는 당사자들만이 가늠할 문제일 것이리라. 현재로선 박헌영을 향한 현 앨리스의 강한 존경과 열렬한 호의가 관계지탱의 중요한 자원이었던 것으로 해석하는 게 중론이다.

정리하면, 솔직한 연애관계나 사랑의 의사소통을 전제한 원색의 사이는 아니었다는 점이다. 하지만 박헌영과의 관계를 로맨스로 바라보도록 이끈 생각의 단서들은 주변의 성급한 재단과 상황이행을 흥미롭게만 해석하려는 임의적 판단을 재촉한다.[27] 극적인 안타까움

27 대표적인 인물이 박갑동이다. 그는 각종 문헌들을 통해 아예 '로맨스'라는 단어를 기정화한다. 그의 이 같은 표현과 중복사용에 대해서는 다음 연구 참조할 것. 정병준, 『현앨리스와 그의 시대: 역사에 휩쓸려간 비극의 경계인』(파주: 돌베개, 2015), pp. 315-320. 박갑동의 주장이 이처럼 일방의 선입

이 고조되는 대목은 무엇보다 고스란히 죽음에 내몰린 그녀의 마지막 처지다. 미국에 머물던 현 앨리스가 1949년 체코를 거쳐 북한으로 들어갔다가 1956년 박헌영의 처형당시 운명을 함께 하는 것은 '둘'을 스파이로 확정하여 전쟁패배의 책임을 면피하려는 정권의 판단 때문이었다.

결국 북한에서는 '미제고용간첩'이었고 남한에서는 심지어 '마타하리'[28]요, 미군정의 눈에는 '공산주의 악마'였으며 일본에서는 한낱 '공산당연락원'으로 폄하되는 여인의 삶에서 그녀 '개인'은 없었다. 역사와 체제의 거대한 자기중심적 맷돌은 가녀린 여인을 그처럼 무참하게 으깨버리는 데 기꺼웠다.[29] 각자의 이익을 위해 편리한

견을 숙성시킨 계기였다면, 정병준의 분석은 한결 신중하고 소극적이다. 치밀한 증거수집과 좀체 적합하지 않은 인과론으로는 주장의 신빙성을 담보하려 하지 않는 까닭이다. 박헌영에 대한 현 앨리스의 감정이란 것도 '사랑'으로 기정화하기엔 검증해야 할 사항들이 워낙 많았던 때문인지 모를 일이다. 일례로 정병준의 다음 주장에 주목할 것. "박헌영과 현앨리스가 '첫 애인'이었는지는 미상이지만 두 사람은 10대 후반과 20대 초반에 '독립과 혁명'의 기운이 이글거리던 이국의 땅 상하이에서 공동선을 지향하며 풋풋한 감정을 지녔을 수는 있겠다. 상하이는 독립운동, 혁명운동의 모험담과 용기 있는 도전으로 가득한 신비의 세계였다. 소년이 혁명가로 자라났고, 어제의 민족주의자가 오늘의 사회주의자로 변신하는 대전환의 신세계가 이곳에서 펼쳐졌다." 윗책, p. 27.

28 언론의 센세이셔널리즘은 미인계를 통한 이중첩자 이미지로 현 앨리스를 덧씌우는 데도 서슴없었다. 이무경 기자, "한국판 마타하리 '앨리스 현' 있었다," 《경향신문》(02/11/08).
http://www.imaeil.com/sub_news/sub_news_view.php?news_id=33101&yy=2014

29 현앨리스에 대한 종합적 평가로는 정병준, 윗책, p. 394 참조할 것.

대로 복무하는 역사의 기록은 자기국가의 불편함이나 손해를 감내할 여유가 조금도 없었던 셈이다.

정병준은 그녀를 일컬어 역사에 휩쓸려간 비극의 '경계인'이라 이름 짓는다.[30] 어느 곳 한군데서도 안식의 터전을 잡지 못하고 험난한 이동과 고난의 역정을 무릅써야 했던 삶의 굴곡이 박헌영만 못지않았음도 밑줄 그어야 할 대목이다. 언제 어디서든 온전한 평가와 해석의 여유를 누리지 못하는 사연 역시 어김없이 닮은꼴이었던 여인의 곡절이야말로 연약한 나라의 떠도는 역사를 고스란히 되비춘다. 하지만 이 같은 삶이 그녀 자신의 온전한 의지나 선택결과만은 아니다. 행동의 과잉과 후퇴의 부재가 여인의 삶을 더욱 고단하고 척박하게 만든 것도 사실이지만, 따지고 보면 이 역시 두 사람이 약속이나 한 듯 포개고 겹쳐지는 대목임을 부인 못한다. 그것이 사랑 때문인지, 아니면 더는 다가서지 않으려는 존경과 절제된 열정 탓인지는 혁명의 완수 다음다음에야 헤아릴 일이었다.

'그럼에도 불구하고' 박헌영이 생애 세 번째 결혼[31]을 단행하는 까닭은 선명치 않다. 여기서 필자가 굳이 '그럼에도 불구하고'라는 표현을 마다치 않는 건 행위의 무리수나 사회적 설득력을 넘어서는

30 위와 같음.

31 정순년과의 인연을 굳이 '결혼식'이라는 계기로 엮지 않는다면 이는 두 번째가 맞다. 하지만 두 번째니 세 번째니 횟수 혹은 숫자의 의미가 중요치 않은 것은 박헌영으로서야 정순년과 둘째 소생을 낳은 점만으로도 실질적 부부의 연을 맺은 것이나 다름없기 때문이다.

그의 예외적 처신 때문이다. 그의 '몸'은 간단한 육신 하나로 그치는 문제가 아니었다. 이념의 실천과 분단과제의 해결은 물론, 미완의 사회주의 혁명을 완수해야 한다는 정치적 안타까움과 미련의 해소를 위해서도 처신의 모범은 중요했다.

박헌영이 북한에서 재혼한 배경에 김일성의 '권유가 컸다'는 소문을 고스란히 믿긴 어렵다. 타인의 강권이 자신의 행동을 변명할 항구적 빌미가 되는 것도 아니고 재혼이라는 간단치 않은 과업 앞에 간단히 지나칠 박헌영이 아니었으리란 판단도 오늘의 상상을 다시 자극한다. 속내의 확실함이나 도저함이야 본인 말고 뉘라 알겠는가만, 1949년 6월경 평양에서 윤레나(한국명: 윤옥尹玉)와 재혼한 박헌영이 다시 슬하에 박 나타샤와 박 세르게이 두 남매를 두는 건 분명 평범한 행태가 아니다. 이미 이복異腹의 남매를 둔 남자가 기꺼이 새 여인을 배필로 맞아 다시 자녀를 두는 일이란 사회주의혁명의 단호함이나 인민공화국의 기틀을 강고히 다지는 것과 전혀 어울리지 않기 때문이다.

'단지' 재혼에 재혼을 거듭한다는 사실만 놓고 '모범적이지 않다'고 규정하는 건 무리일 수 있으리라. 혁명가의 욕망에 한계를 설정하기란 쉽지 않고 결혼횟수나 자녀의 숫자를 탓한다는 건 지나치다는 반론도 얼마든지 감안해야 할 터다. 하지만 필자는 박헌영의 여성관이 청교도적 자기검열이나 단호한 절제로 이어지지 않은 과거는 물론 이를 위해 애쓰지 않은 주변 추종자들의 의식이 전근대적 봉건성이나 유교국가적 권위주의에서 한 치도 벗어나지 않고 있음을 지적하게 된다.

이를테면 '군사부일체' 같은 자발적 복종 개념이나 지도자의 위상을 존귀함 그 자체로 동일시해버리는 지나친 감정이입과 정치적 측은지심의 발동은 박헌영으로 하여금 냉정한 회고와 반성을 지연시키는 계기가 된다. 누구보다 그 자신이 냉철해야 했음에도 불구하고 스스로에게 어울리지 않는 행태를 반복 선택한 과거는 온전히 그의 몫으로 돌아간다. 그 같은 문화와 의식은 혁명이 표방하는 철의 의지나 강력한 대오형성과는 거리가 멀다.

그것이 지나친 자기연민의 결과라면, 한사코 이를 뛰어넘지 않는 낭만적 방기의 대가는 무엇일까. 세상을 바꾸려는 뜻 앞에선 가혹했지만, 가족이란 단어 옆에선 끝내 당당하지 못하였던 그의 행로를 변명하긴 그만큼 힘겹다. 그 자신만이 담보하였을 마음의 부담 역시 늘어나는 피붙이의 존재론적 멍에나 사라진 여인에 대한 의도적 질책으로 맞바꿀 성질의 것도 아니다.

홀로 버티며 치러야 할 고독일망정, 얼음처럼 강팍하지 못하였던 박헌영의 인간적 불일치와 의식적 균열의 파장은 생각보다 길었다. 게다가 누구와 함께라도 꾸려야 했을 가족공동체를 끝까지 소박하니 지탱하지 못한 모종의 무기력까지 합쳐 보자면 돌아보아야 할 혁명가의 '과거'는 한층 두터워진다. 그의 직업이 어느 한군데 붙박지 못하며 이주와 잠행을 숙명처럼 내면화해야 했다 하여도-누구였든-마주하는 '여인'들마다 가없는 사랑과 한없는 배려로 점철되지 못하였던 세월의 '굽이'란 정작 여인을 탓할 일이 아니었다.

그들은 한결같이 위로와 격려의 첨병으로 혹독한 혁명과업을 함께 나눠야 했던 시대의 동반자들이다. 이들을 지탱한 기운 역시 각각 '사랑'과 '존경'이란 단어로 두둔할 가망이 짙었으리라. 하지만 관계의 소멸과 단절계기인 즉, 그 어휘들로만 설명치 못할 오만가지 오해와 자기중심적 곡절의 자락들이 곁가지로 들러붙는다. '여인들'과 '한 남자'의 스토리텔링을 엮는 사연의 꼭짓점들은 물론 잠시라도 함께 한 공간의 기억 역시 단숨에 닫거나 그칠 일이 아니다. 다음 그림은 앞서 살핀 다섯 여인들과 박헌영의 관계를 체계적으로 압축한다. 소생들의 출생장소와 태생시기는 생략하되, 이름만으로 얼개를 잡도록 하자. 이름의 경우, 현지 호칭이나 당대 관행을 우선하기로 한다.

혁명가의 일생이 도덕적으로 완벽에 가까워야 한다는 생각은 아직도 역사 속 강박으로 남는다. 본업인 혁명에 충실하면 됐지, 행실의 모범과 윤리적 완결성까지 담보해야 함은 무리라는 역비판도 감안해야 할 터다. 마치 예술가의 삶은 육체적으로도 끝내 온전해야 하리란 믿음의 보수성만큼이나 이는 사고 자체의 고립성을 전제한다. 그럼에도 불구하고 문제의 여운은 묽어지지 않는다. 아티스트의 생물학적 고결함이나 의학적 건강함이 레볼루셔너리의 성 도덕적 프로테스탄티즘과 무관하지 않다는 반성도 결국은 살아남은 자들의 몫이기 때문이다.

어떤 이의 삶이든, 다른 이와 단순히 견주고 무게까지 가릴 자격은 누구에게도 없다. 그걸 '줄' 사람도, '받을' 자격 또한 엄연하지

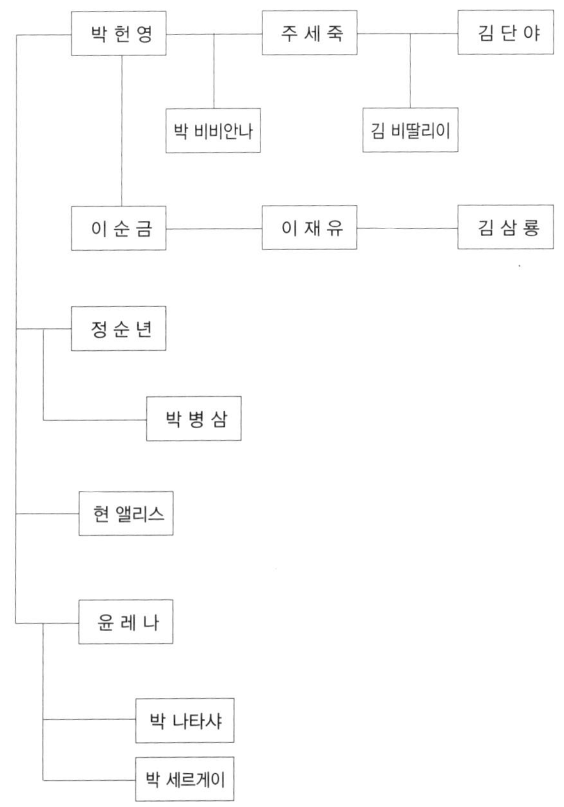

않기 때문이다. 설령 그것이 가능하다 해도 측정과 평가의 값을 온전히 받아들일 '타자'도 간단히 전제하긴 힘겹다. 하지만 사람에 대한 사람의 생각은 온갖 오해와 편견을 낳게 마련이며 가치관의 표현과 고집을 부추긴다.

작가가 매독을 앓았기에 절망의 깊이를 한결 더 헤아리게 된다는 '생각'은 아예 아무런 병이 없는 위인爲人의 처지와 또 다른 편견을 키운다. '건강'은 사회적 존재 이유이자 존립의 근본 자원인 까닭이다. 육체적 고통이 덜하다면, 정신적 소출과 업적은 더 컸어야 하리란 주문도 당연할 것이다.

평탄한 삶이 굴곡진 그것보다 흥분과 감동의 스토리텔링을 적게 쌓는다는 이유만으로 배격의 대상이 될 수는 없다. 사랑 그 자체도 어렵지만, 축복받지 못하는 일체의 곡절이 사랑으로 자기명분을 갖추거나 행여 사련邪戀의 사연들로 관계를 미화하는 일들도 경계할 것이다. 하물며 혁명과 순정이 나란한 자기 궤적들 위에 칼 같은 전범을 만들어가는 양립의 시간들을 기대하는 일까지랴.

박헌영의 삶에서 여인이 차지하는 비중은 그다지 크지 않다. 여인으로 인하여 할 일을 못하거나 부득이 삶의 궤적을 바꿔야할 만큼 살갑고 여린 남자는 아니었다는 해석도 얼마든지 가능하기 때문이다. 하지만 첫 결혼의 실패와 그에 따른 충격파는 적잖았다. 본디 차가운 성정이 더 냉정하고 단호한 모습을 갖춰 나간 배경에도 그 후파가 작용하는 건 당연하다. 이후 여성들과의 관계에서 때로 모호하거나 수동적 행태를 반복하는 것도 이와 무관치 않을 것이다.

그러나 그 같은 냉정함이 지속적인 혼인관계의 전후맥락을 설명할 결정적 단서가 되지 못함은 물론이다. 제아무리 정치적인 자기은폐와 전략적 방호를 위해 때로 동거의 물리적 필요가 절박했다 해도 그것이 간단없는 잉태와 출산의 계기가 되어야 할 이유란 미미했다고 보아야 하지 않을까.

혁명을 위한 결연한 투쟁과 단호한 자기검열 앞에서 끝내 프라

이버시의 냉정함을 담보하지 못한 박헌영의 한계는 어디까지 용인할 수 있을까. 물음의 '최소한'의 경계를 지속적인 출산과 관계 짓는다면, 정작 태어날 아이들과 이미 태어난 자식들과의 '사이'는 혁명가의 성 정치적 고독으로밖엔 채우고 메울 또 다른 이유가 없었던 걸까. 박헌영이 박헌영다우려면, 끝내 '혼자였어야'만 하지 않았을까.

끝내 누구와도 가족의 울타리를 견고히 잇지 못한 직업혁명가의 삶에서 '여인'은 사랑만 퍼 부울 '빈자리'가 아니다. 그를 저버리며 떠난 이의 빈터와 채워지지 않는 적멸의 시간들이 빚는 망연함도 어김없는 괴로움이었을 것이다. 하지만 그것들 모두가 사내의 정치적 '본분'을 흔들어 대더라도 내색할 수 없었던 까닭은 당대의 누구라도 이해할 시치미였던 때문이다. 남자라면, 아니 여자라면 결코 외면치 못할 번뇌의 연료일 수 있었음도 부인할 재간은 없다.

이즈음 오스카 와일드의 경구가 다시 귓가를 때리는 이유도 그 때문이다. 특히 '삶에서 겪어야 하는 불행은 두 가지다. 원하는 것을 얻지 못해서가 그 첫째고, 나머지는 그걸 기어이 얻을 때다.'

IV. 문학

문학으로 박헌영을 읽는 작업은 생소하다. 몸에 맞지 않은 옷을 억지로 입거나 부자연스러워 격이 어울리지 않는다고까지 생각할 가망도 크다. 익숙하지 않은 모든 것들을 우선 배격하는 감각적 자세가 학문세계라 하여 다르리라 여기는 건 그래서 오해다. 박헌영은 여전히 '정치적 인간'이요, '좌절한 혁명가'이자 근현대 한국사 속에서 가없이 표류·부유하며 어디 한 군데 붙박지 못하는 '경계인'으로 떠돈다. 하지만 그렇다고 감상과 조급의 표징表徵인 양 폄하·왜곡하려는 보수주의적 작정(혹은 作心)을 방임할 수도 없고, 찬양과 면종面從만 앞세우며 일방적 존숭의 유교주의를 다시 동원하려는 대항적 조바심도 손쉽게 허여할 수 없다. 이 점에서 그의 위상은 독특하다. 그런 '그'를 '문학'으로 본다?

여전한 매력과 지난한 변명의 틈새에서 역사적 적합성을 찾아야 하는 처지란 혹독하다. 박헌영의 '이해'와 '평가' 사이의 균열은 물론, 그 편차를 인식하는 건 그래서 늘 중요하다. 특히 그에 대한 호·불호가 명확히 갈리는 이 땅에서 박헌영에 대한 사실적 인지[1]와 그에 따른 감정 사이의 간극을 헤아리는 작업은 그 자체만으로도 가볍지 않기 때문이다. 하지만 그에 대한 정치적 입장 차이와 정서 편차가 아무리 예민하게 갈라진다 하더라도 단순한 인상이나 편견을 비추는 잘못된 이미지의 나포拿捕capture 주체로만 남으리라 자처한다면 그건 문제다. 전언과 소문에 기대려 드는 사람들의 풍습도 그렇지만, 선입견이란 이름의 감옥을 부술 거대한 망치조차 스스로 마련할 수 없으리란 생각에까지 일상의 염려가 다다르면 얘긴 진지해지지 않을 수 없다.

박헌영을 문학으로 이해해야 할 까닭은 의외로 명쾌하다. 그에겐 '글쓰기'와 '말하기'가 운명이었고 궁극적 실천을 위한 논리적 근거이자 살아가야 할 이유였던 것이다. 오늘의 직업정치인들이 주로 기대는 '말'의 정치와 달리 지난 세기 초만 하더라도 '글'은 '말'에 앞섰다. 오늘이라고 완전히 글로부터 벗어난 '그들'은 아니지만 소통의 핵심도구로 말이 글에 앞서는 까닭은 굳이 설명이 필요 없을 지경이다. 하지만 한 세기 전, 식민의 시대에 입에는 재갈이 물리고 손

1 역사 사회적 '집단기억Group/Collective Memory'이라 불러도 괜찮을 터다.

에는 금단의 철쇄鐵鎖가 채워진 상황에서 땅 밑으로 숨어든 이들이 쓰는 글은 그나마 '무정치의 정치apolitical politics'를 지탱할 유일 수단이었다.

들을 수 없는 시대에 읽을 수라도 있다면 그건 '생명'이고 목숨을 이을 '물'이었다. 그는 비록 오늘날 사람들이 흔히 말하는 '전업 작가'가 아니지만, 글로 제 사상의 중심을 설파하고 실천의 이유를 설득해야 할 자생적 직업정치인으로 삶의 자장을 넓힌다. 볼 수 없고 만나지 못하되, 처연한 도전과 단호한 항거의 소식을 전하는 매체는 신문이었고 압박과 고통의 사실을 알리는 미디어는 때로 벽보, 아니면 전단[2]이었다. 짧아서 절박하고 급하여 의표를 찌르는 '단칼'처럼 사람들의 골수를 물들이고 가슴적셨던 터다.

강점기 조선의 운동가와 혁명가 전체를 '문학인literati'으로 볼 수밖에 없는 까닭은 한결같은 절박함을 온몸으로 체화corporealization하는 낭만성과 어떻게든 이를 표현해내는 정치미학에 있다. 스스로를 단호히 지탱하는 기운으로 홀로 겨워하고 괴로워했던 때문이다. 당장 이룩하지 못할 독립이나 해방일지언정, 술이라도 마시고 취해버리든 퇴폐스런 일탈로 감각의 마스터베이션이나 일삼든 금세 혁명을 못할 것이라면 어떻게든 '글이라도' 쓸 요량이고 갑갑한 속내를 의식의 소진으로나마 허비할 필요로 넘쳐났던 것이다.

'시집'을 내지 않아도 모두가 '시인'이며 토할 듯한 격문과 벽보

2 혹은 삐라bill였다.

를 내걸지 않더라도 하나같이 격정의 '작가정신'으로 자신을 물들인 이들이 '식민의 시민'들이라면 지나칠까. 하물며 그들을 '철의 법칙'으로 이끌고 '불의 문법'으로 계몽하겠다는 지도자들의 뇌리까지랴. 터질 듯 뿜어나오는 자유의 열망과 정치적 독립을 이끌어내지 못하는 본원적 부끄러움까지 겹쳐진 '이들'의 마음을 사회주의 이데올로기만으로 흔쾌히 다스릴 수 없는 까닭은 '반제·반봉건' 깃발 곁에서 단 한 번도 사회혁명이란 단어라곤 들어보지 않은 신기함과 흥분의 로맨티시즘 때문이었던 터다.

졸지에 모국어마저 잃어버린 민족 전체의 겸연쩍음은 일상의 수치심이나 그에 따른 정치적 울기 혹은 분노로만 드러낼 정서가 아니었다. 복잡하고 교묘하기 이를 데 없는 정치심리하며 불만 그어대면 터져버릴 '거대한 우울' 앞에서 그 같은 '집단감정'을 오롯이 정치화하기 벅찼던 박헌영에게 강점기 당대의 상황은 '문학정치'[3]의 소재이자 인문적 표현의 역사자원이었다. 시와 소설, 희곡과 시나리오를 '일삼는' 작가는 비록 아니지만, 온몸으로 혁명을 연출하고 민족이란 이름의 집합관객을 감동과 흥분의 도가니로 끌어들이기 위해서라도 사내의 심장은 터져버리고도 남을 기운으로 넘쳐나고 있었다.

---

3 '문학이 곧 정치'임은 작가의 의도와 목표가 작품 안에 엄연하기 때문이다. 일정한 방향으로 사람을 이끌고 설득하며 심지어 믿게 유인하려는 의지가 그 첫째다. 설령 은폐와 잠복전략을 선택하여 자신의 주의·주장을 숨긴다 한들, 반복과 강조가 빚는 지향성 자체가 배어나는 이유가 그 다음이다. 이에 대해서는 다음 참조할 것. 박종성, 『문학과 정치: 억압과 우울의 나날, 그리고 병病든 근대』(고양: 인간사랑, 2004).

그런 그가 정치적 민감성과 함께 문학적 감수성마저 지니는 건 당연했다. 그의 '글쓰기' 전반은 물론 '말하기'의 내용과 얼개를 잘 들여다보아야 할 이유다. 하지만 말보다 글이 나았다는 '그'였고 보면, 문투와 어투의 차이는 생각보다 컸다. 박헌영은 실제로 대중연설보다 집중적인 문장구성과 이론적 사고를 통한 혁명계몽이 더 어울리는 인물이었다는 중평도 다시 주목할 필요가 있다. 그래서였는지 그의 방대한 글쓰기 작업은 연설문과 논문, 번역문과 편지로 크게 나뉘고, 이에 덧붙여 말하기의 외연을 법정진술과 취조기록까지 확장시킬 수 있음을 감안하면 그의 삶에서 '문자'는 육성의 언어를 이끄는 밑거름이자 '말'의 원초적 자원이며 생각의 결과물임을 잘 알게 된다.

뿐만 아니라 박헌영의 순문학純文學이 그의 풋풋함에 살을 더하는 징표가 '되고 있음'은 각별하다. 그의 글쓰기 작업에서 이 부분이 차지하는 부피야 제한적이지만 나이 스물 무렵, 영시를 직접 번역하여 문예지에 싣고 문학활동을 하는 이들과 감각을 공유하려 함은 3·1의 좌절에 따른 정치적 울기표출과 또 다른 의미를 지닌다. 다음은 그 조각들이다. 한 세기 전 한글 표기와 맞춤법이 오늘과 '같지 않음'은 생소하지만, 시에서 묻어나는 사회주의의 고전성이나 교조적 탐닉도 감안하고 볼 일이다.

아울러 시의 감상과 분석에 앞서 박헌영의 문학적 이해를 위한 몇 가지 전제를 생각해 본다. 전업작가가 아닌 '그'였음에도 그가 문학을 지향한 때가 엄연했고 그를 문학의 소재로 삼거나 삶 전체를 혁명과 격정의 세월로 치환하여 문학화한 인문작업의 데이터베이스를 총체적으로 파악하는 일들이 그것이다. 즉, 박헌영'의' 문학과 박헌영'에 대한' 문학을 구분·연계해 보려는 사회과학적 노력이 소홀했음을 새삼 의식하게 된다. 문학을 문학으로만 보지 않고 정치와 역사와 이념과 시대로 읽는 작업은 불가피하며 인물의 해석과 분해를 위한 인문적 잣대로 소설과 시를 비롯한 장르의 세계에 담아 이해하는 일은 그의 객관성 제고를 위해서도 중요한 의미를 지닌다.

먼저 그의 시 작업으로 들어가자. 그는 청년시절, 특히 미국 진보시인들의 문학정치에 관심을 갖는다.

(一)
富者의 子息은 土地를 相續바드며
高樓와 黃金을 넝넉히 相續바드며
흰손길을 밧어서
치움을 견대지 못하고 헌옷을 안입는다
보들보들한 筋肉을 밧는다
이것이 진실노
참깃봄을 밧지 못하는 遺産이다.

(二)
貧者의 子息은 무엇을 相續밧느냐?
强健한 筋肉과 剛毅한 마음

堅强한 肉身과 ㅅ도다시 堅强한 精神
저희는 兩手로써
有用한 勤勞와 技藝를 휘쓴다
진실노 이것들이
王일지라도 깁버셔 바들만한 遺產이다

(三)
오-貧者의 아달덜이여
너의들의 境遇와 處地를 輕蔑하지 마라!
다만 富貴한 境遇에는 너의들보다
더 크고 큰 근心과 답답함이 만하니라.
勤勞-이것이 다만 靈性빗닉인다
休息하고 芳美 ㅅ또한 快樂과 平和일다
이것이 진실노 의심 업시
가난함에 相續되는 遺產일세.

-유산遺產 · 로엘James Russell Lowell 지음/박헌영 옮김-

/ / /

青年은 크고 强하고 雄壯함에 情과 愛가 잇다
青年은 溫雅와 迷惑에 채엿다.

너에게 將次 올 바 「老年」은 갓흔 溫雅와 威力과
迷惑을 가진 줄을 너는 아느냐?
낫에 너무 極度로 빗처서 맑게 개이며

갓차업는 太陽과 活動과 野心과 哄笑하는 낫
(晝)(夜)밤은 百方에 太陽과 잠과 復舊의 어둠을
가지고 갑가히 온다.[4]

-靑年은 晝 老年은 夜·휠잇트맨 지음/박헌영 옮김-

이 시들은 박헌영이 1920년에 번역한 것들이다. 1919년 3월 경성고보 졸업 후, 그는 잡지 「녀(여)자시론」의 편집원으로 일한다. 이 시들이 「문우文友」 창간호에 번역 수록된 것으로 보아 당시 문학동인 그룹에 참여했거나 그들과 친분이 있었을 것으로 연구자들은 추론한다.[5] 이병조·박종화·정백(본명은 정지현·아호는 노초路草) 등 당대의 문사들과 서로의 권면勸勉은 「문우」뿐 아니라 「서광曙光」의 발행[6]에도 힘이 되었을 것으로 보는 게 그들 생각이기도 하다.

---

4 『전집』 제4권, pp. 761-762. 시문이 중간에 끊어지는 까닭은 당시의 엄중한 검열 탓이다.(監獄의 歌者 以下四十五行은 當局에 忌諱에 因하야 削除되다)

5 김택호, 『아나키즘, 비애와 분노의 뿌리: 근대 지식인 문학과 농민주체문학의 기원』(서울: 소명출판, 2015), pp. 75-79.

6 『전집』 제4권, p. 753.

아직 공산주의에 깊이 발 들여놓진 않았지만, '절망'보다 '열정'이 먼저였던 박헌영에게 시 속의 이항대립二項對立은 갓 입문한 자답게 차라리 신선하고 풋풋하다. 흑백논리가 뚜렷해지는 건 그만큼 자유와 독립을 향한 당대의 정치의식적 원심력과 세상의 바람을 잘 말해주기 때문이다. 제임스 로웰이나 월터 휘트맨 등은 사회주의 시문학의 주역들이었다기보다 진보적 사고를 통해 미국사회의 개선과 변화를 노린 예외적 인물들로 간주할 것이다.

세상을 근본적으로 바꿀 수 있다면야 오죽 좋았으랴만 대신, 무엇이 문제의 바탕이며 사회적 고통의 얼개를 옥죄는지 이들은 문학정치의 대립적 사고를 선명히 지탱한다. 그것이 의식의 위험함이나 현실적 무책임을 양산하는 '흙'이 된다는 것까진 암시하지 않은 채말이다. '현실'을 바꾸기 위해 '현상'을 부각시키고 원인과 배경을 단순화하는 작업은 늘 그렇듯, 여기서도 확장된다. '의식'의 순진성이 이 같은 선별적 상황에서 더 빛나고 '선택'은 실천자원인 양, 메마르지 않을 연료처럼 출렁이는 것도 당연하다.[7]

그러나 중요한 것은 젊은 박헌영이 영시를 번역했다거나 그저 단순히 문학적 동인同人활동을 했다는 '사실'에 있지 않다. 그보다는 당대의 문학이 사회변동의 인문적 첨병으로 어느 정도의 문화적

---

7 이들 시인은 모두 19세기 미국에서 활동한 '개인주의적 자유주의자'의 모습이 강하여 사회주의적 문학정치의 메시지나 그 실천적 지향성은 드러내지 않는다. 윗책, p. 754.

영향력과 의식변화의 실질적 파괴력을 담보하는지 천착해보는 일이다. 그리고 박헌영의 강점기 정치활동과 이를 둘러싼 변혁의 사회적 기대가 당대 문학의 눈에는 어떻게 비치고 또 배제·단절되는지 정밀하게 살펴보는 것이다. 박헌영'의' 문학과 박헌영'에 대한' 문학적 격차 보완의 문제는 이 같은 살핌 다음에 자리하는 일임도 잊지 말도록 하자.

뿐만 아니라 이 문제를 씨줄삼아 해방 전후의 문학정치는 물론 분단문학이라는 날줄로 박헌영의 움직임 전체를 인문적으로 확장하는 일도 간단히 끝낼 '대상'은 아니다.[8] 무엇보다 강점기 돌파란 거대 과업의 이행을 위해 정치의 무능과 부재를 당대 문학이 어떻게 견뎌내고 실질적 보완의 토양을 마련하는지, 또 박헌영은 그 안에서 어떻게 부침하는지 가늠해보는 것이다. 이즈음 다시 헤아려보자. 문학은 박헌영을 이해하는 정치적 '힘'일까, 아니면 '짐'일까.

다음은 문학으로 박헌영을 읽기 위한 몇 가지 전제다.

> 1. 〔박헌영'에 대한' 문학〕은 단순히 박헌영 한 개인을 '소재'나 '주제'로 삼는 작품의 군집체를 뜻하지 않는다. 그보다는 사회주의의 왕성한 자발적 발아가 어려웠던 강점기 조선에서 의연한 도발과 불굴의 저항을 지탱한 전형으로 '그'를

8 이를 위한 기초 작업으로 '분단문학'을 이해하려면 다음 참조할 것. 임헌영, 『분단시대의 문학: 평론집』(서울: 태학사, 1992).

인문화한 비정치적·탈정치적 시도를 총칭한다.

2. 이를 의식한 여러 인문적 계기와 인간적 발화의 모멘텀으로 박헌영은 당대 문학이나 '오늘의 숲'에서 독자적 디테일로 존재하지 않는다. 그보다는 카리스마와 전설로 남아 '혁명'과 '낭만'을 동시에 '이식·전파·확장'하려 한 예외적 전거이자 일찍이 진영논리와 피아구분을 첨예하게 자극한 이데올로기적 팬텀phantom의 스파크메이커spark-maker로 다가온다. 극명한 계급의식과 그에 따른 적대의식의 발로는 물론, 분노와 복수의 정서를 촉발시키는가 하면 '지도자'를 향한 맹목적 방호와 숭배의 문화를 자극·확장한 것도 부수적 결과다.

3. 그러나 문학의 천착과 혁명의 실천투쟁은 '같지 않았다'. 현장의 전략응용과 물리적 진퇴를 마다치 않는 이른바 혁명정신의 고양이나 문학적 채택도 고스란히 겹쳐지긴 어려웠다. 아무리 문학이 정치이고 정치의 문학성이 흥미롭더라도 둘은 비슷한 만큼 달랐다.[9] 아울러 차이의 대가를 요구한다. 정치

9 문학과 정치의 관계를 대등하게 볼 것인지, 아니면 어느 한쪽이 다른 그것을 포섭·제압하는 지를 둘러싼 담론은 해방공간만큼 뜨거운 때가 없다. 이에 대해서는 다음 참조할 것. 김윤식, "해방공간의 문학: 지식인작가의 문제점을 중심으로," 강만길(외) 11인, 『해방전후사의 인식 2』(서울: 한길사, 1985), pp. 469-478.

의 문학성이 낭만의 고지 주변을 맴돌 때, 문학의 정치성과 그에 깃든 매력은 모두의 희망의 거점을 재생산하기 때문이다.

4. 정치와 문학이 섞이고 낭만과 역사가 녹아들 때 그들은 서로 스며들며 어느 쪽이 먼저랄 것 없이 시나브로 배어든다. 때로 '내음'으로 묻어나거나 '기미'로 알아차릴 흔적의 고리를 양산하는 것도 그 때문이다. '그'를 전면에 내세우지 않고도 스토리텔링의 얼개를 엮는 이유나 경우에 따라 지나친 신비주의와 과잉 정치화의 대가로 얼굴 없는 지도자를 모두가 견뎌야 했던 까닭도 따지고 보면 '맹목성' 하나로 집약된다. 그 곁에 유교적 가족주의와 이념적 온정주의가 어느덧 강고히 자리하는 것도 어쩌지 못할 '문화'다. '편便'과 '파派'가 '맥脈'과 '류流'에 앞서고 '우리'와 '조직'은 물론 나아가 '당'과 '공화국'의 전체성 앞에 '내'가 먼저일 수 없는 곡절들도 여기서 샘솟는다.

문학의 본령이 교육이나 설교에 있지 않고 재미의 지탱과 진진한 흥미의 동원에 있음은 물론이다. 그렇다고 가벼움과 선정성의 포로로 스스로의 사회적 존재이유를 강화해야 한다는 논리도 성립되기 힘겹다. 따라서 문학의 '격'은 곧 문학이 결정하며 문학이 문학을 파괴·재생하는 주체임도 잊지 말아야 한다. 그러지 않고서는 문학마저 당파성의 노예가 되거나 완벽한 허구에 빠져들어야 하는 자기 함정을 곁에 둘 따름이다.

재미가 없다면 어떻게든 독자를 사로잡아야 할 매력의 창고라도 있어야 한다. 그마저 어렵다면, 문학은 교조나 교훈의 일방성을 숨죽여 끌어내는 갑갑한 합창 아니면 어렵기 그지없는 악보뭉치 밖에 더는 안 될 터다. 여기서 말하는 박헌영'에 대한' 문학 역시 – 암묵적이든 표면적이든 – 그를 내세운 조선사회주의혁명과 자발적 독립을 위한 대일본 항쟁의 민중저력을 견고히 도모할 작품이 실제 가능했는지의 물음과 먼저 관계가 있다. 문학이 설령 허구의 담론과 가상세계를 전제하는 이야기의 숲일망정, 마치 머잖아 일어나거나 일어날 듯한 흥분과 긴장의 균형을 도모하지 못한다면 존립의 근거를 잃어버릴 것임도 다시 강조할 필요는 없지 않을까.

한 번도 제대로 이룩하지 못한 사회혁명의 암시와 그 가능성의 반복교화는 문학정치의 전초로 더없이 긴박했다. 조선사회주의의 발화와 확장은 박헌영 한 사람만의 노력의 결과는 결코 아니다. 여기에 모든 걸 적고 고스란히 옮길 인구가 '아님'은 상식 중의 상식이지만, 그'들'과 그들의 '노력'은 – 혁명의 – 정치적 개연성과 낭만적 변화의 지평을 넓힌다. 이 같은 사실은 문학에서도 어김없고 인문적 응용과 채택에서도 마찬가지다.

표현양식과 부피 또한 단편이나 중편을 넘어 장편과 대하물 형식으로 모습을 드러낸다는 점에서 박헌영'에 대한' 문학은 유사하다. 나라 잃은 이들의 장탄식과 이를 벗어나려는 의연한 기백으로 작품의 뼈대를 마련하고 그 깊이 역시 문학적 응용의 장에서 육중한 무게감을 자랑하게 된 것도 그나마 저항민족주의에 익숙해진 강점기 지성사의 인내와 피압박 조건을 벗어나려 애쓴 정치적 원심력 덕이다.

다음은 여기서 유념해야 할 해방 전후의 한국문학작품들이다. 특히 '민족문학'과 '분단문학'이란 두개의 꼭짓점들을 사이에 두고 '운동'의 좌절을 경험했거나 불굴의 의지로 이를 돌파한 인사들의 스토리텔링을 압축한다. 이는 물론 방대한 작품군 속에서 임의 선정한 결과물들로 필자의 주관과 체계적인 접근을 의식한 결과다. 작품 속 숱한 등장인물들의 갈등을 축으로 삼되, 이를 개인사의 사적 영역으로 국한하지 않고 나라의 독립과 저항의 맥을 이어가려는 정치적 이타주의political altruism로 삶의 기본을 세운 운동가들과 혁명가의 일생을 또 다른 축으로 설정, 이들을 교차 회전시킨 경우에 주목하려는 것이다.

다음 표는 이를 이해할 임의적 준거로 누가 언제 무엇을 쓰고 또 문학적으로 변형·응용하는지 압축해본 결과다. 유념할 것은 이들 작품이 당대의 사회주의적 관심이나 이데올로기적 탐닉을 전면 대변하는 건 아니라는 점이다. 단지 필자가 임의 선정한 대표작이자 당대를 묘사하는 획기적 문학의 단면으로 주목할 따름이다. 당시의 역사적 질곡을 설명하는 '전부'도 아니며 주변 작품들을 배제·제압할 절대적 대표성을 지니지도 않는다. 엄밀히 따지자면 모든 문학은 다만 일정한 사회현실을 떠날 수 없으며 때로 이를 옥죄는 '역사'로

부터 자유롭지 못하다는 사실들을 여기서도 재확인하게 된다.[10]

모든 문학은 '역사문학'이며 '현실문학'이라는 시간적 '구속성 Verbundenheit'은 이즈음 다시 빛난다. 뿐만 아니라 '당대'를 고스란히 직접 경험 못할 시간제약 마저 뚫고 수평적 '시간이동'이 즉시 가능하도록 모두의 곁에 자리한다. 중요한 것은 숲을 헤아리려고 나무와 모든 잎들을 한꺼번에 훑을 필요가 없다는 새삼스런 깨달음이다. 왕성히 범람하는 주목主木과 이들 주변의 도드라진 수종樹種만으로도 숲의 '어림'은 가능하기 때문이다. 부분으로 전체를 유추함이야 문제지만, 뚫어져라 '하나'를 천착함이 끝내 삶의 질서를 설명할 중요한 단서임을 파악하는 일도 놓쳐선 안 된다.

작 가	연 도	형식	작 품
염상섭	1931	장편	삼대三代
	1929	장편	광분狂奔
조정래	1983-1989	대하	태백산맥 제1부 제1권-제4부 제9권
	1990-1995	대하	아리랑 제1권-제12권
	2002	대하	한강 제1권-제10권
정동주	1991	대하	백정 제1권-제9권
	1992	대하	단야 제1권-제7권
이병주	1972-1978	대하	지리산 1·2·3·4·5·6·7
	1987	대하	남로당 상·중·하

10 박종성(2004), 앞책, pp. 25-34.

이정호	1988	장편	움직이는 벽
마쯔모토 세이쪼 지음 김병걸 옮김	1987	장편	북의 시인 임화
현길언	1982	장편	귀향
	1982	장편	우리들의 조부님
	1984	장편	먼 훗날
	1984	중편	신열
	1986	장편	껍질과 속살
	1995	대하	한라산 1·2·3
현기영	1978	중편	순이삼촌
	1979	중편	도령마루의 까마귀
	1979	단편	해룡 이야기
	1981	중편	길
	1981-1982	장편	변방에 우짖는 새
	1983	중편	어떤 생애
	1984	중편	아스팔트
	1989	장편	바람 타는 섬
	1994	단편	마지막 테우리
	1999	장편	지상에 숟가락 하나
	2009	장편	누란
이하석	2016	시집	천둥의 뿌리

무작위로 선정한 위의 작품들은 조선의 자발적 사회주의가 맹아적 단계를 넘어 엄연한 '흐름'이자 '사상'의 주류로 편입·정착하지 못한 전후사에 주목한다. 강점기 조선사회의 역사적 질곡과 해방이

후에도 국내정치통합이 생각처럼 쉽지 않았던 저간의 사정은 이 땅에 발 딛고 선자들 모두가 견뎌야 할 아픔이지만, 홀로 버티며 오롯이 이룩해내지 못한 국가건설이나 민족통합은 세월의 짐으로 남아 문학의 등에 올라탄 형국이다. 이른바 '자발적 근대화'에 성공하지 못한 정치사회적 부담은 고스란히 문학의 과제가 되어 직업혁명가들이나 독립투사에 이어 작가의 멍에가 되는 인문적 상황을 전제한다.

억압이 심하면 주눅은 커지고 해소할 길 없는 울분과 격정은 그만큼 저항의 자발성을 자극하는 것이야 차라리 물리적이며 자연적이었을 것이다. 숱한 사람들의 반응이란 게 한결같이 정치적일 수만도 없지만, 마음 둘 곳 없는 집단의 처연함과 울기 표출이 응어리지고 공격적일 수밖에 없음도 능히 예측할 수 있던 터였다. '자생적 사회주의의 분출' 혹은 '공산주의의 자발적 맹아'. 어떻게 표현하든, 이 나라에도 이 같은 현상이 조짐이 아니라 현실로 발화한다는 사실은 몇 번이라도 기억해야 할 '역사'다.

> 〔죽산댁〕 "입은 삐뚤어졌어도 말은 바로 하랬소. 자식이 굶은 게 빨갱이 짓 허제, 빨갱이 짓해서 굶긴 건 아니잖소? …· 나아-가 틀린 말 혔소? 설움 중에 굶는 설움이 지-일로 큰 것인데 한쪽에선 못 먹어서 부황든 사람들이 허천나게 많은디, 있는 사람들은 쌀가마니 쌓아 놓구 유과 해 먹구 떡 해 먹구 요런 시상이 워찌 사람 살 시상이여라?"[11]

/ / /

〔문서방〕 "참말로 순사가 들었다 허먼 몽딩이 찜질당헐 소리제만 서방님 앞이니께 허는디, 사람덜이 워째서 공산당 허는지 아시오? 나라에서는 농지개혁헌다고 말대포만 펑펑 쏴질렀지 차일피일 밀치기만 허지, 지주는 지주대로 고런 짓거리[12]허지, 가난허고 무식헌 것덜이 믿고 의지헐 디 읎는 판에 빨갱이 시상 되먼 지주 다 쳐읎애고 그 전답 노놔준다는디 공산당 안 헐 사람이 워디 있겄는가요. 못헐말로 나라가 공산당 맹글고, 지주덜이 빨갱이 맹근당께요."[13]

/ / /

'나라가 있는 눔덜 편역드는 것'에 대하여 한풀이로 입산할 수밖에 다른 도리가 없게 된 상황을 『태백산맥』은 '미친놈에

---

11 임권택은 조정래를 이렇게 읽는다. 문학을 영화화하는 과정에서도 원작의 '정신'은 훼손될 리 없다. 박종성, 『씨네 폴리틱스: 영화는 다 정치적이다』(고양: 인간사랑, 2008), pp. 48-49.

12 '친척들 앞으로 명의변경을 해서 은폐시키거나 타인에게 매도하는 일 → 우선적으로 분양 양도권을 가진 작인作人들에게 피해를 끼치는 일 → 지주의 법적 토지가 줄어드는 만큼 작인들은 분배를 받을 수 없게 되는 것.' 조정래, 『태백산맥』 제1부: 한의 모닥불·1권(서울: 해냄, 2001), p. 156.

13 위와 같음.

새끼덜이 있는 좌익얼 잡는 것이 아니라 읎는 좌익얼 맹그니라고 그 염병이제'라는 것으로 생각이 모아진다.[14]

한국 근·현대문학이 언제 어떻게 사회주의와 친화하는지는 그 자체로 독립적인 연구주제를 이룬다. 여기서 다룰 주제치곤 너무 큰 게 사실이다. 아울러 이데올로기의 맹아 자체가 내재적으로 발생·분화한 것인지, 아니면 태생적 외삽성과 함께 발전과 응용의 계기마저 밖에서 구해야 하는지도 불분명하다. 설령 어느 한 쪽이 압도적 일망정, 몰아치는 외세 의존의 바람과 그 철저한 지탱 문제도 정면으로 분쇄할 역사의 저력이 약하였음은 논의 자체를 미완의 상태로 남긴다.

위의 물음과 관계없이 더욱 유념할 것은 이데올로기의 맹아와 만개의 관계 여부다. 열매는커녕, 맹아의 보존과 숙성을 건강하게 도모하지 못한 정치사회적 책임은 누가 어떻게 짊어져야 하는지 말

14 "이런 삶의 바탕에서 우러나는 이념적 응고형은 『태백산맥』의 역사인식을 상징한다. 소작농이 처음에는 땅을 원하다가 짓밟히자 지주를 욕하게 되고, 여기서 지주 편을 들어주는 나라의 모습에 한을 품는데, 그 나라의 편역을 들어주는 더 센 뒷배경에서 미국을 인식하게 된다. 그래서 『태백산맥』에서는 미국에 대한 인식에서 무척 냉철하리만큼 비판적이다. 여기에 따르면 미국은 이미 한반도에서 그들의 역할과 기대치를 가지고 들어와서 치밀한 시각대로 분단고착화를 실현시켰다는 식이다(6권 282, 288, 337쪽과 7권 23, 138, 215, 220, 234, 345쪽 등을 참고할 것). 그렇다고 『태백산맥』은 6·25를 전후해서 북한의 입장을 조금도 두둔하지 않는다." 임헌영, 『분단시대의 문학: 평론집』(서울: 태학사, 1992), p. 210.

이다. 게다가 박헌영은 이 대목에서 어디쯤 자리하는지도 함께 따져 볼 일이다. 사회주의적 관심의 팽창과 사상적 발화는 일련의 지도자들과 이를 아우르는 정치적 카리스마에 의해 주도적으로 관리·확장할 사단이다. 비유컨대, 민중과 리더십의 역사 정치적 줄탁동기啐啄同機로 서로가 애써 결연하지 않고선 좀체 성공하기 힘든 일로 말이다.

강점기 조선의 사회주의적 관심이 민중 저변의 보편적 신념으로 정착하지 못한 궁극의 책임을 혁명지도부 만으로 몰고 감은 온당치 않다. 하지만 그렇다고 애써 발아한 민중변혁의 꿈과 그 간절한 소망을 제대로 옹위·대변하지 못한 당대 사회주의 엘리트들의 역사적 처지가 늘 자유로운 것만이 아님도 재론의 여지는 없다. 이 같은 사실들에 깃든 정치적 애석함이란 문학의 세계라 하여 손쉽게 면제되고, 가상의 스토리텔링이라는 이유만으로 가볍게 배제할 성질의 '것'도 아니다.

비록 주제의 본류나 소재의 대부분을 차지하진 않더라도 염상섭의 『삼대』와 『광분』에 묻어나는 조선사회주의의 편린이나 여린 묘판苗板이 그러하며 작정하고 덤벼든 정동주의 『단야』와 『백정』 속의 울분은 모두가 진지하게 천착해야 할 역사적 막장과 자발적 변혁 가능성을 웅변으로 전달하기 때문이다. 분단이란 꿈조차 꾸지 않은 조선 공산주의자들에게 북한은 마지막 안식처가 아니었다. 불가피한 선택과 공제된 공간으로 운명의 박제라도 피하려면 어쩔 수 없이 선택해야 할 반도의 '한쪽'이었음은 조정래와 이병주가 다시 일깨운

현대사의 굴곡이다.

『지리산』이 그리도 속내 깊고 『남로당』이 하 많은 사연들을 끌어안는다 해도 이병주의 목소리가 단지 조선공산주의의 완성과 사회주의조국의 숙성으로만 집약되지 않는 까닭은 곡절의 다층성이나 사연의 불일치로도 설명 가능하다. 해방공간 대구와 제주의 사연들은 또 어떨까. 그들이 이제야 '민중항쟁'이란 용어로 그날의 일들을 각기 냉정하게 정돈하고 되새김하는 이유도 '그날, 그때' 현장의 일들을 모조리 빨갱이의 소행으로 몰고 가려는 당국의 괘씸함과 그 같은 생각의 독소를 차분히 가려내려는 기다림에 성공한 까닭이다.

임헌영의 다음 주장은 문제의 다층성을 잘 집약한다. 이렇게 말이다.

> 그렇다고 『지리산』 입산파가 모두 요지부동의 공산주의자였던 것은 아니다. 박태영만 해도 그 최후는 비공산주의로 막을 내렸고, 그 밖의 많은 빨치산들이 농도의 차이는 있으나 가장 비극적인 상황에서 인생관에 대하여 회의를 품었던 것으로 기록되어 있다(물론 이 점은 사실과 다를 수 있으나 일단 작가가 그렇게 보고 있다). 이런저런 상황을 감안할 때 『지리산』에 등장하는 공산주의자는 분단 이후 우리의 소설문학에서 볼 수 있는 숫자적으로나 그 지적 투쟁적 수준으로나 가망 많고 높은 차원의 인간상을 다루고 있음을 부인할 수 없다. 우선 박헌영을 비롯한 역사적 실명인물이 수십 명 생생한 사

> 실적 자료로 등장하며 이름만 바뀐 인물도 하준수를 비롯해 상당수 등장한다. 이 여러 공산주의자들은 그 출신성분이나 지적 교육적 배경과 수준이 모두 다르나 『지리산』에서는 한 가지 공통점을 지닌 인간상으로 부각시킨다. 그것은 당에 대한 철저한 충성이다. 이 가장 중요한 관문을 통과하지 못한 지식인 공산주의자는 이 세계에서 영원한 이방인일 수밖에 없었다.[15]

당에 대한 충성이라도 공고하지 않았다면 혁명은 어불성설이었을 터다. 하필 '소설'이라는 양식 안에서 구현되고 있다 하여 그것이 일체 허구라든지, 모든 건 작가정신의 발로라며 흥미와 긴장의 정도를 더하려는 작위적 장치로 문학의 스토리텔링 전체를 허무맹랑하게만 바라보려 한다면 그건 문제다. 안 그래도 사회주의의 토속성과 이데올로기적 자율성까지 물씬 마련되는 이 땅에서 굳이 눈에 익숙한 한곳만 바라보며 걸음을 재촉하기란 '사람'이 할 '짓'이 아니었다.

혁명을 전쟁처럼, 아니 전쟁을 혁명하듯 동일시하는 유별난 사람들에게도 사랑과 정은 있었다. 아니, 흘러넘쳤을 것이다. 주체할 길 없는 '겨움'이 나라를 뒤덮는 만큼 역사의 향배는 뚜렷해야 했다. 이제 모름지기 '낮은 자'들의 부르짖음이 절규가 되어가는 일은 매

---

15 임헌영, "현대소설과 이념문제: 이병주의 『지리산』론," 이남호(편), 『한국 대하소설 연구』(서울: 집문당, 1997), pp. 156-157.

력적인 홍분이요, 역사의 자극이었다. 아울러 망설임과 두려움은 물론, 헛갈림과 회한마저 그득한 사내들과 세상변화가 그리운 만큼 계절의 매서운 유전까지 견뎌내야 할 여린 여인들 또한 산 속에는 엄연하였다. 『지리산』에 모여든 인간군상의 복잡함 만큼이나 생각 차이를 다잡고 끌어안는 지도자의 그림자 너머 작가의 모습이 한결 '인간적'인 까닭이다.

이병주를 읽다보면, 조선의 사회주의 혁명은 차디찬 철의 의지와 펄펄 끓는 열정만으로 이룰 불굴의 과업이 아니다. 비유컨대, '박헌영이 빛나니 모두가 빛나'더란 논리는 과장이자 도약이다. 하지만 운동의 좌절과 혁명의 실패를 뒤집어보면 모두가 박헌영만 못해서도 아니요, 박헌영이 전체를 품지 않아서만도 아님을 알아차리게 된다. 흔히 말하는 덕virtu과 행운fortuna의 결합으로 빗대자면 상황의 모면밖에 더는 아닐 테지만 어그러진 역사 안에 답이 있고 비틀린 경로 위에 해결의 실마리들이 숨어있기 때문이다. 애당초 혁명의 조건을 완전하거나 온전한 틀에 가두려들 때부터 일은 어긋날는지 모르리란 조짐 역시 엿보이고 있었다.

'인간적이어야 한다'는 주문이 '철의 논리'와 '열정의 법칙' 아래 한낱 센티멘털의 부스러기쯤 치부되고 말 때, '혁명'은 꼼짝없이 교조주의의 창살 안으로 끌려들어가고 있었다. 당 '중앙' 없이 혁명의 성공이 묘연하듯, 사람이 중심일 수 없는 혁명은 애당초 여러 유형의 인간들이 모여들 수밖에 없는 집단의 정서조차 외눈박이의 그것으로 치부하지 않을 도리가 없었다. '여럿'을 '여럿'으로, '그들'을

'그들 자신'으로 오롯이 바라보며 끌어안는 일이란 혁명 같은 거창한 과업 앞에선 함께 하기 힘겨웠다.

혁명은 제도나 원칙이 밀어붙이는 게 아니라 사람이 저지르며 끝내 사람이 마무리해야 할 '인간의 일'임을 깨닫는 건 새삼 고난의 '일깨움'과 다르지 않다. '대구'든 '제주'든, 세월의 굴곡 속에서 겪은 좌익과 우익의 '폭력경험'도 어느 덧 진영 간 상처(의 기억으)로 화석화한다. 그리하여 서로는 끝내 서로의 미움을 삭이거나 뛰어넘을 마음의 빈터와 인식의 여유를 찾지 못한다. 추억쯤으로 되돌리기엔 도저함과 가슴깊이 박혀버린 폭력의 파편조각이 극히 버거워 잊을 수도, 앞으로도 더는 못 나갈 참이다.

미움을 뛰어넘을 지혜란 적어도 정치적으로는 불가능하다. 식민의 세월을 서럽게 견딘 노동자·농민들의 가슴 속 사회주의는 해방공간이 부여한 자유의 과잉과 용기의 팽창 앞에서 지체된 열정의 연료로 탈바꿈한다. 뿐만 아니라 행동의 폭발이 느닷없는 도미노처럼 번져나간 저간의 사정을 헤아리기 위하여 조선의 신분제도까지 에둘러 살필 여유는 애당초 기대하기 힘들었다. 더욱이 저들이 좌익되어 우익을 죽이거나 살가죽마저 벗겨내는 처참의 극한을 헤맬 때 설령 이 같은 행동의 배경을 이해하는 진영이라 한들, 이를 용인하거나 뛰어넘을 아량까지 꿈꾸지 못할 현실은 단순히 비극이란 단어만으로 묘사하기 힘겹다.

복수와 원한의 무덤으로만 뒤덮을 세상사는 아니지만, 제 가족 도륙하며 능멸한 이들마저 관용할 기운까지 제공하진 않는 역사였다. 지상에서 가장 위대한 복수가 '용서'라 할망정, 이는 예수에게나 통용될 인간 밖 율법이자 종교적 경구에 불과했다. 우익에게 당한 좌익의 미움이 속 깊은 강물이라면, 좌익에게 상처난 우익의 원한이란 바닥모를 호수이자 스스로 위로 못할 나락이다. 화해와 협력이란 단어들도 이승의 인간들이 앞당겨 제 것 삼기란 지극히 화려하기만 한 세월이니까.[16]

그나저나 '산' 아래 곡절들은 어떠했을까. 지리산이 붉게 물들고 한라산 사연들이 피로 얼룩졌다면 도회의 나날들은 괜찮았던 걸까. 차마 이데올로기 범벅의 세상을 만들진 못하더라도 최소한의 묵종과 이유 있는 순응의 세월이나마 만들려 몸부림 정도는 쳐보았던 것일까. 유감스럽게도 도시의 변화는 크지 않았다. 크지 않았다는 건 아무 일도 없었다는 뜻보다야 '크다'. 즉, 행동과 변화에 대한 그리움을 반영하지만, 근본이 뒤바뀌거나 틀 자체가 어쩌리라곤 꿈조차 꾸지 못할 정치적 고요함을 반증한다. 뿐만 아니라 침묵의 지탱과 이를 담보한 온갖 사연들의 역설적 반어反語로 '그리운 혁명'은 빛을 발하지 않고 있었다.

---

16 '4·3항쟁'을 다룬다 해도 현기영의 작품과 현길언의 그것은 온도차가 있다. 마치 같은 '10월 항쟁'이라도 심지연과 김상숙의 그것이 같지 않은 이유와 이는 서로 통한다. 특히 4·3의 정치폭력성의 기원을 남로당의 공격성에서 찾는 현길언의 문학적 자세에 대한 비판은 당대의 균형 있는 이해를 위해 주목할 필요가 있다. 이에 대해서는 다음 기사들 참조할 것.
http://www.jejusori.net/news/articleView.html?idxno=136641; http://www.jejusori.net/news /articleView.html?idxno=131146

머나먼 섬 안의 절규가 미움의 파편 때문이든, 아니면 이유 있는 항변의 사연 탓이든 도도한 민중폭력이 산세山勢의 그것과 뭉쳐 화학적으로 합성할 역사의 기미란 어림없었다. 그 흔하디흔한 혁명이론에 기대더라도 산과 섬의 기운으로 도회지를 파묻거나 혹은 농촌으로부터 도시를 포위하여 세상혁파의 결정적 시기를 앞당기리란 보장은 적어도 이 땅에서 실현하기 힘들었다. '지리산'과 '한라'의 기백이 이른바 자생적 사회주의의 성공을 담보하거나 그냥 놔두어도 결연한 의지를 뽐내며 온 나라를 '붉은 대지'로 숙성시킬 결정적 계기란 도모하기 여간 힘겹지 않았다.

도시의 어지간한 함성이 나라를 뒤흔들진 않는다는 역설은 차라리 구조적 변화의 기운으로 승화하지 못한 정치력 부재로 압축할 일이다. 해방공간의 좌우격돌이 분단모순을 깨지 못한 내재적 한계는 치명적이다. 반도단절의 물리적 한계를 부수지 못한 모순은 기왕의 어떤 모순의 합치보다 더한 거대모순으로 남기 때문이다. 해방공간의 도시는 뜨겁고 소란했으되, 그 열기와 단말마의 함성만으로 반도 소생을 꿈꾸기엔 나라의 숨통을 짓누른 폭력은 너무나 크고 구조적이었다.

세월을 거스르면 슬픔은 더한다. 억압이 강하면 저항 또한 그에 비례해야 했거늘, 역사는 그렇지 않았으니까. 울기 커지면 목청은 터지리라 모두가 기대했지만 느는 건 눈물, 깊어간 건 한숨뿐이었으니까. 어느 한 인간의 무기력과 질식에 가까운 절망이 그(녀)를 타락과 절멸의 늪으로 인도할 따름이라면, 이를 배양·지탱한 조건 역시 당

분간의 '주눅'으로 돌파할 일이었으리라. 그것이 무슨 역겨움이며 또 부끄러운 사단이었을까. 하물며 집단을 넘어 민족으로, 동네가 아닌 나라 전체로 우울과 참담이 퍼져나간 역사의 이변을 참아낼 방법이란 자학과 연민 밖에 더는 없었다.

언어와 자존은 물론 존재의 이유와 살아갈 까닭마저 묘연한 나날들 앞에서 암담한 시간의 굴레는 그냥 그대로 괴로운 법이다. 멈추어 '있기'란 '죽기'보다 힘겹고 하릴없는 '기다림'은 그저 죽치며 과거의 영화榮華나 괜찮았던 기억이라도 추억처럼 매만져야 할 희한한 고통인 셈이다. 하여 힘든 건 '버팀'이요, 더욱 버거운 건 '견딤'일 뿐이란 역설도 단순한 단어가 아닌 체화한 삶으로 모두를 옥죌 때 '퇴폐'는 식민의 백성 모두의 목덜미에 안개꽃보다 더한 훈장처럼 얹어지고 있었던 것이다.[17]

모두가 하나같이 덤벼들어 '혁명'을 해대도 시원찮을 마당에 주눅과 눈치로 일관하는가 하면 사회주의는커녕, 민족주의의 '민民'자만도 쓰기를 염려한 채 당국을 의식한 저 여린 백성들의 나라 안에서 버티며 견뎌낼 나날의 도구로 문학 밖에 더는 없었다. 정열과 용기로 넘쳐나야 할 대지의 척박과 의식의 빈곤을 견디다 못해 끝내 할 수 있는 일이란 하나같은 울음 아니면 자조 섞인 한탄이었다. 탄

17 이에 대해서는 다음 참조할 것. 박종성, "'문학'은 언제 '정치'가 되는가: '글러버린 혁명'의 이름으로 또 한 개의 바리케이드를 부술 때," 문학사상사(편), 「문학사상」 통권531호 (2017.1), pp. 31-40.

식의 세월을 단숨에 메우고 위로할 수단이란 게 '시' 아니면 '소설'인 세상이 '피식민 조선'이었다면 지나친 비유일까. 그렇게라도 숨통을 트고 하늘이라도 바로 볼 세상이 강점기 조선이었다는 해석은 문학으로 보는 박헌영과 당대를 사회주의의 이식과 팽창기로 보는 인문적 시도들과 교집합을 이룬다.

박헌영'에 대한' 문학은 곧 그를 포함한 동시대 민중들의 사회주의적 관심과 정치적 기대의 농축이자 적극적 상상을 이른다. 게다가 가족이라는 횡축(X)과 속절없는 세월의 단절을 종축(Y)으로 삼아 갈등과 대립은 물론 강제적 화해와 극복마저 꿈결처럼 지탱한 사람들의 스토리텔링을 밑바탕으로 삼는다. 싸움과 대결은 당연하고 승패를 가릴 길 없는 정치적 악다구니와 사회적 균열이 운명처럼 스며드는 삶이란 '일상'이자 지독스런 '인간풍광'이었다. 돌이킬 가망 없이 패이고 형편없이 무너진 '관계'의 골과 이랑 뒤로 뜯겨진 살점 곁 핏빛 멍울은 소설이라도 좋고 시라 한들 표현하기 괜찮을 지경이다. 상처투성이 역사는 그 자체로 고스란히 소재요, 주제인 까닭이다.

느닷없고 새삼스럽지만, 「혁명가의 안해(아내)」는 박헌영을 비판하거나 그에 대한 못마땅함을 표表하려는 춘원의 고의성을 문학정치적으로 적절히 은폐한다. 혁명가의 아내가 저지르는 비혁명적, 반혁명적 행태의 노골적 표현도 감당키 어려운 터에 하필이면 작품의 연재와 발표가 마무리되는 시기가 '1929년'이란 사실은 적어도 박헌영에 대한 평소의 환호와 갈채의 추억을 빛바래게 한다. 그런다고 사라질 혁명가의 기록은 아니겠으되, 춘원은 어쩌자고 세상 바꾸겠다며 나선 사람의 심기를 아내의 불륜과 치정으로 부수려 했던 걸까. 사회주의 그 자체에 대한 개인적 불만? 박헌영의 사회적 기대에 대한 작가 개인의 정치적 반감? 이룩할 길 없는 독립과 더더욱 어림없는 정치적 자유를 향한 우회적 시샘?

1930년 정월 초하루부터 2월 4일까지 《동아일보》에 일일 연재한 작품형식은 굳이 따지자면 '단편'에 해당한다. 길지 않은 부피의 이 이야기는 폐병에 걸려 사경을 헤매는 주인공 '공산(孔産: 작중 본명은 공진호孔鎭浩)'이 후처인 방정희의 불륜을 감지하고 투병 중 괴로워하지만, 동지에게 고백했음에도 불구하고 복수불가의 상황을 절감하며 병세악화로 사망하는 일련의 과정을 담는다. 부인 역시 남편의 병간을 돕던 권오성과의 치정과 임신·유산 등으로 병사하는 플롯을 기본 축으로 삼는다.

여기서 남편의 병세와 부인의 성적 욕망은 철저히 비례한다. 억누르던 감정의 폭발 경로도 유독 성욕과잉으로 처리하는 자세는 춘원의 문학전략이 무엇인지 가늠하기 힘겹게 한다. 설령 그것이 특정인을 의식한 정치적 판단이나 이를 암시만 하려는 우회적 장치라 하더라도 하고많은 직업군 가운데 하필 춘원이 '혁명가'를 고집하는 것도 예외적이다. 부인마저 죽음을 눈앞에 두고 반성의 시간을 갖기보다 자기 역시 '혁명가'가 되리라 희구하는 장면을 한사코 삽입하는[18] 건 모종의 혁명강박으로 비친다.

18 이광수, 「혁명가의 아내」 『이광수 전집』 2권 (서울: 우신사, 1979), p. 494.

공孔은 자기도 삼년 후에는 완전한 건강을 회복해서 …· 그렇지 회복해서 첫째로는 아내의 원수를 갚고 둘째로는 혁명 사업을 하여 볼까, 그때야말로 한번 온 조선을 뒤흔드는 큰일을 하여 볼까 — 이러한 꿈을 꾸었다. 그러나 …· 공이 한번 다시 건강한 사람이 되어 보려고 애쓰는 양을 그 아내 정희는 권오성을 향하여 입을 비쭉거려서 빈정거리는 빛을 보인다. 그러나 그것이 다만 남편의 가엾은, 어리석은 희망을 비웃는 것만이 아니요, 권에게 대하여 너와 나와는 한 속이라는 뜻을 표하는 것도 되는 것이다. 이러한 정희의 추파를 본 오성은 또 한 번 수삽한 듯이 낯을 붉힌다.[19]

/ / /

정희의 그 남편 탄핵 연설이 계속이 된다. 그는 기어이 그 남편이 괴로워하고 성을 내는 것을 보고야 속이 시원할 것 같다. "마음에 드는 여편네를 얻어서 아들 딸 낳고 살아요, 나는 죽으께. 혁명이 다 무슨 빌어먹을 혁명이란 말야. 혁명가도 저렇게 죽기를 무서워한담. 저렇게 더럽게끔 살고 싶어 한담. 약이라면 무슨 큰일이나 난 듯이 허덕지덕이구, 그러구 혁명은 다 뭐야 집어 치워요. 혁명간체하는 것도 다 위선이야 위

19 윗책, p. 469.

선. 날 같은 계집애나 따라다니고 후려내노라고 가장 혁명간 척, 사상간 척, 주의잔 척했지, 흥 혁명가? 혁명가가 그 따위야. 안 그래요. 글쎄?"하고 또 한 번 권을 바라본다. 공은 손으로 자기의 두 눈통을 꽉 가리워 쥐고 몸을 한번 푸르르 떤다. 아내의 모욕에 대하여 분이 끓어 올라오는 것이다.[20]

/ / /

권權은 그제야 의사다운 침착함이 생기어 우선 공을 안아 끌어 자리에 누이고 다음에는 간호부들이 수술하고 난 환자를 안아 옮기는 모양으로 한 팔을 정희의 모가지 밑에 다른 팔을 정희의 두 무릎 관절 밑에 넣어 아주 익숙하게 번쩍 들어서 건넌방으로 옮겨다가 누이고 어멈더러 냉수를 떠 오라 하여 자기의 입에 물어서 정희의 낯에 뿜고, 인공호흡을 행하는 모양으로 두 손으로 정희의 가슴과 겨드랑을 문지른다. 정희가 정말로 기색을 하였었는지, 또 기색하는 시늉을 하였던 것인지는 오직 정희만이 알 것이지마는 권의 응급치료가 기효여신其効如神하여 이분이 지날락말락한 때에 벌써 번히 눈을 떠서 물끄러미 자기의 얼굴 위에 얼굴을 구부리고 앉은 권을 바라보았다. 그는 여자의 본능으로 저고리 자락으로 가슴

20 윗책, pp. 469–470.

을 가리우려 하였으나 복받치어 오르는 정욕의 불길에 타오르는 듯이 낯에 홍훈이 돌고 눈에 축축한 빛이 돌고 입으로 확근확근 단김을 뿜고 두 팔을 번쩍 들어 권의 목덜미를 껴안고 권의 빰과 어깨 사이에다가 자기의 얼굴을 박고 비빈다. 권의 몸과 마음은 정희의 맹렬한, 사막 바람과도 같은 정욕의 열풍에 날리는 풀 잎사귀와 같았다. 그는 자가보다도 몇 천 배나 되는 괴물에게 덮침이 된 것같이 성명이 없이, 진실로 존재가 없이 정희가 희롱하는 대로 자기를 맡겨 버렸다. 거의 삼년이나 건강한 이성에 대한 줄임—그것을 정희는 일순간에 채워버리려는 듯하였다.[21]

/ / /

권은 사방에서 자기를 노려보는 자가 있는 듯하여 약간 몸을 비켰으나 정희가 등 뒤로 팔을 돌려 권의 허리를 꼭 끼는 바람에 고만 더 반항할 수 없이 정희에게로 권의 몸이 끌려가게 되었다. 그러고 정희의 음욕에 빛나는 눈이 자기의 몸을 녹이려는 듯이 은빛을 발함을 볼 때에 권은, '계집이란 이렇게 앙큼한 동물인가.' 하고 몸에 소름이 끼침을 깨달았다. 공이 운명할 때라든지, 그의 시체를 담은 검은 관이 금정 속에

21 윗책, p. 474.

덜커덕하고 내려앉을 때라든지 정희가 슬픈 눈물을 흘린 것도 사실이지마는 평토가 되는 것을 보고 묘지에서 나와 권과 한 자동차에 오를 때에는 귀찮은 경우를 벗어나는 때에 사람이 느끼는 자유와 행복까지 느끼었다. 인제는 마음대로 권을 제 것을 삼을 수가 있지 아니하냐, 이렇게 생각하고 정희는 행복에 취하였다. 사실상 그러하기도 하였다.[22]

소설에 담긴 인간관계의 유사성이나 직업적 비유보다 작품이 동원하는 예외적 관심[23]은 발표시기와 주세죽의 스캔들에 대한 소문이 퍼져나가던 '때'와 희한하게 맞닿는다. 우연의 일치라고 보기엔 너무나 극적인 시기적 중첩은 이때가 하필 주세죽과 김단야가 눈이 맞았다는 설이 운동가들 사이에 확산된 1929년 직후였고 이를 알아차린 박헌영이 때맞춰 주세죽과 결별했다는 소문도 기정화한 즈음이다. 주세죽은 남편이 투옥생활 중 고문과 취조로 영락없이 죽은 줄로만 알았으나 김단야가 그의 생존 사실을 알면서도 주세죽에게

---

22 윗책, p. 488.

23 소설의 '프롤로그'를 보면 궁금증은 더해진다. 춘원은 왜 엉뚱한 언사言辭로 독자들을 유인할까? " …· 하기가 싫어만 지면 목을 베더라도 아니하는 것이 이야깃군의 심술이다. 나도 이야깃군으로 나선 바에는 이 특색들을 아니 가질 수가 없다. 그러므로 나는 이 혁명가의 본명을 결코 말하지 아니하려고 한다. 그의 아내나 친구들의 이름도 다 이야깃군의 가작이다. 이것은 이 이야기를 들으시는 독자들에게 재삼 명심하시기를 바라는 예비지식이다." 윗책, p. 465.

알리지 않았다는 설도 있었다.

출소 직후 국내에서 주세죽의 재혼소식을 처음 접한 박헌영이 괴로워했고 그가 '살아있음'을 확인한 해외공산주의 운동가들까지도 주세죽과 김단야를 비난했으되, 함구의 입장을 고수했던 사실은 앞서 말한 바와 같다. 작품으로 말을 대신하는 작가가 실명을 직접 거론하는 경우란 드물다. 춘원의 작품에서도 박헌영의 문학적 알리바이는 확실하다. 소설 어디서도 주인공 '공산'이 박헌영이라든지, 부인 '방정희'가 주세죽을 뜻한다는 힌트도 분명치 않다. 하물며 공산의 병을 돌봐주며 부인 정희와 암암리에 욕정을 불태운 의대생 권오성이 김단야의 문학적 대역이었다고 손쉽게 몰고 갈 수도 없다.

다만 암시와 상징으로라도 의심의 단서를 피하지 않거나 얼마든지 직접 추론과 연상이 가능한 길을 고집한 작가의 의도를 단지 우연이나 문학정치적 짓궂음으로만 볼 수 있는지는 문제다. 뿐만 아니라 문학을 단지 문학으로만 보려는 문단의 외통수나 고립주의적 대결구도는 '강점기' 이해의 짐으로 작동한다. 이는 문학이 끝내 역사분석과 정치비판의 적극적 도구로 자체 승화하기보다 문학마저 진영논리를 자가생산하거나 그 안에 스스로를 가둬버리는 꼴로 귀결된다. 즉, 제 온몸 묶어가며 비판과 공격대상을 뒤섞어 버림으로써 정작 건설적 비평의 완수와 원한의 초극이란 과업 앞에 모두가 실패·절망하고야 마는 잘못은 '식민의 시대' 내내 습관처럼 반복한 또 다른 비극이다. 정치적 미움을 개인적으로 처리하지 못하거나 끝내 문학으로도 견디지 못한 까닭이다. 안 그래도 변절과 친일로 얼룩져가

는 춘원을 뛰어넘지 못한 강점기 문학의 한계나 대가는 생각보다 크다.[24]

강점기 조선의 시대적 성격을 문학으로 걸러내는 일은 간단치 않다. 춘원의 작품에서 보듯 '혁명'을 바랐어도 최소한의 시대변혁은커녕, 이를 지향한 인간 군상들의 여지없는 절멸과 타락은 도리어 동정과 환멸을 유발하는 역설의 텃밭으로 단어사용이나 이해 그 자체를 민망하게 할 따름이다. 간절한 '바람'은 언제 어디서나 '바람'으로 그치고 마는 게 시대의 모순이자 역사의 가르침이란 해석도 다시 가능해진다. 혁명이 이론으로만 머물고 마는 기이한 예외의 땅, 조선에서 시급한 건 결국 이데올로기의 학습이 아니었다. 사회적 조건의 족쇄와 이를 구조화한 계급모순의 틀을 부수는 일 이전에 패배주의적 잔재와 봉건적 유습이 고질화한 운명론의 수용부터 스스로 깰 터였다.

설령 춘원이라는 함정과 문학적 멍에를 의식하지 않는다 하더라

24 춘원의 작품발표 후 몇 년 지나지 않아 이기영의 「변절자의 안해」가 발표된 것이 대표적이다. 이는 결국 문학에 의한 문학의 맞불로밖에 비쳐지지 않는다. 춘원을 공격하면서도 끝내 문학적 비판을 통한 초월에 실패하고 대항과 결전자세는 갖추었으되, 싸움에서는 정작 이긴 것도 진 것도 아닌 진영사이의 내부균열만 더한 꼴로 어설피 마무리 짓는 형국이었으니 말이다. 이에 대해서는 다음 연구들 참조할 것. 임선애, "〈혁명가의 안해〉와 〈변절자의 안해〉: 두 작품의 관계와 의의," 한민족어문학회(편), 「한민족어문학」 제27집(1995), pp. 177-191; 이상진, "불안한 주체의 시선과 글쓰기: 1930년대 남성작가의 아내표제소설 읽기," 한국여성문학학회(편), 「여성문학연구」 제37호(2016), pp. 129-169.

도 「혁명가의 안해」와 그 남편이 저지른 반혁명적·비혁명적 무능의 잔재는 당대 조선의 정치적 주눅과 화학적 합성의 차비를 이미 마친 뒤였다. 무기력과 나약함, 나태와 두려움, 자기겁박과 나아가 자기검열의 부재에서 비롯되는 온갖 네거티브 캐릭터들이야말로 춘원에게는 이른바 '민족개조'의 핑계로 차용[25]되고 있지만 그를 제외한 '밖의 문학중심'은 왜 한결 용맹스럽지 못했던 걸까. 프로문학과 사회주의 리얼리즘을 겨냥한 조짐이야 문학에서도 예외는 아니다. 하지만 민중의 정치참여배제와 권력부재의 상황[26]이 고스란히 조선의 30년대를 더욱 빈곤하게 한 사회문화적 책임이야말로 정녕 문학을 향해 요구할 성질의 '것'은 아닐까.

가장 용감했어야 할 1930년대 조선의 '민중중심'을 춘원이라는 코드로 읽을 때 그가 동원하는 이른바 정치적 평균값이란 '부끄러움' 밖에 더는 없었던 걸까. 혁명무능과 혁명부재의 정치적 허기를 고스란히 박헌영과 주변 사회주의자들에게 위탁하려는 저 지독한 타율의 정치문화를 운명으로 받아들인다 해도 스스로 계몽하고 자발적으로 주문하며 집단의 용맹성을 오롯이 계발·강화하지 못한

---

25 류시현, 『동경삼재東京三才: 동경 유학생 홍명희 최남선 이광수의 삶과 선택』(서울: 산처럼, 2016), pp. 148－150.

26 이에 대해서는 다음 참조할 것. 문상석, "식민지 지배와 저항의 사회적 공간과 조선 지식인들의 사회학 인식," 한국사회사학회(편), 「사회와 역사」 제110호(2016), pp. 75－104; 전상숙, "식민지시기 정치와 정치학: '조선인' 정치참여 부재의 정치학," 한국사회사학회(편), 「사회와 역사」 제110호(2016), pp. 7－39.

내재적 한계와 정치적 연결고리의 빈곤은 두고두고 역사의 발목을 잡는 족쇄가 된다. 하물며 덧없이 무너져 버리거나 사라질는지도 모를 '퇴폐'의 그늘로 웅성이며 모여드는 문화적 집합성이라니.

임헌영은 당대를 이렇게 압축한다.

> 근대문학사는 이 무렵 퇴폐와 꿈, 멋쟁이 넥타이와 연애로 현실을 미화하고 있었다. 로맨티시즘의 기형적인 만연으로 예술을 위한 예술이 전 문단을 휩쓸고 있었다. 그러나 사회적인 변혁은 작가의 각성을 기다리지 않고 현실화한다. 이 변화의 촉각에 작가들은 스스로의 문학관을 수정한다. 그것은 어느 유파나 단체에 의해서가 아니라 시대적 상황에 따라 작가 개개인이 서서히 변모한다. 한국 프로문학도 이와 같은 시대적 상황이 만든 특수한 예술양식이었다. …. 프로문학은 몇 가지 술어를 낳았다. 첫째 술어가 '프롤레타리아 예술(혹은 문학)'이란 것이다. .. 둘째 단어가 '경향적' 혹은 '신경향적'이란 것이다. .. 셋째는 '동반자'라는 용어다. 이는 러시아에서 널리 쓰인 술어로 프롤레타리아 출신의 작가나 당파성에 입각한 작가는 아닐지라도 경향적 작품을 쓰는 문학인으로 다분히 프로문학에 동조하는 일파를 가리키고 있다. 넷째는 '변증법적 리얼리즘'이라는 것으로 이는 '사회주의적 사실주의'라는 사회주의 나라의 공식 미학이 결정되기 이전에 과도기적으로 쓰인 술어였다. 이와 비슷한 것으로는 '경향적 리얼

> 리즘', 혹은 '기념비적 리얼리즘', '프롤레타리아 리얼리즘' 등의 명칭이 있었다. 프로문학은 정치와 밀접한 관련성을 갖는다. ⋯⋯프로문학을 논할 때 빼 놓을 수 없는 것 중의 하나가 전향문제다. 한국 근대소설사에서 볼 수 있는 전향의 유형은 1. 좌익에서 우익으로, 2. 우익에서 좌익으로의 두 가지라 할 수 있다.[27]

그러나 문학의 프롤레타리아트화가 곧 사회문화적 퇴폐해소와 혁명의 조속한 완수를 담보하는 건 아니다. 문학은 늘 정치적이며 당대 문학 역시 급작스런 '프로화'로 현실변화의 여망을 대변해야 했던 게 사실이지만, 기대가 바로 현실화할 만큼 강점기 조선문학의 사회주의적 정치력은 충만하지 않았기 때문이다. 민중의 정치적 허기와 참여배제의 절대적 박탈감을 해소할 만큼 독자의 문학중심이라도 튼실하여 수요에 의한 공급능력이 충족될 계제는 더욱이 아니었던 까닭이다.

빼앗긴 '들'에 강제로라도 '봄'을 소환하려면 정치력 부재의 현실을 단숨에 뒤집을 기적밖에 더는 없는 삶에서 문학에게 기댈 기운은 '낭만'과 작위적 '비현실' 외에 무엇이 더 있을까. 없는 역사를 만드는 일은 거짓처럼 지어내고 정녕 이를 다가올 미래로 믿는 것밖에 다른 대안이 없었다. 그렇게라도 일어날 독립이고 되찾을 빛이었다

27 임헌영, 『한국 근대소설의 탐구』(서울: 범우사, 1974), pp. 192-198.

면, 허구의 상상과 인문적 판타지의 지평도 끝 간 데 없이 펼쳐 개간할 작정이었을 것이다.[28] 정치의 '부재'와 참여의 '배제'와 주눅의 '팽창'이 이바지한 역사의 '척박瘠薄'이 강점과 식민의 일상이라면 이 땅은 극도로 빈곤한 혁명의 나날밖에 더는 기약할 터전이 아니었단 말인가.

되는 일없고 하는 일마저 마뜩치 않은 이른바 부박浮薄한 세월도 역사의 단절과 상관없이 흐르는 법이다. 혁명의 암묵적 의무가 피식민 백성들의 강박처럼 모두를 옥죌 때 가망 없는 세상의 '혁파'와 이를 일궈내지 못한 집단행동의 무력감은 묵종의 대척점에서 커져가고 있었다. 타락이라도 마음껏 성취하고 부적응과 일탈일망정, 고통의 초극이라면 기꺼이 내 것으로 만들 용기가 백배천배 솟구치는 기이함도 식민의 나날이 가르친 예외적 적응항목이었을 것이다. 그러지 않고서야 어찌 견딜 세월이었을까.

민족문학과 계급문학뿐 아니라 프로문학의 서랍마저 구비한 조선의 근대문학이 핑크물 조차 두려움 없이 받아들일 차비로 도색과 분홍의 나날 앞에 익숙해져가고 있음은 작가를 탓하거나 문단을 미워할 일이 아니다. 하물며 순문학에 길들여진 소설가의 세속적 전향이라니, 뉘라 누굴 탓하고 어디서 무엇을 꾸지람할 사단이었을까. 혁명은 마치 혁명가의 전유물인 양, 더욱 고결하고 난감해질 때 '세

28 해방된 시각의 역사소설에 대해서는 다음 참조할 것. 황광수, 『삶과 역사적 진실: 황광수 평론집』(서울: 창작과비평사, 1995), pp. 70-83.

속'과 '통속'의 한계가 가없이 무너지며 삽시간에 세상을 황망하니 물들여간 것도 식민의 끝자락에서 터득한 세상 이치였다. 여기서 작가, 방인근(1899-1975)을 주목하게 되는 까닭이다.

그가 소설, 『마도의 향불』을 발표한 시기도 30년대 초다. 시대를 새로 만들겠다는 혁명가들이 조선반도와 상해 혹은 모스크바를 넘나들 무렵, 조국의 수도 경성은 한낱 유혹과 번뇌의 향내가 진동하는 악마의 도시로 묘사된다. 1932년 11월 5일부터 1933년 6월 12일까지 《동아일보》에 연재된 이 작품은 훗날 단행본[29]과 영화(1958)로도 세상에 빛 보인다. 지금으로 보면 소프트코어 작가인 방인근은 해방 직전까지만 해도 다른 이미지의 인물이었다. 그는 일본 사립학교 '아오야마靑山 학원'을 졸업한 엘리트로 한때는 개인재산을 털어 춘원과 함께 문학잡지, 「조선문단」를 창간할 정도로 순문학진흥에 열정적이었다.

정말이지 그는 세상과 손쉽게 타협할 만큼 식민의 세월에 지쳐가고 있었던 걸까. 정혜영은 이 대목과 관련, 이렇게 말한다.[30]

'마도의 향불'은 1932년 경성을 중심으로 신청년들의 애정

---

29 연재는 중단되기도 했지만, 1934년 4월 5일자 《동아일보》 '문단소식'은 작품이 계명사에서 단행본으로 출간되었다고 전한다. 남아있는 판본으로 남창서관·덕홍서림·영창서관본(1947) 등이 있다.

30 정혜영, "〔정혜영의 근대문학을 읽다〕 방인근은 낯 뜨거운 도색소설 작가였을까?," 《매일신문》 14/07/12.

풍속도를 그리고 있는 작품이다. 소설의 등장인물들은 시련을 겪으면서도 사랑을 지키고 성취해 나가지만, 그 너머 펼쳐지는 1930년대 경성의 풍경은 음울하고 황량하다. 미츠코시三越 백화점과 조지야丁子屋 백화점, 거리를 밝히는 일본 인단仁丹 광고판, 황금정(黃金町, 지금의 서울 을지로)에 가득한 일본어간판, 일본 창가를 즐겨 부르는 조선 기생들. 1932년의 경성은 인구 60만이 넘는 대도시였지만, 제국의 자본에 철저하게 종속당한 식민지의 음울한 운명을 그대로 지니고 있었다. 이 무력한 식민지의 상황 속에서 조선의 청년들이 할 수 있는 것은 당연히 아무 것도 없었다. 경성제대 법학과 출신의 영철은 취업도 하지 못한 채 별다른 이상이나 의식 없이 떠돌고, 한때 사회개혁의 이상을 품고 수감생활까지 했던 택수는 도박에 빠져 살인까지 저지른다. 순수한 사랑을 꿈꾼 여학생 애희는 세력가에게 정조를 유린당하고, 여학생 출신으로 기생이 된 명자는 아편에 중독되어 참혹하게 삶을 마감한다. 사랑이건, 사회적 신념이건 그 무엇이건 간에 제아무리 순수한 열정도 여기서는 쉽게 훼손되어 버리는 것이다. 그것이 제국에 종속당한 식민지의 운명이었다.[31]

31 윗글. http://www.imaeil.com/sub_news/sub_news_view.php?news_id=33101&yy=2014

조선의 선남선녀들은 대중문학에서조차 사랑에 집중할 수 없었다는 게 주장의 핵이다. 통속적인 사랑을 하면서도 민족의 운명과 사회적 의무를 하염없이 고민하지 않으면 안 되었던 바로 그 '부담' 때문이다. 이것이 식민지 연인들에게 덧씌워진 고단한 현실이자 운명이라면 작가는 이런 소설을 쓰면서도 강점기 동안 신념만큼은 포기하지 않았다는 얘기다. 하지만 느닷없는 해방은 작가를 뒤흔들고 싸워야 할 '적'과 지켜야 할 '민족'의 안위를 갑자기 섞어버린다.

살아남으려면 '뭐라도' 써야하고 버티려면 '아무 것'이든 붙잡아야 하는 삶은 혁명의 알리바이치곤 지나치게 소박하고 허망했다. 곤란하기 그지없는 현실은 신념의 폐기를 압박하며 '생활'로, 그저 '생활'로만 작가를 내몬다.[32] 소프트코어가 돌파와 견딤의 핑계라면, '해방'은 바로보기조차 힘겨운 부끄러움의 저장고로 모두의 가슴을 후벼파고 있었다. 하지만 어떤 빌미를 갖다 대려한들 민족의 정치적 유기와 문학의 소극적 대응이, 아니 침묵의 결과론적 연장에 담긴 사회문화적 무책임이 흔쾌히 면제될 리 없었다. 계급문학의 맹아와 프로문학의 발아가 직업혁명가들도 못해낸 호전적 사회혁명의 연료가 되지 못한 '과거는 과거' 그대로 온전히 남는다. 작정하면 기억할 '역사'를 누군들 피할 까닭은 없었다.

---

32 정혜영의 얘길 더 듣자. "급변했던 역사의 흐름이 방인근의 신념을 망가트렸는지, 아니면 그 급변하는 흐름을 견뎌낼 정도로 마음의 힘이 강하지 못했던 것인지 누구도 알 수가 없다. 단지, 대부분의 식민지 작가들처럼 그 역시 너무 쉽게, 그리고 너무 빨리 현실과 타협했던 것만은 분명했다." 윗글.

돌이켜보자. 식민의 시대에 혁명은 혁명가들에게 맡겨놓고 갑작스런 해방을 '도둑처럼 온 것'[33]이라느니, 광복은 피나게 준비한 독립투사들의 예정된 결과였다는 식의 인식이 옳은지 말이다. 문학내부의 사정이 뒤늦게 긴박하였던 정치화의 지체도 바로 볼 일이다. 문인들 모두가 강점의 세월에 진즉 용맹하지 못하였던 과거의 반성을 앞세우는 대신, 자유의 정치공간에서 다작을 일삼거나 당대의 시공간에서 치열하였던 당사자를 문학 '현실' 그 자체로 응찰凝察하지 않음은 문제가 아닐까.

춘원처럼 대놓고 한 친일은 아닐지언정, 강점기 당대만큼 예리하지 않았다는 이유로 해방이후의 작품을 들어 당신의 과거 문학마저 폄하할 수는 없는 횡보橫步[34]였을 것이다. '해방·분단·전쟁'의 소용돌이 속에서도 어떻게든 작품으로 말하려는 작가의 의지를 문학정치적 성실성으로 이해하려는 노력은 야박했다.[35] 한낱 지체된 모더니스트의 라벨을 떠올리게 하는 원로의 등장 아니면 그저 '무딘' 근대의식이나 그로써 점철된 과거의 기계적 연장으로 보는 일은 대

---

33 김윤식(1985), 앞글, p. 449.

34 염상섭(1897–1963)의 아호雅號.

35 그에 대한 전환기 비평과 전반적 부정의 기류에 대한 문제의 지적들로는 다음 주목할 것. 김항, "분단의 기억, 기억의 정치," 서울대학교 인문학연구원(편), 「인문논총」 제73권 2호(2016), pp. 361–392; 김준현, "1950년대 문예지와 염상섭의 단편소설," 반교어문학회(편), 「반교어문연구」 제40집(2015), pp. 503–531.

부분의 평자들이 애용·반복한 문학적 매도치고 가혹하였다.[36] 행여 그것이 강점의 세월에 일본어 섞어가며 쓴 소설에 대한 정치적 반감의 결과는 아니길 바랐지만, 무책임한 혐오와 즉발적 '빈정거림'이 횡보 비평의 핵일 수는 없었던 터다.

해방공간의 '시' 세계는 어땠을까. 눈여겨볼 인물이 앞에서도 지적한 '임화'다. 주변 인물들을 향한 배반과 의리 없음으로 이미 숱한

36 해방 전후의 조선사와 분단조국을 기본 장으로 삼고 이른바 대가의 획기적 기여를 문학세계에서 찾는다는 것도 좀체 고단한 일이 아니다. 횡보가 해방공간의 작가 가운데 대표적인 다작의 주인공이라는 이유만으로 이를 담보해야 한다면 거기엔 논란의 여지가 있을 것이다. 하지만 한국현대사를 직접 체험한 그의 문학이 강점기의 '그것'과 최소한 같거나 '그를' 능가하지 못한다고 해서 『삼대』나 『만세전』 같은 과거 작품까지 평가 절하해야 한다는 논리는 성립하기 어렵다. 이들 전반의 문학적 가치판단에 대해서는 다음 연구들 참조할 것. 김재용, "분단을 거부한 민족의식: 8·15 직후 염상섭의 활동과 『효풍』의 문학사적 의의," 문학과사상연구회(편), 『염상섭 문학의 재인식』 개정판(서울: 소명출판, 2016), pp. 155－190; "염상섭과 한설야: 식민지와 분단을 거부한 남북의 문학적 상상력," 역사문제연구소(편), 「역사비평」 통권 82호(2008년 봄), pp. 68－95; 최현식, "파탄난 '생활세계'의 관찰과 기록: 염상섭의 해방기 단편소설," 문학과사상연구회(편), 『염상섭 문학의 재인식』 개정판(서울: 소명출판, 2016), pp. 191－228. 해방공간은 특정인들만의 향유대상이 아니다. 횡보 주변에는 기실 수많은 문인들이 오롯이 자신의 길을 걷는다. 한 예로 김기림의 친 여운형적 문학행태는 다음 참조할 것. 김유중, "해방기 김기림의 문학 활동과 이념노선에 대한 일 고찰," 한국현대문학회(편), 「한국현대문학연구」 제48호(2016), pp. 291－328. 한국전쟁기 까지 논의의 장을 늘려 잡더라도 문학정치의 복합성은 멈추지 않는다. 전쟁과 현장의 기억에 대해서는 다음 연구 주목할 것. 박선애, "이정호의 『움직이는 벽』에 나타난 기억의 구성방식," 우리어문학회(편), 「우리어문연구」 제36집(2010), pp. 569－594.

논란의 중심에 섰던 그였지만, 문학인은 문학으로 판가름해야 한다는 점에서 보면 그는 영락없이 인문정신으로 넘친다. 게다가 글 쓰는 이들의 정치적 감각이란 본디 말로만 업을 삼거나 어쩌다 주변의 도움으로 상황타개를 의식하는 직업정치인들의 그것과 적잖이 다르다. 정치현실의 교착과 대립으로 갈등의 골이 깊어질 때 장벽의 답답함을 부술 선봉의 역할도 문학인들에게 기대하는 건 기이할 리 없다.[37]

미군정기 3년간 발간된 시집은 모두 90여종이지만, 문학사적으로 남을만한 건 20여종쯤 된다는 게 연구자들의 간추림이다.[38] 그 중 하나가 임화의 '것'으로 해방 후 작품 15편(제1부)과 첫 시집 『현해탄』(1938) 이후의 7편(제2부)을 함께 실어 시집, 『찬가讚歌』를 낸 때가 1947년 2월 10일이다. 공보부에 납본한 시집에서 3월 말경, 당국의 불온통보를 받은 작품이 바로 「깃발을 내리자」(51쪽)다.

노름꾼과 강도를
잡던 손이
위대한 혁명가의

37 임헌영, "〔70주년 창간기획–문학평론가 임헌영의 필화 70년〕 (3) 미군정 땐 필화, 북한선 처형 '비극 시인' 임화," 《경향신문》 16/10/19. http://news.khan.co.kr/kh_news/khan_art_view.html?artid=201610192107005&code=960100&s_code=ac2#csidxf687145f95b56a3a6dba648910ab49b

38 윗글.

소매를 쥐려는
욕된 하늘에
무슨 깃발이
날리고 있느냐

동포여!
일제히
깃발을 내리자

가난한 동포의
주머니를 노리는
외국 상관商館의
늙은 종들이
광목과 통조림의
밀매를 의논하는
폐 왕궁廢 王宮의
상표를 위하여
우리의 머리 위에
국기를 날릴
필요는 없다

동포여

일제히

깃발을 내리자

살인의 자유와

약탈의 신성이

주야로 방송되는

남부 조선

더러운 하늘에

무슨 깃발이

날리고 있느냐

동포여

일제히

깃발을 내리자.

－旗ㅅ발을 내리자 · 임화－

작가가 젊은 사회주의자임을 미리 알고 있지 않았다 해도 시가 말하려는 정치적 적개심과 분노의 표적이 어디를 지향하는지는 이미 또렷하다. 첫 연의 '위대한 혁명가'가 박헌영을 뜻한다든지, 동포에게 자유와 해방의 깃발을 내리자고 권하는 건 미군정의 활갯짓이 좀체 마뜩치 않아 그런 것이라든지 시는 의문과 모호함보다 정치적으로 무엇을 해야 하는지부터 명료화한다. 한껏 틀어진 속내를 정치적 어깃장으로 드러내려는 시인의 분노가 타협과 조율의 그것을 넘어선지 오래임도 바로 알 수 있다.

적은 자본주의요, 그 자본주의와 야합하거나 다시 눈치 보려는 낡은 보수와 반동의 후예들임을 또렷이 하는 일부터 마다치 않으려는 게 시인의 스탠스다. 바로 그것이 자신의 정치적 책무인 양, 작가는 스스로 긴장하고 결연하다. 자본주의와 사회주의의 구도가 이항대립을 넘지 못하는 건 도리어 당연한 셈이고 이 살벌한 대결이 머잖아 전쟁의 포연을 예보하듯 정치적 비장함을 머금는 것도 이상할 리 없다.

시가 처음 실린 곳은 1946년 5월20일자, 《현대일보》다. 하루 전에 쓴 시를 임화는 박헌영이 그리도 아끼던 박치우가 발행인이며 이태준이 주간으로 있는 신문에 투고, 바로 다음날 게재한다. 신문에 실린 시의 제목은 〈旗ㅅ발을 내리자!〉였다. 임화에게 박헌영은 유별났다. 박영희와 함께 박헌영 등 양박兩朴은 마음의 '아버지'였다. 그의 문학이념은 박헌영 노선 안에 있되, '진보'와 '인민'이 중심이었다. 그에게 박헌영은 '어린애가 어버이를 찾아 헤매는 것' 같은 존재였다. 그것은 거의 열광에 가까웠고 소년기에 흔한 동성애적 감수성에 준한다. 고아의식과 불량기, 모성결핍 같은 것들로 가득한 그의 정신은 늘 '거대한 아버지'를 목말라했고 박영희의 식솔이 된 것이나 박헌영을 따라 북을 선택한 것도 마찬가지다.

시인은 4년 뒤 달라진다. 전쟁직후 심리적 대척점 위에 기꺼이 선다. 47년 11월, 임화는 박헌영을 따라 월북하지만 한국전쟁이 나자 다시 서울에 입성한다. 전쟁 후 10여 일이 지난 뒤였다. 그때 임화는 다시 월북하지 않고 남한에 남아있는 문인들을 불러 모아 작가동맹의 가입을 권한다. 그러던 임화가 남몰래 찾아간 곳이 종로 네거리다. 카프의 '대표 시'인 「네거리의 순이」가 탄생한 장소다. 임화는 그 자리에 서서 '순이'가 아닌 자신의 사랑하는 딸, '혜란'을 목 놓아 부른다. 시인의 나이 43세, 딸 혜란이 스무 살 나는 해였다.[39] 헤아릴 길 없는 그의 아픔은 이렇게 녹아든다.

아직도
이마를 가려
귀밑머리를 땋기
수줍어 얼굴을 붉히던

너는 지금 이
바람 찬 눈보라 속에
무엇을 생각하며
어느 곳에 있느냐

39 조영복, 『월북 예술가 오래 잊혀진 그들』(파주: 돌베게, 2002), p. 29; 푸른바우, "임화의 삶과 사랑," http://blog.naver.com/mklee831/40017481376

머리가 절반 흰
아버지를 생각하며
바람 부는 산정에 있느냐

가슴이 종이처럼 얇아
항상 마음 아프던
엄마를 생각하며
해 저무는 들길에 섰느냐

그렇지 않으면
아침마다 손길 잡고 문을 나서던
너의 어린 동생과
모란꽃 향그럽던
우리 고향집과
이야기 소리 귀에 쟁쟁한
그리운 동무들을 생각하여
어느 먼 곳을 바라보고 있느냐

사랑하는 나의 아이야…

-「너는 어느 곳에 있느냐」 중에서 · 임화-

두 눈 부릅뜬 기백과 이유 있는 분노로 혁명이든 전쟁이든 당장이라도 마다치 않을 듯 싶었던 작가가 이리도 약해지는 연유는 뭘까. 문학인이란 라벨이나 직업특성과 아무 관계없이 당장이라도 무너질 것 같은 여림으로 제 온몸 감싸는 정서적 불일치는 무엇으로 어떻게 이해하랴. 가족이란 단어를 내세우지 않고도 딸의 존재론적 상실감 하나만으로 언제 그랬냐 싶게 연약해지는 심리적 양극성은 그 자체로 탐구대상이다.

강함의 내면에는 도리어 약함의 상반성이 잘 깃들고 생각의 단호함 안에는 인간적 성찰의 극한이 개재介在하고 있음을 다시 확인할 수 있는 것도 전환기 지식인들의 한결같은 치열함[40] 때문이었을

40 누구나 다 이성의 시대가 꽃필 미래로 20세기를 내다보았을망정, 그 같은 꿈 자체가 파탄 나버린 세기 초 동아시아역사의 질곡은 이성의 질식으로 묘사될 터였다. 이에 따라 손정수는 강점말기 역사철학자들의 논쟁과정을 통해 리얼리즘의 출현을 이렇게 논리화한다. "이성적 주체에 의해 포괄되지 않는 그 이성의 타자를 어떠한 방식으로 인식하며 또한 다시금 이성의 영역 속으로 귀착시키는가 하는 문제가 전형轉形기 리얼리즘 개념의 전제로서 작동하고 있었다. 임화의 경우 이와 같은 본질과 현상이 분리 혼동되는 현상을 '주체의 재건'이란 방식으로 극복하고자 함을 볼 수 있다. 즉 주체와 객체 간의 불일치 현상에 직면하여 임화는 더욱 더 강력한 주체개념을 등장시킴으로써 그러한 분열을 극복하고자 했던 것이다. '우리는 〔레알이즘〕을 창작과정 중에서 일체의 주관적 활동을 배제할려는 경화硬化한 객관주의로부터 엄격히 구별해야 한다. 반대로 〔레알이즘〕이야말로 대규모로 과학적 추상과 결합하고 작가의 주관이 치연熾然히 활동하는 문학인 것이다.' 〔임화, "주체의 재건과 문학의 세계," 『문학의 논리』(서울: 학예사, 1940), p. 65〕" 손정수, "일제말기 역사철학자들의 문학비평 연구," 서울대학교 대학원 국어국문학과 현대문학전공 문학석사학위논문(1996), pp. 51-52.

것이다. 동일 인물의 뇌리 안에 포진하는 생각의 차이 혹은 감각의 대척점은 곧잘 어울릴 것 같지 않은 극한의 꼭짓점을 잘 오갔고 마음의 극진함이 어느 한 극점을 치달을 때 원심遠心의 잠재력은 의외로 오래 버티지 못한다. 급진주의가 공유하는 휴머니즘의 진지함은 그들이 곧잘 극단의 지점에서 친화한다는 내재적 공통점 앞에서 이내 속내를 드러낸 까닭이다.

현실에 깊은 불만을 품고 가급적 빠른 시간 안에 상황을 호전시키려 드는 사고의 진지함은 바로 극진함 그 자체를 뜻한다. 아울러 그 같은 생각의 성급함이 비현실의 정점을 헤맬 때 '낭만'의 산등성이와 '감상感傷'의 골짜기를 함께 누비는 이치도 마음 지극한 자들은 단번에 공감한다. 로맨티시즘과 센티멘털리즘이 하필이면 정서의 교집합으로 서로를 거울처럼 비추는 까닭도 이처럼 거짓 같은 '겹침'에서 찾을 일이다.

세월이 흘러도 정서의 파편이 발하는 광채는 마찬가지다. 아침이슬 거울삼아 되비치는 햇살이든, 빗물이 파헤치면 그제서야 자기 존재 알리는 땅속 사금파리든, 어디 이보다 더 처연할까. 낭만적 감상주의의 문학적 편린은 그렇게 되살아난다. 그것은 정서의 소환이자 기억의 호출이다. 쓰리고 아리기만 한 역사현장에서 아무 것도 할 수 없는 무기력은 나라 잃고 식민의 세월을 견뎌야하는 나날의 그것보다 더 괴롭다. 당하고 쓰라려 할 자유밖에 아무 것도 누리지 못한 모진 체험의 순간을 다시 읽고 겪어야 하는 문학적 무능은 찰나의 아련한 부끄러움치곤 모진 편이다.

지워지지도, 잊히지도 않을 '역사'로 그것은 숱한 이들의 뇌리에 무한 복제된다. 어쩔 수 없는 역사였기에 다시는 반복하지 말아야 한다는 다짐은 낭만의 불씨를 되 지피고, 고치거나 구원 못할 과거의 아련함이야말로 감상주의의 극한을 헤집을 것임은 재론의 여지가 없다. 해방 후 현대사의 숱한 기억들 가운데 우리에게마저 예외가 아닌 '학살'이 돋보이는 이유다. 한국의 학살도 20세기 보편의 그것처럼 민간인에 대한 집단적이고 조직적인 국가폭력의 살상이다. 국가폭력은 정치권력의 생성과 유지는 물론 그 확장을 위한 구조화된 폭력의 한 형식이다.

특히 군대와 경찰, 사법권력의 과잉이 국민과 주민에게 집단폭력사용을 정당화하는 '국가폭력'의 물리적 실체[41]도 역사는 또렷이 기억한다. 문제는 국가가 국가폭력을 사용하면서 악용하는 역사 사회적 증오와 살상의 동기들이며 이를 실행에 옮기도록 부추기는 동원과 선전 전략에 있다. 무엇보다 '집단증오'를 영속화하려는 국가의 폭력적 '통치공학'은 강점기의 친일과 항일의 골을 넘어 해방 후 좌우익의 복수심리를 교묘히 조종하는 정치적 메커니즘으로 구체화한다.

해방공간의 우익을 공격하는 좌익은 어느덧 함께하기 힘겨운 동족으로 치부되는가 하면, 반성과 공손함을 상실한 우익의 지속적 기고만장은 사회적 기득권 유지와 정치경제적 주도권 외에 다른 관심

41 조현연, 『한국 현대정치의 악몽: 국가폭력』(서울: 책세상, 2007), pp. 49-65.

은 없는 부류로 인식되기도 한다. 뿐만 아니라 강점기 친일세력의 해방 후 우익화 과정을 지켜본 이들의 자유로운 공격을 좌익으로 몰고 간 극단의 배타성과 이로써 배양·숙성된 진영 간 갈등이 새로운 원한의 사회화와 정치적 제도화를 북돋운 사연들도 한국의 현대사는 잊지 않는다. 우익의 분노가 산 너머 하늘을 향할 때, 좌익의 원한이 바다보다 깊어진 이유다.

집단의 '미움'은 집단의 '뉘우침' 없이 사라지지 않는다. 그 같은 일이 그러나 역사에서 실재하지 않는다는 건 비극 가운데 최고의 비극이다. 극적인 계기 없이 조금도 달라지지 않는 세상은 궁극에 이르러 우익에게 유리한 결정을 반복함으로써 동포의 화해니 협력이니 하는 선언적 단어들을 더 공허하게 만든다. 온갖 정치적이고 이데올로기적인 사회화 과정은 한낱 다른 집단에 대한 증오와 파괴의 이념을 집단기억으로 이어갔기 때문이다. 그것은 집단에 의한 집단의 학살이고 국가폭력에 의한 민중의 제거와 무자비한 배제에 다름 아니다. 이를 바탕으로 슬픔을 화석화하면, 한국의 현대사는 '눈물'과 '피고름'이 켜로 쌓인 폭력의 퇴적층으로 기록될 것이다.

해방 후 민간인에 대한 집단학살은 가해자에 따라 국군과 미군, 경찰과 사적 보복을 포함한 우익청년단에 의한 것들로 구분할 수 있다. 피학살자의 성격으로 보면 산간벽촌주민으로부터 형무소에 수감 중인 재소자는 물론 (해방 후 좌익활동가에 대한 정부의 사상통제를 목적으로 만든) 국민보도연맹원에 대한 학살까지 다양하게 펼쳐진다. 한국전쟁기에는 미처 피난하지 못한 주민들이 서울수복 이후 피해를 입는다. 국군은 인민군 점령지에서 어쩔 수 없이 부역한 주민들을 학살하고 미처 북으로 후퇴하지 못한 채 태백산과 지리산 일대에서 빨치산이 된 공비들을 소탕하는 동안 무고한 주민들을 죽인다.

대구지역의 민간인학살사건도 그 가운데 하나다. 1950년 대구형무소 재소자와 형무소로 연행된 국민보도연맹원이 7월 3일에서 9일, 7월 27일에서 31일 사이 두 차례에 걸쳐 국군 3사단 22연대 헌병대 등에 학살된 사건이다. 전쟁 직후, 대구형무소로 연행된 국민보도연맹원까지 합치면 대략 8,000여명이 수용되어 있었다고 전해지지만 이들은 주로 경산 코발트광산과 칠곡 신동재, 달성군 가창골짜기, 대구시 본리동에서 희생된 것으로 알려진다.[42]

---

42 가창면 병풍산 달성광산에서의 학살사건은 당시 헌병의 지시로 부역한 서상일이 2015년 '10월항쟁 유족회'에 증언하면서 새롭게 알려진다. 그는 당시 대한중석 총무과 경비실에 근무하면서 헌병과 당시 남대구경찰서 파견대의 지시에 따라 시신을 처리하는 부역을 해야 했다. 경찰로 보이는 이들은 국방색 민간복장을 하고 있었다. 그에 따르면 달성광산 학살지는 2개 지점으로 병풍산 계곡 대한중석 화약창고 인접지점과 당시 채광과 사무실 위의 계곡으로 폐광 아래 지점이다. 군인들이 사람들을 싣고 들어올 때면 계곡은 사이렌 소리와 함께 모든 통행이 금지됐고 경찰이 따로 지시할 때까지 밖으로 나올 수 없었다. 중석을 채굴하던 일꾼들도 굴 안에 갇혀있어야 했다. 당시 21살이던 서상일은 대한중석 경비를 하면서 약 200-300미터 거리에서 벌어지는 학살 장면을 곁눈으로 목격할 수 있었다. 음력 5월 모심기를 하는 시기였다. 1차로 학살이 진행된 화약창고 터는 증언으로 보아 약 300명-350여명이 학살된 것으로 추정된다. 그는 이곳에만 당시 미군용 트럭 6-7대에 사람들이 실려 왔다고 증언한다. 2차 학살지점의 민간인 숫자는 정확히 알 수 없지만 그는 "화약창고 터에서의 학살 이후 헌병들은 새벽에 사람을 끌고 왔다"며 "한없이 많은 사람을 죽였다"고 표현한다. 2차 지점에서만 약 8일-10일 동안 사람 묻는 부역을 했던 그는 "젊은 사람들 속에 40-50대도

다음 네 편의 시는 당시 현장의 정치폭력을 문학으로 재현한다.[43]

가창골의 한 군데가 짚입니다.
노인의 흐린 기억이 갈피를 뒤집니다.

밭뙈기 옆으로
산 내려온 풀넝쿨들이
그늘을 엮어놓고 있습니다.
그 속 지저귀는 새들의
사랑길이 나 있습니다.

많았다"며 "죽은 시신에는 손이 곱고 고급 옷을 입은 여자들도 보였다"고 말한다. 화약창고 터에서는 몇몇 일부 생존자가 있던 것으로 알려졌다. 이 때문에 2차 학살지인 계곡에서는 총격 후 시신에 석유를 뿌리고 불태웠다. 이 과정에서 살아있던 한 사람이 달아나다가 집중적인 총격을 당해 온 몸이 조각난 상태에서 죽었다. 이 계곡에서 학살당한 이들의 뼈는 계곡을 따라 상원리 마을 앞개울까지 떠내려 왔다. 현재 이 지점은 광산에서 나온 토사로 메꾸어진 상태에서 1994년 달성광산이 폐광되면서 복구되어 계곡지형이 변한 상태다. '진실화해위원회'의 기록에 따르면 1950년 7월 3일 대구, 청도, 경산, 영천 등의 지역에서 '국민보도연맹'원들이 연행되어 대구형무소에 수감되었다가 재소자들이 희생된 같은 장소에서 총살당했다. 이들 중 풀려난 사람은 거의 없었고 희생 시기는 7월 22일 등 7월 중순부터 8월까지다. 하지만 대구형무소를 거쳐 희생된 '국민보도연맹'원의 규모를 판단할 문헌근거나 증언은 확인되지 않는다. http://coreawar.or.kr/xe/page_0303/77325

43 출처는 이하석 시집, 『천둥의 뿌리』(대구: 한티재, 2016), p. 16, pp. 44-45, p. 50, p. 102.

그들은 밧줄로 엮인 채
산길을 끌며 올라와
이쯤에서 제 무덤을 팠겠지요.
제가 판 함정에 빠지지 않으려
주변의 비탈을
손가락으로 긁어대며 버텼겠지요,
풀넝쿨처럼, 악착으로.

그러나,
포클레인으로 몇 군데를 파보아도
주검의 단서조차 나오지 않습니다.
노인이 잘못 짚었나요?
또는
아무리 헤집어도 답을 낼 수 없는
흙의 미궁 속으로
모든 게
잦아들어가버렸는가요?

허망에 고착되지 못해
주검들이 이 부근을 끊임없이
떠돌고 있음이 느껴집니다.

우리는

왜

망각의 기억들을 잘못 짚고만 있는가요?

풀넝쿨이 덮은 속으로

지저귀는 새들의 사랑 길만 깊어 보입니다.

—발굴 · 이하석—

전쟁기간 중 국군들에 의해 자행된 보도연맹원 학살은 잔인했다. 죽을 자들 스스로 제가 묻힐 구덩이를 파고 그 안에 시신으로 들어갈 계산까지 미리 한 '집행'이었다. 전쟁의 승패가 아직 가려지기도 전에 적들에게 유리한 소행이 드러났거나 그 같은 혐의가 농후하다는 단지 이념적 곡절만으로 '그들'은 죽어가야만 했다. 굴비 엮이듯 새끼줄에 엮여 야산으로 오르고 등성이에 제 구덩일 파고 저 희한한 죽임에 앞서 자기 죽음의 절차까지 예비해야 할 세월 한 복판에 '국가'는 없었다.

하물며 어린 생명의 보살핌이라니. 시라기보다는 차라리 픽션의 세계를 헤매는 거짓 주인공들의 '가상현실'이라면 센티멘털리티의 크기도 제한적이었으리라. 죽음도 하필 내외지간이 함께 맞이해야 할 공동의 핍박이라면 그건 하늘이 정한 운명일까. 믿기는 싫어도 오롯이 역사의 실제로 받아들여야 할 사실의 더께 안에 부부와 어린 아이의 처지마저 얹어야 할 사연의 예외성은 이야기의 전후맥락을 다큐멘터리로 탈바꿈해도 무방할 터다.

아기는 그날 이후 어떤 나날을 보냈을 것인지 그런 건 따로 묻지 말도록 하자. 어미와 아비의 시신은 그래서 찾았는지 어쨌는지도 더는 캐묻지 않도록 하자. 그날 그 일에 초점을 맞추기 위하여 문학은 오늘 우리에게 무엇으로 다가오는지 그것부터 유념하도록 애쓰자.

> 이와 같이 들었다. 헌병들이 갑자기 들이닥쳤다. 여자는 그들 몰래 아기를 풀꽃바구니인 양 담장 밖 풀숲에 던져버렸다. 남편과 함께 끌려가며 여자는 자꾸 뒤를 돌아보았다. 행여 울음소리가 들려 아기마저 잡혀 가 죽지 않을까 걱정이 됐던 게다. 담 밖에선 아무 소리도 들리지 않았다. 아무, 소리도, 들리지, 않았다. 아무소리도들리지않았다. 부부가 끌려서 동네를 나가자 비로소 아기 울음이 꽃처럼 왈칵, 솟아났다. 마을 사람들이 안아올리자 엄마를 찾아 크게 울어댔다. 아기는 어떻게 오랫동안 고요할 수 있었을까? 본능적으로 제게 닥친 위기를 느끼고 그들이 사라질 때까지 울음을 참았을까? 어쨌든 그렇게 아기는 살아남았다. 여전히 버려져서, 돌아오지 않는 어미 애비를 기다린다.
>
> –아기도 위기를 느꼈을까?· 이하석–

역사와 자연은 어차피 언어의 형식으로 소통하지 못한다. 흐르고 피어나며 잦아들 따름이다. 아니, 사라지는 듯 다시 나타나고 영영 죽지 않을 생동감으로 펄떡이는 '현재'의 얼굴이 과거일랑 아예 깡그리 부인하는 시치미의 형식으로 반복될 때 역사는 자연 속에서 거짓처럼 운행을 거듭한다. 슬픔이 기쁨의 반어가 아니라 통곡의 아픔과 단장斷腸의 사연들을 애써 감추는 핑계가 되는 이유도 그 안에 숨어있다.

색채미학의 논의과정에서 보색효과가 크기를 더하는 순간도 시공간적으로 동시에 자리할 때 그 대비의 기운이 빛을 발하기 때문이란 사실은 그래서 중요해진다. 빨강은 어쩌자고 녹색의 한가운데 있어야만 도드라지는가. 함께 있지 못할 '것들'이 억지로 공존한다면 '갈등'밖에 더는 없을 듯해도 '괴로움'과 '밀침'의 역겨움을 이어가는 까닭이란 대체 무엇일까. 그럼에도 불구하고 서로가 서로를 부추기며 북돋는 시치미의 사연들이란 도무지 무엇을 잡아떼며 그처럼 천연스레 제 이야기들을 속여 가는 중일까.

죽음 자리가, 저렇듯,
푸르름으로
무성할 수 있다니!

―신록 1 · 이하석 ―

뭇 것들의 무덤인

이 땅에서
우리를 지펴줄
푸른 불의 숲이 무성하게
우거지고 있습니다.

사랑은 어서 오라고 안달하지 않습니다.
반대로 끓어 넘치지요.

-신록 2 · 이하석-

문학이 역사 속에서 빛나던, 아니 지금도 빛나는 이유는 거짓 같은 진실의 '숨김'이나 희한하게 반복하는 허구적 재현의 재주 때문이 아니다. 그보다는 역사와 정치를 전달하고 가르치며 되새김하는 이른바 사회교육매체로서의 위력이 단순한 흥미와 순간적 즐거움을 압도하는 까닭이다. 스토리텔링의 기술이나 농축 혹은 패러디의 테크닉이 제아무리 현란하다 하더라도 문학이 단지 문학으로만 존재하지 않는 사회적 이유도 바로 그 내재적 정치력과 잠재력 때문이었다. 오늘도 여전히 그러하다.

박헌영의 문학과 박헌영에 대한 문학으로 구분한 여기서의 작업도 당대의 정치를 설명하거나 전달하려는 문학의 단순한 도구성에 매달린 결과가 아니다. 도리어 문학이 전하는 정치와 문학에 녹아든 역사를 따로 정제 · 선별하려 했을 뿐이다. 그리하여 전前문학적 ·

문학외적 사실들을 견줌으로써 상상의 지평이 사람들의 인식을 얼마나 넓혀주는 지 가늠하려 했음이다. 문학의 본령이 혁명이나 사회변혁의 직접적 수단성에 있지 않았음에도 불구하고 그것은 자칫 그에 빠지고 기울기 십상인 정치적 유혹의 유별남 때문에라도 주목해야 할 사항이다.

혁명을 하겠다는 자들의 문학적 탐닉이 문학도 혁명도 완수하지 못할 힘의 분산이나 집중력 해체의 계기가 되는지 여부는 불확실하다. 설령 그렇다 하더라도 혁명의 문학적 응용이나 인문적 관심의 촉수를 단지 '덜' 정치적이었다는 이유만으로 준엄하게 소환할 까닭이 있을까. 중요한 것은 '문학과 정치'가 전략적 보완관계가 아니라는 점에 다시 주목하는 일이다. 문학은 여전히 역사적 위무와 집단기억의 미학적 매체로 정치와의 관계를 늘 다시 세우며 '아름다운 거리距離'를 유지한다는 사실이다.

혁명의 무능과 한계를 메우기 위하여 문학의 힘이라도 빌려 고지에 다다를 기운을 따로 비축하려 '애썼음'이라 변명하진 말도록 하자. 혁명을 핑계 삼아 계급투쟁의 불철저함이나 민족해방의 불성실을 호도·변명할 계기를 마련하려는 꿈도 따로 꾀하진 말자. 둘은 애당초 함께 하기 버거운 '이질'과 '배타'의 속성으로 각자 철통같이 무장하고 있었을는지 모른다. 제아무리 언어와 문자의 소통이 운명이라 할망정, '쓰고 드러내는' 일과 '싸우며 뒤엎는' 과업은 같을 수 없었다.

그럼에도 불구하고 둘이 함께 해야 할 이유는 뚜렷하다. 둘은 세상현실에 대한 깊은 불만이 끝없는 자기성찰의 결과물이며 화수분처럼 샘솟는 못마땅함을 고치기 위해서라도 뜻을 나눌 인식과 감각의 빈터를 공유한다. 심지어 현실의 고통을 함께 누리며 공감할 계기를 마련할 수도 있다. 지금 이대로는 안 된다는 도저함의 '나눔'은 각자 따로 있다 서로 만난 기쁨보다 배가되는 즐거움일 것이다.

박헌영에게 문학은 정작 무엇이었을까. 젊은 날 한때나마 심취했거나 아니면 아예 침잠·도피할 그럴듯한 인문적 도피처로 한껏 자유롭고 신선한 빈자리였을까. 아니면, 혁명과는 분리할 수밖에 없는 또 다른 '전업'의 대상으로 자신이 평생 입고 걸치기엔 부담스런 외피였던 걸까. '혁명하기' 분주하여 '문학하기'란 더 어려웠으리라는 변명은 누구든 궁리할 답 가운데 하나일 것이다.

따지고 보면 그의 '정치적 글쓰기'가 '문학이 아니었다'고 말할 근거는 희박하다. 그렇다고 '작가'의 명칭까지 그에게 덧씌운다는 게 기왕의 '혁명가'란 이름표에 걸맞지 않으리란 염려도 충분히 가능하다. 딱딱하고 건조하며 가끔은 격정적이되 무시無時로 절제하고 숨 막히도록 규격화된 틀에 가둔 그의 방대한 '글'과 '말'들은 단호한 혁명에 한층 걸맞고 결연한 투쟁에 어울리는 인문의 도구다. 민중의 계몽과 지도에 앞서 뜻을 함께 한 동행인들에겐 더욱 그랬을 터다. 문학의 엄격함과 혁명의 단호함은 닮았다. 그래도 '닮음'은 '같음'과 같지 않(았)다. 나란히 가도 각자 제 길을 가는 이유다.

V. 동행

혁명은 혼자 할 수 있는 일이 아니(었)다. 앞에서 이끄는 자의 단호한 성정과 상황은 물론 따르며 돕는 자들 없이는 불가능하(했)다. 팔로워follower들의 협력 정도와 의식도 잠시만 뜨거워선 곤란하며 의지의 남다른 도저함 없이는 감히 생각조차 할 수 없는 가혹한 노동의 산물이(었)다. '뜻이 있다'고 고스란히 성사될 과업이라면 조선은 벌써 자유의 나라요, 식민의 세월도 애당초 없었을 터다. 만만치 않은 체력과 정신력도 요구한다.

제국주의와의 싸움이나 식민체제의 종결을 위해 에너지의 대부분을 투입하는 일은 우선의 목표가 아니(었)다. 그보다는 봉건주의와 절대주의의 압박으로 인한 정치적 피폐 혹은 도덕적 정당성을 상실한 국가체제전복을 목표의 기본으로 삼는다는 점도 잊지 말아야 할 고전이론의 기초(였)다.

그렇다고 '반제·반봉건' 깃발을 내걸고 식민의 흉계를 품은 외세와 국내의 무능하고 부패한 관료들을 동시에 쓸어버리겠다며 뭉쳐 일어난 사람들의 정치적 행동을 절반만 혁명이라 말하는 것도 어불성설이다. 교과서는 교과서일 뿐, 역사의 현실과 사건들 각기의 성격은 잣대 하나로 따질 일이 아닌 셈이다. 이론의 고전성을 '규격'과 '질량'으로 다시 제한하고 현상의 복합성과 이를 구성하는 숱한 인간들의 생각마저 그에 맞춰 '재단'한다는 건 할 짓이 아니다. 국내정치의 봉건성과 절대주의체제의 종결을 위해서만 혁명의 정당성을 변명할 수 있다는 사고는 독선이요 고집인 까닭이다. 이 같은 열정이 정작 봉건 '당대'에 실효를 거두지 못하고 도리어 후대의 용기와 기백을 북돋는 뼈저린 모티브가 된다면 혁명의 의지와 능력은 단지 지체했을 뿐, 소멸·사멸한 건 아니지 않겠는가.

'반제투쟁'의 결연함이 '반봉건투쟁'의 혁명성을 '넘지는 못한다'는 한계는 당대 조선혁명의 아킬레스건이다. 아울러 혁명의 중추가 교조적 독선 역시 '넘지 못한다'는 사실은 아무리 강조해도 지나치지 않다. 특히 전자가 후자의 결과물이었어야 했다는 역사적 회한을 자각함은 더욱 중요하다. 역사의 과오를 인지하는 숱한 인간들의 자기반성과 계몽적 각성은 당대의 치욕을 단숨에 넘어설 마음의 불꽃을 치열하게 자극하는 법이니까. 오래도록 그 불씨를 간직하고 다시 모으는 건 혁명가들과 그를 따르는 자들의 우선의 과업이었으니까. '억압의 시대'에 민중 전체가 하나같이 혁명 전열前列에 나서지 못한 무능한 역사를 후대의 역사가 끝없이 소추訴追함은 늘 잔인한 일이었으니까.

중요한 것은 '혁명'의 '혁명성'을 역사 속에서 적확하게 선별해내기 위해 유사한 온갖 정치현상들을 구분하고 이를 가려내는 일일 것이다. 그와 동시에 힘겨운 정치적 삶을 끝장내기 위해 이론에 걸맞게 실제로 세상 바꾸겠다는 노력의 실질을 담보했는지 다시 천착해보는 것이다. 이를테면 역사 속에 실재한 숱한 정치적 불만과 사회적 분노를 헤아리는 일만으로도 그 같은 작업의 대부분은 윤곽을 갖출 것이다.

그러나 비슷한 사례와 딱 들어맞는 경우는 '다르다'. 역사의 비극은 자주 되풀이하지만 성공적인 혁명이 극히 드문 건 또 다른 형식의 '슬픔'이자 '탄식'의 기반으로 역사 속에 혼재한다.[1] 그것도 일찍이 각성한 민중의 정치중심이 용맹한 행동주체로 성장하여 끝내 국가의 계급구조와 권력구조를 동시에 뒤바꾸는 '사회혁명the Social Revolution'의 파노라마를 펼치는 일이란 그리 흔치 않(았)기 때문이다.[2] 게다가 혁명은 주체와 환경의 극적 조합이자 역사의 행운

---

1 John Foran, "The Comparative-Historical Sociology of Third World Social Revolutions: Why A Few Succeed, Why Most Fail," John Foran, ed., *Theorizing Revolutions* (London: Routledge, 1997), pp. 227-267.

2 Theda Skocpol, *Social Revolutions in the Modern World* (Cambridge: Cambridge University Press, 1994).

이 가세하는 복합적 결과물로 사람의 '피조물'만도 아니고 상황과 조건의 신비로운 '조화'만도 아닌 역사의 일회적 발발로 각별히 주목할 사태다.

그럼에도 불구하고 이 가운데 하나만 고르라면, '혁명은 사람의 일이(었)다'. 그것도 한자의 뜻만으로 풀자면, '가죽 혁革'과 '목숨 명命'을 합성한 이 단어의 후자는 본디 '하늘의 명령'을 지칭하는 '천명天命'의 그것이다. 본디 '가죽'은 날짐승을 죽여 거죽을 벗겨낸 다음, 임의적으로 손댄 가공의 결과물이자 의지와 목표의 산물이다. 여기서 주목할 대상은 바로 '스킨skin'이 '레더leather'로 바뀌는 '절차적 인위성'으로 혁명이란 이미 의도와 방향을 전제한 '정치'임을 알게 된다는 점이다.[3]

법과 도덕이, 교육과 가르침 일체가 반역을 금하고 거역이란 본디 백성이 행해야 할 온당한 일이 아님을 강조한 유교의 덕목에서도 '역천자逆天者'는 곧 멸망 아니면 죽음이었다.[4] 하지만 혁명은 바로 이 같은 금기를 깨고 때가 오면 움직이고 길이 없으면 만들어서라도

---

3 '비전향장기수'로 36년간 복역한 허영철은 '혁명'의 의미를 이렇게 푼다. "혁명이란 과거의 제도를 바꾸는 거예요. 하늘이 하는 일을 '천명天命'이라고 했어요. 천명은 사람이 고칠 수가 없어요. 그런데 사람이 고칠 수 있다. 그렇게 보는 것이 바로 '혁명革命'이에요. 여기서 '혁革'은 사람의 손질이 가해진 가죽을 뜻해요. 자연 그대로의 가죽인 '피皮'와 다르지요. 곧 천명을 손질할 수 있다, 천명을 바꿀 수 있다, 그것이 바로 혁명인 것입니다." 허영철 원작·박건웅 만화, 『어느 혁명가의 삶: 1920-2010』 (파주: 보리, 2015), pp. 547-548.

4 '順天者存逆天者亡' 『孟子』 「離婁上篇」.

빛을 찾는 모종의 두려운 불문율로 '하늘의 명을 깨고 부수는' 지극히 부자연스럽고 고의적인 정치행동을 이른다. 그리고 이를 구상·도모하고 끝내 실천에 옮기는 주역을 '혁명가'라 부른 것이다.

기왕에 존재하는 '체제'나 '나라'의 꼴이 너무나 못마땅하여 현실에 대한 깊은 불만과 분노가 고스란히 혁명의 원인이 되는 세상도 얼마든지 생각할 수 있을 것이다. 러시아의 경우만 하더라도 이 같은 생각으로 넘쳐난 이들을 '인텔리겐챠intelligentsia'라 부르고 그들이 훗날 혁명을 이끈 주도적 전위前衛로 탈바꿈하는 사연들을 직업혁명이론으로 체계화하고 있음은 또 다른 고전[5]으로 정착한 지 오래다.

문제는 우리의 경우(였)다. '불만'을 '불만'으로만 지니거나 '분노'를 '분노'로만 지탱하려는 정치적 '무능'은 왜 진작 부수지 못했던 걸까. 덧붙여 하염없는 '기다림'과 '외면'의 문화는 어쩌자고 고치지 않았던 것일까. 그 같은 무능과 문화가 장기화하다 못해 아예 화석화해버린 사회적 고질화는 정작 중요한 탐구대상에서도 배제했던 것이다. 새삼스런 질문은 그래서 이렇게 모아진다. '우리에게도 인텔리겐챠가 있었는가?', '있었다면 조선의 혁명은 누가 언제 어디서 어떻게 추진·실천했는지' 그 동선과 실행의 지도를 이제 다시 어떻게

5 한 가지 예로 다음을 들 수 있다. Nikolai Berdyaev, *The Origin of Russian Communism* [tr., from the Russian by R. M. French] (Ann Arbor, MI.: University of Michigan Press, 1960).

그릴 수 있는가 하는 점이다.

혁명은 아무나 하는 게 아니(었)다. 간단히 줄이자면, 참 괜찮은 인텔리겐차 정도면 해낼 과업일 것이다. 여기서 말하려는 '참 괜찮은'이라는 표현 안에는 물론 각자의 가치판단이 개입할 수밖에 없고 평가의 객관성은 담보하기 힘겨운 게 사실이다. 누군가는 특정 인물을 유독 싫어할 수 있고 그 반대 경우도 얼마든지 상정해야 하기 때문이다. 하물며 특정 혁명가 한 사람이 엮는 숱한 인간관계와 그로써 엮이고 얽히는 인연의 골까지 염두에 두면, 사람(들)에 대한 사람의 생각과 감정의 세계는 그 평균값을 구한다는 게 얼마나 힘겹고 또 부질없는 일인지 절감하게 만든다.

그러나 사람들의 수많은 감정적 앙금과 주관적 차이를 무릅쓰고라도 혁명가에게 필요한 성정을 압축하자면 앞서 지적한 인성적 '도저함'을 꼽아야 할 터다. 일상적으로 자주 사용하는 이 단어는 '전혀' 혹은 '아주'나 '몹시' 등 어느 상태나 조건의 극진함과 적어도 극성을 의식한 주관적·감각적 '질림'을 먼저 전제한다. 그것은 대부분 심리적 위축에 가까운 마음의 상태를 겨냥하되, 자지러질 정도로 다시 기약하기 힘겨운 모종의 아연함을 상정한다.

단어의 부정적 여운이 풍기는 '대단함'은 기이하고 신비롭기까지 하며 희한한 상태를 암시·지칭하기도 한다. '도저히'와 '도저함'의 차이만큼이나 여운의 차이와 의미 격차는 주목할 만하다. 그것은 단순 '부사'로서의 메시지나 이미지(의 크기)와는 다른 '형용사'로 단어 자체의 차이를 절감해야 알 일이다. 우리말 사전과 영어의 그것은 '도저함'과 '도저히'의 뜻을 통상, 이렇게 분류·정의한다.

도저히【부사】

(뒤에 부정하는 말과 함께 쓰여) 아무리 하여도. 끝끝내.

도저하다【형용사】

1. 학식이나 생각, 기술 따위가 아주 깊다.
2. 행동이나 몸가짐이 빗나가지 않고 곧아서 훌륭하다.

---

1. 썩 좋다: (be) fine, good, excellent
2. 끝까지 이르다: (be) perfect, thorough

'도저히'든 '도저함'이든, 본연의 뜻은 '다다를 도到'에 '밑바닥 저底'를 이른다. 상징적이며 철학적인데다 은유의 의미를 지칭하는 이 단어는 보통사람이라면 좀체 당도하지 못할 경지까지 '이른다arrive'는 모종의 반어로 '아무나 가지 못할' 또는 '하지 못할' 행위, 성격, 품성, 기질, 행태 등을 아우른다. 뿐만 아니라 일머리를 끝까지 밀어붙이겠다는 의지의 단호함 위에 순간순간 확인하고 단계마다 의심하며 마무리 짓는 '철저함'과 '섬세함'까지 곁들여 구비하는 예외적 인성을 골자로 한다.

이 땅의 근·현대사에 이 같은 성정과 능력을 가진 이들이 몇이나 있을는지는 그 다음의 당연한 의문대상이다. 단지 그 같은 장점을 품고만 있는 게 아니라 속 깊고 잘 참으며 남다른 성취동기 아래 한사코 목표를 관철하려는 불굴의 실천력까지 지닌다면, 조선의 인텔리겐챠는 얼마든지 상정할 주제였으리라. 전환기 역사의 고난과 비애를 온몸에 짊어진 채 과실의 달콤함을 맛보려는 세월의 주역이 아니라 앞장선 누군가를 단지 돕거나 힘든 역할을 대신하는 경우로 혁명적 인텔리겐챠들은 폭풍의 세월에 기필코 '기꺼운' 존재였다. 이를 하여 혼돈의 역사를 거칠게 헤친 이들을 '에피고넨Epigonen'이라 이름 짓는 경우도 이에 해당한다.[6]

그에 따라 인텔리겐챠의 의무는 단순한 지식과 학문의 전수자로만 제한되지 않는다. 때로는 강철 같은 신념을 관철하기 위해 목숨도 바쳐야 하고 누명과 오해의 대상이 되어 억울한 죽음에 직면할망정, 역사 앞에서 투정이나 배신으로 마무리할 비루한 인생이 아님을 온몸으로 증명한 사람들도 '이들'이(었)다. 신념의 촉수를 '세상 바꾸겠다'는 이데올로기 칼끝에 맞춰 전진과 투쟁으로 삶의 지탱과 육신의 존재이유를 삼는 경우도 '그들'이었다. 보이는 건 오로지 바

6 당대의 지성사를 풍미한 천재들의 사상적 향연에서 주류로 진입하지 못한 채, 개념지원이나 이론화 과정의 매개자로 개입한 이들을 일컬어 과도기 지식인 혹은 철학적 조연으로 이해하는 절정의 역사적 대상은 19세기 독일이다. 강점기 조선의 역사변화와 이를 향한 정치적 변혁계기를 마련하기 위해 노력하는 과정도 마찬가지다. 특히 고전사회주의의 적용은 당연히 혁명주도 세력과 그 추종을 기반으로 한 '주력主力-조력助力'의 동반관계를 형성한다. 이를 위한 역사철학적 기초로 다음 연구 참조할 것. 정문길, 『에피고넨의 시대』(서울: 문학과지성사, 1999).

꿔야 할 대상이고 엎어버려야 할 것은 핍박받는 세상이었다. 그 꼭짓점에 나태하고 부패한 자본과 과거만 탐닉하는 지배계급의 '야합'이 자리하고 있음은 재론의 여지가 없(었)다.

박헌영이 강점기 조선사와 해방공간을 헤쳐나간 인텔리겐챠 가운데 어느 정도의 위상을 차지하는지는 아직도 탐구 중이다. 역사를 결과로만 말하자면 허무하기 이를 데 없다. 하지만 말 못할 고초와 좌절을 겪었음에도 그는 해방 후 건국과정의 주도권 장악과정에 이어 북한 내 권력투쟁에 이르기까지 삶 전체를 '이동하는 전환기'로 겪은 희대의 인물로 집약된다. 숱한 실수와 비타협적 오류를 저지르는가 하면, 치열하게 경쟁하는 정치적 반대파들로부터 '종파주의'의 온상으로까지 치부되는 등 온갖 모욕을 견뎌내면서도 그의 결연한 목표는 처음부터 당대 정치권력을 장악하거나 세상을 향해 호령하려는 자기중심적 야망에 있지 않았다.

한결같은 독립과 해방의 꿈을 실현하고 분단조국의 계급모순과 민족갈등을 제거하기 위한 불굴의 투지를 모으는 과정은 젊은 그의 에너지를 소진시켰고 끝내 이루지 못한 조선사회주의혁명의 목표는 절차적 의지의 과잉과 현실 정치력의 고갈은 물론 배타적 불타협성 intransigence의 확장이라는 치명적 오류까지 양산한 게 사실이다. 패자는 본디 할 말이 없는 법이며 떠날 때는 누구나 말이 있을 수 없는 게 인지상정이지만, 홀연히 잊거나 단출히 그를 보낼 수 없는 이유는 기실 따로 있다. 혁명은 단지 '그' 혼자 한 게 아니기 때문이다. 아쉬움과 한恨은 다르며 '온전한 인생과 묻어가는 삶은 본디 같지 않다'는 사실도 주목해야 할 까닭이다.

박헌영이 실패했다 하여 뒤따르고 곁에 있던 자들마저 '그랬노라' 말하는 건 적어도 혁명추진과정 그 자체에 대한 모독이며 피나는 투쟁에 얽힌 정치적 진지함과 그 결집에 대한 예의가 아니다. 혁명은 늘 성공하며 빛나는 '별'이 아니라 거의 대부분 망가지고 허물어진 채 기억의 빈터를 물들이는 '달'이라 할 것이다. 뒤틀리고 엇갈렸더라도 누군가 행해야 할 과업이자 영광스런 기억의 흔적으로 세월의 용맹을 고告하며 표表하는 역사의 이정표였던 셈이다. 아무도 나서려하지 않을 때 분연히 나서고 누구도 '아니라' 말 못할 때 홀로 그 역할을 무릅쓴 이들의 '도저함'을 도저히 잊을 수 없는 이유다.

여기서는 박헌영과 공조한 혁명의 동행자들을 주목하되, 주요 시기별 동반세력과 인적 구성을 살피기로 한다. 특히 박헌영을 도왔지만 일방적 예속이나 단순한 하방식 명령체계에 의해 움직인 피동적 존재들을 배제하고 주도적 혁명가와의 '동행'이 차지하는 정치적 의미는 무엇인지 천착해 보기로 하자. 다음 몇 가지 항목들은 이를 살피기 위한 논의의 전제이자 분석적 사고의 얼개다.

1. 혁명의 숱한 동행자들과 박헌영은 정치적으로 어떤 관계였을까. 지배와 복종? 자발적 협조와 은혜로운 수용? 이익과 가치배분을 위한 계약관계의 지탱? 신비주의의 팽창에 따른 저항민족주의의 분화와 사회주의의 접목? 어느 경우든 이제껏 '상식'으로 굳어버린 박헌영의 정치적 우월론을 그대로 받

아들이면, 지도자와 동반자 '관계'는 문제로 남는다. 따라서 이들 '사이'를 어떻게 바라볼지가 먼저 과제다. 그것은 일상의 '주종관계'를 벗어날 역사 정치적 가능성을 담보할까.

2. 혁명의 공조共助단위와 그들 사이의 동지적 관계는 '사회주의혁명'의 완성을 위한 인간관계에서 어떤 의미를 지닐까. 지도자와 동행자의 정치적 관계는 혁명공조의 기계론적 지탱을 넘어 철저한 복종과 지휘권 행사의 합리적 가치교환으로 요약 가능할까? 아니면 '받은 만큼 주려는' 계약론적 이해보다 맹목적 가족주의나 의리의 지속을 전제한 유교적 관계를 말하는 것일까.

3. 그것은 동심원적 지배구조의 연장일까, 아니면 단위별 공조체제의 분화와 정치적 확장의 결과일까. 카리스마에 의한 철저한 중앙관리와 그 체계의 온전한 강화가 먼저였을까, 아니면 혁명공조세력의 수평적 연계와 조직역량의 숙성이 우선이었던 걸까. 이에 대한 답변의 모색은 아시아 공산주의의 확장과 정착과정에서 어떤 의미를 지닐까. 아울러 해방 후 '분단'이라는 조선사회의 특수성을 감안할 때 운동조직의 자발적 복종과 지도부의 암묵적 권위주의는 서로 길항관계를 보일까, 아니면 상호의존과 궁극적 친화력으로 '정치화'할까.

4. 점 조직의 무한복제와 지속적 관리체계의 지탱에 따른 맹종의 정치는 사회주의 혁명정신의 기본과 배치되는가, 아닌가? 특히 정치적 핍박과 압제의 역사상황 속에서 가열 차게 이어진 아지트 확산과 지하활동의 암묵적 제도화가 내재적 조직 공고화 단계를 거쳐 해방 후 지도부의 우상화로 정착하는 일련의 과정은 동행의 좌절인가, 혹은 변질인가?

문제는 '동행'의 정치적 방식에 깃든 공적·사적 경계의 용해와 절충적 온존에 있다. 맹목적 충성을 골자로 하는 유교적 가족주의와 제도화한 정당운영 사이의 골은 생각보다 깊었다. 개인을 향한 존경과 운동을 통한 국가의 변혁은 정치적으로 손쉽게 조율할 성질의 주제가 아니다. 강점기 조선사회에서 초기 사회주의활동을 감행한 이들의 의식세계와 해방 후 그것은 일치하지 않는다. 하지만 상황차이에도 불구하고 박헌영과의 관계에서 면면히 이어진 암묵적 권위주의와 운동 분화에 따른 민주적 조직 확장의 근·현대사는 눈여겨보아야 한다. 그것은 박헌영을 정점으로 한 사회주의혁명조직의 중앙집권적 내부 '계서화階序化hierachicalization'와 그 정치 문화적 '고착화cementization'과정으로 모아진다.

강점기 사회주의운동의 확장과 해방공간의 국내 정치갈등이 심화·대립하는 전환기까지 박헌영과 조직내부의 미묘한 균열은 지속된다.[7] 표면적으로야 박헌영에 대한 충성과 의리로 조직을 통합하고 일제의 만행과 압박을 돌파해야 한다는 주문은 추상같았으며 단순한 저항을 넘어 '사회주의조국을 건설하자'는 궁극의 목표아래 모두가 하나인 듯 보였다. 그럼에도 불구하고 '운동'의 형식과 추진은 단선적이지 않고 '명령하면 뒤따르는' 단세포적 소통만 관례화하지 않는다. 앞서 말한 '자발적 복종'과 '자생적 분화'의 두 조직현상을 박헌영과 정치적 동행자들의 대립관계로 단순화시켜보면 더욱 그렇다.

박헌영의 정치적 동행 '형식'을 과잉 단순화하면 다음 그림들처럼 표현할 수 있다. 왼쪽 그림은 박헌영에 대한 관례적 인식이다. 토착공산주의의 대종大宗이자 국내운동의 태두泰斗로 의심의 여지없이 그를 고정화하는 방법이다. 새로운 조직과 단체가 만들어진다 한들, '그것들' 모두는 최고 권위인 박의 지휘권을 벗어나지 못할 아류이자 속류續流라는 인식은 곧 그를 향한 사고의 절대화 경향을 반증한다. '그를 빼고는 조선공산주의 운동과 사회주의혁명을 논의할 수 없다'는 편향적 의존성을 보이는 경우도 이에 해당한다. 실질적 리더십이나 정치적 영향력의 체감보다 그를 둘러싼 신비주의와 지하활동의 장기화로 인한 기다림의 대상으로 격상시키려는 일체의 시도도 이 같은 생각들을 공유한다.

박헌영의 총체적 지도체계를 부인하진 않지만, 투쟁 현장이나

---

7 박헌영과의 불화 혹은 비친화적 관계를 보인 여러 인사들 가운데 여운형과 조봉암만 보더라도 이는 이해하기 어렵지 않다.https://ko.wikipedia.org/wiki/%EB%B0%95%ED%97%8C%EC%98%81#.EB.82.A8.EB.B6.81.EC.9D.98_.EC.99.B8.EB.A9.B4.EA.B3.BC_.ED.8F.89.EA.B0.80.EC.A0.88.ED.95.98

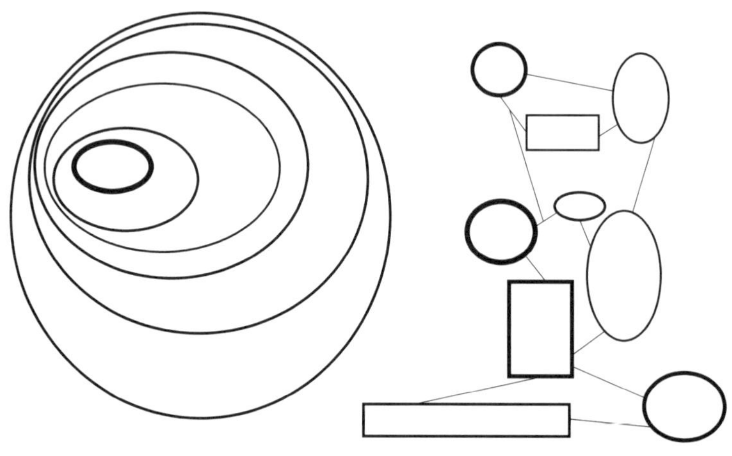

혁명의 정치화 과정에서 운동세력의 단위별 폭력적 자율성을 현실로 인정하고 실천과정의 횡적 연대는 물론 조직간 독자성을 직·간접으로 허여하는 이해방식이 오른쪽 그림의 골자다. '혁명' 과정에서 선배는 영원한 '절대'가 아니며, 기왕의 권위와 전대의 신화는 역사로 보존·존중해야 한다는 사고도 여기서 파생한다. 혁명적 지도체계의 계승과 투쟁정신의 지속은 강고히 지켜야 할 사회주의 가치관의 하나지만, 훗날 민주주의 정치이론에서 상식으로 정착하는 '다원주의'는 강점기 투쟁이라 하여 인용 못할 상대는 아니었다.

그렇다면 이 두 가지 그림 가운데 역사의 실제에 가까운 건 뭘까. 과잉 단순화시킨 그림을 놓고 강제적 선별을 생각한다는 것 자체가 무리임을 모르지 않지만, '거석'이나 '일석지주一石支柱/pillar' 형식의 리더십 운용은 비현실적이란 사실을 먼저 지적하게 된다.

"우리의 산하山河는 햇빛에 바래면 역사가 되고 달빛에 물들면 신화가 된다"는 이병주의 주장은 비록 대상을 달리할망정, 박헌영을 따르는 이들에게도 어김없이 적용될 터다. 이미 역사가 되고 신화를 넘어 전설의 경지까지 오른 '그'의 삶을 정치적 권위의 자원인 '자발적 복종'으로 조준하자면 '종파투쟁'이니 '배타적 저항'이니 하는 어휘는 눈에 들어올 리 없었을 것이다.

한 인물의 역량과 권위의 빛이 아무리 신화나 역사가 되었다 해도, 존경의 대상으로 이해하는 일과 나날이 겪는 냉정한 '정치적 삶'의 실제는 도무지 같을 수 없는 법이다. 박헌영의 능력의 출중함은 한국공산주의 운동사에서 엄연히 빛나지만, 그 '빛'은 꺼지지 않는 주변의 불꽃들과 이를 지켜내려는 숱한 인사들의 눈물겨운 노력으로 더욱 환할 수 있었다. 외풍을 막고 스스로를 낮추는 동안 빛은 양보와 인내의 빈터 주변에서 한결 강하게 돋보일 수 있었던 것이다.

그러나 조직의 집단역량은 최고 권위의 후광이나 존재론적 위세를 빌미로 강해지지 않는다. 지도자의 힘은 도리어 제한적이며 한시적이고 숱한 조역들과 보완적 존재들의 희생에 따라 모범을 보이는 경우도 비일비재한 게 정치현실이다. 누구와 함께 걷고 어느 집단과 아울러 움직이는지에 따라 일의 성패가 판가름 나는 것도 역사는 얼마든지 증언한다. 그렇게 보면 정치적 생활세계에서 존재의 '절대성'이란 인위적 과장이나 지나친 자기희생에 따른 자연적 '돋보임' 혹은 '도드라짐'의 결과일 수 있다. 오른쪽 그림에 드러난 민주성과 조직의 균형발전을 의식한 독자성의 지탱·강화는 도리어 사회주의 평등원칙에도 부합하는 현상임을 외면할 수 없다.

이를테면 박헌영의 옥중투쟁이 국내운동의 존귀한 자산이라면, 이재유의 활약과 이현상의 빨지산 투쟁 역시 등가적인 고유 가치를 발산한다고 보는 자세는 매우 중요하다. 조선공산당의 역사적 가치와 경성콤그룹의 정치적 중요성은 비교우위의 대상이 아니며 역사적 전후맥락에서 동시에 살펴야 할 투쟁단위들이었다는 인식도 다시 새삼스럽다. 같은 맥락으로 보아 '남조선로동당'의 비중을 '조선로동당'의 그것과 어긋나게 다루거나 차별적으로 임의 재단하려는 자세도 조율할 필요가 있다. 하물며 근·현대사의 굴곡진 마디마디마다 명멸한 현장 지도자들과 묵묵히 따르는 불특정 다수의 풍운아들이라니.

'화요회'나 '북풍회'에 이어 '조선공산당'과 '고려공산청년회' 등 초기 사회주의운동이 '경성콤그룹'과 해방 후 당 재건과정을 거쳐 '해주회의'에 이르는 동안, 박헌영이 발휘한 정치적 지도력과 파급효과는 작지 않았다. 적어도 월북 전까지 박헌영이 만나고 헤어지며 조직을 지탱·강화한 과정에서 인연을 맺은 이들과의 관계를 필자는 여기서 다시 '동행'이라는 관점으로 재구성하고자 한다. 동행은 때로 갈등과 마찰을 전제하지만, 궁극적으로 뜻을 같이하며 언젠가는 당도할 미래의 목표를 향해 난관과 고초를 이겨내겠다는 묵시적 동의와 의지를 바탕에 둔다.

생사고락을 함께 하는 동행의 원초적 의미를 받아들이자면, 우선 떠올리는 대상은 가족일 수밖에 없다. 하지만 여기서는 이미 살펴본 바 있는 박헌영의 출생과 가족관계를 배제하고 정치적 삶의 과정에서 만나고 헤어지는 숱한 이들 가운데 본업에 충실하고자 했던 사람들과의 인연을 중심으로 동행의 네트워크를 그려보려 한다. 즉, 혈연이라는 시간의 횡축(X)보다 정치사회적 만남의 유지와 단절을 골자로 하는 세월의 종축(Y)에 유념하려는 것이다. 그리고 위에 그린 두 개의 그림을 염두에 두며 '그'와 여러 인물'들'과의 복합적 관계가 동행의 모습을 끝내 어떻게 '유지·단절·해체'시켰는지 대체적인 윤곽도 잡아보고자 한다.

□ 1919–1922

아직 학교를 다니던 시절, 박헌영의 인간관계는 제한적이었다. 가족이 그의 첫 번째 관계망에 들어가는 것도 당연했고 굳이 많은 사람들을 만날 필요가 없는 시절에도 인연의 끈은 형성된다. 하지만 가족들 말고도 동행과 조우의 네트워크를 역추적하다 보면, 이 시기에도 중요한 영향력을 행사하는 이들과 관계를 맺는다는 걸 알게 된다. 조용구와 박승직이 그들이다.

조용구는 박헌영의 이성동복 누이인 조봉희의 집안사람이다. 조선총독부 관료를 지낸 그는 박헌영의 경성고보 입학 때 신원보증을 서 주었고 특히 박승직을 소개한 장본인이다. 박승직은 '두산그룹'의 실질적 창업주이자 '박승직상점'을 세운 장본인이다. 그는 조용구의 소개로 박헌영을 만난 후 그가 자신과 종씨宗氏라는 이유 말고도 사람됨과 인상에 호감을 갖고 상당기간에 걸쳐 재정지원을 아끼지 않는다. 그와의 인연은 해방 이후까지 이어지지만, 박승직의 도움은 특히 박헌영의 상해 밀항과 해외체류를 위해 유용하게 쓰인다. 둘의 사이를 능히 재정적 동행으로 볼 수 있는 이유다. 요즘으로 말하면, 청년 박헌영의 정치활동을 지원한 핵심 인사다.

박헌영보다 열네 살 위인 여운형 역시 경제적으로 도움을 준다. 임정 외무위원이자 상해 한인거류민단장, 상해 한인공산당 중앙위원을 역임한 그도 박승직 만큼 박헌영의 됨됨이를 적극 해석한다. 상해파 고려공산당의 핵심인물인 이동휘는 임정 초대 국무총리를 지낸 인물로 김만겸과 함께 상해의 한국인 망명자들을 대상으로 당을 결성한다. 김만겸은 훗날 이르쿠츠크파 고려공산당의 중심인물로 성장한다. 1921년 3월, 박헌영은 고려공산청년회 상해지회의 비서가 되고 같은 해 5월 이르쿠츠크파 고려공산당에 입당한다. 이후 공산당의 열성적 조직원으로 활동하면서 '가장 위대한 영도자'라는 별칭을 얻기도 한다.

청년 박헌영의 정치적 단짝은 김단야와 임원근이다. 임원근(林元根 · 1899.3.4.–1963.5.18)은 20년대 박헌영, 김단야와 함께 활동하여 삼인당三人黨으로 불리기도 한다. 한때 신간회에도 참여한 임원근은 사회주의 페미니스트 허정숙의 본 남편本夫이지만, 그의 투옥 이후 재판 도중 이혼한다. 부인들과도 서로 친해 한때 '주세죽 · 허정숙 · 고명자' 등의 우애도 깊었다.

■ 1922-1927

고난과 시련의 시작으로 집약할 수 있는 이 시기는 조선공산당 창당과 신의주 사건으로 '쫓기고 붙잡히고 갇히며 법정에 서야' 하는 때였다. 박헌영은 1924년 화요회 조직에 참여하면서 당 창당을 위한 인적, 물적 자원 조달에 나선다. 1925년 4월 17일 김약수, 김찬(김낙준), 조봉암, 조동호 등이 경성의 소공동 중식당 아서원雅敍園에 모여 비밀리에 조선공산당을 창당하고 창당발기인의 한 사람으로 참여한다. 4월 17일과 4월 18일 화요회 야체이카의 대표 자격으로 참여하고, 곧바로 조선공산당 중앙위원에 선출된다. 이때 함께 한 인물이 김재봉이다.

당 책임비서에는 김재봉이 임명되지만, 이어 박헌영이 주도권을 잡는다. 잇단 체포와 탄압으로 공산당 지도자들이 옥사 혹은 병사한 것도 그가 조공 내에서 지도적 위치로 오르는 요인이 된다. 4월 18일 박헌영은 자신의 집에서 김단야·조봉암 등과 비밀리에 고려공산청년회를 조직, 책임비서로 선출된다. 4월말부터 박헌영은 당 창당을 알리는 격문과 서신, 홍보물 등을 지하단체를 통해 각지 학교와 청년단체 앞으로 보냈고 언론을 통해 일본제국주의를 비난하는 성명을 발표한다.

1925년 11월 25일의 신의주 사건을 계기로 같은 달 29일, 박헌영은 아내 주세죽과 함께 종로경찰서에 체포되어 신의주형무소에 수감된다. 온갖 고문과 취조를 받았지만 박헌영은 조직책과 동료들의 은신처를 끝까지 비밀에 부친다. 주세죽은 3주 만에 증거불충분으로 석방되고 박헌영은 열차편으로 경성으로 압송, 서대문형무소로 이감된다.

11월 말경 박헌영이 신의주 사건을 계기로 당시 상하이에 체류중이던 여운형에게 보내려던 보고서가 일제의 밀정에 의해 발각되어, 조공 조직이 드러나면서 다른 간부들도 함께 체포, 구속된다. 당창당 전후로 인연을 맺고 사회주의 혁명활동을 통한 고락의 대열에 동참한 이들로는 이재유·조봉암·김약수·김찬·박일병·권오설·홍증식·강달영·윤덕병 등이 있다.

□ 1927-1932

신의주 사건으로 인한 투옥 이후 병보석으로 풀려난 박헌영이 국외로 탈출, 소련의 '국제레닌대학교'에 입학하고 상해로까지 활동범위를 넓히는 시기다. 주세죽도 고명자가 다니는 '동방노력자공산대학'에 입학한다. 31년 3월, 김단야가 상해에서 잡지 「코뮤니스트」를 발행하자 박헌영은 모스크바에 머무르며 편집을 돕고 이후 소련과 상해를 수시로 오간다. 잡지도 잡지지만, 코민테른으로부터 상해로 건너가 국내의 조선공산당을 지도하라는 지시를 받았던 까닭이다.

일단 자유의 몸이 되어 외국으로까지 나갈 수 있었던 물리적 계기는 재판과정에서 변론을 도운 인물들의 공이다. 이른바 사법적 동행자들이다. 대표적인 인사가 허헌과 김병로다. 허헌 역시 조공 창당에 참여하고 코민테른의 승인을 얻기 위해 파견된 조동호, 조봉암

등이 28년 2월 상해의 일본영사관 경찰에 체포되자 경성지법에서 이들을 위한 무료변론에 나선다. 이 무렵 허헌은 중도좌파로 기운다. 박헌영을 비롯한 조공 사건관련자들에 대한 우호적 변론과 공산주의자들과의 교우, 그리고 딸 허정숙과 사위 임원근이 모두 조선공산당 간부였다는 점은 그를 더욱 사회주의 성향으로 이끌었을 것이다.

이 시기의 인간관계는 대내외 혁명활동을 목표로 왕성하게 이어진다. 당국의 감시는 국내에 머무르지 않고 중국으로까지 확장, 긴장과 추적을 피하지 못하는 나날들도 계속된다. 당시 사람들과의 만남은 크게 두 방향으로 이뤄진다. 재러시아 한인사회주의운동의 추진을 위한 네트워크 확장과 조선공산당 활동의 재건과 강화를 향한 인적 기반 확보가 그것이다. 전자의 경우, 박애朴愛와 최성우가 대표 인물이다. 박애는 18년 4월, 하바로프스크에서 김알렉산드리아, 이동휘 등과 함께 한국최초의 마르크스주의단체인 한인사회당을 결성한다. 상해파인 그는 이르쿠츠크파와 자연스레 갈등관계에 놓이지만 러시아공산당 극동국 한인부 총무부장, 연해주당 약소민족부장 등을 거친다. 일본영사관의 스파이로 지목되어 27년, 소련비밀경찰에 체포·총살된다.

또 다른 재러시아 한인사회주의자로 최성우의 러시아식 이름은 '최바실리'다. 블라디보스토크에서 사회주의 비밀결사인 '일세당一世黨'을 결성한 후 러시아공산청년동맹에도 가입한다. 모스크바 동방노력자공산대학에서 공부한 뒤, 29년 코민테른 동양부내 조선문제 담당 트로이카의 한 사람으로 선임된다. 훗날 코민테른의 조선담당 엘리트로 조공재건운동을 이끈다.

일본의 감시를 의식, 망명과 수학의 경로를 거쳐 국내로 돌아온 다음 조공재건이나 국내사회주의 활동을 추진하는 등 박헌영의 삶과 유사한 길을 밟은 이들로는 김형선과 권영태가 있다. 김형선은 26년, 조공 제2차 검거사건을 피해 중국으로 망명한다. 이후 상해를 근거지로 삼아 조공재건운동에 나선다. 해방 후, 민주주의민족전선 중앙위원과 남로당 간부가 된다. 권영태는 함경남도 홍원에서 청년운동과 노동운동을 진행한 후 31년, 모스크바 동방노력자공산대학에서 수학한 다음 국내로 잠입한다. 서울에서 적색노조운동과 사회주의운동을 계속하던 중 34년, 체포·투옥된다.

국내사회주의운동의 환경도 신산했다. 훗날 경성콤그룹을 결성(1939)하는 핵심 중추였던 인물들의 만남과 정치적 신념의 공고화도 이 기간 동안 다져진다. 이재유·김삼룡·이현상 등 '경성트로이카'가 그들이다. 김삼룡은 서울 동대문 밖 고학생 자활단체인 '고학당苦學堂'에서 공부하며 학생운동과 사회주의운동에 참여한다. 30년대 중반부터 이재유를 중심으로 한 조공재건운동에 가담한 그는 이관술과 이관술의 누이동생인 이순금(李順今), 이현상 등과 평생지기의 동료로 움직인다.

이현상은 26년, 6·10만세운동의 참여를 계기로 평생 사회주의 독립운동에 몸을 던진다. 그 역시 강점기 수감기간은 모두 13년에 이른다. 널리 알려진 대로 이재유와 박헌영을 묵묵히 도운 그는 강점기 말 지리산에서 은둔한다. 광복이 되자 45년 9월, 조공결성에 참여하여 조직국 위원이 된다.

46년 2월, 민주주의민족전선(민전) 결성에 참여하여 중앙위원이 되고 같은 해 12월 남로당 중앙상무위원과 노동부장이 된다. 일시 월북하여 48년, 남로당 군사정치학교인 '강동정치학원'에서 수개월간 교육을 받고 당 결정에 따라 지리산으로 들어가 빨치산투쟁을 지도한다. 51년 5월, 남한6도 노동당 도당위원장 회의를 주재하고 남한 빨치산 총책임자가 된다. 53년 9월, 지리산 빗점골에서 토벌대에 의해 사살된다.

측근의 동지이자 피붙이보다 더한 정리情理로 쓰리고 아린 박헌영의 개인사를 챙긴 인물들로 이관술과 정태식이 있다. 이관술은 일본에 유학, 도쿄고등사범학교에서 수학하던 중 사회주의사상을 접한다. 29년, 동덕여자고등보통학교 교사로 부임하여 학생들의 반일운동을 은밀히 지도하다 발각되어 4년형을 선고받고 34년 4월, 병보석으로 출감한다. 이후 서울 공장지대에서 노동운동과 조공 재건운동에 나선다. 경성콤그룹의 지하운동을 돕고 해방 후에는 조공 총무부장 겸 재정부장이 된다. 46년, 조선정판사 위조지폐사건으로 미군정청에 검거되고 무기징역형을 선고받지만 한국전쟁이 발발하자 처형당한다.

박헌영 주변에는 호학好學의 사회주의자들이나 고학력 혁명가들이 적잖았다. 정태식과 김태준도 그런 이들을 대표한다. 경성제국대학을 졸업한 정태식은 앞서 밝힌 대로 집안 친척인 정순년을 박헌영에게 소개한 장본인이자 서울에서 조공재건운동에 가담한 혐의로 징역 5년을 선고받은 투쟁 동지다. 훗날 북한정권수립에도 참여하지만 53년, 숙청된다.

경성제국대학 법문학부를 졸업한 김태준은 본디 국문학자다. 사적 유물론을 한국 고전문학사에 처음 적용한 장본인으로 『조선한문학사』(1931)와 『조선소설사』(1933)를 펴낸다. 고전문학연구도 게을리 하지 않으며 사회주의운동을 병행한다. 해방 후 남로당 활동 중 경찰에 체포되지만 50년 6월, 서울 수색에서 이주하·김삼룡·박우룡 등과 함께 사형된다. 이재유의 부인인 박진홍이 44년, 남편이 옥사하자 김태준과 이내 재혼한 사실은 두고두고 인구에 회자된다.

■ 1932-1939

'억압'과 '상실'의 시대를 헤쳐 나가긴 힘겨웠다. '식민의 시대'도 익숙해지니 변화란 도리어 두렵고 독립과 해방이란 단어들은 차라리 생소해지고 마는 것이었다. 그처럼 희한한 삶의 역설과 새로운 관행 앞에서 사람들은 민족이니 동포니 하는 어휘들을 놀랍도록 외면하거나 친일이란 콘셉트 역시 암암리에 용서하고 지나는 터였다. 30년대의 조선이 '괴로웠던' 건 압제와 검열 틈바구니에서 되찾을 길 묘연한 자존이나 그 처연한 대척점에서 새삼 뼈저리게 확인하는 자학의 콤플렉스만이 아니었다.

언제 끝날 지 알길 없는 제국의 위용하며 그 또한 하염없이 모방·복제해야만 하는 정서적 겸연쩍음이 모든 이들의 정수리에 한줄기 폭포수처럼 내리꽂힐 때, 질리도록 아스라한 패배의식과 압도하는 기운에 눌려 천년만년 가리라고 내다보는 주눅이 더 문제였다. 알면서 기다리는 것과 내다볼 기미조차 아연한 기다림 사이에는 하늘과 땅 사이보다 크고 광대무변한 막막함만 넘쳐나고 있었다.

혁명도 그랬다. 혁명가 없는 혁명은 의미가 없(었)다. 박헌영은 다시 상해에서 붙잡혀 조선으로 압송되지만 조선사회주의운동의 깃발은 그의 처지와 별도였다. 자생적 용맹함과 자기희생적 결연함으로 이어진 운동의 불꽃은 누가 시키거나 보이지 않는 지하조직의 존재를 의식한 결과가 아니(었)다. 그다지도 혹독한 시절에 그처럼 홀로 푸르른 기백과 투지란 그 자체만으로 빛나는 가치였다. 보상도 대가도 기약 못할 저 처절한 일방의 혁명추진은 고도의 집중력과 천문학적 숫자의 자기 다짐 없인 성사되기 힘겨운 과업이었다. 다음 인물들은 박헌영과 관계없이 '투쟁'과 '독립'을 구분하지 않고 싸운 경우다. 이른바 정치적 동행의 대표적 인물군으로 볼 것이다.

권오직은 고려공산청년회의 가담으로 사회주의 활동을 시작한다. 또 다른 이름은 권선득이다. 고려공산청년회 제2대 책임비서를 지낸 권오설의 친동생이다. 25년 4월, 고려공산청년회에 가입했고 같은 해 동방노력자공산대학에 입학하여 29년 5월, 졸업한다. 29년 7월, "지식인 조직인 조선공산당의 파벌투쟁을 없애고 당에 노동자와 농민을 많이 끌어들이라"는 코민테른의 12월 테제(1928년 결정)에 따라 국내로 잠입, 조공재건을 시도하고 30년 2월, 3·1운동 11주년을 기념해 격문을 살포하려다 검거되어 8년간 수감된다.

출옥 후 경성콤그룹에서 활동하던 중 40년 12월, 체포되어 서대문형무소에서 복역하다 해방을 맞는다. 45년 9월, 조공정치국원에 선임되고 당 기관지 《해방일보》의 사장이 된다. 46년 2월, 민주주의 민족전선 중앙위원에 선임되고 46년 5월, 정판사사건으로 미군정의 체포령이 내리자 월북한다. 48년 8월, 해주에서 열린 남조선인민대표자대회에서 최고인민회의 대의원에 선출, 52년 중국대사에 임명된다. 53년 반당·반국가파괴분자라는 이유로 숙청된다.

권우성은 마산과 경성에서 활동한 사회주의 운동가다. 서울 중앙고등보통학교에 다니던 중 33년 2월 6일 새벽, 일제의 중국출병을 반대하는 반전격문을 살포하다 검거되어 1년6개월의 옥고를 치른다. 34년 8월, 마산에서 독서회와 적색노동조합을 결성하고 35년 5월, 서울에서 적색노조를 조직하기 위해 활동한다.

35년 7월, 반전데이와 국치일, 청년데이를 앞두고 기념격문을 배포하던 중 같은 해 10월경 서대문경찰서에 검거되어 3년6개월간 수감된다. 출옥 후 마산에서 고무공업에 종사하고 40년 2월, 경성콤그룹에 참여하여 마산책임자가 된다. 이후 마산, 창원, 진해, 대구 등지에서 노동자, 농민을 조직하기 위해 활동하고 경성콤그룹 기관지를 받아 각 지역에 배포하다 41년, 다시 검거된다. 49년 2월, 남로당 도위원장으로 활동하던 중 체포된다.

이기호는 창원의 빈농출신으로 27년, 보통학교 5학년 때 중퇴하고 농업에 종사한다. 33년 3월, 김해로 가서 노동자로 일하다가 5월에는 통영에서 토목청부업에 이어 38년 12월, 부산 조선중공업주식회사 노동자가 된다. 1940년에는 경성콤그룹에 참여하여 부산지역

책임자가 된다. 부산방적주식회사, 부산 욱旭견직물회사 노동자들을 중심으로 활동한다.

이성태는 제주출신으로 13년 3월, 보통학교와 15년 4월, 농업학교를 졸업한다. 그 후 서울로 올라와 휘문고등보통학교에서 3년간 수학한 후 19년 4월, 경성청년학관에 들어가 9월까지 다닌다. 20년 10월 상해로 건너가 이광수가 주관하는 《독립신문》 기자로 문필활동을 한다. 21년 3월, 이광수와 함께 귀국해 중앙학교 사무원으로도 일한다. 22년 3월, 창간된 잡지 「신생활」의 기자가 되어 "생활의 불안", "크로포트킨 학설 연구" 등의 글을 싣는다. 23년 3월, 《동아일보》에 물산장려운동을 반대하는 "중산계급의 이기적 운동"을 발표한다.

같은 해 8월 송종건, 정백 등과 함께 민중사를 조직하고 9월에 열린 조선노동대회 준비회에 발기인으로 참석한다. 24년 6월, 조선공산당을 창건하기 위해 해외에서 들어온 정재달이 검거되자 이에 연루, 한때 붙잡힌다. 이후에는 주로 잡지 「조선지광」에 간여하면서 제3차, 4차 조공에서 간부를 역임하며 활발하게 활동한다.

28년 2월, 조공 제2차대회에서 조직부 담당 중앙집행위원으로 선임되고 「조선지광」이 당 기관지가 되자 책임자가 된다. 중앙집행위원회의 발의로 상해로 가서 조공 개편과 신간부 선임 등을 코민테른에 보고한다. 상해에서도 조공기관지를 발행, 당 정책을 선전하기 위해 애쓰고 동아일보사 등을 통해 각종 경찰기밀문을 입수·보고하는 등의 활동을 한다. 그 해 6월, 종로경찰서에 검거되어 29년 2

월, 경성지법에서 치안유지법 위반으로 징역 6년형을 선고받는다. 34년 11월, 만기 출옥한다.

박헌영의 대표적 문필 동행이 이성태라면 장순명은 북한출신의 열혈 혁명동지다. 25년, 적기시위사건을 주도하는 등 독립운동을 벌이다 32년, 조공재건 함경북도준비위원회 사건으로 검거된 사회주의 운동가다. 훗날 북한정치가로 활동한다. 16년, 회령 보흥학교를 졸업한 후 용정 명동학교를 중퇴한다. 서울 한성강습원 중등과를 거쳐 22년, 중동학교 고등과를 졸업하고 22년, 북경 세계어전문학교에 입학한다. 23년, 코르뷰로(조공 중앙총국) 국내부와 24년 11월, 신흥청년동맹에 가입한다. 25년 1월, 화요회 계열의 인천청년회에 가입하고 인천노동총동맹 상무위원이 된다.

같은 달 '적기시위사건'을 주도하여 수감 중 고려공청에 가입한 사실이 드러나 '제1차 조공검거사건' 피고인들과 함께 재판을 받는다. 29년, 경성지법에서 징역 2년6개월을 선고받고 출옥 후 회령에서 조선중앙일보 지국을 운영한다. 30년, 함북기자동맹 회령지부설치를 주도한다. 30년 말부터 동생 장도명과 함께 각지에 적색노동조합·농민조합·공청을 조직하기 위해 노력하고 30년 12월, 회령공산청년동맹·온성공산청년회 조직을 지도한다. 이후 청진노동회 상무집행위원이 된다.

31년 3월 청진운수노동자의 임금인하 반대파업을 주도하여 4월 수성輸城수리조합에 반대하는 격문을 살포, 구속된다. 32년 11월, 출옥하여 같은 해 12월 '조공재건설 함북준비위원회 사건'으로 웅기에서 재차 체포되었으나 탈출한다. 33년 8월, 웅기에서 웅기열성자협의동맹 결성에 참여하다가 체포되어 34년 3월, 청진지법에서 징역 5년을 선고받는다. 39년, 함북노농조합조직준비위원회 결성에 참여하여 기관지 「적기」를 발행한다. 40년 초 경성콤그룹 함북책임자가 되고 6월, 경성콤그룹에서 파견한 이관술과 협의하여 함북노동협의회 준비회 기관지 「적기」를 「붉은 길」로 바꾼다.

해방 후 김일성이 평양에 들어와 '당중앙 지도기관'을 준비하기 위해 김용범·오기섭 등 국내에서 활동한 공산주의자들과 접촉할 당시 그도 함께 자리한다. 45년 9월말 항일유격대집단이 구성한 '중앙지도부'에 김용범·박정애·주영하 등과 함께 충원되고 조공 북조선분국 집행위원과 조직부장으로 선출된다. 그는 기본적으로 박헌영 계열이기 때문에 김일성의 정권장악에 소극적이었다. 이로써 52년 12월, 박헌영 사건이 터지자 공직에서 물러났고 54년 종파분자로 지목, 숙청된다.

강경자라고도 불리우는 강귀남은 강점기의 대표적인 여성혁명가다. 함남 홍원 출신인 그녀는 당시 조혼풍습에 따라 집안의 강제결혼권유에 반대, 10대 중반에 가출한다. 서울로 내려온 후, 여자고학생상조회에 가입하여 일자리를 구하면서 학업의 길도 찾는다. 스물두살에 동향의 노조활동가 안종서와 결혼한다. 결혼 후 경성, 인천 등지에서 남편과 함께 노조의 비밀운동에 나선다. 당시 수배 중인 노조운동가 강수구를 숨겨주는가 하면, 제1차 태평양노조사건에 연루되어 체포되기도 한다.

34년에는 여자고학생상조회 업무를 책임지는 집행위원장이 되고 회관건립기금을 마련하기 위해 음식점도 운영한다. 조직이 노출되어 수배령이 떨어지자 35년 가을, 서울 낙원동의 고급카페인 동양구락부의 여급으로 취직하여 비밀노동운동결사의 연락원이 된다. 같은 해 10월에 경찰에 체포된 그녀는 '카페여급으로 위장 잠입한 여류사상가'로 인식되고 37년 7월, 경성지법에서 징역 1년형을 선고받는다.[8] 석방 후에는 비밀운동에 계속 참여하고 40년에는 경성콤그룹에 가담한다. 같은 해 5월, 함남 지역의 노동운동을 위해 흥남으로 파견되어 함남지역 책임자 장순명과 함께 활동한다.

□ 1939–1945

해방 전 6년간은 박헌영의 집중적 저항기였다. 39년 9월, 박헌영은 대전형무소에서 가석방, 출옥한다. 출소 후 그는 투지를 굽히지 않고 조공재건활동에 나선다. 주변의 도움 없이 그 일은 쉽지 않았다. 기나긴 수감생활은 일단 끝나지만, 세 번째 투옥이 종료되었다 해서 그의 정치적 자유가 당장 보장된 건 아니다. 숨고 쫓기는 관행을 중단할 수도 없고 운동추진과 심화를 위해 인적 네트워크의 외연은 더 넓게 강화할 수밖에 없었다. 이관술과 김삼룡 등은 39년 4

8 당시 강귀남의 실제 모습으로는 다음 자료 참조할 것. http://db.history.go.kr/item/level.do?levelId=ia_0009_0009;http://db.history.go.kr/download.do?fileName=thumbs_ia_0009.jpg&levelId=ia_0009_0009.

월, 지하조직 경성콤그룹을 출범시킨다. 38년 말부터 둘은 경성콤그룹의 출범을 준비하고 있었다.

수감 중이던 박헌영은 당초 콤그룹 출범에 참여할 수 없었다. 이순금은 오빠 이관술과 함께 박헌영을 영입하기로 작정한다. 이순금의 설득이 성공하여 39년 12월, 박헌영은 그룹의 실질적 지도자가 된다. 조선의 사회주의혁명은 이제 이론이나 이념의 껍질 안에 안주하는 추상개념이 아니라 억압과 말살의 그물을 뚫고 마지막 투혼을 요구한다. 이 기간 투쟁이 중요해지는 이유다.

김덕연은 당시 조공재건을 위해 그룹에 참여한 사회주의 운동가다. 그는 34년, 동래고등보통학교(동래고등학교의 전신)를 졸업하고 보성전문학교 재학 중인 36년, 일본으로 건너가 와세다早稻田대학 부속 제일고등학원에 입학한다. 37년 1월부터 항일비밀독서회 운동을 벌였지만 38년 8월, 일본 경시청에 송정헌과 함께 검거되어 기소유예처분을 받는다. 이후 귀국하여 조공재건을 위해 콤그룹에 참여, 일본유학생부 책임자가 된다. 40년 11월, 체포되어 예심상태에서 3년여 동안 수감되었다가 고문후유증으로 사망한다.

김명시는 사회주의계열의 여성 독립운동가로 20년대부터 상해와 만주지역에서 항일운동에 참여한다. 일제에 체포되어 7년형을 살고 나온 뒤에는 중국으로 건너가 조선의용군소속으로 항일무장운동을 벌인다. 해방 후에는 귀국하여 민주주의민족전선 중앙위원 등을 지냈지만 공산당활동이 불법화된 뒤에 경찰에 체포되자 자살한다. 김희원·김휘성·김휘연 등의 다른 이름도 병용한다. 24년 마산

지역에 공산당 지부를 세운 김형선, 30년대에 부산과 진해에서 적색 노동조합운동을 이끈 김형윤과 남매 사이다.

마산공립보통학교를 졸업, 서울의 배화여자고등보통학교(배화여자고등학교의 전신)를 다니다 24년에 중퇴한다. 25년 7월, 고려공산청년회에 가입하고 그해 10월, 고려공산청년회에서 유학생으로 선발되어 12월에 모스크바의 동방노력자공산대학에 입학한다. 그곳에서 아시아 유학생들과 함께 '동방피압박민족반제자동맹'을 조직해 활동한다. 27년 6월, 공산대학을 졸업한 뒤에 상해로 가서 중국공산주의청년단에 가입, 한인특별지부에서 선전업무를 담당한다.

29년 10월, 홍남표와 함께 북만주로 가서 '재만조선인반일본제국주의동맹'을 조직하고 기관지인 「반일전선」의 발행을 주도한다. 29년 11월, 광주학생항일운동을 계기로 만주지역 한인학생들이 동맹휴학을 벌이며 반일시위투쟁에 나서자 그녀는 하얼빈 일본영사관에 대한 기습공격을 주도한다.

31년 5월, 상해로 가 중국공산당 한인특별지부의 선전부책임이 되고 이듬해 오빠인 김형선과 함께 국내로 들어와 서울과 인천지역에서 「코뮤니스트」와 「태평양노조」 등 선전물을 만들며 당 재건을 위해 활동한다. 25년 5월, 일본경찰의 검거를 피해 만주로 피신하려다 신의주에서 붙잡혀 7년형을 선고받고 투옥했지만 39년, 형기를 마치고 출옥한다. 그 후 다시 중국으로 탈출하여 화북조선독립동맹의 군사조직인 조선의용군에 소속되어 해방될 때까지 항일무장투쟁을 전개하여 '여장군 김명시'라고 불리기도 한다.

해방 후 조선의용군 사령관인 무정武亭의 부관으로 선발대 1,500명과 함께 신의주로 귀국하지만 조선의용군의 입국을 금하자 무장 해제된 채 만주 안동현으로 물러난다. 훗날 그녀는 무정과 함께 서울로 가 45년 11월, 조선국군준비대 전국대표자대회에 참석하고 12월에는 전국부녀총동맹 중앙대표이자 선전부위원으로 선출된다. 46년 2월에는 민주주의민족전선의 중앙위원이자 서울지부 의장단으로 뽑히고 같은 해 12월에는 조선민주여성동맹 선전부장으로 활동한다. 46년 5월, 정판사 위폐사건으로 미군정이 공산주의자들을 대대적으로 검거하자 공개 활동을 중단하고 은신하던 중 49년 9월 체포된 후 부평경찰서에서 자살한다.

김순원은 안창호의 조카다. 평남 진남포에서 민족주의 목회자인 김성엽의 아들로 태어난다. 진남포 득신보통학교와 평양 숭실고등보통학교를 졸업했다. 38년 4월, 보성전문학교 상과 재학 중 독서회를 결성하여 사회주의운동에 참여한다. 39년에 일본경찰에 검거되고 40년 2월, 경성지법 검사국에서 기소유예처분을 받고 석방된다. 출옥 후 경성콤그룹에 가담한다. 41년 여름 경성콤그룹 검거사건에 연루, 체포 후 옥사한다. 당시 나이, 스물넷이었다.

김응빈은 강점기부터 활동한 사회주의운동가로 남로당 간부다. 제주 출신으로 일본에 유학하여 나니와 상업학교와 와세다 대학을 졸업한 지식인이다. 30년대에 김삼룡계열 운동가로 경성지역의 노동운동에 뛰어든다. 아울러 경성콤그룹에서는 섬유노동조합 책임자를 지낸다. 한국전쟁 중에는 조선로동당 서울시당 위원장과 조선인민유격대 제1지대장을 맡는 등 서울시 인민위원회 위원장이었던 리승엽 계열에서 활동하며 유격전도 참여한다. 51년 초에 조직된 제1지대는 서울과 경기지역출신의 유격대원들로 구성되지만 지역적 한계로 큰 전과는 올리지 못한다. 유격대원을 훈련시키는 기관으로 금강정치학원 원장에도 임명된다.

그러나 53년부터 박헌영·리승엽 간첩사건으로 남로당계가 제거될 때 숙청된다. 같은 해 8월, 조선로동당 중앙위원회가 박헌영을 출당시킬 때 종파분자로 판정받아 주영하, 장시우, 권오직 등과 함께 출당처분을 받는다. 간첩사건 판결문에 따르면, '박헌영이 미국간첩으로 파견되어 김일성 정권전복을 위한 정치적 모략과 암행활동을 감행하면서 자파의 리승엽과 조일명, 리강국 등을 등용할 때 김응빈을 금강정치학원장에 임명한 것도 이 같은 활동의 일환'이었다. 또한 '박헌영과 리승엽이 51년 9월, 무장폭동을 준비할 때 김응빈은 폭동지휘 책임자에 임명되었고 이 쿠데타가 성공하여 박헌영을 수반으로 하는 새 정부가 조직되면 무역상이 되기로 했다'고 적는다.

김재병은 평북 신의주 출신으로 김재갑의 동생이다. 보성전문학교를 졸업하고 서울 동화東華철공소, 경성스프링제작소에서 직공생활을 하며 노동조합운동에 참여하다가 39년경, 경성콤그룹에 가담한다. 1940년 11월 말경, 태창직물주식회사 공장반조직에서 시작된 일제의 검거로 지도부가 와해 조짐을 보이자 조직의 중견 지도자인 이주상과 함께 재건을 시도한다. 같은 해 12월, 경성콤그룹 관련자 다수가 검거되자 남아있는 구성원들을 규합, 운동을 계속한다. 41년

8월, 기관지 「선전宣戰」의 발행과 배포에 참여한다. 같은 해 9월, 종로경찰서에 검거, 42년 6월 13일 고문 후유증으로 결핵성 늑막염에 걸려 옥사한다.

이종갑은 수원보통학교를 졸업하고 30년 4월, 경성제이고등보통학교에 입학한 후 33년 3월, 동맹휴교를 주도하고 퇴학당한다. 4월, 도쿄로 건너가 릿쿄오중학立教中學 3학년으로 편입한다. 34년 4월, 서울 배재고보 4학년에 편입하고 36년 3월에 졸업한다. 그해 4월, 보성전문학교 상과에 입학하여 39년 3월에 졸업한다. 같은 해 경성콤그룹에 가담하여 가두부에 배속된다. 40년 9월, 보성전문학교, 연희전문학교, 경성치과의학전문학교, 경성고등공업학교 학생들의 사회주의 독서회활동을 지도한다. 41년 12월, 일본경찰에 검거된 이후 치안유지법, 조선 불온문서 임시취체령, 육군형법, 해군형법 위반으로 복역한다.

이주상은 아산에서 태어나 어려서부터 한문을 배운다. 35년 이후 서울, 함흥 등지에서 노동을 하며 생활한다. 39년 7월, 청량리소학교 신축공사장 인부로 일하던 중 김삼룡을 만나 경성콤그룹에 참여한다. 이후 부천 일흥사日興社, 조선계기회사에서 경성콤그룹 기관지 「코뮤니스트」를 배포하며 적색노조를 조직하기 위해 노력한다. 10월 경성좌익노동조합준비위원회 결성에 참여하여 금속부를 담당한다.

41년 5월, "우리는 왜 가난한가"라는 글을 써서 노동자들에게 배부한다. 9월경, 일본경찰에 검거되어 43년 10월 경성지법에서 치안유지법위반으로 공판에 회부된다. 45년 8월, 조선공산당재건준비위원회 결성에 참여하고 9월, 조선인민공화국 노동부장으로 선발된다. 46년 11월, 남로당 중앙위원으로 선출되어 조직부에 소속된다. 50년 6월, 조선노동당 충남도당위원장으로 지명, 해안을 통해 남하한다. 한국전쟁이 일어나자 위원장직을 인계하고 의용군 충남 대전여단장이 된다. 51년 노동당 중앙당 간부부 부부장이 된다.

■ 1945–1946

해방의 감격과 흥분은 당연히 컸지만 박헌영으로선 당 재건을 목표로 냉정을 찾아야 하는 시기였다. 국내정치에서 우위를 점해야 한다는 압박은 강점기 투쟁과 또 다른 정치적 부담이었지만 상황은 만만치 않았다. 천신만고로 당 재건을 위해 애썼어도 자신과 주변의 모든 걸 퍼부은 수도 '서울'은 미군정 관할권으로 바뀐다. 이념으로야 당연히 북한을 지향할 수밖에 없는 그였지만, 스탈린의 의중이 이미 다른 인물에게로 기운 다음임을 알아차리는 건 괴롭기 그지없었다.

기다리고 기다리던 '자유'가 도리어 부담스럽고 억압 없이 치르리란 혁명의 추진도 예상외의 암초 앞에서 진척 기미를 보이지 않는다. 남북한 어디서도 환영받지 못하는 존재로 변모하는 자신을 진솔하게 들여다보는 일도 마음 편할 리 없고 조여오는 압박의 그늘은 고립과 소외의 골짜기만 깊이 파는 새로운 고통이었다. 월북은 결국 예정된 선택이지만, 애당초 쌍수로 환영할 정치적 메뉴는 아니었던 터다. 해방공간의 주도권 장악이 묘연하기만 한 나날 속에서 서울이 점점 자신의 뜻과 멀어지는 이질적 공간으로 변모해가는 모습은 박헌영으로선 야속하고 억울했으리란 분석도 무리는 아니다.

박헌영의 월북은 뒤에서 살피겠지만 일상의 소문과 내용이 다르다. 본디 세상에 알려지기로는 46년 9월 6일, 미군정청의 체포령이 발동되자 이를 알고 하루 전 영구차에 몸을 숨겨 시신으로 위장 월북한다는 내용이다. 하지만 그의 월북은 치밀하게 계(기)획된 스케줄에 따라, 그것도 북과의 체계적 타진과 정치적 반응을 보아가며 진행한 고도의 게임이었다. 결코 우연이 아니란 얘기다. 그것은 두 진영의 가치교환과 이익의 균점을 강하게 의식한 정치교류이자 타결접점을 찾으려는 치열한 조율과정이었다.

'북'은 '북'대로 자신들의 유리한 입지를 의식하면서도 박헌영을 이용할 정치적 여백과 한계를 계산하고 있었고 '박'은 '박'대로 월북을 기정화한다면 이후 자신이 확보할 정치적 지위와 이익의 지탱가능성을 고려하지 않을 수 없었을 것이다. 그 과정에서 과거 자신의 투쟁경력이나 명성을 내건다든지, 그에 따른 자동적 지분보상을 요구하다는 것이 비현실적임을 깨닫는데도 그리 오랜 시간은 필요하지 않았다. 대세는 이미 저들에게로 기운다는 걸 모를 리 없는 '그'였지만, 월북에 따르는 면밀한 이해득실과 치밀한 계산과정은 일생일대의 명운을 건 레이스 였다 해도 과언이 아니다.[9]

9 그의 월북 전반에 대한 내용분석으로는 다음 참조할 것. 박종성, 『박헌영

모두 여섯 차례에 걸친 '월북-재월북' 과정은 경성콤그룹의 제도적 연장이나 조공의 실질 재건이 현실로 드러나기 어렵다는 판단의 결과다. 그리고 박헌영의 국내헤게모니 장악이 해방공간 남한에서는 불가능하다는 정치적 조바심의 또 다른 숙성 때문이다. 아홉 달 동안, 그것도 다섯 차례에 걸쳐 도합 34일간 체류한 박의 반복 월북[10]은 비장함과 처연함을 함께 담는 절박한 '재기'와 '부활'과정에 다름 아니다. 서울도 안전하지 않고 평양도 완전하지 않았던 대가는 생각보다 혹독했다.

박헌영의 월북에는 모두 십 수 명에 달하는 동행자들이 함께 자리한다. 차수와 관계없이 동반 수행한 인물들의 얼굴만 보더라도 이 과업에 박헌영이 얼마나 집중적인 노력과 관심을 기울였는지 잘 알 수 있다. 특히 그는 평소 정치적 신망이 두텁고 호학과 지성으로 뭉친 측근 엘리트 사회주의자들을 엄선, 동행진용을 갖춘다. '권오직·이인동·김태준·허성택·박치우·이태준·서득은·김삼룡·이호제·

론: 한 조선혁명가의 좌절과 꿈』(서울: 인간사랑, 1992), pp. 143-195. 중앙일보 특별취재반, 『비록秘錄 조선민주주의인민공화국』(서울: 중앙일보사, 1992), pp. 206-277; 박병엽 구술·유영구/정창현 엮음, 『김일성과 박헌영 그리고 여운형: 전 노동당 고위간부가 본 비밀회동』(서울: 선인, 2010), pp. 13-106.

10 45년 10월 초부터 다음 해 7월 하순까지 이어진 다섯 차례의 월북 일정만 보더라도 그 정치적 긴박감은 잘 드러난다. 일정의 구체적 진행은 다음과 같다. 〔1차 월북: 45.10.8-45.10.9/2차 월북: 45.12.28-46.1.1/3차 월북: 46.4.3-46.4.6/4차 월북: 46.6.27-46.7.12/5차 월북: 46.7.16-46.7. 22〕. 〔6차 월북은 46.10.11-56.7.19〕.

이승엽·이현상' 등의 동행자들은 각기 정치적 무게감과 역량 크기만 보더라도 박헌영 주변의 걸출한 강골들로 특히 언론, 문학, 철학 등 학문적 기초와 업적으로 탄탄히 무장한 지식인 혁명가들이다. 북과의 대면과정에서 언변으로나 인물됨으로 전혀 밀리지 않을 인사들로 진용을 갖추려 한 정치적 판단은 물론 이익의 최대화를 노린 합리적 선택결과다.[11]

이들 가운데 눈에 띠는 인물이 박치우와 허성택이다. 박치우는 함북 성진 출생으로 36년 경성제국대학 철학과를 졸업한다. 38년 숭의실업전문학교 교수를 거쳐 조선일보 사회부 기자를 역임한 그는 35년 6월, 《동아일보》에 "불안의 정신과 인테리의 장래", 36년 1월 「조광」에 "아카데믹 철학을 나오며"를 발표하며 등단한다. 30년대 말, 신남철·서인식·인정식 등과 함께 신경향을 대표하는 평론가로 떠오른다.[12] 해방 후에는 조선문학가동맹에서 활동한다.

---

11 카운터파트로 나온 북한 진영의 면면은 다음과 같다. 〔로마넨코·최용달·박문규·허가이·김일성·김두봉·이주연·박정애·최창익·김책·주영하·장순명·한빈·김열·박정애〕

12 박치우의 1차 문헌으로는 다음 참조할 것. 박치우, 『사상과 현실』(경성京城: 백양당, 1946). 그에 대한 연구와 당대 철학자들의 이론세계에 대해서는 다음 문헌들 주목할 것. 위상복, 『불화 그리고 불온한 시대의 철학: 박치우의 삶과 철학사상』(서울: 길, 2012); 손정수, "일제말기 역사철학자들의 문학비평연구," 서울대학교 대학원 국어국문학과 현대문학전공 석사학위논문(1996); 장지영, "박치우의 사회·문화비평연구," 성균관대학교 일반대학원 국어국문학과 석사학위논문(2010) ; 류승완, 『이념형 사회주의: 박헌영·신남철·박치우·김태준의 사상』(서울: 선인, 2011).

46년 2월, 조선문학가동맹이 개최한 조선문학자대회에서 "국수주의의 파시즘화의 위기와 문학자의 임무"를 발표하면서 민족감정에만 호소하는 국수주의와 파시즘이 비합리성에 입각하고 있음을 지적하고 합리주의 사상으로 무장하여 민주주의전선에 참가할 것을 호소한다. 이후 민전 등 남로당계 정치활동에도 참여하다가 월북한다. 1세대 마르크스주의의 대표 철학자로 해방공간에서 《현대일보》 주필을 맡는다. 훗날 빨치산이 되어 유격투쟁을 벌이다 1949년, 토벌대에 사살된다.

허성택은 20년, 함북 성진에서 적색농민조합운동을 이끈다. 러시아로 망명했다가 해방 후 돌아와 조공재건을 위해 노력한다. 45년 조공 중앙서기국원을 지내고 46년 '9월 총파업'을 주도한다. 같은 해 11월, 남조선신민당·조선인민당·조선공산당 3당이 합당 결성한 남로당 중앙위원에 선임되고 47년 '9월 총파업'을 지도한 혐의로 검거되었다가 48년 석방된다. 같은 해 4월, 남북제정당·사회단체대표자회의에 참석하기 위해 월북한 후 8월, 황해도 해주에서 열린 남조선인민대표자대회에서 최고인민회의 대의원에 선출된다.

그해 9월, 북한의 제1차 내각에서 노동상에 임명되고 49년 6월, 남한의 민주주의민족전선, 북한 민주주의민족통일전선, 우익의 정당 및 사회단체가 함께 결성한 조국통일민주주의전선 중앙위원에 선임된다. 52년 노동상에서 해임되고 57년 5월, 조선직업총동맹 중앙위원, 9월에 석탄농업상을 지낸다. 58년 5월, 노력훈장을 받지만 다음해 종파분자로 몰려 숙청된다.

□ 1946–1956

엄밀히 말하면 이 시기는 앞의 기준으로 볼 때 '제6차 월북기越北期'에 해당한다. 거의 한 세대에 이르는 상대적 장구함은 월북기라는 용어로 그 성격을 간단히 담아내기 힘겹게 하는 것이 사실이다. 월북의 끝 모습은 처량했다. 2인자의 처지로 만족해야 했던 그가 북한정권수립과 한국전쟁의 '개전–휴전'을 지켜본 후, 패전책임이 자신의 간첩혐의에 있음을 인정해야만 하는 과정은 김일성이 파놓은 늪에 고스란히 빠져버리는 기획 살인의 사법절차였다.

혁명의 좌절을 자신의 숙청으로 극복해야 하는 모순은 곧 죽음의 동행자들마저 오롯이 '위로·반추'해야 할 부담과 맞닿는다. 언제 어디서든 '죽음'이야말로 홀로 치러야 할 극히 자연스런 일이어야 했다. 아무리 절친하고 다정다감한 존재인들, '함께 죽기'란 '따로 살기'보다 더 힘겨운 이유다.

앞서거니 뒤서거니 하필 죽음의 길마저 동행해야 한 '임화·리강국·리승엽' 등의 그림자가 더욱 슬픈 건, 그로부터 얼마 전 월북길에 동행한 이들 상당수 역시 이미 이승을 떠나버린 이후임을 곱씹어야만 하는 사연의 겹침 때문이다. 현실로 인정하지 않을 수 없는 박헌영의 '죽음' 만큼이나 함께 사라져야 할 동반자들의 뇌리를 짓누른 통증은 언어로 표현할 대상이 아니다. 이렇게 끝내고 말 조선사회주의혁명이 아니란 회한의 무게가 철갑보다 더 육중했을 것이니 말이다.

다가오는 죽음의 압박감은 두려움이나 슬픔보다 진한 아쉬움만

켜로 쌓는다. 형 집행이 다가오고 있다는 시간적 절박감이나 혐오스런 긴장 때문이 아니라 어지간한 삶의 동행은 물론, 고난의 길을 함께 한 동지들이 자기보다 먼저 떠나는 모습을 듣고 보아야 하는 처지가 우선 괴롭고 견딜 수 없던 까닭이다. 먼저 죽든, 나중 사라지든 '떠남'의 순서야 무슨 가치와 의미로 아로새길 일이겠는가 마는 보이지 않는 손에 의해 차례차례 죽어나가는 동반자들의 존재감이 이제 와 제 몸 하나 지키는 그 일보다 중하고 귀하기만 한 것이었다.

임화-53년 8월 6일, 리승엽-54년 7월 30일, 리강국-55년 12월 즈음, 순차적으로 사형을 집행한 북한 당국은 정작 박헌영 처형을 향해 치닫는다. 총구는 기실 트로츠키를 향하면서도 160만에 달하는 혐의자들을 한사코 찾아 옥죄고 숙청한 스탈린은 영락없이 김일성의 정치교사였다. 그것도 스승의 경지를 훌쩍 넘어서는 숭모대상으로 말이다. 그 같은 비교가 결코 우연이 아님은 '하나를 죽이기 위하여 수많은 타자의 무진장한 혐의'가 극적으로 동원 가능했음을 역사는 반복 증언하기 때문이다.

여기서 압축해본 인사들을 체계적으로 정리한 결과가 다음 표다. 앞서 지적한대로 가족과 여인들을 빼고 정치적 본업의 이행과 추진을 위해 가까이, 강하게, 그리고 중하게 이어간 인연의 골은 깊고도 질겼다. 죽음의 순서도 따로 없고 운명의 무게 역시 가늠하기 힘겨운 우연과 필연의 교차로 때로 기구하거나 처절하기만 하였다. 누가 누구보다 더 귀하거나 그만 못하였는지 견줌과 헤아림이 여의치 않은 것도 그 같은 이유에서다. 만남의 계기와 헤어짐의 형식은 모두 달랐으되, 박헌영의 삶에서 이들은 한결같은 목적으로 스스로를 정치화한 예외적 존재들이다.

강점기에는 '독립'과 '해방'을, 해방 후에는 '사회주의조국'의 흔쾌한 건설을 위하여 한사코 견디며 버틴 사람과 사람들의 관계도 간단할 리 없다. 엄밀히 따지면, 견디다 만나고 버티다 헤어지는 그 '예사롭지 않음'이 누구나 일상으로 겪으려들지 않는 혁명과 투쟁대열에 그들 모두를 앞으로 앞으로만 내몬 터였다.

시대를 건너뛰는 동행의 모습과 생각처럼 쉽지 않은 혁명의 지속적 단절은 억압의 역사가 빚은 역설의 곡절들로 늘 되살아난다. 하지만 표의 '여백'이 넓고 크다 하여 깊이 염려할 세월은 아니다. 그것은 동행자의 의심과 의지의 빈곤이 아니라 그만큼 절박하고 단호했던 투쟁의 전열을 상징하기 때문이다. 뒤따르며 숨고, 내달리다 사라지는 조직은 비록 보이지 않을 만큼 작았지만 항상 분주했다. 정치적 은밀함의 대가는 '비애'가 아니라 곧 '황망함'이었다.

구분	1919-1922	1922-1927	1927-1932	1932-1939	1939-1945	1945-1946	1946-1956
인간적 동행	조용구 김단야 임원근 허정숙 고명자		이관술 이순금 정태식				
재정적 동행	박승직 여운형						
사법적 동행			허 헌 김병로				

정치적 동행		김약수 김 찬 조봉암 조동호 강달영 허정숙 이재유 김재봉 박일병 권오설 홍증식 윤덕병		권오직 권우성 이기호 이성태 장순명 강귀남 (강경자)			
철학적 동행			김태준			박치우	
당 재건 동행			박 애 최성우 김형선 권영태 이재유 김삼룡 이현상 박진홍		이관술 김삼룡 김덕연 김명시 김순원 김응빈 김재병 이종갑 이주상		
월북 동행						권오직 이인동 김태준 허성택 박치우 이태준 서득은 김삼룡 이호재 이승엽 이현상	
죽음의 동행							임 화 리강국 리승엽

VI. 결기

혁명가의 지배적 성격을 걸러내긴 쉽지 않다. 세상 바꾸겠다는 꿈과 단호한 실천의지는 한결같다 해도 일상과 주변을 향한 '마음씀'은 사람마다 다르고 경우마다 차이가 나기 때문이다. 혁명가도 직업으로서의 일의 당위를 생각하기 전에 이미 '사람'이며 어쩔 수 없이 상황의 '노예'인 것이야 의문대상이 아니다. 민족주의자라 하여 꿈의 설파와 실천의 나날이 한결 같을 수 없고 사회주의자라 해서 집요하며 공격적이기만 한 역사를 관통한 게 아님도 세월의 '켜'는 사실로 말해준다.

그럼에도 불구하고 한 인물을 그(녀)만의 '사람됨'으로 지탱하게 하는 기운은 분명하다. 하나가 전부를 결정하는 건 물론 아니다. 하지만 가장 크고 기층적이며 늘 압도적인 '그' 무엇을 빼놓고는 말하거나 바라볼 수 없는 요소가 있다면 찬찬히 따져보지 않을 수 없다. 심리학에는 퍼스낼리티 분석과 성격이론이 있고 윤리학에서는 인성론ethology이나 철학의 도덕론 혹은 정의론 연구가 이를 천착하지만, '직업혁명가'라는 특정대상을 향해 '그들'만의 세계를 넓고 깊게 파들어 가는 경우는 많지 않다.[1]

집요한 성취동기, 두려움 없는 불굴의 도전정신, 유년 이후 성장과정에서의 지독한 가치박탈과 광기어린 보상욕구의 배양, 목표를 이루려는 과감한 정치력과 카리스마의 선천적 세련화, 권력추구와 주변관리강화, 예외적 리더십과 대중적 인기를 통한 사회적 흡인력

1 울펜스타인의 노력이 이 부분의 한계를 메우는 건 아니다. 혁명가의 성정과 인물연구는 사회과학이나 인문학의 메이저가 여전히 아니며 오늘날까지 단지 예외적 관심을 가진 개인 연구자들에 의해 간헐적으로만 다뤄진다. 거기에는 혁명의 실제적 희소성이란 역사적 특성도 개재하지만, 일반화 자체가 용이하지 않은 혁명가들의 삶이 큰 몫을 차지한다. 이 같은 한계에도 불구하고 다음 작업들은 70년대 이후 오늘에 이르도록 혁명가들의 예외적 특수성에 대해 천착한 대표연구들이다. James V. Downton, *Rebel Leadership: Commitment and Charisma in the Revolutionary Process*(New York: Free Press, 1973); Theodor Tudoroiu, *The Revolutionary Totalitarian Personality: Hitler, Mao, Castro, and Chávez* (New York: Palgrave Macmillan, 2016); Len Oakes, *Prophetic Charisma: The Psychology of Revolutionary Religious Personalities* [fw. by Sarah Hamilton-Byrne] (New York: Syracuse University Press, 1997); Robert C. Tucker, *Stalin As Revolutionary, 1879–1929: A Study in History and Personality*, Vol. 1(New York: W. W. Norton & Company, 1974); *Stalin in Power: The Revolution from Above, 1928–1941* (New York: W. W. Norton & Company, 1992).

숙성, 개인적 고초를 국가와 민족에 투영하여 역사적 소명의식으로까지 분장·수식할 수 있는 탁월한 언변과 강고한 이미지 비축, 혁명은 '선택'이 아니라 '필연'이며 집단의 운명임을 반복 교화할 수 있는 이론적 계몽능력.

이 같은 요소들은 극히 자연적이거나 개인적 성품으로 국한하기보다 그(녀)만의 특이한 재능이자 모종의 품수 받은 천성이라 해도 무방할 것이다. 혹은 특정 상황에서 특이한 인물에게만 부여되는 자질로도 볼 수 있다. 위에 열거한 심인心因적 요인들도 늘 고정적이지 않다. 예측불가능하거나 불가해한 측면도 고려해야 한다. 동일한 잣대로 모형화하기 힘겨울 만큼 전체를 설명하려면 섬세하고 치밀한 경우의 수를 감안해야 한다. 하지만 궁극적으로는 혁명의 정치학도 혁명가의 덕성과 가치추구과정의 진정성을 담지하는 '비르투virtu'와 함께 논리나 과학만으로는 설명이 어려운 '포르투나fortuna'의 기묘한 합성으로 그럴듯한 설명 틀을 담보하게 된다.

인간이 도모할 최선의 노력이 가능하다면 하늘의 도움과 그에 상응할 행운 밖에 기대고 안길 기운이 어디 따로 있겠는가. 결과로만 말하자면, '비르투'를 몇 곱절 능가하는 '포르투나'도 그에겐 모자라지 않았을까. 하지만 그 같은 예외적 행운조차 흔쾌히 다가오지 '않음'은 박헌영으로서야 억울하고 참담할 터였으리라. 그것이 박헌영의 운명이었다 해도 더는 위로할 말이 없는 게 가혹한 역사의 현실이다. 불운을 그의 삶의 상수로 옭아맨 천기天氣의 희한함이란 예외적 우연의 산山이라 표현해도 심甚한 말은 아닐 것이다.

그러나 이 같은 일방적 천혜나 이를 아우르는 모종의 요행 따위를 의식할 사람이 아니었다는 점에서 박헌영의 혁명적 성격은 독특하다. 기독교 같은 '종교'는 물론 행운을 바라는 '미신'은 비과학적·반동적 행위로 고전사회주의에서야 배격과 혐오가 당연했다. 굳이 사회주의와 나란히 거론하기 힘든 '포르투나'는 그의 성정 상, 앞당겨 찾거나 흥미대상으로라도 궁금해 하기 어려웠다.

그렇다면 박헌영을 박헌영답게 지탱한 내면의 심리인자는 무엇일까. 앞서 지적한 성격적 특성에 기대자면 그건 곧 마음의 강인함으로 집약된다. 종교나 미신은 물론, 행여 힘들여 얻지 않고 고스란히 앉아 무언가를 바라려는 막연한 무기력은 박헌영과 전혀 어울리지 않았다. 이 같은 심리적 반골 기질은 생래적일 뿐 아니라 육체적 강골과도 자연스레 결부되는 물리적·정신적 공통점이다. '강인함'은 박헌영의 힘이자 짐이다.

필자는 박헌영의 심리적 강인함을 '결기'로 이해하려 한다. 단어의 효시와 용례의 출발은 모호하지만, 사람의 성미를 뜻하는 순우리말로 '결'과 기운을 지칭하는 한자어를 합성한 관용의 세월은 제법 된다. 흔히 차갑고 짱짱한 계절로 겨울을 사람의 성정과 결부시켜 '결'로 줄여 인식하는 경우[2]도 있지만, 본디 단어의 관용과 의

2 '결'을 겨울로 줄여 이해하면 결기는 '겨울 같은 기운'을 뜻한다. 정의롭지 않은 걸 보면 견디지 못하고 의연하고 단호한 생각을 펼치는 기운이 곧 결기라고 보는 것이다. '결기가 일어나는 것'을 '결이 나다'고 부르며 '성미가 대차고 올곧은 사람'을 일컬어 '결이 바르다'고 사용하는 까닭이다. 그런가 하면, '매

미의 경계를 칼같이 나누는 게 쉽지 않고 보면 위의 뜻들을 나누기보다 한데 보듬는 것이 타당할 것이다. 오늘날 통용되는 사전적 정의를 종합하면, 결기의 뜻은 다음과 같이 나뉜다.

결기-氣[발음: 결끼]

명사

1. 못마땅한 것을 참지 못하고 성을 내거나 왈칵 행동하는 성미.
2. 곧고 바르며 과단성 있는 성미.
3. 몹시 급한 성미.
4. 결 바르고 결단성 있게 행동하는 성질.

박헌영 한 사람뿐 아니라 사회주의자 대부분이 이에 해당할 것이다. 이념의 기류 자체가 '급진적'인 탓일 것이다. 게다가 마냥 기다리고만 있을 수 없어 실천과 행동을 미덕으로 삼아야만 했던 아나키스트와 테러리스트들까지 급진주의자 반열에 넣어 외연을 넓히자면, 억압의 시대에 이 같은 인물들이 넘쳐나는 건 얼마든지 이해 가

우 곧고 대찬 성격'을 두고 '결결하다'고 부르기도 한다. 결결한 성미를 주체할 수 없어 애면글면 하다보면 병이 들기도 하는데 흔히 '화火병'이라 부르는 그것이다.

능하다.

앞서 지적한 '인텔리겐챠'들의 조바심에서도 혁명적 결기는 묻어난다. 간절한 자유의 세상과 평등사회를 실현하지 못한 채, 맥없이 스러지는 역사의 군상들은 고난의 시대에 행동 가치와 의미를 드러내는 극단의 사례들로 자주 인용된다. 하염없는 폭력이든, 퇴폐나 자기부정의 침잠이든, 일방적 '찬양'과 '탐닉'은 곧 어딘가 의존하지 않고선 허전하기만 한 속내의 또 다른 은폐수단 밖에 더는 아니었던 것이다. 결기의 배양이나 강화도 그 틈새에서 일궈내는 사람의 일이었을 것이다. 어느 한쪽의 극한정서에 빠져 허우적거리지 않으려는 또 다른 인간들의 정신적 몸부림 정도로 '결기'를 받아들여 무방한 이유다.

혹은 정치적 고집의 극치로 헤아릴 수도 있다. 그것은 자기만의 지독한 순수 아니면 고결함의 유지·강화로 비유할 수도 있을 것이다. 같은 결기라 하더라도 그 기운을 관장·주재하는 방식은 누가 언제 어디서 어떻게 행동하느냐에 따라 언행과 실천 양면에서 다르게 마련이다. 특히 말과 행동이 일치하지 않음으로써 평가의 총체성이나 평균값 도출이 쉽지 않은 것도 인물연구의 맹점일 것이다.

그러나 박헌영의 '그것'은 몇 번의 예외를 감안하고 보면, 대부분 언행이 일치하고 정치적으로 공통점을 담보한다. 서로 상이한 시절을 넘나들면서도 특히 다음과 같은 세 가지 측면에서 결정적 유사성을 보인다. 그것은 박헌영을 정점으로 한 지도부의 리더십과 오랜 세월에 걸친 투쟁경력의 공유로 정서적 일치는 물론 혁명문화의 체득이 이너서클 안에서 자연스레 이루어진 때문이었을 것이다. 그들은 '사회주의조선'을 세우기 위한 보편의 목표와 이를 달성하려는 혁명의 일관성을 견지한다. 아울러 중단 없는 공격과 결연한 의지를 거침없이 드러내는 특장의 능력을 보인다.

이 같은 정치력은 강점기에서 해방공간을 거쳐 월북 이후 북한 체류기 내내 이어진다. 지도부와 팔로워들의 정치적 행동은 목표설정과 방법수행에서 수학의 벡터 콘셉트[3]를 연상시킬 정도로 일정한 방향성과 잠재적 폭력강도를 발휘한다. 김일성의 견제와 정치적 제거대상으로 배제될 때까지 해방공간 조선에서는 물론, 북한 내에서도 힘의 균형을 담보·유지한 박헌영 그룹의 내적 지구력과 잠재력 확장은 한국현대사 연구의 여전한 상수다.

그렇다면 박헌영의 혁명적 결기는 어떻게 단순화할 수 있을까. 강점기 투쟁으로부터 해방공간을 거쳐 북한에서의 재판과 숙청에 이르는 동안, 그의 정치적 동원과 저항과정에는 일정한 패턴이 반복되고 있음을 알 수 있다. 대상이 무엇이든, 상대가 누구든 그것은 '한결같이 거침없고' '끊임없이 지속하는' 정치적 저돌성의 견지가 두드러진다는 점이다. 어지간한 고통의 초월은 물론이고 난관을 뚫

3 방향과 크기(멀리 떨어진 정도) 전부를 표현해야 할 때 벡터를 사용한다. 스칼라가 크기만 갖고 있는 양量임에 비해 벡터는 크기와 방향을 가지고 있으므로 두 정보 모두를 나타내야 하는 양을 표현하기 위해 쓰인다. 속도, 가속도, 힘, 전기장, 자기장 등 대부분의 중요한 물리량들이 그런 예다. http://terms.naver.com/entry.nhn?docId=1101583&cid=40942&categoryId=32225.

는 단호함과 선명한 목적의식아래 부단한 성취동기의 확인, 재확인을 거치는 촘촘한 투쟁의 정치과정은 자기편이 아니고선 누구도 믿지 않으려는 은둔의 저항이 생활화한 결과였다.

피아의 구분을 목숨보다 중히 여기는 일상의 관행이 그랬고 동지를 팔거나 조직의 명운를 위태롭게 하느니 차라리 자신을 불사르며 과감히 사라지는 게 가상하리란 믿음이 먼저였던 것이다. 그것은 흔히들 지적하는 '비장미'니 '의리'니 하는 단어를 떠올리게 하는 혁명적 삶 그 자체였다. 다시 강조하건대, '한결같이' 강하고 '끊임없이 거침없기'란 예사롭지 않다. 바람이 강할수록 그들은 더 안온했고 핍박이 드셀수록 혁명의 가늠자는 한층 또렷해졌다. 내부의 단결 역시 억압강도와 비례하고 동기의 결연함은 운동추진과 실천동력을 강화하는 항구적 자원으로 내면화한다.

혁명의 성공을 향한 운동 추진체의 동력과 이를 생성·담보하는 불꽃은 인과관계를 유지한다. 에너지의 보존과 스파크의 재연再燃은 지도부의 의지와 정치적 동기로 재확인할 수 있고 땅 위든 혹은 아래서든 '조이고 묶은' 파이프 안으로 전달되는 혁명의 동력은 굵기나 환경과 관계없이 일정한 유속을 유지하며 포섭과 동원의 기본전략을 구사한다. 혹한과 폭서가 일을 방해하고 지도부의 미망이 과업의 진로를 흐리게 하는 적도 있지만 대세는 저항의 지탱이고 본류는 혁명완수를 향한 폭력의 차용이었다.

이념형은 이념형일 뿐, 역사와 현실은 얼룩과 흠결의 결합일 터다. 자연조건의 혹독함뿐 아니라 정치사회적 제약과 역사의 외압에

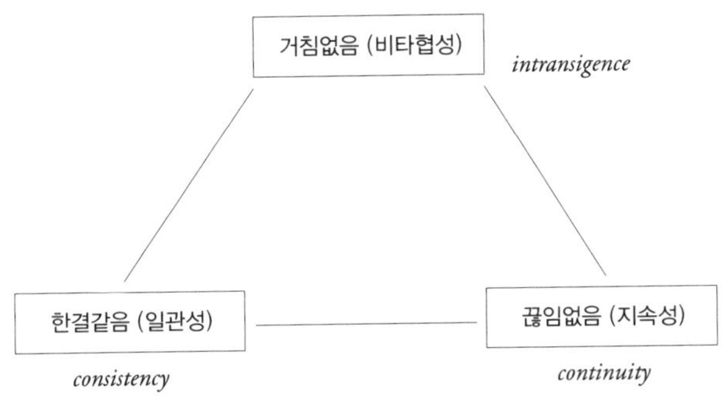

따른 물리적 훼절毁折 혹은 강제적 단절도 감안하고 보아야 할 혁명의 파이프라인일 것이다. 하지만 위 그림은 조선 국내저항의 거의 유일한 정치단위로 일찍이 전대에서 찾아볼 수 없는 내적 지구력을 담보한다. 그것은 지도부의 체포와 투옥만으로 운동의 단절이나 조직의 해체를 단정할 수 없는 암묵적 투쟁과 그 실질적 지속을 반증한다. 감옥 안에 갇혀 있다 하여 투쟁이 종결된 것도 아니고 지도부가 물리적으로 드러나지 않았다 하여 혁명의 의지가 소멸된 것도 아닌 까닭이다.

정리하면, 혁명의 모체로 박헌영 그룹의 정치적 존재감은 '꺾임없는' 의지와 온갖 제약에도 굴하지 않는 특이한 저력의 저장고로 인식된다. 즉, 그것은 '일정한 압력push과 강인한 흐름flow 위에 혁명의 일관된 추진promote을 위해 늘 실천하려 애쓴다'는 신화적 기억을 각인한다. 여기서 혁명을 담보하는 추진체의 역량을 파이프의 굵기나 폭 혹은 소재의 강도로 설명·이해하려하기보다 콘텐츠의 자가발전적 동원력으로 파악할 필요가 있음도 그래서다.

그러나 결과적으로 압축하면, 이 같은 세 가지 요소의 정치적 고수는 박헌영의 결정적 '힘'이자 치명적 '짐'으로 작동한다. 조선공산당의 역사 정치적 형해화形骸化 과정은 폭력적 압제를 헤쳐 나가려는 강점기 대항폭력the counter-violence의 통과의례이자 일본패망 이후 다시 진입하는 외세와의 국제관계를 자율적으로 조율·대응하지 못한 필연의 결과다. 특히 식민의 시대를 헤쳐나간 대표적 정치주체로 조선 사회주의운동의 초기 동력을 지탱하지 못한 채, 해방공간과 월북 이후에도 이를 지속적으로 기정화하려는 일방적 기대의 대가는 허무했다.

해방공간조선의 정치적 자유과잉은 박헌영 그룹의 결기를 되돌아보는 정치력 재구의 계기가 되지 못한다. 도리어 불타협과 극단의 전략적 사고를 강행, 고착화하는 온상이었다. 그들에게 해방은 모처럼의 정치적 승기乘機로 다가온다. 그리고 타협과 대화를 통한 주도권 장악보다 국내투쟁의 기득권은 물론 폭력의 실험과 공세적 적용계기로 승화한다. 조바심과 정치적 수세의 축적은 해방 전 결기와 공존할 수 없는 적잖은 부담이었다. 뿐만 아니라 월북 이후의 정치적 견제와 경쟁 역시 박헌영은 물론 그룹의 자존심과 정치적 존재이유를 거의 말살해버린 결정적 계기로 숙성한다.

여기서는 박헌영 자신과 그룹의 정치적 결기를 살펴보자. 시대별 진행과정도 헤아리되, 특히 '강점기-해방-월북'이란 세 개의 변곡점을 전후하여 '그들'의 결기가 어떻게 '유지·강화·훼절'되는지 압축해 보자. 박헌영의 삶에서 추적경찰과 취조검사, 수형기간의 간수와 재판정 등 사법권력 혹은 사법폭력과 마주한 기간은 전부 합쳐 14년에 이른다. 56세라는 그다지 길지 않은 전 생애의 4분의 1에 달하는 세월이다. 강점기 당시 공산·사회주의자들이 형무소에서 보낸 시간을 합치면 모두 6만년은 족히 될 것이라고 그는 진저리 치지만 그도 그럴 것이 식민의 시대에 '투쟁'은 곧 '투옥'의 전제였고 '혁명'은 머잖아 제 '죽음'을 예약하는 행위에 다름 아니었다.

다음 표는 그의 옥중 투쟁기를 압축하되, 동반 수형된 인물들과 그 기간의 대강을 이른다. 출감과 수감을 거듭하며 신산한 삶의 나머지를 보낸 그에게 감옥 밖이라 하여 세상이 곧 '자유'와 '집권'의 공간을 뜻하는 건 아니었다. 그에게 감옥은 그만의 정치적 결기를 강화·숙성시키는 배양소가 된다. '체포–투옥–취조–고문–이송–출감'에 이어 다시 지상투쟁과 월북 후 정권전복 음모혐의로 사법투쟁을 잇는 삶의 여정은 우연의 일치치곤 환란과 고통의 유난스런 겹침으로 두드러진다.

식민의 시대를 관통하는 민중의 삶이 구속과 척박의 나날로 이어짐은 비단 혁명을 업으로 삼는 이들의 몫만이 아니었을 것이다. 나라를 빼앗기고 언어와 주권을 도륙당한 사람들의 삶이 어찌 삶이었겠는가 말이다. 이 같은 상황을 상징하는 역설과 반어는 이관술이 남긴 유일한 글 제목에도 잘 나타난다. "조국엔 언제나 감옥이 있었다"는 제목의 글[4]은 '조선공산당 창립 21주년'을 기념하여 46년 4월

4 이관술, "조국엔 언제나 감옥이 있었다," 안재성 엮음, 『잡지, 시대를 철하

17일부터 4월 19일까지 총3회에 걸쳐 《현대일보》에 연재된다.

여기서 그는 자신이 동경고등사범을 졸업하고 동덕여학교에서 교사가 되어 반일운동을 시작한 것부터 어떻게 민족주의자에서 공산주의자가 되었는지, 이재유와의 만남과 활동, 박헌영과의 관계, 그리고 솥땜장이가 되어 산중으로 숨어 다니다 해방을 맞기까지의 삶을 회상한다. 이 타이틀은 곧 강점기엔 일본경찰에 의해 감옥에 갇히고 해방 후에는 미군정과 이승만 정권 아래에서 (일제 경찰출신의) 친일파 경찰들에 의해 또 다시 체포·고문 받으며 분단 이후 북한에서조차 김일성의 권력 장악과정에서 투옥되거나 형장의 이슬로 사라진 국내파 사회주의자들의 비극적 운명을 상징적으로 대변한다.

그럼에도 불구하고 물리적 압박의 강화는 그들의 결기를 키우는데 고무적이었다. 특히 박헌영의 결기는 폭력과 압제를 먹고 자란 정치적 지탱의 동력이자 자존심의 기둥이다. 기가 죽으면 모든 걸 뺏기는 것이라 믿었던 '박헌영다움'도 결국 튼실한 '자기단련'과 '자기검열'의 부단한 반복으로 가능했던 터다. 거듭되는 체포와 취조는 물론 수감생활의 연장은 그를 더 강인하게 만들고 고통을 즐길 줄 아는 존재로 숙성시킨다.

아직 서른도 되지 않은 나이에 식민지 사법폭력의 대강을 숙지한 청년혁명가의 결기는 기본 틀을 갖추고도 남음이 있다. 다음은 박헌영이 쓴 '죽음의 집에서'[5]의 한 대목이다.

다: 옛 잡지 속의 역사 읽기』(파주: 돌베게, 2012), pp. 249-257.

사건	체포·투옥	출옥·가석방	수감 장소	동반 수형	형 집행 (수감 기간)
신의주 사건	1922.4.2	1924.1.19	평양 형무소	박헌영 임원근 김단야	만기 출옥 (1년9개월)
신의주 사건·고려공청 사표査表·통신문 3통 압수검속	1925.11.29. 종로경찰서 체포	1927. 11.22	1925.12.3. 신의주경찰서로 압송-1926.7.21 서울로 압송, 서대문형무소 수감	윤덕병 주세죽 (1926.7 석방)	병보석 석방 (2년)
김단야로 오인 체포	1933.7.5. 상해에서 서울로 압송 (당시 사용이름 : 이두수李斗秀)	1939. 9	대전형무소	·	만기 출옥 (6년2개월)
북조선정권 전복음모와 반국가적 간첩테러, 선전·선동행위	1952.8.3. 리승엽 등 13명 연루자로 지목 피체	1956.7.19. (12.15/ 12.19異說)	평양	리승엽 리강국 외	사형(총살) (4년)

내가 있었던 모든 감옥의 감방에는 침대는 물론 의자도 없었고 맨바닥에 가마니만 깔려 있었다. 방 안의 온도는 보통 영하 5-6℃였다. 하루 평균 10시간 이상 주로 어망을 짜는 노역에 시달렸다. 수인들은 방한효과가 전혀 없는 아주 얇은 겉옷 한 장을 입고 지냈다. 산책시간은 전혀 없었고 목욕도 일주일에 한 번밖에 할 수 없었다. 독서가 허용되는 책은 불

5 박헌영, "죽음의 집에서," 「모쁘르의 길」 제17호(1929).

교나 기독교 등의 종교서적과 일본인들이 발행하는 팸플릿 정도였다. 편지와 면회는 두 달에 한 번 허락해주었다. 음식으로는 대두大豆로 만든 맛없는 수프에 종종 소금에 절인 배추가 나왔다. 감옥의 규율을 위반하는 사람에게는 책을 압수하며 독방에 집어넣고 급식을 줄였다. 이외에도 손발을 묶고 짐승처럼 매질을 했다. 경찰서를 거쳐 오는 정치범들 가운데서 건강한 상태로 감옥에 들어오는 사람은 아무도 없었다. 그들은 감옥에서 형편없는 음식과 힘겨운 노역으로 건강을 결정적으로 해치게 된다. 이로 인해 박순병·백광흠·박길양과 권오상 같은 프롤레타리아 용사들이 감옥에서 사망했다.[6]

3·1이후 식민당국의 사회통제와 민중규제가 방법을 달리한 것은 널리 알려진 사실이다. 무단통치에서 문화통치로 전환한다는 건

6 안재성 엮음(2012), 앞책, p. 74. 주목할 것은 형을 확정짓기 위한 협의 만들기 과정에서 당국이 애용한 폭력의 내역들이다. 다음은 박헌영이 회고하는 당대의 일들이다. "일제 경찰은 연행된 사람으로부터 증거를 수집하기 위해 냉수나 혹은 고춧가루를 탄 뜨거운 물을 입과 코에 들이붓거나 손가락을 묶어 천장에 매달고 가죽채찍으로 때리거나 긴 의자에 무릎을 꿇어앉힌 다음 막대기로 관절을 때리거나 한다. 7, 8명의 경찰들이 큰 방에서 벌이는 축구공놀이라는 고문도 있다. 이들 중 한 명이 먼저 '희생양'을 주먹으로 후려치면 다른 경찰이 이를 받아 다시 또 그를 주먹으로 갈겨댄다. 이 고문은 가련한 '희생양'이 피범벅이 되어 의식을 잃고 바닥에 쓰러질 때까지 계속된다." http://weekly.khan.co.kr/khnm.html?mode=view&code=116&artid=18330&pt=nv

조선사회의 내부균열을 꾀함으로써 직접 '누르기'보다 서로 '미워하게' 만들려는 고약한 시그널이다. 당국에게 '잘 보이려는' 새로운 정치심리와 강제로라도 자발적 복종문화를 이식하려는 공학적 사고의 결과다. 특히 조선공산당의 해체와 억압은 20년대 중반 이후 당국의 통치공학과 통제전략을 다시 자극·심화시키는 계기가 된다.

민중통제의 새로운 방법으로 당국이 구상·추진한 것 가운데 하나가 수감자들의 회유와 전향 권유를 위한 교화indoctrination다. 군국주의적 전체주의 혹은 제국주의적 팽창주의와 양립하기 어려운 사회주의나 공산주의는 식민당국의 골칫거리다. 특히 조선인들이 코민테른 영향에 따라 러시아 사회주의를 독립의 도구로 활용하거나 가슴 뛰는 정치적 수단으로 내면화하려는 사상적 시도는 당국의 큰 부담이었다.

따라서 이를 봉쇄, 효율적으로 통제할만한 수단을 계발하는 일은 시급한 과제였다. 이에 따라 조선총독부는 30년대부터 사상범 수형자를 다스리기 위해 교화에 중점을 둔 행형제도를 운용한다. '치안유지법'에 기반한 폭력적 단속과 엄벌주의만으로는 조선인 사상범의 영향력을 줄이거나 재범을 방지할 수 없었기 때문이다. 30년대 전반기 일제 행형교화의 핵심은 곧 사회주의에 기초한 조선인 사상범의 정치적 신념을 무너뜨리는 데 있었다.[7]

---

7 김경화는 이렇게 말한다. "이를 위해 불교 및 도덕 사상을 고취하거나 나이, 건강 등 사상범의 개인적 성격과 특성을 이용하였다. 하지만 그 효과는 일

박헌영에게야 어림도 없었지만, 부침을 거듭한 치안유지법 위반 사범들에 대한 회유와 전향압박이 실효를 거둔 시기는 중일전쟁 직후다. 이 전쟁마저 일본의 완전승리로 귀결되는 건 아니다. 하지만 청일전쟁 이후의 군사 정치적 승기를 놓치지 않던 일본이 이 전쟁의 수행과 목표가 동아협동체의 강화는 물론 세계평화에 이바지하는 정치적 고결함에 있다는 기묘한 교화논리는 유감스럽게도 조선 지식인들 상당수와 특히 수감 중이거나 재판 중인 국내 사법대상들을 뒤흔든다.

다음 표는 1926년부터 1935년까지 10년 간 '치안유지법'을 위반한 조선인 사범들의 검거규모와 기소통계를 체계화시킨 결과다. 이들의 사상전향을 위해 식민당국이 얼마나 치열하게 회유와 압박을 반복했는지는 상상하고도 남음이 있다.

그때까지만 하더라도 겁에 질린 조선인들에게 일본의 조선통치는 영락없이 천년만년 이어지리라 여겨지던 터다. 왕조 내내 관통한 중국의 정치적 영향이야 조선에게 압도적이지만, 그걸 꺾겠다고 길

본에 비해 양적이나 질적인 면에서 매우 미미하였다. 일본과 달리 자신의 사상이나 신념을 반성하여 전향한 자의 수가 매우 적었고 재범률은 일본보다 네 배나 높았다. 사상이나 신념을 반성하여 전향한 경우라도 출옥 후 다시 사회주의 운동에 참여한 경우도 있었다. 따라서 1930년대 후반기 행형교화에 있어 가장 중요한 문제는 민족의식이 강한 조선인 사상범의 자발적이고 적극적인 전향과 협력을 어떻게 이끌어 낼 것인가였다." 김경화, "1930년대 후반 조선총독부의 사상범 행형교화와 전향유도정책," 고려대학교 대학원 한국사학과 문학석사학위논문(2015), p. 56.

나선 일본하며 그 또한 '세상의 당위'라고 동아시아의 공동번영과 융성의 미래를 한결같이 설파하려는 궤변에 꼼짝없이 걸려든 이들이 하필 조선의 배운 자들이며 초기 사회주의자였다는 사실은 질기고도 희한한 역설이다.

연도	검거			기소		
	사건 수	사람 수	사건 당 사람 수	사건 수	사람 수	사건 당 사람 수
1926	45	356	7.9	27	157	5.8
1927	48	279	5.8	32	135	4.2
1928	168	1,415	8.4	98	494	5.0
1929	206	1,271	6.2	106	443	4.1
1930	252	2,661	10.6	140	690	4.9
1931	180	1,708	9.5	99	651	6.6
1932	254	4,381	17.2	159	1,011	6.4
1933	205	2,007	9.8	115	539	4.7
1934	145	2,065	14.2	84	518	6.2
1935	135	1,478	10.9	76	437	5.8
합계	1,638	17,621	10.7	936	5,075	5.4

출처: 조선총독부 고등법원검사국 사상부, 『사상휘보思想彙報』 제8호(1936.9), pp. 58-60.[8]

억압과 통제는 민족 내부의 '수치'와 '배격'의 부피만 늘리는 중이었다. 정치적 부끄러움이란 결국 역사의 주눅 이면에서 음습하게 자라나는 심리적 독버섯에 다름 아니었다. 믿는 대로 행동하지 못한

8 같은 기간 동안, 일본인은 21개 사건 당사자들로 89명만이 검거된다. 이정식 지음·김성환 옮김, 『조선노동당 약사』(서울: 이론과 실천, 1986), p. 81

대가는 혹독했다. 그것은 행동해야 할 때 행동하지 않은 당연한 귀결이며 아무리 서둘러도 늦기만 하는 후회에 다름 아니다. 멈칫거림, 두려움 혹은 망설임은 온갖 자위의 명분을 양산했고 실천과 저항을 회피하거나 모면할 숱한 핑계는 물론 도피의 안식처를 마련한다.

'회유'는 그럴 듯했고 '전향'은 달콤했다. 그것은 당사자들의 정치적 마스터베이션이자 '안전하며 완전한' 식민지 삶의 출구로 작동한다. 한때 저항 주체였던 자기 행적의 전면폐기이자 기억의 말살도구로 적극 차용된다. 당사자들의 자기검열이 동일한 혐의와 범죄의 재발을 막는 계기가 된다는 점에서 같은 시기 일제의 행형과 처벌이 전에 없이 엄정한 기조를 유지한 것[9]도 주목해야 할 현상이다. 그렇다고 해서 '회유'와 '전향'이 곧 내선일체의 실질적 통로는 아니었다. 하지만 이를 유인하려는 당국의 적극적 의도가 정치적 동화보다 사회통제수단의 다변화 가운데 하나였음을 알아차리는 데도 그리 오랜 시간이 필요하지는 않다.

내선일체는 의식적 동화의 효과적 핑계일 뿐, 실질적 동일시나 정치적 동질성을 마련하려는 당국의 진짜 '빈 의자'가 아니다. 전향은 아예 일본인이 되려는 조선인 수형자들의 안정적 통로도 아니고 이를 보장할 당국의 정치적 조건일 수도 없었다. 조선의 독립과 해

9 박경목, "일제 강점기 서대문 형무소 연구," 충남대학교 대학원 사학과 한국사전공 박사학위논문(2015), pp. 126-128.

방을 약속할 흔쾌한 통과의례는 더더욱 아니었다는 점에서 '어르고 달램'은 '가두고 때림'보다 한층 저열한 통제의 허울에 지나지 않았던 셈이다.

그럼에도 불구하고 수감자들의 전향이 이미 전국화하기 이른다는 사실은 식민당국의 회유가 의도한대로 확산·수용되고 있음을 잘 보여준다. 엿과 채찍의 병용은 어느 하나에 집중하는 것보다 훨씬 효과적이다. 승패와 관계없이 중일전쟁 전후로 전향자 규모가 다섯 배 늘어나는 것도 이 같은 관점에서 바라볼 일이다. 조선인들의 기를 단번에 누르고 제압한 김에 폭력으로 지탱하는 강압적 통치공학의 '연장'에 당국의 정치적 의도가 있었다. 조금이라도 못미더우면 일단 검거하고 취조과정에서 기소대상을 솎아낸 다음, 재판과정과 기결수들의 수감생활 중 회유와 전향을 동시 병행하는 이중적 통치공학을 유지한다.

'1926-1935년'간 조선인 '치안유지법' 위반사범들의 검거규모와 기소부피를 연도별로 나눠 그 변이 과정을 다시 살펴본 게 다음 그림이다. 기소율이 검거율에 버금가고 그에 따른 공포효과가 널을 뛰는 현상이나 암묵적 회유와 전향의 압박이 그에 뒤따르는 현상을 동시에 주목해야 할 이유도 그래프에 나타난 증감의 기울기 안에 깃들어 있다. 시혜나 온정이 배려와 관용의 외피를 빌릴 때, 사랑이나 은혜의 비늘까지 섶 자락 귀퉁이에서 번뜩인 건 오래도록 갇혀있던 자의 눈에 스치는 허상 아니면 고도로 계산된 폭력의 반어를 심하게 오해한 탓이다.

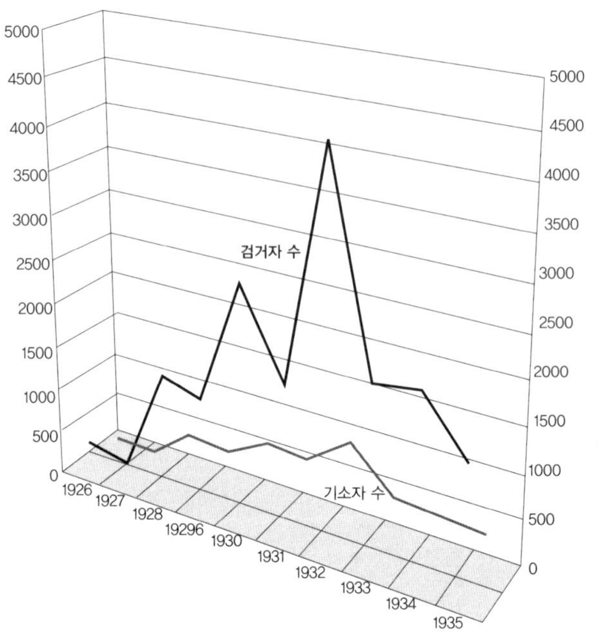

굳이 이에 기대지 않더라도 '자유'는 여전히 '구속'의 '반어'로 빛난다. 풀려날 수만 있다면 하지 못할 말 무엇이겠으며, 가지 못할 데 어디 있으랴. 이 같은 반문도 더는 이기의 고삐를 늦출 빌미를 찾지 않는다. 이리저리 둘러대며 시나브로 회유의 핑계를 늘리고 전향 대상자들도 하나둘 넘쳐날 때 묻어가고 얹혀갈 군상들 역시 '눈치'란 단어조차 의식하지 않을 세월이었다. 박헌영의 결기가 돋보이는 것도 그래서다. 회유나 전향은커녕, 올곧은 자세 곁에 흐트러질까 염려하는 자경自警의지란 것이 화수분처럼 넘쳐난 까닭이다.

'대듦'이 곧 '죽음'임을 왜 모를 그이겠는가 만은 당국을 두려워하지 않는 기질은 일본을 곧 악으로 규정하고 그에 맞서지 않고선 정치적으로 존재할 필요가 없다고까지 믿는 남다른 의지 때문이었다. 이는 곧 강점기 내내 이어진 그의 매력이자 국내정치적 동원력의 심리척도로 받아들여진다. 누구도 흔쾌히 해내지 못할 즉발적 저항의 도화선이자 몸통으로 자처하는 '내공'도 따지고 보면, 누군가의 교육이나 계몽에 의해 도모할 기운이 아니었다.

여기저기서 사상적으로 무너지고 과거의 제 자신을 잃어가는 조선인 형사사범들의 퇴락 속에서 결기 하나로 오롯이 버티며 법정을 사로잡는 힘은 단순한 기운도 위장된 저력도 아닐 것이다. 그것은 혁명을 도모하겠다는 의지로 사람들을 끌어 모으고 개인적 인기나 권위를 넘어서는 '집합적 힘'의 전제로 정치적 인력引力pulling power과 폭력의 극한적 이미지를 형상화한다. 여기서 한나 아렌트를 다시 읽어야 할 이유가 두드러진다.

> 권력의 극단적 모습은 '하나에 대항하는 전체All Against One'다. 그리고 폭력의 극한은 '전체에 대항하는 하나One Against All'다. 특히 후자의 경우, '도구' 없이는 성공하기 어렵다.[10]

10 Hannah Arendt, *On Violence* (New York: Harcourt, Brace & World, 1970), p. 42.

늘 강하기란 쉽지 않다. 제아무리 자기 생각의 독특함과 지독한 근면함 혹은 배전의 집중력으로 '견디고 버티며' '변절'과 '자기부정'의 연약함 역시 떨칠 수 있다 해도 말이다. 모두가 한곳만 바라보며 맹목의 자세를 바꾸려들지 않을 때 홀로 곧은 자세 취하며 그에 맞서기란 좀체 어려운 일이 아니다. 그 같은 맞섬이 '정의롭다'고 세상이 인정하거나 논리의 강고한 정당성을 오래도록 지탱할 철학적 힘을 얻으려면 그보다 더 오랜 시간이 필요했다. 게다가 홀로 폭력적이어야 했던 아렌트의 무기란 외로운 철학적 '의지'밖에 따로 휘두를 그 무엇조차 손에 없었다.[11]

모두가 '예'라고 대답할 때 홀로 '아니라'며 자신의 믿음과 생각을 의연히 피력하는 일은 그래서 어렵다. 결기는 곧 이 같은 상황을 자기중심적으로 설득하고 거꾸로 교화하며 질리도록 계몽하려는 지난하고 고단한 추동력일 것이다. 여기서는 박헌영의 정치적 결기와 인간적 특성을 간파할 역사의 대목에 주목하자. 강점기간 동안 그가 감내한 재판투쟁은 감옥에서의 견딤과 버팀을 연상시킬 만큼 결연하고 단호하다. 신의주 사건으로 수감된 이후 조선공산당 사건의 정

11 박종성, 『영화가 뿌리친 정치사상: 정치교육의 새로운 방법을 찾다』(고양: 인간사랑, 2015), pp. 75–76. 박헌영이 아렌트의 생각에 어떤 반응을 보였을는지는 중요하지 않다. 다만 서로 다른 시대를 살던 두 인물이 '폭력과 혁명'에 대한 철학적 사고에서 동류의식을 지니고 정치적 행동지평에서도 친화력을 공유한다는 사실에 주목할 필요가 있다. 누구도 쉽게 말할 수 없는 '불편한 진실'을 기꺼이 표현하고 그 결과적 반향에 대해 지속적 성찰과 회고를 유도한다는 건, 그 자체만으로도 정치철학적 적실성을 지닌다.

식재판은 세상 관심을 독차지한다.

안재성은 재판과정에서 박헌영이 보인 결기를 이렇게 집약한다. 이어지는 재판과정에서 그가 보인 인간적 단호함과 결연한 뜻을 따라가 보자.

> 첫 재판은 예심이 끝나고도 반년이나 지난 1927년 9월 13일이 되어서야 시작된다. 박헌영은 자기 차례가 오자 크지도 않고 빠르지도 않은 목소리로, 자신은 공산주의자가 맞으며 공산주의자의 목적은 조선민족의 해방과 정의의 실현이라고 당당히 말했다. 법정은 일대 소란에 빠졌다. 판사와 검사는 발언을 중지하라고 제지했으나 박헌영은 계속해서 단호한 음성으로 조선독립의 정당성과 공산주의운동의 필요성에 대해서 일목요연하게 발언하고서야 자리에 앉았다.[12]
>
> 두 번째 재판 날은 바깥 날씨까지 살풍경했다. 재판장이 발언을 허용하자 박헌영은 유창한 일본어로 소리쳤다. "나는 피고로서 경계에 대한 감상을 한마디 말하겠소. 우리는 전 무산계급의 전위가 되어 일하는 터인데 우리를 이같이 엄중하게 경계하는 것은 전 무산계급을 위압하는 것이오. 만약 재판장이 이 경계를 해제하지 않고 일반방청을 허락하지 않

12 안재성(2009), 앞책, p. 127.

을 때에는 우리는 변호사도 사실심리도 필요 없소. 차라리 재판장이 하루나 이틀 동안에 너는 징역 얼마, 너는 징역 얼마라고 즉결 언도해주기를 바라오." 판검사들이 박헌영의 발언을 막느라 재판정의 분위기는 험악해졌다.[13]

매회 공판 때마다 앞장서서 재판정을 흔들어놓던 박헌영은 9월 20일에 열린 네 번째 공판은 처음부터 뒤집어버렸다. 박순병이 고문으로 사망했다는 사실이 뒤늦게 전달되자 극도로 흥분한 것이었다. 박헌영은 오전 9시 20분 재판장이 개정을 선언하자마자 벌떡 일어나 재판장을 향해 달려 나가 외쳤다. "재판장! 피고인들 가운데 박순병이 보이지 않는다. 웬일이냐?" 간수들이 몰려와 끌어 앉히려 하자 박헌영은 자신의 안경을 벗어 재판장에게 팔매질을 했다. 안경은 박살나버렸다. 박헌영은 진술대 위로 껑충 뛰어올라 박순병을 누가 죽였느냐며 살려내라고 고함쳤다.[14]

자유를 구걸하기 위해 전향이라도 일삼고 그저 단순히 갇혀있는 삶의 조건을 벗어나려 회유에 응하는 손쉬운 사내였다면 '타협'은 일상의 일이었을 것이다. 고통을 즐긴다는 건 비일상적이자 비상

13 윗책, p. 128.
14 윗책, p. 130.

식적인 일로 고통과 흔쾌히 함께 하며 그 안으로 '스스로 걸어 들어가는' 행위다.[15] 아울러 자신만의 희망을 간직한 채 일체의 '힘듦'과 맞서 싸우려는 예외적 다짐의 실천으로 누구든 어디서나 아무렇게 저지를 사단이 아니다.

해방공간에서도 '그'가 자신만의 비타협성을 당당하게 고수·견지한 게 옳았는지는 두고두고 논란대상이 된다. 정치의 현장에서야 본디 한없는 변명대상이 되어버리곤 하는 게 '옳고 그름'의 문제이니, 차라리 '좋고 싫음'으로 판가름하거나 이를 담는 이념의 허울로 '노선'이란 핑계 안에서 다툼의 논리를 정교히 다듬었다고 보는 게 실제에 가까우리라. 박헌영은 '타협=패배'라는 등식 아니면, 그건 곧 '반혁명' 혹은 '반동성'과 이음동어라는 이해 틀을 버리지 않는다. 아니, 그것이 곧 자신의 정치적 존재이유이자 희망의 목표를 이룰 실천적 방법이라고 굳게 믿는다.

특히 적을 향한 배타성이 결연히 드러나는 성격은 박헌영 특유의 강함과 그 이면의 심리를 주목하게 한다. 단호함과 겸허함을 동시에 갖춘 것으로 정평 있는 그가 심지어 지나친 예민함을 보여 일을 그르치거나 주위의 비판을 사는 행태로 문제를 제기하는 건 때로 난감하였다. 김오성은 이 같은 문제를 '칭찬'과 '모함'에 인색한 박헌영의 성격적 특성에서 찾는다.

15 윗책, p. 278.

그는 남을 칭찬할 줄 모르고 동지를 모해謀害할 줄 모른다. 특히 칭찬하지 않되 그의 앞에서는 순종하고 싶고 모해하지 않음으로 동지들은 그를 추존推尊하게 되는 모양이다. …· 겸허한 인격과 포옹력에 강한 인간은 대체로는 무능한 법이다. 그러나 박씨는 예외다. 아니 그는 결단의 인人이요 강행의 인이다. 그는 당내에서는 그리고 같은 진영내에서는 겸허와 포옹력을 갖이지만은 적에 향하여서는 추상같으며 조그만 용대容貸가 없는 것이다. 그는 때로는 상대자가 몸서리칠 만한 신랄한 독설을 퍼붓는 때도 있다. 남이 듣기에는 신경질적이라고 할 만치 예리한 공격을 가하는 때도 있다. 아마도 이것은 그의 너무도 신산한 생애가 빚어준 유습일 것이며 적을 증오하는 울적한 감정의 노출일 것이다. 필자는 그와 함께 소위 민족통일 공작을 위해서 수차 동석한 일이 있거니와 그때 뫃였든 사람들의 박씨에 대한 감정은 극히 좋지 못한 것을 나는 관찰했다. 상대자를 어루만져 유리하게 결정지을 경우에도 박씨는 자기고집과 신경질로서 그만 상대자의 감정을 사서 허무러트린다는 것이 동석자의 소회이였다. 그러나 그것은 인간 박헌영씨의 정치가로서의 단처短處도 되는 동시에 장점도 되는 것이니 그러한 증오감과 신랄한 공격성이 박헌영 씨로 하여금 오늘의 공산당당수를 빚어내인 까닭이다.[16]

16 김오성, "투사형의 지도자: 박헌영론," 『전집』 제6권·미군정기 관련자료편

이 같은 성정이 그의 당대 정치(책)적 결정과정에 고스란히 다다른다는 사실을 입증하려면 정교한 추적과 숨은 그림의 조합이 뒤따라야 할 것이다. 하지만 이 같은 작업의 과학성은 물론 철저한 인과론 규명은 가설 검증과정에서 엄정한 객관성을 담보하기 힘들다. 정치적 인간들의 모든 정치적 결정을 명쾌히 설명할 심인은 완벽한 객관성을 확보하기 힘들며 그에 준하는 주변의 여러 요건들과의 상관성도 적확한 규명이 손쉽지 않은 까닭이다.

미소공동위원회의 진행을 둘러싼 조선공산당의 친미적 입장과 신탁통치의 찬반에 대한 입장 번복은 여전히 논란거리다. 아울러 부르주아 민주주의혁명과 프롤레타리아트 사회주의혁명의 단계별 혁명이론 등에 주목하면, 박헌영의 정치적 비타협성에도 일정한 한계가 드러난다. 여기서는 '일관적 비타협성'을 둘러싼 역사적 반증보다 시대변화에도 불구하고 그의 정치태도와 기질이 얼마나 강한 유사성을 지탱하는지 그 결정적 공약수에 주목하려는 것이다. 아울러 대항의 분명한 '상대'가 사라져버린 해방공간에서마저 강점기 투쟁의 결연함과 분투적 호전성을 지탱한다는 점에 유념한다.

'주어진 자유'나마 움켜잡고 나라를 다스리겠다며 각자의 정치력을 한껏 동원·확장하려 한 해방공간은 '타협'과 '조율'을 학습할 절호의 기회였다. 홀연히 귀국한 독립지사들의 존재감에 비하면, 박헌영으로선 훨씬 의연하고 당당하기만 한 것이었다. 자부심이 탄탄

2, pp. 161-162.

하니 표면적인 드러냄도 가열 차고 기다림 진하였으니 조바심도 그에 비례하는 건 당연했다. 사회주의사상을 고수하는 정치적 차별성이나 이를 지켜내려 강점기 내내 국내에서 지불한 물리적·육체적 비용이야 '이제야 돌아온' 저들의 고통과 견줄 대상이 아니었을 것이다. 그럼에도 불구하고 각자가 겪은 고통의 실질을 압도적인 무게로 내세울라 치면, 그들 서로는 때로 억울하기도 했을 것이며 애면글면 더 초조해지는 심사 또한 이해 못할 일은 아니다.

그 같은 마음이야 국내 헤게모니 장악을 꿈꾸는 이들이라면 모두가 안고 있었던 터다. 예나 지금이나 '집권'이 목표요, 권력이 희망인 직업정치인들의 눈에 경쟁하는 '타자'의 유리함이나 득세 가능성은 마음 편할 리 없는 경계(와 미움)대상이다. 게다가 양과 질에서 단순비교가 힘겨운 정치적 '치열함'은 물론 자긍심과 결연함도 넘쳐난다. 박헌영의 철저한 비타협성이 개인의 성정에서 비롯되는 것인지 여부를 따지려면 정밀한 추적이 필요하다. 마찬가지로 그를 제외한 나머지 인사들의 비타협성도 '그'와 같았던 것인지 알려면 섬세한 관찰이 뒤따라야 할 것이다.

타협이란 생각조차 않는 상황 속에서 양보와 대화의 채널을 기대하긴 어려웠다. 아니, 정확히 표현하자면 자기들이 먼저 다가가 상대에게 제 '패'를 보여주거나 그로써 자신이 얻을 가치의 크기와 이익의 부피를 나누려드는 호기豪氣일랑 조금도 부리려 애쓰지 않았다. 철저한 명분론이 기승을 떨친 해방공간 조선에서 반대 상황을 꿈꾸긴 힘들었다. 상대가 미리 접근하여 자기진영의 정치적 속내를 진지하게 설파하거나 경쟁세력과 거시적으로 힘을 합쳐 연합정권의 기틀이나마 만들기 위해 애쓰는 마음의 여유 같은 것 말이다.

더 큰 문제는 넘쳐나는 정치적 자유 속에서 각 세력들이 하나같이 권력집중기회를 자신에게 유리한 방향으로만 활용하려는 전략과 전술 타진에 능했다는 점이다. 이를테면 될성부른 세력이나 인물에게 자신들의 이익이나 가치를 양도하고 힘을 몰아주기 위해 스스로를 희생한다든지, 타협과 양보를 통한 이익공유나 균점을 꾀하리란 가능성은 좀체 드물던 과거다. 박헌영 역시 여기서 예외일 수 없는 이유다.

집권 가능성은 과거의 고난을 한꺼번에 뛰어넘을 보상의 신호였고 정치적 최고가치로 존치시킬 이유가 컸다. 나눠가질 권력이란 애당초 존재하지 않으며 정치적 힘은 그래서 늘 독점과 집착대상이 된다는 각별한 학습도 새삼스런 수확이었다. 그처럼 '상식적 비상식'이 빛나도록 넘쳐나는 엘리트 구조였다. 당대의 '비타협'은 곧 완벽한 가치 보상적 독점과 배타적 집권을 향한 정치도구로 맹위를 떨친다. '내'가 갖기 힘든 권력이라면 '그'도 갖지 말아야 하며 '저들'이 쟁취할 힘이라면 '나'와 '우리' 역시 앗아야 할 이유가 분출하는 역설의 시공간이 '해방조선'이다.

박갑동은 이 같은 비타협성의 가까운 기원을 강점기까지 소급한다. 해방공간에서의 정치적 협상이나 물리적 조우를 당대의 다양한 정치세력들이 마다한 건 이미 기정사실이었다는 것이다.

"우리가 가장 큰 약점이 있습니다. 왜냐하면 저 미국에 망명한 이승만 박사, 또는 국내에서는 박헌영, 그리고 또 만주에서 뭐 중국이든 소련이든 돌아다니던 김일성, 또 이 조선에서 소위 부르주아 계급을 대표하는 김성수, 이 네 사람들이 말이지 한 자리에 앉아 가지고 일제 탄압 하에서 공동체제로 해 가지고 일제에 대항한 경험이 없어요. 한 울타리 안에 들어 앉아본 적이 없어요. 그것이 우리 해방 후의 우리 정계를 갖다가 그 극렬상태로 안 가고 말이지요, 그 평화적으로 이끌어가는 조건에서 가장 결함 있는 조건이라고 봅니다."[17]

강점기의 공동 투쟁경험이 없었음이야말로 해방공간을 평화적·주도적으로 관리하지 못한 치명적 이유가 된다는 지적을 고스란히 받아들이면 회한과 애절함은 더 높이 쌓인다. 왕조의 몰락과 해체의 위기를 혼연일체로 막아내지 못한 정치적 책임은 '개화'와 '척사', '자주'와 '사대'로 나뉘어져 있던 당대의 정치세력들과 민중 보편의 주눅이나 두려움으로 귀결될 수밖에 없기 때문이다. 아예 새로운 국가체제를 수립하지 못한 사회 혁명적 한계도 다시 채근하게 되는 역

17 '박갑동 당시 해방일보 기자의 증언,' 한국방송사업단 제작, 「한국전쟁/제1편: 분단」(서울: 한국TV카메라기자회 프로그램사업부, 1991) 〔형태사항: 비디오카셋트(49분) ; 유성, 천연색, 흑백 ; 1/2in〕, 〔00 : 43 : 41 → 00 : 44 : 22/00 : 50 : 01〕.

사적 울기 역시 뉘라 말릴 일일까.

이른바 '자발적 근대화'를 이룩하지 못한 대가는 혹독했다. 식민체제로 강제 편입된 이후 대항폭력의 한계와 부재는 왕조 말기의 그것을 고스란히 내면화하고 그나마 해외독립운동을 통한 군사적 저항이나 항일주도세력 전반과의 공동전선구축이란 것도 말처럼 쉽지가 않았다. 하물며 박헌영의 국내 투쟁세력과 정치적 연계를 통한 대항전선수립은 더더욱 힘겨웠다. 구한말의 정치적 무능과 국내저항세력의 한계까진 그만두더라도 강점기 투쟁단위의 통합능력부재가 해방공간의 정치적 비타협성을 재촉한 인과론으로 적합성을 지니는지는 지속적인 논쟁거리다.

해방공간의 정치세력들이 대립만 할 뿐, 경쟁과 타협에 무능했던 귀책사유의 일정부분을 박헌영에게 물으려 함도 지적 합의는 어렵다. 미소 대결구도가 뚜렷해진 분단조선에서 군정의 동시실시는 또 다른 '폭력구조'로의 강제편입을 뜻할 뿐, 그 같은 운명적 예속 아래 국내정치적 타협의 무능을 묻고 통합불능책임마저 귀속시키려 '듦'은 본원적으로 어렵거나 애초부터 다른 뜻을 지닌 생각일 따름이란 반론도 엄연하기 때문이다.

안재성은 이렇게 말한다.

> 훗날의 역사학자들도 박헌영이 우익 민족주의자들을 포용하지 못해 집권에 실패했다고 너무 쉽게 단정하지만, 일면적 시각이었다. 박헌영보다 훨씬 유연하게 우익과 접촉하려 애썼

던 여운형·조봉암·백남운 등도 모두 정치세력화에 실패했을 뿐 아니라 송진우·김구·김규식·이시영 등 양심적인 우익 지도자들조차도 결국에는 모조리 실패했다는 사실을 외면한 아전인수식 비판이었다. 미국과 손잡은 이승만과 한민당의 테러탄압 아래 남한에서 살아남을 수 있는 정치세력은 거의 없었다. 필요한 것은 투쟁뿐이었다. 조선공산당과 그 후신인 남로당이 우익과 타협하지 못해 정치주도권을 잃었다는 비판은 순박하거나 아니면 고의적인 왜곡이었다. 오히려 그들의 가치는 타협이 불가능한 미군정과 이승만 정권에 유일하게 맞선 세력이라는 점에 있었다. 남로당마저 붕괴된 뒤 이승만과 경쟁하는 세력은 이 추악하고 잔인한 정치적 대학살 시기에 이승만과 손을 잡고 피를 뿌렸던 바로 그들이었다. 단지 이승만 독재에 반대할 뿐, 철저히 보수적인 그들은 장차 남한의 야당이 되어 수십 년 이상 남한의 민주주의운동을 지배하게 된다.[18]

그러나 문제는 남는다. 당대 거의 모두가 실패한 우익과의 타협을 이제 와 질책하기보다 오롯이 맞서 싸우고 결연히 대든 박헌영의 자세에 주목해야 한다는 주장은 일견 타당하다. 하지만 그렇다고 하여 그의 '맞섬'과 '대듦'의 꼿꼿함 하나로 타협을 향한 최소한의

18 안재성(2009), 앞책, pp. 354-355.

노력조차 기울일 필요가 없었다는 논리를 맞바꾸려 함은 무리다. 세상에 '절대'는 존재하지 않으며 절대처럼 '보이는 그것'은 기실 '상대'에 가려질 무언가의 불안과 어딘가의 초조가 거북하여 기획한 결과일 수도 있기 때문이다. 맞서거나 대들기라도 하였기에 타협 이상의 의미와 효과를 기약할 수 있었다면, 그로써 빛날 통렬함과 장쾌한 정치적 감동은 의외로 금세 그리고 손쉽게 잦아들 광채마저 품었을 것이다.

결기는 결기로 눈부시고 결기로 망연해진다. 결기가 박헌영의 힘이자 짐인 까닭도 교차지점에서 그 자체로 설명 가능하다. 빛나며 사라지고, 소멸하면서 기억나게 만드는 '그것'은 분명한 '기운'이다. 질량불변의 법칙처럼 되 뇌이게 만드는 물리적 존재감도 아니며 비물질적 에너지로 감지하는 게 아니면서도 도드라지고 명징한 이미지로 고개를 드는 '기氣'는 차라리 '끼'와 통할 것이다. '결기'라 쓰고 '결끼'라 읽는 것도 그래서다.

결기로 일어서 결기로 버티고 결기로 주저앉은 사내의 삶이 결기로 무너지는 사연은 늘 '극적 극단성'을 담보한다. 부러질망정 휘지 않고 서서 죽더라도 앉은 채 곁눈질하거나 적절히 조율의 빈자리를 노리는 짓 따윌랑 꿈조차 꾸지 않은 대가는 녹록치 않다. 평생의 투쟁과 절명의 기다림이 하필 죽음의 함정 주변에서 마지막 결기의 동원을 재촉하는 세월의 곡절은 드라마 그 자체다. 하물며 죽음에 임박한 그와 그를 따르는 인사들의 동반 결기까지 바라보게 되는 역사의 객석에서 끝까지 경청해야 할 스토리텔링의 얼개는 일관된 틀을 잃지 않을까 도리어 염려스러울 정도다.

박헌영은 그러나 이 같은 생각 자체를 당초에 지워버린다. 자신의 결기에 자신이 갇혀버리는 형국은 아쉽더라도 모두가 받아들이지 않으면 안 될 대가였다. 다시 안재성의 기록과 분석에 주목하자. '결기'는 박헌영의 버거운 짐이어도 결국 그를 살아있게 한 에너지의 기본이자 삶의 힘이었음을.

> 어떤 권위에도 굴복하지 않고 하고 싶은 말을 하는 결벽증은 조선공산당 출신들의 일반적인 성품이라고 할 수 있었다. 이강국·최용달·배철·이원조·이태준·이현상·김응빈·김태준 등의 원칙주의는 유명했다. 그중에서도 이주하의 성품은 대단해서 김태준은 그에게 큰 '대' 자를 붙여 대주하라고 부르기도 했다. 이들에 비하면 박헌영은 지나칠 만큼 입조심을 하는 편이었다. 하나하나 실권을 잃어가고 있던 이때에도 박헌영은 남한의 현실을 맹공격하고 북한을 찬양하는 판에 박힌 연설만을 되풀이하고 있었다.[19]

> 박헌영은 죽는 그날까지, 어느 누구에게도 단 한마디라도 공산주의에 대해 회의하는 말을 한 적이 없었다. 사상적으로 박헌영에게 치명적인 결함이 있다면 바로 이 점이랄 수 있었

19 윗책, p. 490.

다. 공산주의 내부의 공격과 달리, 그는 일제의 간첩도 미제의 간첩도 아니었으며, 그 어떤 증언이나 기록에도 그가 비겁자로 굴었다는 내용은 없었다. 오히려 우익의 공격대로 철두철미한 소련파였으며 그것이 그의 치명적인 결함의 출발이었다. 그는 오로지 소련공산당과 스탈린이 나눠준 교과서대로 세상을 보려 했다. 일제하 공산주의자들이 모두 그랬던 것도 아니었다. 다른 이들은 행동은 같이하더라도 여러 가지로 번민하는 흔적을 남겼다. 유독 박헌영은 교조적인 원리주의에서 한 치도 벗어나지 못했다. 이런 모습이 그를 불변의 공산당 지도자로 만든 것은 사실이지만, 결코 위대한 역사적 인물이 될 수 없게 만든 이유도 되었다.[20]

꼿꼿함은 그의 대표자산이다. 꼿꼿하지 않고선 견딜 수 없는 세월이었고 단단하지 않으면 버티지 못할 역사였으니 말이다. 이데올로기라는 게 낯설기도 했지만 유교와 덕치가 전부인줄 알던 세상에 느닷없이 외세가 개입하고 그걸 내쫓으려 인입引入한 신념의 틀이란 것도 퍼뜨리고 심으려는 이가 반듯하지 않고서는 감당 못할 사단들이었다. 싸워 얻은 자유라면 나중에도 덜 겸연쩍을 해방이련만, 하필이면 그 또한 남의 나라 폭력으로 얻은 세상이어서 부담은 작지 않고 눈치도 제법 쌓인 내 나라 내 땅이었다.

20 윗책, p. 211.

새로 들인 외세의 간섭 덕에 내 것을 내 것이라 말 못하는 처지인 즉 기어이 낯설고 자신을 이방인으로 겪는 희한한 세월도 무던히 겹쳐지고 있었다. 그런 강토에서 살 수 '있는 길'이란 '살아남을' 방도의 획책밖에 더는 없었다. 없는 힘을 만들지도 못하고 강한 자의 등에 업히기도 싫다면 홀로 의연히 버티기 밖에 따로 궁리할 세상도 아니었던 것이다. 스스로 변하지 않고 바꾸지도 못하였던 역사의 대가는 그리도 가혹하였다.

평생의 둥지를 떠나야 함은 의도치 않은 행위의 결과지만, 새로이 발붙일 땅에서 정치적 약자가 되어야 할 현실은 꿈밖의 일이었다. 공동투쟁의 인연조차 없는 다른 강자의 존재감에 눌려야 하는 황당함도 의지와 관계없이 견디기 힘든 일상이었다. 그만의 결기가 아니라면 누르거나 이겨내기 어려운 난관이었다. 멀게는 3·1로 가슴 설레며 식민지 혁파를 꿈꾸던 10대말 뜨거운 희망과도 상관없었고, 가깝게는 죽음으로 옥죄던 젊은 날 고초 역시 사회주의조선의 혁명적 미래와는 가당찮도록 허무맹랑한 사내의 처지였다.

누군가 가르쳐 되는 게 아니라 스스로 긴장하고 오롯이 터득하다 보면 자강自彊과 확신도 거짓처럼 모습을 갖추었던 것이다. 그 역시 신비의 얼개를 빌려 허구도 사실인 양 모습을 드러낼 때 혁명마저 텍스트적 실체를 마련하리라 믿게 되었음은 그만이 간직한 결기의 축조물이다. 그것도 모른 채 모든 책임과 과오를 죽도록 채근하며 끝도 없이 물어댈 일은 아니었을 것이다.

하물며 위대한 사상가나 정치적 위용으로 무장한 영웅적 혁명가로 어찌 '그'를 기억 밖으로 추스를 일일까. 영웅이든 위인이든 될 리도 없지만, 행여 그마저 꿈꿀 그도 아니다. 그러느니 단단히 기다리며 책 속의 혁명을 꿋꿋이 꿈꿀 밖에 그에게 과연 무슨 과업이 더 있었을까. 그 같은 세월의 풍광들이 갑갑해진들, 어쩌랴. 그것이 그때의 나날인 것을. 그것이 그의 매력인 것을.

VII. 공백

결기란 이름의 정치적 성격이 꼿꼿함과 단단함의 배양'소素'로 작용한다면, 그로부터 '비타협성'의 강화와 지탱도 가능해진다는 가설 역시 세우지 못할 리 없다. 하지만 타협의 회피와 자기주장의 강고한 펼침이 곧 폭력적 사고의 또 다른 원인이 된다는 반대가설은 이내 논리적 모순에 갇힌다. 폭력은 문제를 해결하기 위한 가장 빠르고 단순하며 분명한 정치적 수단이기 때문이다. 즉, 폭력은 방법이자 도구일 뿐 목적 그 자체는 아니며 결기와 유사성을 공유하지만 그것이 곧 전자의 형식과 내용을 결정하는 직접원인이 되는 건 아니다. 상관성을 입증하려면 분명한 연결고리가 필요하고 '유사성'과 '동질성'이란 개념이 같지 않음은 '이미' 어휘의 차이를 넘어서는 의미의 '다름'을 명시하는 까닭이다.

'비슷함'과 '같음'은 다른 의미소를 함축한다. 머금는 성분의 차이는 미세한 형태적 다름과 내용적 이질성을 전제하는 까닭이다. '결기'와 '폭력'은 '타협'과 '타협성'이라는 또 다른 파생명사 주위에서 의미의 유사성과 동질성을 놓고 표류와 갈등의 골을 넘나든다. '맞섬'과 '대듦'은 자세이자 행태의 특성일 뿐, 물리적 공격성이나 방법론적 과격함을 늘 담보하지 않는다. 부분적 적실성을 놓고 전체를 재단하기 힘들다는 반론도 얼마든지 감안해야 할 사항이다. 결기는 때로 폭력을 동반하지만, 둘은 하나가 아니며 별개의 기운이자 독립적 힘으로 엄존한다.

결기는 폭력의 필요조건일 뿐, 충분조건이 아니다. 다시 강조하건대, 비슷하다고 같은 건 아니며 이미지의 유사함만으로 의미 그 자체를 뒤섞거나 무의식적 혼돈을 방임·용인할 수도 없다. 박헌영의 결기도 그의 폭력을 무작정 담보하는 이론적 명분으로 악용하거나 정치적 '이음동어'로 오인해선 안 된다. 말과 글로 표현한 폭력이나 실천으로 담보한 그것이 일치할 때 비로소 '정치적 합일'의 세계를 확인하게 되는 건 물론이다. 하지만 박헌영의 경우, 폭력의 정치화는 물리적 실천 '장場'에서 확인가능하기 보다 글과 말에서 압도적이다.

뿐만 아니라 곧고 강한 그의 성정이 해방 후 정치 갈등에 온갖 책임을 담보하는 결정적 계기가 된다는 사실은 주목해야 할 대상이다. 그것은 결국 해방공간 조선의 정치폭력을 미시사적으로 재구하는 일체의 노력과 직결되며 언젠가는 맞춰질 숨은 그림의 숱한 조각들 하나하나가 가치 있는 사료들로 엄존하는 이유마저 잘 설명해준다. '박헌영이 폭력적이다'라는 언명은 인명과 형용구를 어조사로 엮은 '강제 합성문'에 지나지 않는다. 그가 한국근현대사에서 가장 대표적인 국내 사회주의이자 토착 공산주의자로 폭력혁명을 근본목표로 삼는 '큰 바위 얼굴'이길래 치러야 했던 대가도 다시 산출해야 할 필요는 엄연하다.

이를 위해 다음 몇 가지 항목들은 이제는 지워야 할 편견들과 그 윤곽의 대강을 체계화시켜 준다. 아울러 이를 둘러싼 박헌영 탐구의 공백들을 다시 짚으려 한다. 역사로 남은 '저들'을 위해 무엇을 메우고 또 채워야 할까. 가장 곧고 제일 단단한 자가 '폭력적이기까지 했다'는 편견의 불식을 위하여 우리는 당장 무엇을 해야 하는가. 그것이 끝내 살아남은 자들의 역사적 과업이자 인문적 상상의 새로운 대상이 된다면 생각의 방향은 어디로 또 어떻게 가늠해야 할까.

1. 해방공간 조선의 정치폭력을 전면적으로 '배양·숙성·강화'한 장본인이 박헌영이라는 주장은 여전히 가정법의 범주를 넘지 못한다. 이를 단호히 입증할 근거는 소문과 전언 아니면 당대 역사의 유추해석을 바탕으로 삼는다. '그가 그랬다'는 주장은 진실을 가장한 사실의 왜곡 아니면 해방공간의 물리적 파괴와 정치사회적 소란을 단죄하기 위한 속죄양 만들기의 결과로 남아 있다.

2. 46년, '9월 총파업[1]'이 조선공산당의 작품이었다는 사실과 이후의 전국단위 정치폭력을 손쉽게 '인과론'으로 설명하려는 경우가 그 하나다. 대구 10월항쟁과 이를 전후한 시기의 국내시위는 물론 심지어 요인암살 등 정치테러발생과 박헌영을 연관 짓는 즉발적 연상이나 상상의 '자동성'은 무책임한

1 미군정기인 46년, 조선공산당이 주도한 전국노동자 파업투쟁을 이른다. 46년 9월 23일, 부산지역 철도노동자 파업투쟁을 시작으로 9월 24일부터 조선전국노동조합평의회(약칭 '전평') 주도로 각 산업별 노동조합이 연대투쟁에 들어가는데 10월 1일, 우발적으로 발생한 대구항쟁으로 확산된다. 조선공산당은 과격한 성향을 보이면서 대중투쟁을 선동, 총파업에 돌입한다. 첫 파업은 9월 23일 부산지역 7천여 철도노동자들이 시작한다. 급속도로 전국화한 철도파업에는 4만여 노동자가 참가한다. 금속·화학 산업분야에서도 15만 노동자가 파업을 벌인다. 이들은 '쌀 배급', '임금인상', '해고반대', '노동운동의 자유', '민주인사석방'등의 슬로건을 내걸고 총파업에 본격 돌입한다. 9월 27일에는 서울의 중학교와 전문학교학생 1만5천명도 가세하여 학원자유, 식민지 노예교육철폐 등을 요구하며 거리로 나선다. 심지어 남조선 국방경비대(현재 대한민국 육군) 해상경비대(현 대한민국 해군) 일부도 동참했을 뿐 아니라 서울에는 주한미군 내의 미국공산당원 수십 명이 '조선에서 미군을 철수하라!'고까지 시위를 벌이기도 한다. 하지만 총파업은 박헌영이 독단으로 주도하지 않았다. 공산당의 지령은 총파업에 국한되어 있었다. 미국과의 항쟁을 결의했지만 아직 공산주의운동의 기본수단인 노동파업만을 설정했을 뿐 폭력투쟁은 상정하지 않은 상태였다. 한편, 이 무렵 9월 27일 북조선 임시인민위원회의 북로당 중앙상무위원회 제6차 회의는 남한의 노동자파업을 적극 지지하면서 그 정당성을 강력히 옹호하는 선언문을 채택한다. https://ko.wikipedia.org/wiki/9%EC%9B%94_%EC%B4%9D%ED%8C%8C%EC%97%85

등식논리다. 조공의 해방 후 재건활동과 '신전술'[2] 적용에 이어 남조선로동당의 폭력노선이 이를 자동 담보한다고 보는 시각은 좌익에 대한 일상의 혐오와 그 극단의 배격논리가 핵이다.

3. 당국이 사용할만한 박헌영의 정치적 올가미는 적잖았다. 미군정과 동시 진입한 (미국식) 자유민주주의 지배질서는 안 그래도 불리한 그의 국내정치환경을 더 냉각시킨다. 온갖 제약으로 운신 폭을 좁혀버리는 통제효과 말고도 실질적 '배제'와 '폄하'대상 안에 가두려는 폭력기제의 강화와 함께 '조이고 묶는' 도구적 명분들은 넘쳐나고 있었다. '정판사 위폐사건'[3]이 지니는 폭력적 조작도 그 한 예다. 여기서 주목할 흐름

---

2 해방 직후만 하더라도 조선공산당은 미국을 진보적 입장에서 파악하고 있었다. 따라서 군정초기에는 '협조합작'전술 아래 전반적으로 군정에 대한 직접 비판이나 물리적 공격을 자제한다. 하지만 46년, 좌익에 대한 군정의 물리적 진압과 미소공동위원회의 결렬에 따라 협조전술은 한계에 이른다. '신전술'은 이 때 등장한다. 미군정에 대해서는 공세적 압박을 강화하고 국내 우익에게는 정당방위의 자위전술을 쓰면서 9월 총파업과 대구 10월 항쟁을 거치는 등 정책방향을 조정한다.

3 1946년 서울에서 일어난 위폐범죄 적발사건이다. 46년 5월 15일, 수도경찰청장 장택상은 "조선공산당 인사들이 정판사에서 약 1천2백만원 상당의 위조지폐를 찍어 유포한 사실이 드러나 관련자들을 체포했다"고 공식발표한다. 조선공산당의 활동자금마련과 남한경제를 교란하기 위해 이런 일을 저질렀다는 게 경찰주장이었고 조선공산당은 '조작사건'이라며 혐의를 부인한다. 수사결과에 따르면 사건의 주범은 조선공산당 재정부장인 이관술과 《해

가운데 하나가 권위주의국가의 체제위기 극복메커니즘과 권력의 유지 혹은 연장을 위한 정치적 반대세력 탄압이다. 분할통치Divide & Rule는 이 사건뿐 아니라 민중을 주권자 아닌 통치대상으로 간주한 역대 당국의 애용수단[4]이다. 이 사건은 한국의 권위주의정권이 정치위기를 극복하고 민중을 통제하기 위해 조작한 대표사례다.

4. 월북 이후, 현지에서도 계속되는 박헌영에 대한 정치적 압박은 아이러니다. 이른바 '미제국주의 고용간첩 박헌영·리승엽 도당의 조선민주주의인민공화국 정권전복음모와 간첩

방일보》 사장 권오직이고 이들의 지시로 정판사 사장 박낙종, 서무과장 송언필이 위조지폐를 인쇄해 유통시켰다는 것이다. 조선공산당원이며 강점기부터 정판사 직원이었던 김창선이 지폐 인쇄판을 미리 훔쳐갖고 있었다는 것이다. 이로써 권오직은 월북하고 이관술은 체포되어 46년 11월 23일 선고공판에서 무기징역을 선고받은 다음 한국전쟁직후 처형된다. 이 사건으로 정판사는 이름을 바꾸고 《경향신문》을 인쇄한다. 《해방일보》는 무기정간조치를 당하고 조선공산당은 당사 압수수색을 받은 다음 입주건물에서 쫓겨난다. 조공은 사건이 날조되었다고 주장, 강경 반미공세로 맞서고 박헌영의 월북계기를 만든다. 사건의 중요한 증거는 피고인들의 자백이다. 이관술을 비롯한 이들은 경찰과 검찰에서의 진술이 '고문 때문'이었다며 재판과정에서 피의사실을 번복한다. 유일증거로 확보된 것은 만 원권 위조지폐 2장이지만 당시에는 위조지폐사건이 많아 이를 증거로 삼긴 부족하고 공산당이 재정적으로 어려웠다는 근거도 없다.

4 연구자에 따라 이를 '반공주의적 분열통치'의 정치적 술수로 이해하기도 한다. 다음이 대표적이다. 임성욱, "미군정기 조선정판사 '위조지폐' 사건 연구," 한국외국어대학교 국제지역대학원 한국학과 한국학 박사학위논문(2015), pp. 298–300.

사건'이라는 긴 이름의 정치 스캔들은 그 정점에 선다. 한국전쟁의 실패는 불편하기만 한 박헌영을 제거할 최고·최선의 명분이었고 스탈린에게서 배운 사회주의정권의 효율적 운영을 위한 결정적 계기였다.[5] 박헌영과 상관없어 보이는 '포르투나'가 끝내 커 보이는 까닭도 여기서는 한사코 설득력을 지닌다.

과잉단순화 시키면, 해방공간에 난무한 온갖 정치폭력 가운데 군정 당국이 사법폭력에 기대어 민중부문을 향해 사용한 여러 유형의 국가폭력을 제외하고 민중부문의 상향식 폭력에 초점을 맞출 때 대부분의 힘의 정점에는 박헌영이 도사리고 있다는 논리는 기승을 부린다. 극단적으로 표현하면, 당대 모든 폭력의 '배후에는' 그가 있고 전국규모의 파업과 시위 '한가운데도' 그가 있으며 전대미문의 암살과 거센 정치테러의 '선봉 역시' 그가 아니고선 대신할 인물이 없었다는 '박헌영 결정론'이 압도적이다. 그래서 박헌영은 '막후이자

---

5 공판문헌은 박헌영이 1919년경부터 미국인 선교사 언더우드와의 친분을 통해 숭미崇美사상을 품었고 25년 2월 초순 경찰에 체포되자 변절, 일제의 주구로 조선혁명운동탄압에 복무했으며 39년 10월 조선의 자주독립과 민주화를 반대하는 반역의 길로 들어선다고 공박한다. 전쟁기간인 51년 9월 초순에는 당과 정부를 전복할 무장폭동단행을 토의하고 52년 9월에는 무장폭동으로 당과 정부를 정복할 음모까지 꾸몄다고 주장한다. 전쟁 직후 박헌영에 대한 재판은 김일성의 정치적 승리를 알리는 상징적 사건으로 과장된다.

핵심이며 선동'의 장본인으로 희대의 '정치악마'인 양, 희화화한다.

정치제도화의 수준이 낮고 원색적 경쟁과 다툼만 난무하는 세상에서 전근대적 갈등과 강제적 근대의 혼존은 다만 '불행'이었다. 사실상의 원시적 탐욕과 '뺏고' '빼앗기지 않으'려는 쟁투만이 또렷이 드러나는 나날 속에서 중요한 건 오로지 적과 동지의 경계境界였다. 그것은 척박한 세월을 견디는 정치적 가늠자이자 그악스레 버텨야 하는 군상들의 생존을 담보하는 푯대였다. 누군가 하나 죽지 않으면 '빈자리'는 생길 가망이 없고 어디선가 무언가 들쳐 매고 오지 않으면 살 길 또한 묘연한 살벌한 공간에서 '타협'이니 '대화'니 아니, '절차'에다 '소통'부터 따지는 건 '사치'였다.

자기이익의 극단과 최대값을 먼저 고려하는 합리적 선택 장에서 반사이익개념은 치사하거나 유치한 대가일 수 없다. 공정한 게임과 결과적 승복 속에서 자존심의 조율마저 가능한 의식의 중간지대까지 감안한다면 패배에 따른 울기와 심리적 처연함도 관리하지 못할 까닭은 없다. 하지만 상대가 죽어야 내가 살거나 내가 엎어져야만 그(녀)가 비로소 나를 밟고 소생의 기미를 체감하는 세상의 척도란 '절박함'일 수밖에 없다. '반사이익'은 이런 세계에서 '밥'이자 '피'로 엄존하는 엄연한 최고 '자원'이다. 네가 더는 세상에 없어야만 내가 살거나, 내 편이 이겨야 네 편이 사라질 삶의 교훈은 전쟁과 평화의 고상한 변증법이 아니다. 평화는 여기서 전쟁의 단순반어가 아니라 전쟁을 잠시 멈춘, 단지 불안한 휴지상태이자 어설프고 어정쩡한 동명사에 지나지 않는다. 당장 싸우지만 않을 뿐, 언제 다시 삶과 죽음의 경계를 넘나들지 모를 긴장과 대립상황을 전제하는 개념이 여기서 다시 주목하게 되는 정치적 반사이익이다.

해방공간 조선의 좌우대립과 정치 갈등도 마찬가지다. 영락없는 거울효과는 물론 가차 없는 제로섬의 살벌함이 상황을 결정짓는 모습은 예기치 않은 분단과 그에 따른 이념의 강제 주입이 빚은 비의도적 결과다. 흔히 비판과 공격주체는 도덕성과 자기완결성을 무기로 스스로의 외피를 감싸는데 익숙하다. 마치 자신은 완벽한데 상대는 그렇지 못하다는 식의 흠결 지적과 그만큼 스스로를 격상시키거나 역비판 가능성을 사전 차단하는 이중의 효과마저 도모한다.

좌익을 공격하는 우익과 그런 우익을 등에 업는 미군정 당국은 그로써 유리한 정치적 승기를 잡는 데 주저하지 않는다. 그런다고 도덕적 우월론으로 온 몸을 감쌀 우익진영과 군정당국이 아니었지만 때맞춰 부는 반공주의 열풍과 정치적 흡인력은 좌익진영 전체를 마비·제거시킬 정도로 고조되고 있었다. 그 바람에 올라탄다는 건 놀랍게도 자기과오와 한계를 일거에 가리고 상대만 잘못의 주체인 양 부정적으로 키우고 도드라지게 만드는 정치 과업에 동참하는 일이었다.

이유 있는 비판을 늘 악의적 공격으로 오인하거나 아예 부정적으로 수용·폄하하려는 극단의 방어적 자세도 우익의 전유물이다. 우익의 좌익비판에 대응하는 정치방식도 승수효과를 보이지만, 좌익진영이 처음부터 논리 공세나 비판 강도를 극한으로 높인 건 아니다. 심지어 공격의 적극성을 보이는 신전술 채택시기에도 좌익의 대

對우익 정책기조는 정당방위에 의한 자위전술적용이었고 미군정에 대한 폭력성 강화의 원칙을 다른 집단을 향해 함부로 뒤섞거나 임의 응용하는 경우란 드물었다.

폭력의 빌미를 좌익진영이 만들거나 실제로 그 물리적 근거를 남길 경우, 우익의 공박이 본격화하면서 기왕의 갈등구조를 더욱 심화·발전시켜 나가게 되는 일련의 과정은 운명적 비극이다. 그에 대한 좌익의 조응이 다시 격화·확장하는 사연들도 지극히 자연스런 작용과 반작용의 곡절들로 되살아난다. 그처럼 일방적 공세의 심화와 그에 따른 역공이 악순환의 고리를 끊지 못할 때 좌익진영의 고립과 소외는 충분히 예상 가능한 미래의 모습마저 드러냈다. 좌익의 저항과 자기고립 계기가 커질수록 우익의 운신 폭은 그만큼 넓어지고 있었다.

서로를 향한 '두려움'은 '미움'의 감정을 이겨내지 못한다. 두려움이라 해도 좌우익 진영의 상대적 내역은 같지 않았다. 본원적 느낌 차이에서 오는 미세한 '떨림'이나 '울림'이라기보다 장기적 대립과 갈등이 불러올 정치적 승패 가능성이 각자에게 어떤 예상이익이나 손실을 야기할 것인지를 둘러싼 공포의 예비효과였다는 점에서 집단적 정치심리차이는 미묘했다. 진영 간 갈등전개와 이에 대한 감정적 조응방식도 지역과 시기별 편차가 뚜렷했고 성별과 연령 차이에 따라 사고의 원색성을 포함한 폭력적 대처여부나 물리적 반응정도 역시 같을 리 없었다. 같이 자리하지 못할 '미움'은 크기와 깊이, 그리고 온도 차이도 역력하여 '두려움'이 감당 못할 야멸찬 감정의 족쇄로 서슴없이 서로를 동여맨다.

앞서 살핀 좌익의 '한결같음'과 '거침없음', 그리고 '끊임없음'은 적어도 반사이익의 축적에 따른 조기승리나 물리적 실천노력을 아끼려는 합리적 선택 결과가 아니다. 그들의 저항과 반대를 지탱한 힘은 공포의 극복이나 이를 예비하려는 심리적 다짐이 아니라 추스림과 배제 자체가 곤란하기 그지없는 미움과 초월의 폭발력이다. 상대가 실수하거나 기운이 달려 패배할 경우를 상정하는 '수동적 승리'가 아니라 자신은 비록 죽고 쓰러지더라도 반항의 정치적 이유를 끝까지 담보하려는 '적극적 설득'의 여정으로 이해해야 한다. 정치적 한계와 책임을 모면·은폐하려는 보수우익의 반사이익추구와는 같지 않은 쟁투 과정으로 말이다.

우리는 우리끼리 싸웠다. 적은 밖에 있지만, 굳이 안에서 찾은 우리는 하필 싸우지 말아야 할 상대를 가까이 두고 지나치도록 다퉜다. 서로가 서로의 할큄을 치유할 가망이란 애당초 없었고 또 다시 진입한 유난스런 외세가 그 상처를 어루만지기란 천부당만부당이었다. 적절히 이용하거나 때맞춰 배제하고 기막히도록 방임하며 갈등의 견제와 활용에 능하였던 저들이 우리를 깊이 헤아리거나 배려까지 해주길 바라기란 순진무구할 뿐이었다.

어느 한쪽을 죽도록 패거나 죽음의 기미가 보일 무렵까지 비판의 얼굴의 빌린 폄하와 호도는 계속되고 있었다. 그것이 공격으로 바뀐 지 이미 한참임을 모르는 이들은 정작 말의 화살과 글의 포문을 연 장본인들이었음도 '비극적 희극'(혹은 '희극적 비극') 가운데 하나다. 박헌영은 해방공간에서 다시 빛을 발한 대표적 공격목표였고 '정치폭력'은 만만하기 그지없는 우익의 덫이었다. 그에 조응하는 좌익의 대항폭력 역시 공격적 방호를 넘어 절멸과 절대부정으로 비등하게 된 저간의 세월은 서로 합쳐 영零이 될 수밖에 없었던 터다.

다시 압축하자. 박헌영이 대구 10월항쟁을 폭력으로 이끈 '장본인'이며 정판사 위폐제작을 지시한 명백한 '주도자'인 데다 월북 후 불편·불리한 정치적 입지를 일거에 뒤집기 위해 정권전복음모를 사전 기획한 실제 '주인공'이었다는 주장은 가설일 뿐이다. 그것은 한결같이 박헌영을 '죽임'으로써 자신들이 애써 확보한 고지를 강고히 지키고 불편한 과오를 숨기거나 가리기 위해 거꾸로 애쓴 대가다. 새삼스레 다시 묻자, 그들에게.

폭력은 과연 박헌영만의 '것'이었을까. 그가 절대폭력의 '기획자'임을 단죄하기 위해 애써 몰고 기어이 좇는 행위란 '폭력적'이지 않았던 걸까. 그로써 기어이 죄를 묻고 그 때문에 설령 사라진 '그'였다 한들, 끝내 밝혀지지 않고 있는 당대 사건의 '빈터'를 향해 오늘도 서슴없이 던져대는 '짱돌'의 정치학은 과연 합당한 것인가. 간헐적 후발연구들의 성실한 추적과 반증에도 불구하고 기왕의 의심과 불만을 거두지 않는 '불안한 미움'의 심리학은 언제까지 이어질까.

대구 10월항쟁 뿐 아니라 위폐사건 막후에도 박헌영이 '있다'는 생각은 우익보편의 '희망 사항'이다. 적을 제거할 명분은 적을 '만듦'으로써 가능했다. 그가 '미국간첩'이라는 혐의도 김일성에겐 절호의 핑계였고 자신들과의 다름을 부각시킬 결정적 계기였다. '그러리라'

는 짐작을 넘어 '그렇다'는 믿음으로 숙성시키기까지 '잃으면 안 될' 것을 먼저 염려하는 진영은 방호의 안전판을 상대의 정치적 색깔에서 구한다.

우익이 좌익을 벼랑 끝으로 내모는 일이나 좌익이 같은 좌익을 우익으로 탈바꿈시키는 일은 해방 이후 '일도 아니었다.' '색깔론'이 한국현대사에서 본격 '발아-성장'하는 이유다. 상대를 죽여야 내가 사는 등식관계는 늘 희한하지만, 정치적 생활세계에서야 상수이자 상식이다. 해방공간의 정치폭력배양과 숙성을 담보한 묘판은 영락없이 그의 '것'이다. 박헌영의 국내정치 영향력은 물론 위상으로 보아 이를 부인할 수 없다. 경쟁하는 좌익세력도 있지만 인물과 역량에서 그에 밀리고 둘을 하나로 섞을 이유도 묽다.

하지만 아무리 그렇더라도 상황의 결정적 유사성과 조건의 친화력이 현실의 디테일을 모조리 담보하는 건 아니다. 농사가 그릇되면 책임의 모두를 밭주인이 지거나 씨앗을 탓하는 건 도무지 말이 안 되는 까닭이다. 박헌영이 전혀 '관계없다' 말할 수야 없지만, 모두를 꾸미고 이끌며 마지막까지 책임져야할 과오의 주체가 아니란 점은 이제까지의 연구가 다다른 '사실'이다. 그럼에도 불구하고 끝내 이를 수긍하려 들지 않는 사람들의 편견의 벽은 왜 그다지도 높고 두터운 걸까.

해방공간의 정치폭력은 힘의 주체가 자리하는 사회계층과 대상, 학력과 성별, 출신성분과 정치적 관심수위에 따라 다양한 편차를 보인다. 하지만 그들 대부분은 특정한 경우를 제외하고는 누군가의 지시나 명령에 따라 움직이지 않는다. 그보다는 오래도록 억눌린 자신의 정치사회적 처지나 스스로 자제한 '불만'과 '분노'의 의사표현을 대부분 노골적 참여형식으로 분출하는 등 자발적 경로를 밟는다.

자신이 판단하거나 집단이 주도하는 비조직화된 힘의 이동에 동조·편승하는 등 감정의 고조과정에 동참하기도 하고 아직 제도화하지 못한 정치참여채널 대신 복수와 야유, 함성과 욕설, 혹은 방화와 인명살상을 서슴지 않는 등 지극히 주관적 이끌림에 동화하는 경향을 보인다. 지도자의 분명한 오더나 물리적 암시에 의존하는 지시형 정치폭력보다 불특정 공간과 다수가 서로 다른 여러 시점에서 개인적 분발과 격정의 폭발을 일삼는 동시다발적·자발적 분출형 정치폭력이 주류를 이루는 해방공간의 힘의 사용은 사법폭력을 반복사용하는 국가폭력과 잦은 충돌을 보인다. 보다 구체적으로 권력부문의 암살과 린치 등 테러의 반복자행과 민중부문의 잦은 시위와 저항에 이어 미군정의 사회통제와 자원동원에 따른 노골적 폭력 등 위에서 아래를 향하거나 그 반대 혹은 부문별 상호갈등의 다양한 면모를 보인다.[6]

정치폭력의 물리적 노출이 지도자의 의중과 어떤 상관성을 지니는지 검증하긴 쉽지 않다. 설령 구체적 진술과 지시의 물증이 분명하다 하더라도 실행과 동선 추적과정에서 폭력수행자의 본원적 자의와 지시자의 그것에 따른 실제접점 혹은 정치적 교집합을 구

6 박종성(2001), 앞책, pp. 137-230.

분·변별하기란 지극히 어렵기 때문이다. 경우에 따라서는 최고지도자의 주변세력과 정치적 영향권 안에 있는 이들의 과잉해석이나 적극적 추종의 발로로 지시의 임의성이나 상상에 따른 조작 가능성도 감안해야 했다. 아예 분명한 암시나 지시가 있었다손 치더라도 실행단계까지 다다르는 동안, 본의의 단절은 염두에 두어야 할 전제다.

'대구 10월항쟁'의 해석적 대척점에는 '대구 폭동'이나 '10월 폭동'이란 용어가 자리한다. 46년 10월 1일부터 그해 연말까지 전국화한 이 역사현상의 중재적 용어가 '대구10·1사건'으로 불리는 이유다. 한반도 내 미군정 관할지역 전체에 걸쳐 공식 신고한 인명 살상 피해규모는 경찰 38명, 공무원 163명, 민간인 73명 등이다. 하지만 실제 피해자는 이보다 훨씬 큰 이 '사건'은 대구에서 일어나 남한전역으로 퍼진 일련의 운동을 지칭한다.

관점에 따라 10월 인민항쟁, 10월 항쟁, 10·1사건, 영남소요, 10월 폭동 등으로 부르지만, 동의하는 적극적 입장은 10월 인민항쟁이나 10월 항쟁으로, 비판하는 입장은 영남소요 아니면 10월 폭동으로 부르고 중립적 입장에서는 10·1사태라고 부른다.[7] 2010년 3월, 대한민국 진실화해위원회는 「대구 10월사건 관련 진실규명결정서」에서 이 사건을 '식량난이 심각한 상태에서 미군정이 친일관리를

7 자생적 민중항쟁으로 보는 입장은 '10월 항쟁'으로, 조선공산당의 선동과 주도 때문이라고 주장하는 시각은 '10월 폭동'으로 부른다. '10월 폭동'과 '영남소요' 혹은 '10월 항쟁'의 용어를 섞어 쓰기도 했지만 10월 항쟁으로 통용하면서 공식적으로는 '10·1사건'이라고 지칭한다.

고용하고 토지개혁을 지연하며 식량공출정책을 강압적으로 시행하자 불만을 가진 민간인과 일부 좌익세력이 경찰과 행정당국에 맞서 발생한 사건'이라고 규정하고 국가책임을 인정한다.[8]

배고픔과 정치적 불만을 동시에 해결할 가장 빠른 수단이 저항과 시위는 아니었을 것이다. 그보다 더한 공격적 폭력이 문제해결의 지름길이란 보장도 없었다. 하지만 그토록 오래 참고 견뎌온 보람이 시위 군중을 향한 느닷없는 경찰의 발포로 기형화하는 건 걷잡지 못할 폭력의 도화선이었다.[9]

이렇게 발화한 민중폭력과 국가폭력의 충돌이 박헌영의 사주使嗾와 조선공산당의 조종에 의한 것이었다는 세간의 풍문은 정작 죽은 사람들의 애도와 당국의 반성과는 전혀 다른 차원의 '불만'과 '불안'을 키운다. 기왕의 미움을 다른 미움으로 치환하려는 군정의 기묘한 계산은 결국 사람들의 생각을 둘로 가르고 서로가 서로를 배

---

8 https://ko.wikipedia.org/wiki/%EB%8C%80%EA%B5%AC_10%C2%B71_%EC%82%AC%EA%B1%B4

9 조공이 9월 총파업을 전개하자 대구에서는 전평 지도부에서 9월 23일부터 총파업에 돌입, 10월 1일까지 파업과 시위를 계속한다. 10월 1일, 대구지역에서는 노동단체들이 모여 메이데이행사를 개최한다. 해주로 피신했다가 소련을 방문하고 돌아온 박헌영은 경성의 메이데이행사에 참석, 축사를 했고 다른 지역행사에서도 그의 축전을 대독한다. 하지만 메이데이행사는 이내 미군정에 대한 항거로 바뀐다. 문제는 10월 1일 저녁이다. 대구부청 앞에서 기아대책마련을 요구하는 시위도중 경찰의 발포로 민간인 '황말용', '김종태' 등 노동자가 총에 맞아 사망한 것이다. 사태가 심각해지자 박헌영은 무력시위중단을 촉구하면서 미군정을 불필요하게 자극해선 안 된다고 만류하지만 사태는 경찰관과 행사참가자의 물리적 충돌로 이어진다.

척·경멸하도록 획책하는 정치적 저열함으로 채워진다. 김상숙은 이렇게 말한다.

> 1946년 10월 항쟁이 일어난 후 사건의 배후에 박헌영 또는 조선공산당 중앙조직이 얼마나 깊이 연루되었는가 하는 점은 중요한 논란거리였다. 사건이 일어나자 미군정 측에서는 이 사건이 박헌영의 작품이라고 했고, 우익에서도 이를 비난했다. 조선공산당의 일부에서도 그렇게 믿고 항쟁을 극좌 모험주의적 행동이라고 비난했다. 이러한 비난에 대해 박헌영은 이 사건이 '조선공산당 중앙에서 선동했기 때문에 일어난 것이라고 보는 것은 이승만 일파와 동일한 견해'라고 했다. 실제로 여러 자료를 검토해보면, 대구 항쟁이 전개될 때 전국적인 단위의 항쟁 지도부가 있었던 흔적은 보이지 않는다. 당시 조선공산당 중앙조직이 대구 항쟁에 어떤 역할을 했는지 확인되는 바도 없다.[10]

중요한 것은 군정과 우익이 원하는 대로 '반대진영'의 사전모의와 항쟁의 연계가 어디서도 없었다는 점이다. 항쟁의 특징과 정치적 의미는 비조직화된 군중들이 지닌 정치사회적 분노의 순정성醇正性

10 김상숙, 『10월 항쟁: 1946년 10월 대구, 봉인된 시간 속으로』(파주: 돌베개, 2016), p. 98.

sincerity과 정서적 자발성의 동시적·즉발적 조합에 있다. 누가 시키지 않아도 모이고 어디선가 호각소리나 비명 없이도 무엇을 어떻게 해야 할지 알며 정제되지 않은 본능과 원초적 흥분을 정치화하는 역량이 투박하게 전개·분화한 저항이 이 항쟁의 요체였던 셈이다.

김상숙은 '실제로 조선공산당 중앙조직이 각 지역에서 항쟁을 지도한 흔적은 보이지 않는다'고 못 박는다.[11] 46년 10월 항쟁은 전국적 지도부 없이 지역 민중과 지역 진보세력의 힘으로 전개된 항쟁이라는 것이다. 시시각각 변하는 그 날의 현장이 적어도 사흘간 어떤 흐름을 타는지 헤아리는 데 다음 대목은 유의미한 단서가 된다.

안재성은 이렇게 압축한다.

> 공산당 중앙당 역시 어떤 무장투쟁의 명령도 내린 적이 없고 그것을 계획한 적도 없으니 어떻게 처리해야 할지 지침을 내리지 못했다. 서울에서 긴급히 당 고위 간부들을 내려보내 상황을 파악하기도 바빴다. 혁명적 구호도, 혁명적 지도부도 없는, 오로지 쌀을 달라는 대구 시민의 외침은 사흘을 넘기지 못했다. 발포 사건 3일째인 10월 3일 낮에는 소문대로 충청도에서 온 1,000여명의 경찰증원부대가 도착해 대구 시내 요소에 배치되었다. 지역연고가 없는 이들은 조금만 집단행동의 여지가 보여도 무자비하게 진압하거나 총을 쏘아댔다.

11 윗책, p. 100.

중심가 모퉁이마다 기관총이 걸리고 경찰이 깔리면서 시위는 그대로 잠잠해졌다. 경찰은 외곽까지 합쳐도 인구 30만밖에 안 되는 소도시 대구를 장악하는데 별 어려움을 겪지 않았다. 그러나 사방에 흩어져 사는 농촌지역을 진압할 여력은 없었다. 시외로 빠져나간 청년들은 거의 제재를 받지 않은 채 대구 지역의 읍면을 휩쓸기 시작했다. 농촌에서는 확연히 공산주의자들의 활동이 눈에 띄었다. 대구가 자연발생적인 폭동이었다면 주변 농촌의 폭동은 한결 계획적이었다. 중앙당으로부터 체계적인 명령이 내려온 건 아니지만 대구에서 빠져나간 청년들이 앞장서 선동하면 지역의 공산당원과 청년단체원들이 곧바로 봉기를 선동했다.[12]

비조직 군중의 자발성은 잘 조직화된 민중의 혁명적 수동성보다 한층 공격적이고 예측하기 힘겨운 급진성을 지닌다. 전국화 조짐을 넘어 해방공간의 정치 과잉과 기왕의 민중불만을 생화학적으로 합성시킬 촉매역할까지 담보하기 이른 대구항쟁의 파괴력은 이미 시작된 조공의 9월 총파업과 그에 따른 정치적 시너지 효과의 대가까지 지불해야 할 처지였다. 아무리 부인해도 세상의 편견과 군정의 의심은 깊어질 수밖에 없었고 우익이 챙길 반사이익 크기는 그만큼 비례할 상황이었다.

12 안재성, 『이일재, 최후의 코뮤니스트』(서울: 인문서원, 2016), pp. 114–115.

사실상 이 문제를 엄밀히 들여다보면, 박헌영의 정치적 연계여부는 그 자체만으로 큰 비중을 차지하지 않는다. 그것은 그의 전체 행적 가운데 극히 일부다. 하지만 그가 새로 추구하려 한 신전술과 자신의 혁명여정과의 관계를 새로 규정할 가늠자가 된다는 점에서 직접개입 여부는 숨은그림찾기의 그것처럼 피곤하고 지루한 대상이다.

문제는 그 어떤 연계의 흔적도 찾기 힘든 사실을 굳힐 미시사 탐구의 완성 여부다. 미군정과는 정치적 각을 세우고 국내우익진영과는 정당방위의 '수세적 공세'를 강화하는 전술적 변용이 정작 사회주의조선 수립과 그 혁명적 완수과정에서 어떤 기여를 할는지 박헌영으로선 새로운 염려항목이 되고 있었다. 좌익의 진로와는 이미 구조적으로 어긋나기 시작한 남한사회에서 물리적으로 견디거나 버티는 일은 지도자가 치러야 할 비용치곤 퍽 컸다.

대구항쟁의 성격과 한계를 연구자별로 나눠 박헌영과 조공의 연계 여부까지 가늠해볼 체계적 준거를 다시 압축한 것이 다음 표다. 이를 통해 지속적으로 살필 대상은 이 항쟁이 박헌영에게 힘인지, 아니면 짐인지를 둘러싼 여운의 정치적 해소 여부다. 연구자들의 크고 작은 입장 차이와 그 지적 파급효과 크기가 해석상의 편차와 어떻게 조화를 이룰는지는 또 다른 문제다.

공산당과 대구항쟁의 연계가 작위적이거나 그 근거가 전혀 없듯[13] 조선정판사 위폐사건이 당대 조공의 작품임을 기정화하려는 당국의 의도가 여전히 역사적 적실성을 유지하는 건 아이러니다. 세상사람들이 손쉽게 접근하는 대표적 포털사이트(네이버)의 사전정의에 따르면, '정판사사건'은 아직도 이해의 미묘한 편차를 드러낸다. 무작위 선정에 따르더라도 하나는 '남한경제의 교란과 당비조달을 목적으로 조선공산당이 시중에 유통시키기 위해 일으킨 지폐위조사건'으로, 또 하나는 다소의 상대적 자율성을 지니고 당국의 발표에 거리를 두려는 입장이다.

구분 \ 연구자	심지연	정해구	김상숙
성격	해방된 조국에서 일제 강점기와 같은 착취와 억압으로부터 벗어나 풍요로운 삶을 기대한 민중의 항쟁[14]	반제 반봉건 과제를 수행하고 새로운 정권을 창출하려는 변혁적 지향을 가진 전민중적 항쟁이자 식민지 시대를 거친 사회에서 보이는 민족운동과 계급운동이 혼재된 운동[15]	전통적 농민 항쟁의 전승이자 현대 민중 항쟁의 원형; 한국전쟁 전 민간인 집단학살의 출발점; 미군정의 좌익 탄압은 항쟁의 결과라기보다 항쟁의 원인이었던 사건[16]
한계	미군정에 대한 박헌영의 노골적인 적개심에도 불구하고 항쟁기간 동안 미군이나 미군시설에 대한 직접공격은 한 번도 없음; 박헌영이 이 사태에 직접 관련된 명확한 증거를 갖고 있다고 미군정은 국무성에 보고하지만 군정 당국의 성명이나 기자회견에서는 박헌영의 이름은커녕, 관련 정당-단체의 명칭을 거론한 적은 단 한 번도 없음[17]	대구에서는 조직성과 폭동성이, 경북 남부지역은 폭동성을 많이 지니지만 북부는 조직성이 부각됨; 항쟁단위로 보면 한 지역이나 군 수준을 넘지 못하고 전국적, 체계적 형태를 띠지 못함[18]	전국적 지도부의 부재; 대중과 유격대의 연결고리인 '청년-들군'들의 역할이 중요했지만 들군들이 집단학살당하면서 대중운동은 궤멸, 유격대는 고립[19]
(박헌영·조공과의) 연계	없음[20]	가장 적음[21]	없음[22]

13 윗책, p. 114.

공산당 기관지를 발행하는 해방일보사 사장 권오직과 이관술이 일제 말 조선은행 백원권을 인쇄하던 치카자와近澤인쇄소의 후신인 조선정판사 사장 박낙종과 부사장 송언필에게 위조지폐 제작임무를 맡겼고 박낙종의 지시를 받은 평판과장 김창선이 총액 1,300만원의 위조지폐를 인쇄, 시중에 흘렸다가 경찰에 발각되어 5월 7일 권오직과 이관술을 제외한 피의자 전원이 체포된 사건으로 미군정 당국이 공산주의자에 대하여 강경책을 펴게 된 계기가 되었다.(두산백과)[23]

· · ·

1946년 5월 조선공산당이 당비를 조달할 목적으로 위조지폐를 만들어 시중에 유통시켰다는 죄목으로 기소된 사건. 줄여서 정판사사건이라고도 한다. 5월 15일 미군정청 공안부 발

---

14 심지연(1991), 앞책, p. 2.
15 정해구(1988), 앞책, p. 201.
16 김상숙(2016), 앞책, p. 276.
17 심지연(1991), 앞책, p. 52.
18 정해구(1988), 앞책, p. 201.
19 김상숙(2016), 앞책, p. 275.
20 심지연(1991), 앞책, p. 51.
21 정해구(1988), 앞책, p. 162.
22 김상숙(2016), 앞책, p. 98.
23 http://terms.naver.com/entry.nhn?docId=1140940&cid=40942&categoryId=31778

표로 일반에 알려졌다. 발표에 따르면, 공산당 기관지《해방일보》사장 권오직과 이관술이 일제말 조선은행 백원권을 인쇄하던 지카자와近澤인쇄소의 후신인 조선정판사 사장 박낙종과 부사장 송언필에게 위폐제작 임무를 맡겼고 박낙종의 지시를 받은 조선정판사 평판과장 김창선이 위폐를 인쇄, 시중에 흘렸다가 경찰에 발각되어 관련 당 간부 등 16명이 체포, 기소되었다. 미군정청은 사건 발표 후 공산당본부를 강제 수색하고 정판사를 폐쇄시켰으며《해방일보》를 무기 정간시켰다. 이에 대해 조선공산당은 성명을 발표, "본 사건은 고의적 날조이며 조선공산당은 이 사건과 전혀 관계가 없다"고 주장했다. 그러나 체포된 이관술·박낙종·송필언·김창선은 무기징역, 신광범·박상근·정명환은 징역 15년, 김상의·홍계훈·김우용은 징역10년을 각각 선고받았다. 이 사건을 계기로 미군정당국은 공산당에 대해 강경책을 펴게 되었고 이때부터 남한에서의 공산당 활동은 약화되기 시작했다.(한국근현대사 사전)[24]

조공의 입장을 들으려 하지도 않거나 아예 인용조차 인색한 경우는 당대나 오늘이나 마찬가지다. 하지만 중요한 사실은 이 사건을

24 http://terms.naver.com/entry.nhn?docId=920151&cid=42958&categoryId=42958

무조건적으로 좌익의 기획물, 아니면 박헌영의 직접 지시에 따른 은밀한 음모의 결과였으리라 여기는 자동 연상과 편견들이다. 뿐만 아니라 사건의 규모와 시의적 중요성에도 불구하고 현대사연구가 붐을 이룬 이후 오늘에 이르도록 이에 대한 학문적 관심은 극히 빈곤했다는 점이다.

몇 되지 않는 연구자 가운데 한 사람인 임성욱에 따르면, '명확한 기준은 아니어도 이 사건에 대한 선행연구는 대체로 세 가지 입장으로 분류'된다. 첫째는 당시 피고들이 실제로 위폐를 제조했다고 주장하는 부류이고, 둘째는 피고들이 실제로 위폐를 제조했는지에 대해 명확한 판단을 내리지 않는 부류이며 마지막은 피고들이 실제로 위폐를 제조하지 않았거나 사건이 조작되었을 가능성이 크다고 명시적·암묵적으로 의혹을 제기하는 부류다.[25]

분단모순이나 계급모순처럼 학문적 합의는커녕, 시각의 단절과 대립은 절대적 무관심이나 표류 이상의 비극으로 다가온다. 이를 통합할 학문중심 역시 빈곤하여 지식의 힘으로 극복할 인프라도 허전하기만 하다. 사건 또한 대단히 허점 많고 의혹과 모순으로 가득 차 있음을 알 수 있다. 이는 결국 재판과정에서 드러나는 사법당국의 온갖 무리수와 절차적 허술함[26]으로 확인할 수 있고 더 이상의 물

---

25 임성욱, "조선정판사 '위조지폐' 사건의 재검토: 제1심 판결의 모순점을 중심으로," 역사비평사(편), 「역사비평」 제114호(2016), p. 409.

26 임성욱은 사건의 결말을 이렇게 정리한다. "재판부에서 피고들의 유죄를 입증한다고 인정한 실물증거물 중 실제로 증거능력을 지닌 건 단 하나도 없었

증을 기대할 길 없는 현실만으로도 온갖 사법적·정치적 편견을 불식시켜야 하는 실정이다.

사건판결의 모순은 1. 제1차 위폐인쇄시기의 문제와 2. 공산당 재정상태 빈곤의 명분, 3. 징크판 재생과 제작에 대한 무리, 4. 실제 증거물의 빈곤 등으로 나뉘어 사건 자체가 논리적으로 아귀 맞지 않는 일이었음을 잘 말해준다.[27] 그럼에도 불구하고 이를 한사코 사건화하려는 당국의 의도는 특정 정치세력을 향한 억압과 이를 배양·숙성한 반공주의의 교화로 좁혀지고 있었다. 그에 따른 무리수와 정치사회적 역풍은 이 사건이 자연발생적이라기보다 조작 아니면 당연한 기획의 결과였으리란 반응을 몰고 온다.

이 같은 생각의 단서가 일본 작가의 실명소설에 의해 발화·전개된 것은 흥미롭다. 마쓰모토 세이초는 자신의 작품, 『北の詩人(林和)』에서 이 사건이 아예 다른 뜻을 품은 당국의 음모가 아니고선 생각하기 힘든 일이라고 기정화한다. 다음은 한국어 번역본의 해당 부분이다.

다. 특히 인쇄에 사용되었다는 징크판도 전혀 존재하지 않았고 피고들이 정판사에서 인쇄했다는 위조지폐 역시 단 한 장도 존재하지 않았음을 확인할 수 있다. 이는 재판에서 사실의 인정은 반드시 증거에 의하여야 한다는 형사소송법상 증거재판주의원칙에 위배된다. … 정판사 '위폐' 사건은 조작된 사건이며 가장 보수적으로 판단하더라도 피고들은 최소한 검사 측 공소제기 사실에 대해 무죄라는 결론을 내릴 수 있다." 윗글, p. 435.

27 임성욱(2015), 앞글, pp. 187-210; 안재성(2016), 앞책, p. 92 참조할 것.

(1946년) 5월 15일이었다. 군정청 홍보처에서는 서울의 신문 기자들을 모아놓고 흥분된 어조로 중대사건을 발표했다. 조선공산당이 위조지폐를 만들어 이것을 자금조달에 이용하고 있다는 것이었다. 공산당은 해방일보사의 건물을 사무국으로 쓰며 인쇄공장도 갖고 있어 여기서 당의 기관지와 팜플렛을 인쇄했는데 이 공장을 정판사라고 부르고 있었다. 군정청의 발표에 따르면, 시내 구두닦이가 구두를 닦은 값으로 위조지폐 100원을 받았다는 것이었다. 그 지폐는 징크(아연)판의 조악한 것이었는데, 조사한 결과 구두닦이가 이 지폐를 받고 90원의 거스름돈을 내준 것으로 밝혀졌다. 한국경찰에서 수사한바 곧 범인으로 추정되는 인물이 나타났다. 그는 조선공산당원이었다. 《경찰당국은 위조지폐의 사용자가 몇 사람의 당원인 것으로 미루어 보아, 개인적 범죄라기보다 정당관계의 범죄로 판단하여 면밀하게 진상을 조사 중이다. 뿐만 아니라 범인 중 당원 2명을 서울 중앙경찰서에 유치하여 지금 조사를 하고 있는 중이다.》 신문기사를 읽고 임화는 '시작됐구나' 하고 생각했다. 설정식의 말이 머리를 스쳐 지나갔다. '이제 해방일보가 해산될지도 모른다'고 말했던 것이다. 그의 나지막한 음성과 테가 굵은 안경까지도 머리에 떠올랐다. 과연 이런 계책도 있었구나 싶었다. 해방일보는 공산당의 기관지다. 이 신문을 해산시킨다는 것은 공산당에 대한 직접적인 탄압

이다. '설마'하고 임화는 생각했다. 억지로 갖다 붙인 이유로 탄압한다면 당은 말할 것도 없고 민중이 용납하지 않을 것이다. 당은 대중 속에 세력을 넓혀가고 있었다. 이것을 탄압한다는 것은 어지간한 독재정치를 실시하지 않고는 불가능하다. 그러나 불가능을 가능케 하는 방법이 여기에 있었다. 위조지폐의 제조였다. 당원이 당의 자금획득을 위해 위조지폐를 만들었다. 이것이 바로 적이 생각해 낸 교묘한 모략이었다. 만약 임화가 설정식으로부터 아무 말도 듣지 못했더라면, 어쩌면 이 신문기사를 믿었을지도 모른다. 아니 의심했더라도 적어도 그것이 명확한 계획성을 가진 모략이라고 생각하지는 않았을 것이다.[28]

이 같은 정치적 의혹과 문학적 단정이 국내의 거센 반발과 평론 형식을 통한 인문적 저항에 부딪친 건 당연했다. 단지 글의 내용 때문이라기보다 저자가 일본작가인 탓도 있었으리라. 아울러 미군정을 해방의 조력자이자 조선의 정치적 시혜자로 바라보는 형국에서 막강한 반공주의 유포로 비판일변도의 문학적 여론을 마련한 것도 이해 못할 리 없다.[29] 하지만 이것만으로 사건의 진실을 호도하기란

---

28 마쓰모토 세이쪼松本淸張 지음·김병걸 옮김(1987), 앞책, pp. 166–167.

29 임성욱(2015), 앞글, p. 274; "국내의 평론가나 작가들은 일제히 마쯔모또 세이초를 비난하고 나섰다. 문학평론가 백철은 '문학작품은 현실을 복사하는 것이 아니고 허구를 바탕삼고 있는 것이기 때문에 실명이 등장하는 것은

턱없다. 억지로 꿰어 맞춘 재판이나 특정세력을 벌하기 위하여 사법권력의 무리한 적용을 일삼은 당국의 조치에 침묵이 우세했다 해도, 사건 배후에 조공이 있고 위폐 제작과 유통을 지시한 인물이 박헌영이라는 생각은 우익과 미군정의 '희망사항'일 따름이었다.

박헌영이 공화국 전복음모를 꾸미고 오랜 세월 미국의 고용간첩 노릇을 무릅썼다는 혐의 역시 지금껏 위세를 떨친다. 찬반 양측의 논전을 가르는 엄정한 근거도 명확하지 않다. 그러면서도 월북을 불사한 그의 삶 전반을 탐탁지 않게 여기는 진영과 어느 경우든 찬사와 지지를 아끼지 않는 쪽 모두 첨예한 입장 차이와 적극변론을 통해 자신들의 정치적 존립근거를 강화한다. 김일성의 강점기 투쟁과 해방 후 북한의 정치적 우위를 인정하는 친북진영이 주로 전자의 입장에 선다면, 박헌영에 환호하는 진보진영은 물론 가치중립적 자세를 견지하며 탈정치적 측면에서 '그'를 분석하려는 상당수가 후자에 선다.

그러나 상당기간 이어진 논전과 시각 대립에도 불구하고 해방

원칙에 벗어나는 것'이라며 마쯔모또의 소설이 '문학으로 취급할 수 없으며' '작가의 양심이나 태도로 보아 그 작품의 가치는 문제도 되지 않는다.'고 평하였다. 또한 '작품화할 테마는 언제나 정확한 조사와 파악이 필요하다는 것은 작가의 기본태도'라고 주장하였다. 문학평론가 이어령은 '한국의 역사적인 야사를 그리는데 그처럼 소홀한 조사를 가지고 다룬 것은 작가의 모랄을 벗어난 것'이라며 그의 작품에서 '한국의 인간은 하나도 인간답게 현상화된 인물이 없다.'고 지적하고 '왜 있는 인간 그대로를 그리지 않고 적과 백색을 물들여서 꼭 정치적으로만 묘사하느냐'고 항의했다."

후 한국의 지성사는 박헌영의 간첩혐의가 대부분 김일성 개인의 작위적 누명이자 정치적 기획의 희생물이라는 쪽으로 논의를 수렴해 간다. 물론 완벽한 합의와 시각의 통일을 기대하긴 어려운 실정이지만, 박헌영의 '간첩조작설'은 김일성의 치밀한 계산과 집요한 추진의 성공사례였음을 대부분 인정하는 게 오늘의 현실이다. 새삼스럽지만 질문은 다시 좁혀진다. 박헌영은 미제간첩이었는가, 아닌가.

전자의 입장을 고수하는 측은 그와 평소 가까웠던 미선교사 언더우드와 이강국, '이'와 밀접했던 김수임의 첩보활동과 현 앨리스의 '박'과의 친분관계를 동원한다. 심지어 당대 조선 인사들로선 좀체 구사하기 힘든 박의 영어실력마저 그를 간첩으로 몰고 가는 적극적 근거가 되는 세상이고 보면 논리의 무리와 과장은 감안해야 한다. 작정하고 뒤쫓는 사법 권력이 폭력의 의도를 호도할 마음마저 뚜렷하다면, 시기와 질투는 물론 혐의자의 능력을 인정해야 할 모든 빌미는 그(녀)의 죄과 안에 녹이고 눅쳐야 할 일이었다.

죽어야 할 자가 끝내 감내해야 할 상대는 죽이겠다고 덤비는 자 그 자신이 아니라 그가 품는 '죽임'의 의지다. 그리고 그 의지를 관철하려는 자들이 파놓은 사법절차의 함정과 한결같이 그에 빠지지 않으려 몸부림치는 죽음보다 더한 '불편함'이다. 그럼에도 불구하고 죽임의 향연이 절차적 정당성마저 확보할 가능성이 짙다면 정작 '죽이고 죽는' 그 일은 허망하도록 짧고 볼품없는 소행에 불과하다.

이른바 형 '집행'은 사법적 죽임의 전부가 아니다. 그날 그 순간에 이르도록 '죽도록' 괴롭히고 '죽을 만큼' 굴리며 차라리 당장 끝내고 싶도록 치욕의 굴레를 씌우는 순간순간마다 죽음은 매캐한 독향처럼 숨 막히게 다가온다. 죽으면 그 뿐이지만, 잠시 후 죽을 것이라는 예고와 기다림이 더 괴로웠던 것이다. 오죽하면 죽음의 그 순간보다 조리돌림이 더 성가시고 조리돌림보다야 다가오는 혐의와 세상의 잘못된 믿음이 불도장보다 훨씬 뜨겁고 고통스런 나날들이었을까.

증거는커녕, 심증과 정황만으로 박헌영을 간첩으로 모는 행위는 다분히 정치적이다. 대표적인 경우가 김일성의 역사적 비유다. 특히 김일성이 뚜렷한 의도를 갖고 박헌영을 베리야와 적극 연계하려 한 게 그것이다. 53년 7월 18일자 조선로동당 중앙위 정치위 결정을 보면, '쏘련공산당 내에 있는 반역자 베리야의 사건에 앞서 우리 당내에서는 박헌영의 비호 하에 반국가적 반당적 간첩 암해 파괴 해독활동들을 감행한 리승엽 도당들을 폭로'했음을 자랑하면서, 이들을 '폭로 탕진함으로써 우리 당의 통일과 단결은 더욱 강화됐으며 그의 전투력은 일층 제고'됐다고 못 박는다.[30]

그러나 백학순은 박헌영이 미국간첩이 아니었음을 시사하는 여러 증거들에 주목한다.

> 첫째, (해방 후 남한 소련영사관에서 근무한 소련영사 샤브신의 부인인) 샤브시나의 증언에 따르면 박은 해방직후부터 14개월

30 백학순, 『북한 권력의 역사: 사상·정체성·구조』(파주: 한울, 2010), p. 134.

간 남편과 긴밀히 자주 만나 북한과의 교류·접촉에 치중했다는 점.

둘째, 한국전쟁 초기에 김일성과 박헌영은 미군의 전쟁개입으로 생긴 어려움을 이해하고 인적·물적 자원을 동원하기 위해 필요한 조치를 취하고 있었다는 점.

셋째, 개전 직후 지독한 반미주의적 언사를 서슴없이 자행했다[31]는 점으로 미루어 박을 미제간첩으로 의심하기엔 문제가 있다는 것.

넷째, 박이 만일 미제간첩이었다면 미군을 몰아내기 위한 중국군 참전요청은 할 수 없었을 것이라는 점.

다섯째, 9·28 서울수복에 즈음하여 미군의 북진 앞에서 스탈린에게 조언을 구한 김일성과 박헌영의 초조·불안은 간첩 소행과 거리가 멀다는 점.

31 "민주진영 세력들은 아시아 국가들에서의 민족해방운동의 등장, 특히 중국 인민들의 위대한 승리는 미제국주의자들의 배신적인 의도를 산산조각 내었다." 윗책, p. 161.

여섯째, 북한주재 소련대사 스티코프가 10월 8일 김과 박을 방문하여 '중국과 소련이 조선인민의 전쟁을 지원할 것'이라는 스탈린의 편지를 읽어주자 크게 만족했다는 건 간첩혐의자가 할 행동이 아니었다는 점.

일곱째, 50년 말 박과 김은 각기 중국군의 완만하고 제한적인 작전에 불만을 품고 있었다는 점.

여덟째, 1·4후퇴 이후 박이 화를 내면서까지 남진을 주장하며 미군을 추격·괴멸시키는 모든 과정에 중국군이 속도를 내길 원했다는 건 미국간첩의 언행으로선 인정하기 어려웠다는 점.

아홉째, 전쟁이 교착상태에 빠진 52년 1월에도 박은 '소련과 중국이 전쟁을 계속하는 게 더 유리하다고 판단한다면 그들의 판단에 따르겠다'는 말을 함으로써 미국의 입장보다 소련과 중국의 이익을 우선시하는 태도를 보여주고 있었다는 점.

열째, 56년 9월 모택동이 '박은 미제간첩이 아니'라고 강력히 두둔했다는 점 등이다.[32]

전쟁기간의 행태로 박헌영이 미제고용간첩일 수 없는 사실들에 주목하게 되는 건 패전책임이 그에게 있음을 전가하려는 전후의 북한당국 때문이다. 그에 대한 혐의가 단순히 미제고용간첩으로만 그치는 게 아니라 공화국 전복음모와 연결시키려는 이른바 '굳히기'의 핑계였다는 점도 여기서 분명해진다. 하지만 이에 대한 반론도 엄연하여 두 입장은 뚜렷이 대조적이다. 비전향장기수였던 허영철에 따르면, 월북이후 전쟁까지 치른 박헌영과 그의 휘하세력은 이미 미국의 포섭 여지를 충분히 허여한 다음'이었음'을 분명히 한다.

그러나 꼿꼿한 그의 성정을 내세우지 않더라도, 한국전쟁을 미국이 일으켰다고 단정하거나 아예 미국 스스로가 박헌영 일파에게 간첩행위를 종용했다고 바라보는 그는 강한 배타적 주관주의에 스스로를 가둔다. 전쟁도 '우리(북)가 이겼다'고 보는 '그'다. 전제를 분명히 하면, 종속절이나 술부述部논리 역시 그에 뒤따르는 것이야 조금도 이상할 리 없다. 문답형식으로 진행되는 증언에서 허영철은 이렇게 압축·단정한다.

> 문: 결국 그 사람들이 김일성 정권 확립과정에서 억울하게 숙청된 희생자였다는 의견은 어떻게 보시나요? 쿠데타만으로도 처형할 수 있는 박헌영을 굳이 간첩으로까지 만들어 끌어내린 것도 그 때문이 아니냐는 말도 있거든

---

32 윗책, pp. 159 – 167.

요. 남로당 계열도 숙청하면서 동시에 한국전쟁 패전의 책임을 떠넘길 사람이 북에서는 필요했던 것이 아니냐고요.

답: 박헌영에게 전쟁의 책임을 떠넘겼다. 박헌영은 종파싸움의 희생자다. 하지만 6·25전쟁에서 우리가 이겼는데 어째서 그 책임을 다른 사람에게 떠넘긴다는 거지요? 그렇게까지 박헌영이나 이승엽을 희생시킬 필요가 전혀 없었어요. 오히려 싸움을 붙여야 할 이유가 있던 쪽은 처음부터 줄곧 미국이었어요. 그러니까 끊임없이 간첩 행위를 하도록 부추긴 거지요.

문: 남도, 북도 아니고 오로지 미국에 책임이 있다. 한국전쟁에 대해서도 같은 말씀을 하셨지요.

답: 그래요. 정말로 저 위에서 전쟁을 일으켰다면, 끝까지 책임을 졌을 거예요. 하지만 미국이 일으킨 건데, 그 책임을 왜 박헌영에게 미루겠어요? 그러면 또 박헌영이 무엇 때문에 고생하면서 간첩을 했겠느냐, 처음부터 작정을 하고 하지, 그러니까 조작된 것이 아니냐는 얘기도 해요. 그러나 '간첩질'이라는 게 어느 순간 마음먹고 딱 시작하는 게 아니거든요. 조금씩 야금야금 시작되는 것

이지요.

문: 조금씩 야금야금 간첩질이 시작된다고요? 표현이 재미있습니다.

답: 이강국이 좋은 예입니다. 독일 유학을 마치고 돌아올 때 이강국은 미국에 충성하겠다는 백지서명을 한 사실이 있어요. 당시로서는 일본을 몰아내려면 미국과 손을 잡아야 하는 상황이었거든요. 미국이 그걸 꼬투리잡고서 이강국한테 선을 대려고 했을 때 이강국이 조금 더 용기를 내서 먼저 사실을 인정하고 폭로해 버렸어야 하는데 이강국은 그걸 약점이라 생각하고 지레 겁을 먹은 거예요. 그래서 일단 뭐든 넘겨주었는데, 그게 조직의 간부명단이었다고 해요. 사실 중요한 문건은 아니었지요. 이강국 쪽에서는 제공할 만한 중요한 자료가 별로 없었어요. 북에서 외교국장을 지낸 정도였으니까요. 그런데도 질질 끌려다니다가 결국 이강국에게 남은 게 뭐였나요?

문: 간첩이라는 오명과 사형선고, 맞지요?

답: 그래요. 이강국은 부르주아 민족주의와 공산주의 두 길

에서 부르주아 민족주의를 선택했을 뿐이라고 했어요. 그런데 이강국이 끝내 잘못 생각한 게 있습니다. 나쁜 것은 부르주아 민족주의가 아니라 바로 간첩질이에요. 부르주아 민족주의에는 죄가 없습니다.

문: '나쁜 것은 부르주아 민족주의가 아니라 간첩행위다' 그러고 보면 선생님은 이런 표현을 용서하신다면, '골수' 사회주의자인 듯하면서도, 정작 다른 체제에 대해서는 상당히 너그러우십니다.

답: 그야 부르주아 민족주의자라도 새로운 조국건설에 참여하고자 한다면 다 끌어안아야 하니까요. 앞서 했던 통일전선 이야기도 그 맥락에서 이해할 수 있을 거예요. 미국 세력에 반대하는 사람이라면 그 사람이 어떤 이념을 가졌든 누구나 다 함께 통일로 나아가야 하는 것이 당연한 일이라고 생각해요.[33]

기왕의 자기 신념과 궁극의 이데올로기 목표에 맞춰 정치의식의 근본을 밀고나가는 자세는 이처럼 단호할 수도 있다. 신조와 꿈이 단서나 물증만큼, 아니 그보다 더 중요한 시각형성의 자원이자 사고

33 허영철 원작·박건웅 만화(2015), 앞책, pp. 542–544.

의 밑바탕이 되는 경우도 얼마든지 가능한 이유다.

극단적으로 이해하면, 자기가 옳다고 믿는 내용과 증거의 선택적 친화력도 사건해석의 중요한 경로가 될 수 있을 것이다. 증거가 분명해서 박헌영의 '간첩성' 여부를 가리거나 쿠데타 음모의 사실적 기초를 믿기보다 평소의 인상과 믿음, 취향 혹은 정치적 감각을 바탕으로 그를 '이해–해석–인정'하려는 경우의 수도 얼마든지 감안할 수 있을 것이다.

박헌영의 정권전복음모와 간첩혐의는 이처럼 진실성 여부나 역사적 전후맥락과 관계없이 아직까지 지그재그의 해석과 수용 편차를 드러낸다. 모택동의 박헌영 두둔도 엄밀히 따져보면 항상적 지지와 긍정적 반응을 유지한 것이 아니다. 기록과 전언을 종합하면, 박헌영에 대한 모택동의 자세는 한국전쟁 초기만 하더라도 냉정했다. 전쟁 후 실질적 패배의 책임을 묻기 위한 빌미로 정권전복음모와 간첩혐의를 동시에 엮은 김일성의 의도도 기실 근거 있는 분노요, 억누를 수 없는 의심 때문이었다는 점은 알려진 사실이다.

박헌영이 하필 9·28수복을 전후하여 중국을 방문, 친중 정권수립을 도모하려 했다는 사실과 이로 인한 김일성의 분노가 차후 박헌영 제거의 결정적 계기가 된다는 해석도 여기에 근거를 둔다. 그렇다면 쿠데타 모의는 간첩혐의에 충분히 앞서는 빌미였고 정적 제거의 대표적 모멘텀으로 충분히 작동할 비중까지 갖춘 꼴이다.

북한 초대 정권의 내각 부수상 겸 외상을 지낸 박헌영이 한국전쟁 발발 직후인 9월말쯤 방중, 중국 지원하의 반김일성 군사쿠데타를 일으켜 자신을 수반으로 하는 친중 정권을 수립하려 했다고 베이징의 정통한 북한 소식통이 26일 밝혔다. 익명을 요구한 이 소식통은 그러나 박헌영의 이 같은 계획은 당시 당정군의 실권을 완전히 장악했던 마오쩌둥 주석의 지원 반대와 적극만류로 무산됐다면서 박은 마오 주석의 군사지원만 약속받은 채 귀국했다고 덧붙였다. 이 소식통은 마오 주석이 미군주도하의 인천상륙작전이 성공한 직후인 당시 박일우 내무상을 대동한 채 중국을 찾은 박헌영의 계획을 전쟁기간 중이라 적절하지 않을 뿐 아니라 김일성 외에는 대안이 없다는 생각에 거절한 것으로 안다면서 이와 관련한 박과 마오 주석의 대화록이 현재 비밀이 해제되지 않은 중국외교부의 1급 비밀문서에 남아 있다고 주장했다. 소식통은 이어 이 내용은 마오 주석의 최측근이었던 스쩌師哲 전 당비서실주임도 사석에서 증언한 적이 있다고 밝히고 미국의 한국전쟁 전문연구가인 중국계 미국인 천젠陳健 교수가 자신의 저서와 논문 등에서 기정사실화하고 있다고 강조했다. 그는 특히 박헌영은 이로 인해 결국 김일성의 격노를 사 나중에 미국의 간첩으로 몰리는 횡액을 입게 됐다면서 그렇지 않았으면 실각하더라도 생명은 유지했을 수도 있을 것이라고 관측했다. 이와 관련, 또 다른 소식통은 박헌영의 쿠데타 기도설은 중국에서는 거의 확실한 근거를 가지는 학설이라고 전제하고 중국 외

교부의 한국전쟁 관련 문서의 비밀이 대거 해제되면 진실이 입증될 것이라고 주장했다.[34]

그럼에도 불구하고 안문석은 앞서 백학순이 동원한 증거자료에 주목하면서 모택동의 박헌영 옹호론에 방점을 찍는다. 그는 이렇게 말한다.

'미 제국주의자들을 위한 간첩행위'와 '공화국 정권전복 음모행위'는 여전히 논란이 있다. 쿠데타 모의와 관련해서도 박헌영이 리승엽·박승원·배철 등과 함께 정권전복을 꾀했다고 하지만, 북한의 주장 외에 객관적인 증거는 발견되지 않는다. 박헌영이 미국의 간첩으로 전쟁 중에 미국에 비밀정보를 제공해 북한정권을 약화시켰다는 죄목은 북한이 박헌영 처벌에 따른 후유증을 최소화하기 위해 회심의 일타로 준비된 것일 텐데 역시 북한의 주장을 그대로 믿기에는 미심쩍은 부분이 많다. …… 중국의 기록에 모택동이 '박헌영이 미제간첩이 아니다'라고 단도직입적으로 말한 대목이 있다. 1956년 9월 18일의 일을 기록한 「모주석접견조선대표단담화기요毛主席接

34 홍순도(베이징특파원), "박헌영, 6·25직후 중국에 '김일성 축출' 제의"·중 소식통 '쿠데타 계획: 마오쩌둥 반대로 무산' 《문화일보》 05/04/26. http://www.munhwa.com/news/view.html?no=2005042601032032021002.

見朝鮮代表團談話紀要」라는 문헌에 그렇게 기록되어 있다. 당시 모택동은 '8월 종파사건'에 대해 개입하기로 하고 최용건을 단장으로 한 북한 대표단을 만났는데, 그 자리에서 최용건에게 과거 이야기를 하면서 '당신들은 그가 미국의 간첩이라고 말했는데, 미국은 아직 그가 미국의 간첩인지도 모르고 있지 않은가? 마구잡이로 살인을 해서는 안 된다'고 질책하듯이 말했다. 박헌영이 간첩이 아니라고 최용건의 면전에서 이야기한 것이다. 결국 미군정과 연결되어 있었고, 6·25전쟁 당시 군사정보를 미국에 넘겨주었다는 북한의 주장은 믿기 어렵다.[35]

김일성을 향한 스탈린의 친화력은 박헌영에 대한 모택동의 '그것'과 비등하다. 이 같은 대조적 성격이 중소 지도자 사이의 치밀한 계산이나 보다 섬세한 정치적 이유를 바탕에 두는지는 면밀한 비교를 전제한다. 이처럼 네 사람을 둘러싼 친소親疎의 대칭성은 흥미롭다. 아울러 이를 우연의 일치라고만 보기에는 간단찮은 역사의 부분들도 의식하게 된다. 김과 박을 통한 두 사회주의국가의 헤게모니 다툼 혹은 견제와 균형의 대표사례로 조선 공산주의의 역사적 제도화는 되돌릴 수 없는 주제가 되었음을 여기서 다시 헤아린다.

박헌영을 향한 모택동의 호의가 김일성에 대한 스탈린의 그것을

35 안문석, 『북한 현대사 산책·2: 전쟁과 사회주의 건설』(서울: 인물과사상사, 2016), p. 189, pp. 191-192.

웃도는 의외적 섬세함으로 도드라지는 건 드러난 증거와 기록들만으로도 유추 가능하다. 아무리 쿠데타 음모와 결부시키려 해도 모택동의 눈에는 미제고용간첩혐의가 허무맹랑했다. 전후맥락이 도무지 걸맞지 않고 무리와 정치적 억지는 물론 고의적 도약까지 강제 개입하는 부자연스러움의 산물이었다. 그것은 한사코 스탈린을 제압하려는 모택동의 무리수도 아니고 모택동과 거리를 두려는 스탈린의 의도적 무관심이 다다른 결과도 아니다. 이에 관한 한, 모택동이 더 인간적이며 객관적인 까닭이다.

박헌영은 김일성이 죽였다. 박헌영은 스스로 죽음의 계기를 만들지 않았다. 김일성이 만든 '덫'에 걸렸을 뿐이다. '죽임'의 대가는 평생 그를 쫓는 검은 그림자였다. 박의 몸에 김의 지문은 묻지 않았지만, 한 치 두 푼도 그 곁에서 도망갈 수 없는 이유다. 죽이고자 작정하면 할 수 없는 일이나 엮지 못할 곡절은 없는 법. 그렇다면 제도적 선택과 경쟁을 통한 권력 장악 자체가 불가능한 상황 속에서 한사코 작정했던 정치적 '제거'가 빛을 발한 '까닭'은 또 뭘까. 그것이야말로 왕이 되고 싶어 한, 아니 왕권을 기억하는 한 인간의 노스탤지어 때문이 아닐까. 아니면, 유독 홀로 강해지려는 욕망을 스스로 탐욕이라 믿고 싶지 않았던 과욕 때문이 아니었을까.

통일 이후에나 가능할법한 북한자료의 완전공개 때까지, 아울러 중국과 러시아의 비밀문건 등 사료접근이 자유롭게 보장될 때까지 이에 대한 해석의 공백은 불가피하다. 그때까지는 어느 한쪽의 주장이 발휘·담보할 현실적 적실성의 당장의 폭과 깊이도 제한적일 수밖에 없다. 설령 자료의 완전공개가 가능할지언정 최종해석에 따른 유·불리마저 서로 수용할는지도 불투명하다. 진영 간 해석의 골이 생각보다 깊은 까닭이다.

박의 쿠데타 기도음모와 미제간첩혐의를 넘어 대구항쟁과 정판사 위폐사건도 부득불不得不 모두가 '빨갱이들' 짓이라는 믿음은 공인된 편견이다. 이를 결코 '무혐의처리'하지 않으려는 정치적 편견의 늪은 바닥까지의 거리를 측정하기도 힘겹다. 미움과 분노는 상대의 절멸絶滅이 아니고선 잦아들지 않을 집합적 정치심리의 연료인 까닭이다.

VIII. 월북

박헌영의 월북이 여러 차례로 나눠 이루어진다는 사실이 알려진 건 1992년이다. 필자의 연구[1]와 중앙일보의 특별취재결과가 단행본[2]으로 출간된 때도 같은 해다. 놀라운 기억력으로 당대의 일들을 세세히 증언한 '서용규徐容奎(공산당 북조선조직위원회 연락실 지도원)'의 본명이 '박병엽'(1998년 서울에서 사망)이란 사실이 밝혀진 건 2010년이다.[3] 박병엽은 전 노동당 고위간부지만, 그가 어떤 경로로 서울에

1 박종성(1992), 앞책, pp. 143-195.

2 중앙일보 특별취재반, 『비록秘錄 조선민주주의인민공화국』(서울: 중앙일보사, 1992); 중앙일보 특별취재반, 『비록秘錄 조선민주주의인민공화국·하下』(서울: 중앙일보사, 1993).

들어와 말년을 보내게 되는지는 알려지지 않았다. 다만 일정기간 동안 한국 정부의 인지·보호아래 증언활동에 임하면서 현대사 연구자들과 역사기록을 위한 기본자료 구축에 이바지했던 것으로 보인다.

그러나 증언 당사자의 이름이 바뀐 것 말고 92년 당시 증언내용이 크게 달라진 건 없다. 박헌영 월북의 정치적 의미와 역사적 평가도 여전한 과제로 남는다. '월북'은 박헌영 자신의 피치 못할 정치적 메뉴가운데 하나였지만, 수많은 동지들과 어렵사리 재건한 당을 의식하면 쉽게 결정·단행할 일도 아니었을 것이다. 여기서는 이에 대한 가치판단 대신, 차수를 거듭하는 월북행위 그 자체의 내용과 사실의 전후맥락을 정리하기로 한다.

당을 일으켜 자신의 혁명이론을 본격 적용하려 한 박헌영의 꿈은 이뤄지지 않는다. 또 다른 이동과 기형의 저항경로로 접어든 그에게 46년 9월 6일은 중요한 선언적 의미를 지닌다. 여러 차례 월북을 통해 이미 자기 입지를 확보한 다음이지만, 군정청의 체포령 발동은 그의 삶의 중대한 단절을 부른 선언적 조치이기 때문이다. 고스란히 눌러 앉아 맞서 싸우다 장렬히 전사할 것인지, 구차하더라도 기어이 올라가 삶의 새로운 정치적 방편을 모색할 것인지는 모질고도 난감한 선택사항이었다.

체포령 발동직전, '9월 5일 단행한다'는 기왕의 월북설은 92년

3 박병엽 구술·유영구/정창현 엮음. 『김일성과 박헌영 그리고 여운형: 전 노동당 고위간부가 본 비밀회동』(서울: 선인, 2010).

까지 정설이었다. 하지만 그것이 최초 월북이 아니라 45년 10월 8일부터 46년 10월까지 만 1년간, 모두 여섯 차례에 걸쳐 지속된다는 새로운 증언이 등장한다.[4] 박헌영의 비밀입북은 박갑동이나 이정식, 스칼라피노 등이 극히 제한적으로 추적한 바 있다. 46년 9월 5일설(박갑동의 주장)은 이후 다른 자료들(김남식의 주장)에 의해 46년 10월(날짜 미상)로 수정되기도 한다.

그의 월북시기가 46년 9월 5일인지, 아니면 그 다음 달 며칠인지는 사실 그렇게 중요한 일이 아니다. 하지만 이 문제가 새삼스런 까닭은 수정된 10월 월북설과 박병엽의 증언이 모두 사실일 경우, 박헌영은 46년 10월초 대구항쟁 이후 그리 크게 원치 않는 북행길에 오르게 된다는 점을 재확인할 수 있고 군정당국의 체포령을 피해 그 전날 월북에 성공한다고 정리한 박갑동의 기록[5]이 얼마나 허

---

4 이 증언의 주요내용들은 《중앙일보》가 기획·연재한 '비록 조선민주주의인민공화국'에 수록되어 있다. 이 가운데 특히 박헌영 월북에 대한 증언내용들은 91년 9월 16일부터 92년 1월 30일까지 실린다. 여기서도 이를 따르되, 각 차수별 증언내용들은 필자의 과거문헌을 바탕으로 재구성하였음을 아울러 밝힌다. 다만 증언자의 성명은 '서용규'에서 '박병엽'으로 바뀌며 이는 《중앙일보》의 기사참고와 인용과정에서도 감안해야 할 양해사항이다. 글의 내용 중 신문의 실제기사와 증언자 이름이 서로 다름은 이 때문이다. 기사의 소급수정이 불가능하기 때문에 이는 (2010년 이후의) 모든 인용자들과 연구자들이 유념해야 할 특기사항으로 남는다.

5 박갑동, 앞책, pp. 166-168 참조. "46년 9월 5일 …… 한 대의 영구차가 서울을 벗어나고 있었다. 당시만 해도 영구차는 검은 기와집 모양의 장식을 얹은, 인상이 괴기한 것이었지만 그나마도 서울시내에 몇 대밖에 되지 않아 웬만큼 여유가 있는 사람이 아니면 사용할 수가 없었다. …… 박헌영은 이날

술하고 일방적인지 잘 알 수 있기 때문이다.

여섯 차례에 걸친 박헌영의 월북은 기본적으로 김일성과의 비밀회동형식으로 이루어진다. 만남을 통해 이들은 모두 해방조선에서 누가 먼저, 그리고 어떻게 사회주의 조선을 세울 것인지 각자의 숨은 의도를 드러내면서 구체적 계획을 타진·협의하기 시작한다. 그 내용을 순차적으로 살펴보자.

1. 1차 월북: 1945.10.8–1945.10.9

김일성과 박헌영의 첫 번째 비밀회동[6]은 45년 10월 8일 저녁부터 다음날 새벽까지 대여섯 시간 동안 이루어진다. 장소는 개성 북방의 소련군 38경비사령부 회의장(구 철도관사)이었다. 두 사람이 처음으로 비밀리에 38선 이북지역에서 급히 만난 목적은 평양에 '조선

한 평 반 남짓한 영구차 속, 자기키보다 조금 큰 검은 관 속에 반듯이 누워 시체를 가장해서 월북했다. …. 38선 접경에 이를 때까지 혹시나 경찰의 검문을 염려해서 가족으로 분장한 남녀당원 몇몇이 흡사 경기도 일원의 어느 선산에 매장이나 하러가는 듯한 장례차림을 꾸민 것이다. 그 때 영구차 뒤에 따르던 호상차에 두건을 푹 눌러쓴 박헌영의 보디가드 이동수李東樹의 얼굴을 눈여겨보지 않았더라면 이 장의행렬이 박헌영의 '서울탈출행'이라고는 아무도 몰랐을 것이다. 이 행렬에 뽑힌 5명의 호위원은 공산당 내에서 엄선된 일당백의 행동대원들이었다." p. 167.

6 《중앙일보》 91/09/16(월), 제8084호 (5)면; 91/09/26(목), 제8092호 (5)면; 91/10/01(화), 제8097호 (9)면 참조.

공산당 북조선분국'을 설치하는 문제를 둘러싸고 서로의 입장을 전달하면서 견해를 좁히기 위해서였다. 구체적으로 북조선분국 창설 문제도 있었지만 더 중요한 건 혁명의 지도적 참모부인 '조선공산당 중앙'의 위치를 어디 두느냐는 것이었다(박헌영은 이 문제를 심각하게 생각하지 않았다). 김일성은 무엇보다 먼저 '당 중앙'의 위치가 '해방지구에 있어야 하지 않겠느냐'는 자신의 입장을 펴나가면서 상당히 심각하게 논란을 벌인다[7].

자술서에 따르면 김일성은 이때 '근거지'라는 말은 쓰지 않고 혁명의 '지탱점'이 이북에 있어야 하지 않겠는가 하는 식으로 박헌영을 설득하려 했다는 것이다. 그러자 박헌영은 김일성처럼 정치적·혁명적 측면에서 이 문제를 파악하지 않고 행정적·지역적 개념에 따

7 박병엽은 이 증언이 52년 12월, 당 5차 전원회의 때 박헌영 사건에 연루된 인물들이 쓴 자술서에 근거한 것이라고 주장한다. 그들은 당 제5차 전원회의 문헌토의사업을 할 때 집중검토를 받았다는 것이다. 그 중 한 인물은 김일성과 박헌영의 첫 번째 만남과 토론과정에서 박이 공산주의운동의 실질적 주도권을 김에게 넘겨준 셈이라고 과감히 자술서를 썼다고 증언한다. 또 이들의 자술서에 의하면 첫 만남에서 김일성과 박헌영은 정세판단을 놓고 상당한 인식차이를 보였다고 한다. 즉 김일성은 소련군이 사회주의국가의 공산당 군대인데 반해 미군은 자본주의국가의 군대이고 따라서 미군과 소련군이 2차 대전에서 연합전선을 폈던 연합군이었다 하더라도 그 성격은 기본적으로 다르다는 점을 강조했다는 것이다. 그리고 조선해방에서의 역할을 보더라도 소련군과 달리 미군은 총소리 한번 내지 않고 전투 없이 진주했기 때문에 역할이 달랐다는 점을 아울러 강조했다는 점이다. 이에 비해 박헌영은 이같이 인식하지 못했고 미군과 소련군은 단지 연합군이고 미소는 다 같이 '진보적 민주주의국가'라는 매우 나이브naive한 견해를 갖고 있었다는 것이다.

라 '서울이 중앙이어야 한다'는 주장을 폈다는 것이다. 한 자술서에는 "새파란 젊은이가 불같은 정열로 뿜어내는 논리에는 박헌영도 어떻게 대응해야 할지 몰라 했다. 북조선분국을 설치하기 위한 협의의 자리였으나 이미 이때 실제 주도권은 김일성에게 있었다고 느꼈다."고 쓰인 것으로 박병엽은 증언한다[8]. 결국 46년 10월에 이르면 공산주의운동의 중앙은 이북으로 옮겨진다. 박헌영은 이러한 앞날을 예측하지 못했지만 김일성과 소련 측은 이미 해방 2개월 뒤인 45년 10월, 어느 정도 정세를 내다보고 있었다. 이와 아울러 박병엽은 '만일 이때 박헌영이 정세를 제대로 파악했거나 김일성의 의견에 동조했더라면 박헌영이 뒷날 당 중앙을 차지했을지도 모를 일'이라고 술회한다. 이 회동에서 김일성과 로마넨코는 공산당의 중앙을 이북에 둘 것과 박헌영이 이북에 올라와서 활동할 것을 권유했지만, 공산당중앙의 '위치문제'는 여기서 단지 의견교환으로 그쳤을 뿐 결론에 이르지는 못하게 된다는 점에 주목할 필요가 있다.

나머지 쟁점으로 당 조직문제가 있다. 이에 대해서는 물론 김이 이북의 5개도를 끌고 나갈 '북조선적'인 중앙조직을 가져야 한다고 주장했고, 박은 계속 '일국일당원칙'을 고수하려 했다는 것이다. 논의도중, 박헌영은 "정 그렇다면 소련공산당 중앙위원회처럼 서울의 조선공산당 중앙위원회에다가 북부지도국을 하나 만들자. 김일성 동지는 서울로 와서 당 비서 겸 북부지도국장을 하면서 이북 5도당

---

8 《중앙일보》 91/09/16(월), 제8084호 (5)면 참조.

을 지도하면 되지 않겠느냐"라며 역제의를 하기도 한다. 소련공산당 중앙위원회에 러시아중앙국, 우크라이나중앙국 등 '중앙국'이 따로 있어 지방공산당조직을 지도하던 예에서 착안했다는 것이다. 이에 대해 김일성은 허허 웃으면서 "조선의 사정과 러시아의 사정은 다르다"는 점을 지적했다. 즉 소련공산당은 혁명 후에 주권을 장악하고 집권당이 된 상황에서 소련자체가 땅이 넓고 지역적 발전정도차이가 극심한 다민족국가이기 때문에 중앙위원회가 일률적으로 지도할 수 없는 조건을 갖고 있어 중앙위원회 안에 중앙국을 설치할 필요성이 불가피했다는 것이다.

둘 사이의 갑론을박이 끊어지지 않아 박이 나중에 로마넨코에게 의견을 묻자 로마넨코가 "김일성동지와 같은 생각이다"라며 소련군정의 입장을 밝히니 박도 그제서야 "그렇다면 중앙위원회에 속한 북부 5도당을 통일적으로 지도할 수 있는 중간지도기구로 북조선분국을 설정하자"고 제안해 합의에 이르게 된다고 그는 증언한다.[9] 다시 말해 이북에 독자적인 당 중앙을 설치하지 않고 5개 도당을 통일적으로 지도하는 중앙지도부 격으로 당 중앙 위에 속하는 분국을 만들고 이북 5도 당원들은 분국에 직속시키는 것으로 합의를 보았다는 것이다.

결국 첫 비밀회동에서 합의를 본 것은 1) 북조선분국 결성문제,

9 이 부분에 대해서는, 《중앙일보》 91/09/26(목), 제8092호 (5)면; 91/10/01(화), 제8097호 (9)면; 91/ 12/05(목), 제8160호 (11)면 참조할 것.

2) 정치노선과 조직노선에 대한 결정서를 따로 채택하는 문제, 3) 분국결성 뒤에 사후승인을 받아야 한다는 문제, 그리고 4) 열성자회의에서 서울의 장안파를 비판하는 특별성명을 채택하는 문제 및, 5) 정세변화와 관련하여 서울중앙과 북조선분국이 밀접한 연계를 갖고 협의하는 문제 등이었다. 이렇게 대 여섯 시간에 걸친 논의 끝에 그들은 새벽녘에 합의를 보고 일단 헤어진다(증언에 따르면, 박헌영과 함께 참석했던 권오직, 이인동 등은 열성자회의에 옵서버로 참석하기 위해 평양으로 올라간다). 이것이 첫 번째 비밀회동의 전모다.

2. 2차 월북: 1945.12.28–1946.1.1

두 번째 비밀회동[10]은 박헌영이 45년 12월 28일 저녁에 38선을 넘어 29일 오후 평양에 도착, 46년 1월 1일 오전까지 평양에 머무는 동안 이루어진다. 이때 김일성과 박헌영이 만난 장소는 평양의 공산당 북부조직위원회의 사무실과 회의실(구 동양척식주식회사 건물)등이었다. 박헌영은 이때 평양당국이 그의 체류사실을 비밀에 부치려 했기 때문에 일반호텔에 투숙하지 않고 김일성 사택(평양 보통문 바로 뒤편)에서 묵는다. 이 만남에서 박헌영은 김일성과 단독요담만 한 게

10 《중앙일보》 91/11/21(목), 제8146호 (11)면; 91/12/05(목), 제8160호 (11)면 참조.

아니라 북한 공산주의자들의 공식회의에 참가하는 등 공식일정에 따라 활동한다. 이때의 주요목적은 바로 모스크바 삼상회의의 결정, 즉 '조선 문제에 관한 의정서' 문제를 협의하기 위해서였다고 박은 증언한다.

같은 해 12월 23일에 시작하여 27일에 끝난 모스크바 삼상회의는 조선 문제에 대한 결정안을 마련하고 28일, 이를 발표한다. 즉 AP통신을 비롯한 서방언론들은 이 결정을 보도하면서 미국의 뜻을 반영하여 조선에서 '신탁통치'가 실시될 것이라고 타전한다. 이 같은 결정이 알려지면서 28-29일간, 서울에서는 반탁움직임이 거세게 일기 시작했지만 평양에서는 별다른 움직임이 없었다. 이때까지만 해도 소련의 타스통신은 이 사실을 보도하지 않았는데 그 이유는 모스크바에 갔던 소련군정 민정사령관 로마넨코와 서울주재 소련영사관 총영사 프리얀스키가 아직 평양과 서울로 돌아오지 않았기 때문이었다는 것이다.

널리 알려진 대로 박헌영의 조선공산당측은 서울 쪽 대세에 따라 일단 반탁입장을 표명하지만 서울주재 소련영사관 측이 본국훈령이 아직 없었다며 함구하는데다 이북에서는 별다른 반응이 없자 일단 의구심을 갖는다. 이런 상황은 박헌영을 답답하게 만들었고 당지도부에서도 박의 평양방문이 필요하다는 의견이 제기되고 서울주재 소련영사관의 샤브신도 그의 평양행을 권함으로써 그의 두 번째 비밀평양방문이 구체화된다는 것이다. 이때 박과 동행한 사람들은 조선공산당 서기국원 김태준과 숭실전문학교 철학교수를 역임한 이론가 박치우 등 4, 5명이었다고 박은 증언한다. 이보다 앞서 월북하여 활동하던 최용달도 이때 박과 동행한다.

12월 29일, 김은 북조선분국의 2차·3차 확대집행위원회[11]개최 상황, 조선민주당 창건 등에 대한 북한정세를 설명하고 박헌영은 서

---

11 조선공산당 북조선분국 제2차 확대집행위원회란 45년 11월 23–24일 양일에 걸쳐 개최된 정치노선결정에 대한 회의를 뜻한다. 이 회의는 박의 1차 월북과 2차 월북 사이에 이북에서 열린 중요회의 가운데 하나다. 이미 45년 10월 10–13일간의 북부 5도당 책임자 및 열성자회의에서 북조선분국을 창설하긴 했지만 그 명칭이나 노선문제를 둘러싸고 여전히 체계가 덜 잡혀 있었다. 박헌영의 서울중앙을 지지하는 사람들은 '8월 테제' 만 얘기하고 김일성 쪽을 지지하는 사람들은 '통일전선'을 강조하며 '지탱점(훗날의 '민주기지')'을 주장하는 형편이었다. 일단 조직은 만들어놓은 상태였기 때문에 당장 시급한 것은 이북의 실정에 맞는 정치노선을 확정하는 일이었다. 즉 당 정치노선에 대한 혼선을 정리하고 정확한 정치노선을 확립할 필요성이 당 내부 형편상 절실했던 것이다. 당이 만들어진지 한 달이 넘었는데도 당이 대중들 앞에 정치적 목표나 투쟁과업, 그리고 강령이나 지침을 제시해 주지 못했기 때문이다. 이러한 필요성을 반영하여 제2차 확대집행위원회가 열리는 것이다. 김일성은 이 자리에서 4대 정치노선을 발표했는데 원제목은 '4대 당면과업에 대하여'였다. 민족반역자를 제외한 광범위한 민족통일전선에 기초한 민주주의인민공화국 수립을 위하여 김일성의 보고에 제시된 4대 당면과업 내용은 다음과 같다. 1) 인민적인 민주개혁을 실시하기 위한 토지문제, 산업문제, 노동문제, 평등권문제, 선거제도문제의 해결, 2) 민주개혁을 실시함으로써 혁명의 근거지, 즉 지탱점을 창설할 것, 3) 친일파, 민족반역자의 숙청과 일제의 잔재제거, 4) 민족통일전선 기치아래 전민족의 단합, 단결 등이 바로 그것이었다. 북조선분국 제3차 확대집행위원회는 45년 12월 17–18일 양일에 걸쳐 개최된다. 3차회의의 과업은 분국의 조직지도체계를 공산당 요구에 맞게, 그리고 공산당 조직원칙에 맞게 올바로 수립하는 것이었다. 또 당시 곧 열리기로 예정된 모스크바 삼상회의와 관련, 공산당이 확실한 주도권을 잡고 당 조직을 정비할 필요성을 제기했다. 또한 보다 중요한 문제로 이제는 북조선분국이 실질적 당 중앙역할을 해야 한다는 문제의식도 높았다. 북조

울중앙내부에서의 신탁통치문제를 논의한다. 박헌영은 이때 이미 북한공산주의자들이 남한에서 신탁통치문제로 소란스럽고 공산당도 반탁입장을 밝힌 것을 알고 있었던 만큼, 반탁입장이 거세다는

선분국을 창립할 당시까지만 해도 김일성은 당 직책을 맡지 않는다. 그 이유는 국내파 공산주의자들에 대한 우대, 통일전선형성의 중개역할 필요성, 전국적 판도에서의 정세의 유동성 때문이었다. 그러나 박헌영은 앞서 밝힌 것처럼 소련군대가 와 있는 이북에 당 중앙을 두어야 한다는 제안을 받아들이지 않았을 뿐 아니라 분국이 만들어 진 뒤에도 이를 승인만 했을 뿐 당 중앙 입장에서 '분국'에 대해 아무런 조치도 취하지 않는 '치명적 실수'를 범한다. 이런 상황에서 소련 측이나 분국의 김일성파 지도자들은 남과 북의 당 조직을 통합하여 공산당 중앙위원회를 평양에 두는 것이 불가능해진 만큼 이북에서만이라도 분국이 실질적 당 중앙 역할을 해야 한다는 결론에 이른다. 더욱이 삼상회의결정이 나오면 박헌영도 이에 매달리지 않을 수 없고 결국 전국범위의 실질적 당 중앙이 소련군이 있는 평양에 설치될 가능성이 매우 높아졌다는 인식을 하게 된다. 이러한 정세를 반영, 분국의 강화와 조직체계정비가 당면과제로 떠올랐고 당 지도부의 개선과 관련하여 김일성이 당 주도권을 장악하는 과제마저 등장하게 된다. 이러한 요구아래 개최된 3차 확대집행위원회에서 김은 '각급 당 단체들의 사업에 대하여'라는 제목의 정식보고를 한다. 보고에서 중요하게 다루어진 것은 기본적 결함이었다. 즉 지방할거주의, 자유주의, 중앙집권적 기율의 무시, 무규율, 종파적 행위 등에 대한 비판이었다. 박병엽은 이 제3차 확대집행위원회에서부터 이북당 중앙의 명칭이 '공산당 북조선조직위원회'로 바뀌었다고 증언한다. 서울중앙을 지지하는 사람들은 '조선공산당 북조선조직위원회'라고 했지만 서울의 박헌영이 지도하는 공산당과 차이를 두고 독자성을 강조하고자 공식적으로 '공산당 북조선조직위원회'라고 부르기 시작했다는 것이다. 정식 문서상으로도 이 명칭을 사용했고 조직 명칭과 책임비서도 이러한 이유로 바뀌게 된다는 것이다. 결국 이 두 차례의 '북조선분국 확대집행위원회'는 김일성으로 하여금 박헌영을 제압할만한 '절대적 호기'로 작용한다. 즉 온갖 정치적 명분과 내외정세를 종합적으로 이용하여 김이 실질적으로 한걸음 더 먼저, 그리고 더 빠르게 헤게모니 장악을 위한 유리한 발판을 이 회의들 속에서 발견하게 된다는 새로운 사실에 유념할 필요가 있다.

사실을 설명한다. 박헌영이 남쪽상황을 설명하면서 반탁조치를 취했다고 말하자 이미 이 사실을 알고 있던 김일성은 입맛만 다시고 앉아 있었다는 것이다. 12월 30일 오후, 김과 박이 배석한 가운데 공산당간부들의 협의회가 열렸는데 훗날 박헌영은 자술서[12]에서 이 날 자리에 대해 "분국지도부 동지들 앞에서 서울중앙의 반탁조치에 대해 설명하는 동안 나 자신은 쥐구멍에라도 들어가고 싶은 심정이었다"고 썼다는 것이다. 왜냐하면 삼상회의 결정내용을 구체적으로 알아보지도 않고 소련에서조차 이 문제에 대해 결론을 내리지 않은 상황에서 사전협의도 없이 조선공산당 서울중앙이 반탁입장을 결정하여 성명서를 채택하고 대회를 개최하는 등 너무 서둘러 앞서 나갔기 때문이다. 결국 박헌영은 이 자리에서 김일성에게 서울 측 판단착오를 솔직히 시인하고 그 수습책을 논의하기 이른다.

12월 31일 오전회의에서 주로 논의된 것은 모스크바 삼상회의의 결정을 어떻게 실행해 나갈 것인가 하는 문제[13]였다. 즉 결정내용

---

12 '박헌영 사건'때 자신이 직접 작성한 것으로 사실적 내용들을 많이 담고 있는 것으로 박병엽은 증언한다.

13 토의안건은 주로 임시정부 수립문제를 포함한 모스크바 삼상회의 결정 4항목이었다는 것이다. 이 결정은 공개된 대로 2항이 정당, 단체협의를 통해 임시정부를 수립한다는 것, 3항이 신탁통치를 실시한다는 것, 4항이 2주일 이내에 미소공동위원회를 소집한다는 것 등이다. 로마넨코는 평양으로 돌아오자마자 소련 측 견해와 미국 측 견해가 서로 달랐음을 설명했고, 특히 미국이 신탁통치를 주장하길 래 하는 수 없이 절충안으로 5년간 '후견제'를 실시하기로 결정했지만 후견제는 신탁통치와 근본적으로 다르다고 했다는 것이다. 소련 측의 이 같은 설명을 듣자 박헌영으로서는 난감할 수밖에 없었고

을 적극 지지할 것, 지지할 뿐만 아니라 그 결정을 철저히 관철할 수 있도록 전당적·군중적으로 민주역량을 동원하여 대대적으로 운동을 전개할 것이 논의되었다. 당시 회의기록 자료를 보면 두 번째로 많이 논의된 것이 조선의 정당사회단체들과 협의하여 그 대표들로 임시정부를 구성하는 문제였다고 박은 증언한다. 특히 남북정당·사회단체를 재정비하고 확대 강화하는 방침에 대해 중점을 두고 이 가운데 당 조직 확대와 그 역할 제고, 그리고 당이 중심이 되어 대중단체들과 통일전선을 강화하는 문제들을 집중 논의했다는 것이다. 여기서 중요하게 확인된 것은 임시정부수립에서 전체적인 세력관계를 '2대1'로 한다는 점이다. 정부를 구성하려면 여러 정부기관이 있게 마련인데 이 기관들 내부의 전반적 세력관계를 2대1로 만들자는 것이었다. 즉 이북의 통합세력이 '하나', 이남의 좌익세력을 '하나'로 하여 '둘의 세력'을 형성하고 이남의 나머지 세력을 하나의 세력으로 잡는다는 뜻으로, 이는 결국 공산당이 임시정부에서 헤게모니를 장악하고 정권을 리드해 나가겠다는 말이었다.[14]

여기서 중요하게 논의된 것은 세력관계뿐 아니라 당과 근로대중단체를 확대 강화하는 문제, 삼상회의결정을 사람들에게 정확하게

31일 소련 타스통신이 후견제 실시를 보도하자 서울의 소련영사관 측도 공산당중앙의 리승엽, 김삼룡에게 소련의 입장을 상세하게 통보해 주었다고 한다.

14 이 회의에서 박헌영을 비롯하여 이남에서 올라온 사람들은 회의성원이 아닌 상태에서 '방청observing'만 했던 것으로 박은 기억한다.

인식시켜 남북에서 각기 청원·지지운동을 전개하는 문제들이었다. 특히 서울의 조선공산당이 이미 반탁의사를 밝혔기 때문에 이를 기술적으로 어떻게 찬탁 쪽으로 돌릴 것인지가 무엇보다 중요했다. 이 과정에서 박헌영의 입장이 얼마나 난처했을는지는 상상하고도 남음이 있다. 결국 남북공산당은 각각 동일한 시기에(1946년 1월 2, 3일경) 삼상회의결정을 지지하는 입장을 밝히고 그 다음 단체별로 군중집회를 갖고 진정서를 내는 방안을 마련한다. 물론 이때 이남의 반탁진영을 어떻게 다룰 것인지도 많이 논의한다. 공산당이 주도적으로 나서 반탁진영을 분열시켜야 한다든지, 삼상회의결정에 대한 지지여론을 확산시켜 반탁진영 자체를 고립시켜야 할 것이라는 등의 과제가 채택되기도 한다. 그리고 2주일 이내에 미소공동위원회가 열릴 수 있도록 이남·이북의 공산당측이 소련군사령부뿐 아니라 미군사령부에도 청원서(혹은 진정서)를 보내는 문제를 함께 논의한다.

남북 간의 긴밀한 연락은 필수였다. 두 사람의 물리적 조우는 물론 서신과 정보교류를 위한 방법도 당연히 마련해야 했다. 이에 따라 박헌영 측은 개성·연천·양양 등 38선 인근에–사람과 문서가 안전하게 오갈 수 있도록 하기 위한–조선공산당 서울중앙의 비밀연락거점을 설치하도록 요청하고 김일성 역시 공산당 북조선조직위원회 내에 이남 당과의 연락업무를 주로 맡게 될 연락기구[15]를 만들겠다는

15 이 기구는 처음에 '연락실' 형태로 46년 1월 20일경에 만들어진다. 박병엽은 '박헌영 진술서'를 보고 이 사실을 알게 되었다고 말한다. 60년대 말경 평양

뜻을 밝힌다. 김과 박은 이남의 정치지도자들에 대해서도 깊은 얘기를 나눈다. 대화선상에 올랐던 인물들은 주로 여운형·백남운·김구·김규식·홍명희 등이었다. 이때만 해도 김구와 김규식 등은 반동으로 치부되고 여운형은 영웅심 강한 인물이기 때문에 이를 잘 활용할 필요[16]가 있으며 인민당과도 통일전선을 도모해 나가야 할 것이란 점이 지적되었다. 또한 홍명희를 쟁취할 필요가 있다고 보고 홍명희 진영에 사람을 들여보내기로 했다는 것이다.

둘은 연안파 출신들에 대해서도 의견을 나눈다. 김일성은 이들이 전체적으로 공산당에 입당할 게 아니라 당시 형편상 별개의 당을 결성해야 할 것이란 입장을 피력한다. 김은 모스크바 삼상회의의 결정에 따라 정당단체협의회가 열릴 것에 대비, 공산주의자들이 여러 정당·단체들을 갖고 있는 것이 유리할 것이란 입장을 편다. 이와 관련, 박헌영은 한빈 등과 만나 의견을 교환한다. 12월 31일 오전 협의회에서 이상의 여러 문제들을 토의한 다음 김과 박은 오후에 다시 단독으로 만나 여러 의견들을 교환한다.[17]

교외에 북한당국은 '남조선혁명사적관'을 만든다. 이곳에는 남조선혁명관계 자료가 상당히 많이 있었고–지금은 없어졌는지 알 수 없지만–중앙문서고에는 대단한 분량의 박헌영 진술서가 보관되어 있어 박병엽은 몇 달 동안 읽을 수 있었다고 술회한다.

16 몽양은 차후 이북 당 중앙지도요원의 주선으로 김일성과 별도의 단독요담기회를 갖는다.

17 박병엽은 박헌영이 김일성과 두 번째 회동을 할 때 "당 중앙을 이북에 넘겨주는 셈이 되고 말았다"고 분명히 한 자술서에 기록되어 있었다고 회상한다. 이북에 당 중앙을 넘겨준다는 건 사실상 김일성에게 공산주의운동의 주도

이처럼 박헌영은 김일성과의 두 번째 비밀회동에서 모스크바 삼상회의결정에 대한 대책을 받아들고 서울로 돌아온다. 그는 46년 1월 1일, 평양에서 신년연회를 가진 뒤 평양을 떠난다. 1일 날 밤, 38선을 넘어 2일 서울에 도착한 박헌영은 당 정치국 회의를 소집하고 이 날짜로—이북과 마찬가지로—찬탁성명을 내기 이른다. 또 1월 3일에는 삼상회의결정을 지지하는 집회를 열고 평양에서는 1월 6일, 삼상회의 결정지지를 위한 군중집회가 열린다.

결국 김과 박의 두 번째 비밀회동의 목적은 모스크바 삼상회의의 결정을 지지하고 이를 관철하기 위해 남북의 좌익들이 공동 전략을 꾀하는데 있었던 것이다. 하지만 비록 이 같은 목적에서 만나긴 했어도 이때부터 당 중앙의 실질적 주도권은 김일성에게 돌아가는 결정적 모티브가 마련된다는 사실에 주목할 필요가 있다.

3. 3차 월북: 1946.4.2—1946.4.6

세 번째 비밀회동[18]은 박헌영이 46년 4월 2일 밤에 38선을 넘어

권을 이양한다는 것을 의미한다. 그는 46년 2월, 이북에서 북조선임시인민위원회가 설립되고 3월에 토지개혁이 시작되자 이남에서도 '인민위원회 정권창출, 토지개혁실시' 등의 구호가 나옴으로써 이북의 공산당 북조선조직위원회가 사실상 당 중앙이 된 것으로 평가할 수 있다고 말한다.

18 《중앙일보》 91/12/09(월), 제8164호 (11)면; 91/12/12(목), 제8167호 (9)면; 91/12/16(월), 제8170호 (11)면; 91/12/19(목), 제8173호 (11)면 참조.

3일 오후, 평양에 도착해서 6일 오후 서울로 떠나기 전까지 이루어진다. 이때 김일성과 박헌영이 만난 장소는 두 번째와 마찬가지였고 숙소 또한 김일성의 사택이었다. 이때는 미소공동위원회의 '3호 결정(임시정부 수립문제)'에 대한 공동대책을 마련하기 위해 박헌영이 평양으로 올라갔고 월북에 앞서 3월말 경 북측연락원이 서울로 내려와 4월초에 집행위원회를 열어 3호 결정을 토론하겠으니 평양으로 오는 게 어떻겠는가 하는 의사타진이 있었다는 것이다.

미소공동위원회 '3호 결정'의 배경과 주요골자는 다음과 같다. 45년 12월말, 모스크바 삼상회의결정에 따라 2주일 이내에 남북한에 주둔하고 있던 미·소 군사령관들은 서로 만나 '공동위원회개최'를 위한 예비회담을 갖도록 예정되어 있었다. 1월 16일에 소련대표가 이남으로 와서 일주일 정도 예비접촉을 갖고 본격적 예비회담을 한 것은 1월 25일부터 2월 5일까지였다. 이 예비회담을 마친 후에 3월 20일부터 미소공동위원회를 구성하여 본 회의를 개최한다는 성명이 발표된다.

이 성명에 따라 3월 20일, 서울에서 제1차 미소공위가 열린다. 회의는 순조롭게 개최되어 1호·2호 성명이 나오고 위원회가 열린지 열흘도 채 지나기 전인 3월 29일에 '3호 성명'이 나온다. 이 성명은 통일적인 임시정부수립에 대한 문제를 담고 있었다. 구체적으로 그 내용을 보면, 1) 미소공위에서 1단계로 정당·단체들과 협의하여 임시정부를 수립하는 문제, 2) 2단계로 신탁통치, 즉 후견제이니만큼 4개국과 관계협약의 작성체결을 어떻게 해결할 것인지의 운영문제를 공동위원회 사업으로 한다는 것 등이었다. 1단계 사업에서는 협의대상, 즉 정당·단체의 대상문제와 다른 한편으로 협의내용, 즉 임시정부의 구성·기구·정강정책, 임정의 성원과 각원 등을 처리하기로 되어 있었다. 2단계 사업에서는 임시정부와 4개국 협약을 조절하는 문제가 과제였다. 다음으로 이를 잘 추진해 나가기 위해 미소공위 내에 3개 분과를 설치하는 문제 등이 있었다.

공위의 사명이 미·소 합의에 따라 임시정부를 수립하는 문제였기 때문에 난항을 겪을 줄 알았지만 열흘 만에 임정수립에 대한 3호 결정이 나오자 북한지도부에서는 당황하여 적절한 대응책이 필요해졌다는 것이 박의 3차 월북과 직접 관련이 있다. 북한에서는 이미 3호 결정이 나오기 전부터 공산당 북조선조직위원회 집행위원회를 열어 어떤 성격의 임시정부가 수립되어야 할 것인지에 대한 자신들의 입장을 미소공위의 회의초기부터 밝혀두어야 한다는 의견이 지배적이었다. 당시 이미 북한에 설립된 북조선임시인민위원회가 이를 촉진시킨다. 따라서 김일성이 북조선임시인민위원회 위원장자격으로 3월 23일, 20개조의 정강을 발표한다. 북의 입장에서는 이것이 하나의 '원칙'이었고 최소한도 임시정부가 이 정도 정책을 택해야 인민들이 지지할 수 있을 것이란 입장을 밝힌 것이다. 북측에서 이러한 태도표명을 분명히 했음에도 불구하고 남측에서는 이에 대한 명백한 지지가 제때에 나오질 않았다. 이런 상황 속에서 3월 29일에 3호 결정이 나오자 남과 북이 이에 공동대처해야 할 문제가 제기된 것이다.

이에 따라 북한에서는 일주일 후인 4월 초에 조직위원회 집행위에서 임정수립대책을 논의하기로 하고 이 자리에 박헌영을 참석시켜 함께 토론하자는 의견이 나와 3월말 경 박에게 연락원을 파견하게 된다는 것이다(박헌영의 3차 월북에는 박치우가 동행하고 회동 때는 이미 월북해 있던 박문규가 배석한다). 박헌영은 4월 5일, 북조선조직위원회 집행위원회에 참석한다.[19] 3호 결정의 대략적 내용은 허가이가 설명하고 곧 이어 김일성이 구체적인 사항들을 언급했다. 그리고 임시정부 수립문제를 3호 결정에 근거해 순차적으로 토론해 나갔다. 먼저 임시정부수립의 정당·단체 협의대상을 어떤 범위로 할 것인지가 초점이었다. 일단 김일성이 보고를 통해 1) 친일파, 민족반역자를 제외한 민주주의적인 정당·사회단체가 되어야 하며 친일적·파쇼적 정당은 안 된다는 것, 2) 정당 단체를 조직하였으되 8·15 전에는 독립운동을, 8·15 이후에는 당시까지 건국사업을 전개한 업적이 있어

---

19 이날 회의에서는 45년 12월, 제4차 집행위원회에서와는 달리 임정수립문제가 의제인 만큼 이남에서 온 사람들도 같은 자격을 갖고 발언권뿐 아니라 결정권도 가졌다. 회의의 주재는 김일성이 했지만 박헌영도 제4차 집행위원회 때의 옵서버 자격과는 달리 김과 나란히 상석에 앉아있었다고 한다. 4월 6일 날은 조직위에서 김일성을 잠시 만나고 조직위원회내의 대남연락실 요원들도 만나고 허가이, 김렬 등 소련에서 나온 사람들과도 만난다. 사실 이 무렵 당 사업에서 조직국장을 하다가 조직담당 제2비서를 맡았던 허가이가 차지하는 비중은 상당히 컸다고 박은 증언한다. 김일성은 당시 북조선임시인민위원회 위원장직을 맡아 행정업무에 주력하고 있었기 때문에 조직위원회의 책임비서였지만 당 사업에는 예전처럼 신경 쓰기 어려웠다는 것이다. 무정武亭도 제2비서 명칭은 그대로 갖고 있었지만 출근 자체는 군대 쪽인 보안간부훈련소로 했었다. 이후 허가이의 후임 조직국장직은 김렬이 맡는다.

야 한다는 것, 3) 모스크바 삼상회의의 결정, 즉 임시정부수립에 대한 결정을 적극 지지해야 한다는 것 등을 발제한다. 그리고 민주주의적 정당이면서 건국사업에 업적이 있어야 하지만 일정 수준의 군중적 토대도 있어야 한다는 점이 특별히 지적되었다.

두 번째 토론대상은 임시정부기구, 즉 정부조직을 어떻게 할 것인지 였다. 이때는 입법·행정·사법 등 3권 분립을 실시한다는 방안이 마련된다. 입법기구로는 임시정부지만 정당 단체대표·지역대표를 비율에 따라 뽑아 최고인민대표회의를 구성한다는 것과 행정기구로는 중앙인민위원회·지방인민위원회를 구성한다는 것, 그리고 사법기관으로는 최고법원·지방법원을 둔다는 것 등이 결정된다. 이 가운데 최고인민대표회의의 구성문제가 논란거리였다고 박은 회고한다. 즉 대표를 뽑을 때 지역비례로 할 것인지, 인구비례로 할 것인지, 혹은 다른 방법으로 할 것인지가 초점이었다는 것이다. 이 문제는 남쪽인구가 더 많다는데 따른 것이었다. 두말할 필요도 없이 박헌영 등은 인구비례가 적절하다고 주장했지만 논란 끝에 대표선출문제는 나중에 구체적 실행과정에서 다시 다루기로 하고 일단 지역대표를 둔다는데 까지만 합의하고 다음 문제로 넘어간다.

다음으로는 임시정부 성원을 어떤 자격의 사람들로 할 것인지였다. 여기서 강조된 것은 1) 일제 때의 친일파, 민족반역자, 하부관리에 이르기까지 제외한다는 것, 2) 조국해방을 위해 싸운 사람들과 공헌한 사람들로 구성한다는 것이었다. 특히 무장을 하고 조국해방을 위해 투쟁한 사람들로 구성한다는 것이었다.[20] 또 논의된 것은 임정성원의 비율을 어떻게 할 것인지 였다. 공산당과 좌익이 정권을 리드해야 하니까 세력관계가 2 : 1의 비율이어야 한다는 입장에서부터 8 : 2, 혹은 7 : 3, 6 : 4로 하자는 의견이 속출했다는 것이다. 결론을 내리진 않았지만, 대체로 6 : 4로 한다는 선에서 잠정합의된 것으로 박은 기억한다. 다음으로 좌익 중에서는 어떤 비율로 할 것인지, 즉 공산당과 나머지 좌익정당인 신민당, 인민당의 지분은 어떻게 배분할 것인지가 논란거리였다는 점이다. 결국 구체적 비율은 정하지 않고 원칙만 정했다는 것이다.[21]

임정성원에 대한 토의가 끝나고 다음 2단계 사업으로 협약체결에 대한 원칙, 4개국 신탁통치에 대한 원칙 등이 논의되었다. 협정체

---

20 그러자 김렬이 문제를 들고 나왔다고 한다. 즉 일제 때 독립을 위해 싸운 적이 없고 외국에서 살다 온 사람들로 건국사업에 참가한 자신과 같은 사람들은 무엇이냐는 것이었다. 과거에 독립운동도 하지 않고 무장투쟁경험도 없으니-소련서 온 동포뿐 아니라 중국에서 온 동포들, 이남의 미국서 온 사람들 까지도 모두-결국 임정에 참가하지 못한다는 것이냐는 뜻에서의 항의였다는 것이다. 이것이 시비 거리가 되어 옥신각신하다 진정이 되자 이번에는 오기섭이 일제 때 지하활동을 하던 사람은 어떻게 되느냐고 문제를 제기하여 이 사람들은 일제하에서 독립운동을 한 범주에 들어간다는 답변까지 나왔다고 박은 증언한다. 오기섭은 공산주의 혁명가들이 무장투쟁을 한 사람들 못지 않게 감옥살이도 오래하고 갖은 고생을 했으니 별도 규정을 넣자고 주장하자 이에 대해 같은 국내파인 최경덕이 나서서 "아, 여보시오! 뭐 그런 것 가지고 … "라며 공박하기도 했다는 것이다(박병엽은 당시의 회의분위기가 정말 자유로웠다고 증언한다. 회의주재자에게 일일이 발언권을 얻지 않고도 보통 좌담식으로-중구난방 식으로-자유롭게 토론했다는 것이다).

21 4월 5일 회의는 오전 10시에 시작하여 점심식사 후에도 이어진다. 회의가 질서정연하게 진행되었던 것이 아닌데다 토론원고를 들고 나와 읽어나가는 형식도 아니었기 때문에 시간이 많이 걸렸다는 것이다.

결을 어떤 형식으로 할 것인지 원칙만 세우는 정도로 토의하고 신탁통치하는 4개국 위원회를 두고, 후견제이니만큼 이 위원회가 임정의 상부기관으로 군림하는 게 아니라 임정을 도와주고 지원해야 한다는 것과 지원방법에서도 임정의 독자활동을 제약하지 않고 협의한다는 두 가지 원칙이 정해진다. '지원의 원칙'과 '독자적 활동보장원칙'이 바로 그것이다.

이어서 박헌영은 이남에서 벌어지고 있는 반탁운동의 실태보고를 겸한 발언에 들어갔다. 이 자리에서 다소 공격적인 사람들은 박에게 "결국은 공산당이 인민들에게 삼상회의의 결정내용을 옳게 전달하지 못한 탓이 아니냐?"고 비판하였다. 그런데 이미 1월 중순부터 미소공위개최를 위한 예비회의를 가지면서 이남 일각에서는 "신탁통치의 주모자는 소련이다"라는 소문이 번져 나가자 스탈린은 3월 23일, 소련주재 미국대사를 불러 항의했고 삼상회의결정의 채택과정과 그 상세한 내막–미국의 제안을 소련 측이 수용한 것이라는–이 3월 25일자 《프라우다》에 보도된다.

이 보도가 《타스통신》을 통해 흘러나오자 이북에서는 25일, 정당·단체·개인별로 《타스통신》 지지성명을 냈고 이남은 큰 타격을 입게 된다. 즉 《타스통신》 보도 하나로 찬탁진영과 반탁진영의 입장은 뒤바뀐다. 따라서 바로 이 회의에서는 박헌영의 공산당측이 이런 좋은 기회를 왜 살리지 못했느냐는 비판이 제기된다는 것이다. 이에 대해 박헌영이 아무 말 없이 앉아만 있고 반박을 하지 않자–입이 무겁고 신중하기로 소문난–박치우가 민망스러워 하면서 "이남의 형편은 이곳 같지가 않다. 우리도 계속 찬탁전선에 관심을 기울였으나 3월 25일의 시점은 대세를 돌려놓기에는 시간이 너무 늦어버렸다"고 박 대신 말을 거들기도 했다는 것이다.

그 다음으로 회의에서는 모스크바 삼상회의에서 다룬 임정수립을 촉진시키기 위해 군중운동, 즉 청원운동·진정운동을 벌이는 문제에 대해 논의한다. 이 회의에서 결정된 협의대상이나 정강정책의 내용이 담겨져 있는 청원서 혹은 진정서를 미·소 양군사령부와 미소공동위원회의 의장 앞으로 보내자는 것이었다. 이날 회의에서는 평양과 서울에서 4월 10일에 임정수립을 촉진하기 위한 군중대회를 일제히 갖자고 합의한다. 이때 김일성과 박헌영이 개별적으로 만나 밀담을 나눈 내용 중에는 상당히 중요한 사항들이 포함되어 있었던 것으로 박병엽은 증언한다. 당시 이남에서는 미국이 인민당을 분열시켜 여운형의 정치적 입지를 좁히고자 노력했고 그 노력의 일환으로 여운형의 동생 여운홍을 사주하여 사회민주당을 만들도록 막후 공작했다는 것이다.[22]

또 김일성이 박헌영에게 임시정부수립과 관련하여 여운형, 백남운, 김원봉, 홍명희, 장건상, 김성숙 등 좌파인사들도 만날 필요가 있다고 하자 처음에는 견제심리에서 꺼려하던 박헌영이 결국 동의했

22 이에 대해 김일성이 "사회민주당의 창당은 미국의 공작이 아닌가?"라고 의문을 제기하자 박헌영도 이에 동감을 표시했고 김이 "이 사실을 폭로하여 여운형을 도와주자"고 하자 박헌영도 동의했다는 것이다.

다는 사실에 주목할 필요가 있다. 이 밀담결과로 박헌영이 4월 6일, 서울로 돌아간 지 열흘 남짓 만에 여운형은 평양을 방문한다. 어쨌든 여운형이 소련군정 지도자들과도 접촉할 수 있는 기회를 만들자는 김일성의 제안에 박헌영도 일단 동의하긴 하지만 이를 달갑게 여기지 않은 탓인지 박이 이를 잘 추진하지 않자 김일성은 여呂를 월북시키기 위해 직접 사람을 보낸다.

결국 4월 5일과 6일의 비밀회동에서는 통일전선을 실천에 옮기기 위해 좌파인사들과의 접촉이 필요하다는 얘기가 주를 이루었다는 것이다.[23] 3차 월북과 관련하여 명기해 두어야 할 사항은 바로 박이 평양에 도착하기 직전(4월 2일), 김일성이 조만식을 찾아간 일이었다고 박병엽은 강조한다. 임정수립문제가 나오자 김일성은 최용건, 이주연, 김책 등과 함께 조만식을 만나 미소공위에서 임정수립에 대한 3호 결정을 마련, 발표했다는 사실을 전하고 "마음을 돌려 달라"고 설득했다는 것이다.

그러나 고당은 "후견제든 신탁이든 이 상황에서의 임시정부라

23 나중에 박헌영이 쓴 자술서를 보면 당시 김일성이 남한의 좌익계 인사들의 인적 사항에 대해 너무나 잘 알고 있어 깜짝 놀랐다고 쓰여 있음을 박은 고백한다. 이것은 김과 박의 두 번째 회동이후 조직위원회에 대남연락실과 연구실을 만들었기 때문에 가능했던 것이라고 그는 밝힌다. 연락실 요원은 7명쯤이었고 연구실 쪽은 이보다 조금 작았는데 연락실과 연구실 실무자들 모두가 남한신문 등을 깊이 연구한데다 김일성 자신이 '사람에 대한 문제'를 중요시하니까 이남 지도자들에 대해 매우 소상히 파악할 수 있었다는 것이다.

면 결국 완전자주독립정부가 아니라는 얘기인데 그런 임시정부라면 관심 없으니 당신들이나 해라. 36년 식민지 생활만 해도 진절머리가 난다"며 타협의 여지를 두지 않았다는 것이다. 이때 결국 김일성은 조만식과의 타협을 포기해 버리게 된다는 것이다.

4. 4차 월북과 김일성·박헌영의 모스크바행 : 1946. 6.27−1946. 7.12

네 번째 비밀회동[24]은 46년 6월 27일경부터 7월 12일쯤까지 약 보름정도 박헌영이 평양과 모스크바에 머무는 동안 이루어진다. 특히 제4차 월북은 김과의 국내문제 협의뿐 아니라 모스크바에서 스탈린과의 면담이 이루어진다는 점에서 각별히 중요하다.

이 기간 동안 박헌영은 미소공위의 휴회로 인한 대책협의와 아울러 정판사사건을 비롯한 공산당에 대한 미군정의 탄압, 그리고 3당 합작문제 등의 종합대책을 마련하기 위해 평양으로 향한다. 특히 이 가운데 '3당 합작문제'는 중심 현안이었다. 하지만 완전한 대책을 마련하기 전에 3당 합작문제와 관련, 일단 이남의 신민당과 인민당의 반응을 알아 볼 필요성이 제기된 데다 당시 남한에서 엄청난

24 《중앙일보》 91/12/23(월), 제8177호 (11)면; 91/12/30(월), 제8184호 (11)면; 92/01/06(월), 제8189호 (11)면 참조.

수해가 났기 때문에 이북의 수재의연금을 남측 공산당에 전달할 필요가 있었고 그밖에도 서울주재 소련영사관의 철수문제, 서울에서 발생한 화물자동차회사의 파업사태 등 긴급현안이 발생하여 박은 잠시 서울로 다시 내려온다.

그렇다면 그의 제4차 월북배경은 무엇일까? 이를 알아보려면 먼저 미소공위 5호 성명내용과 공위의 '무기한 휴회'가 갖는 성격을 분석할 필요가 있다. 5호 성명은 3호 성명이 나온 이래 임정수립의 협의대상·참가대상자격을 놓고 숱한 논란을 거듭하다가 결국 삼상회의결정을 지지한다는 서약을 하는 정당·단체들을 협의대상에 포함시킨다는 내용을 담는다. 이를 실행하기 위해 미국과 소련대표가 협의를 계속하다가 결국은 임시정부수립에 대한 구체적 합의를 이끌어내지 못한 채, 5월 1일에 7호 성명이 나오고 8일부터는 공위가 무기한 휴회에 들어간다. 공위의 무기한 휴회는 남북한 민중들에게 한껏 기대감을 주었던 임시정부 수립문제마저 무기휴회에 들어가게 됨을 뜻한다. 그렇다면 공위가 무기한 휴회에 들어갈 수밖에 없었던 이유는 어디에 있을까?

사실상 삼상회의결정이 나오고 공위를 열어 3월말 '3호 결정'이 나올 때까지만 해도 미·소는 연합국으로 공동책임을 지고 한국문제를 해결하겠다는 입장을 견지하며 협력관계를 유지한다. 그러나 3호 결정 이후 임정수립문제를 구체적으로 토의하면서부터 이해관계가 심각하게 드러났고 대립으로 치닫는다. 이러한 이해대립이 공위의 무기휴회원인 중 치명적인 것이었다고 박은 분석한다.

또 다른 원인으로 그는 한반도 내부 환경도 중요하게 작용한 것으로 파악한다. 즉 삼상회의결정에 대해 찬탁이냐, 반탁이냐를 둘러싸고 갈등이 첨예화하기 때문이란 것이다. 다시 말해 공위에서 미·소 양측을 대립으로 치닫게 한 건 결국 한국내부의 찬탁·반탁갈등이었다는 점이다. 우리가 단합하지 못하고 충돌하니까 상황은 건잡을 수 없이 복잡해졌고 이러한 상황이 미·소 양측의 정치적 손익계산과 맞부딪치면서 회의는 중단될 수밖에 없었다는 논리다.

미국이 조선의 전후문제에 대한 명백한 자기입장을 갖지 못한 채 한반도에 들어와 정책을 만들어나가는 과정에서 소련 측의 치밀한 상황전개에 매우 놀랐던 것이 아닌지 박은 회고한다. 공위가 5월 8일 결렬되자 미국은 이북이 공산화될 것으로 내다보고 대對소련정책을 바꾸는 한편, 이남에서도 우익세력을 본격적으로 키워 좌익을 약화시키는 방법을 적극 동원하게 된다. 이 무렵 미국은 통일정부를 수립할 경우, 역량관계로 보아 좌익에게 정권을 넘겨주게 될지도 모른다는 판단을 하게 된 것 같다고 박은 아울러 지적한다. 즉 남한만이라도 단독정권을 세워 자신의 영향아래 두어야겠다는 쪽으로 명백히 방향선회를 하게 되었을 것이란 논리다.[25]

공위 결렬 후, 채 한 달도 안 되어 미국은 본격적인 좌익탄압에 나선다. 정판사사건이 대표적 사례가운데 하나다. 미국은 좌익탄압

25 박병엽은 바로 이러한 미국 측의 정책적 방향선회가 이승만의 '정읍발언'으로 표출, 구체화되었을 것이라고 판단한다.

으로만 그치지 않고 다른 한쪽으로 '좌우합작'이란 카드도 내놓는다. 앞서 지적한 것처럼 여운홍을 유인하여 인민당을 이탈, 사회민주당을 창당 종용한 점이나 여운형과 박헌영을 이간시키기 위해 열을 올린 점 등이 이에 해당한다. 박병엽은 당시 미국이 좌익탄압과 좌익분열정책을 동시에 사용한다고 정리한다. 또한 이때 미국의 대한정책기조는 이미 단독정부 쪽으로 급선회한 다음이었다고 본다. 이남의 정세가 이렇게 돌아가자 북의 김일성과 공산당 역시 미국이 경찰을 앞세워 좌익진영에 대한 전면탄압에 나서는 한편, 좌익진영 내부의 와해전술을 사용한다고 판단하게 된다.

4차 월북 때 동행한 사람들은 허성택, 박치우, 이호재[26] 세 사람

---

26 때로 '이호제'라고도 쓴다. 보성전문학교 출신의 사회주의 운동가로 군정초기인 45년 12월, '청총靑總'이라 불리는 전조선청년단체총동맹 중앙위원장으로 좌익 군소정당 중 하나를 이끌며 좌파 정치세력이 남로당으로 정리되는 시점에서 김일성사회주의청년동맹의 전신 중 하나인 남조선민주청년동맹에서 위원장을 맡아 좌익청년운동지도자로 활동한다. 좌익이 불법화되는 과정에서 월북, 평안남도 강동군 소재의 강동정치학원장이 된다. 강동정치학원은 유격전 전문가들의 양성기관으로 남로당의 군사기반이었다. 제주도에 파견되어 있다가 48년 4월, 제주4·3항쟁에 김달삼과 함께 참여한다. 여순14연대 반란사건 이후 좌익야산대가 조직된 49년 6월, 한국에서는 미군이 고문단만 남기고 철수하고 조선민주주의인민공화국에서는 조국통일민주주의전선이 출범한다. 조국통일민주주의전선 명의의 총력투쟁명령이 내려지면서 조선로동당은 강동정치학원 출신의 유격대원들을 대규모로 남파, 조선인민유격대를 창설한다. 이때 여순반란군을 일부 흡수하여 지리산지역에서 활동하던 이현상의 지리산유격대는 제2병단이 되고 새로 강동정치학원 군사반 출신으로 제1병단과 제2병단이 꾸려져 남파된다. 이호재는 리승엽의 지시를 받고 제1병단 사령관을 맡아 삼팔선과 가까운 오대산 지구를 담당한다. 이호재와 제1병단은 약 360명의 대원으로 구성, 태백산맥을 통해 남파되고 군

이다(박치우는 이때 평양으로 가 북에 눌러 앉았고, 이호재는 조선공산당 서기국에 있었지만 나중에 조선로동당 연락부장직을 맡고 있다가 오대산 빨치산 사령관을 지낸다). 박병엽은 박헌영이 이때 평양에 와서 3-4일간 체류하다가 모스크바로 가 7월 10일경에 평양으로 다시 돌아온 것으로 기억한다.[27] 이 일은 워낙 극비리에 진행되어 중앙당에 있던 일부 실무자들만 알고 있었다.[28]

박헌영이 평양에서 모스크바로 향하기 전 며칠 동안 정식회의에서 중요한 결정이 내려진 것은 없다. 한차례 협의회와 여러 차례의 밀담만 계속되었다. 협의회에는 김일성, 허가이, 김책, 주영하 등이 참석했고 이 자리에서 논의된 것은 미소공위결렬 후의 서울사태, 정판사사건, 6월 3일 이승만의 정읍발언, 좌우합작문제 등이었다. 당

경과 전투를 벌이며 오대산으로 내려온다. 산에 도착했을 때는 입산해 있던 소규모 야산대를 흡수, 약 4백 명 규모의 병단이 된다. 이후 오대산과 태백산을 주무대로 유격대를 이끌고 활동하지만 군경합동토벌로 제1병단은 49년 12월경, 거의 궤멸된다.

27 전前 평양주둔소련군 제25군 정치사령관 레베데프소장은 박과 김의 모스크바행과 관련, 그 출발시기가 46년 7월 말이었다고만 말한다. 그러나 박병엽은 박과 김의 모스크바행이 박의 4차 월북기간 중인 46년 '6월 30일-7월 10일' 사이였다고 말함으로써 두 증언 사이에는 한 달간의 시차가 드러난다. 현재로선 평양 출발시기와 모스크바 도착시기에 대해 누구의 증언이 옳은지 확인할 제3의 증거가 없다. 그러나 이 시기, 즉 46년 7월 어느 날엔가 박헌영과 김일성이 스탈린의 부름을 받아 모스크바에서 면담을 하고 그 기간 중 스탈린이 김일성을 한국공산주의운동의 총책임자로 낙점한 사실만큼은 분명하다.

28 《중앙일보》 91/07/10(수), 제8018호 (1), (3)면; 《조선일보》 91/07/11(목), 제21689호 (22)면 참조.

시까지만 해도 좌우합작이 시작되긴 했지만 아직 초보단계여서 여운형은 자신의 취지를 김일성에게 전달하지 못한 상황이었다. 김일성 측은 성시백을 밀사로 파견하지만 당시는 여운형을 만나지 못했기 때문에 김일성 측으로서도 월북한 박헌영의 얘기를 주로 듣기만 하는 입장이었다. 협의회에서는 박헌영이 주로 이남 정세를 설명하고 나머지는 듣고 있는 편이었다고 한다. 여기서 특별히 논의된 것은 정판사사건이다.

김책, 허가이, 주영하 등은 미국이 정판사사건을 만들어 낼만한 빌미를 오히려 공산당 측에서 제공한 꼴이 아닌지 지적해 논란이 되기도 한다. 일본인들이 근택빌딩에 있던 '근택인쇄소'에서 지폐를 찍은 건 세상이 다 아는데 공산당에서는 만약의 사태에 대비, 이를 다 치워버렸어야 하지 않았는지 지적했다는 것이다. 이런 질책은 곧 이 건물을 공산당본부로 쓰고 그 인쇄소를 '해방일보사', '해방출판사'로 쓰려했다면 화폐 찍는 기계나 정판기야 모두 미리 치워버렸어야 하지 않았겠는가 하는 뜻이 된다. 이와 관련, 허가이는 박헌영 측이 미군정의 경제를 혼란시키기 위해 정말로 위조지폐를 발행했던 게 아닌지 의심하고 있었고 북한의 공산당에서도 상당수가 그처럼 추정하고 있었던 것으로 박은 기억한다. 굳이 의심하지 않았던 측은 그들대로 왜 그다지도 서툴게 대응하여 미군정 측으로부터 탄압의 구실을 주었는지 비판을 제기하기도 했다는 것이다. 이 사건에 대해서는 초보적인 논의만 하고 해결책은 찾지 못한 채 나중에 다시 대책회의를 갖자는 선에서 넘어갔다.

29일 협의회에서는 좌우합작문제도 논의한다. 박헌영은 여운형의 좌우합작운동에 대해 매우 비판적이었다. 여운형은 야심가이기 때문에 자신의 지위가 약해지자 미국을 등에 업고 자신이 새로운 국면을 주도해 나가려고 한다는 점, 미국의 입장에서는 한편으로 정판사 사건을 이유로 공산당을 탄압·고립시키고, 다른 한편으로는 '민전' 내부를 분열시키기 위해 여운형을 끌어들임으로써 궁극적으로 단독정부수립의 정치적 기초를 마련하려 한다는 점을 강조했다는 것이다. 즉 여운형의 태도는 아무리 좋게 보아도 미국의 전략에 말려들어 이용당하고 말 것이라는 게 박헌영의 설명이었다는 것이다. 사실상 6월 초순에 좌우합작에 대한 새로운 기운이 일어났을 때만 해도 북측에서는 이를 긍정적으로 보기 어려웠다. 왜냐하면 여운형과 미군정 관계자들이 군정정치고문인 버치의 집에서 회의를 열었기 때문이다.

그러나 6월 중순에 서울에 다녀온 성시백이 6월 10일자(혹은 11일자)의 여운형 기자회견문을 평양으로 가져오면서부터 북측 평가는 바뀌기 시작한다. 회견문은 민주주의 통일정부수립이 오직 남한에서의 좌우합작 토대위에서 북과의 합작을 통해서만 가능하다는 전제아래 자신의 좌우합작구상을 담았기 때문이다. 기자회견문을 본 김일성은 신문자체의 내용상으로는 여의 견해가 옳다는 입장을 피력한다. 이런 상황 아래에서 박헌영의 얘기만 액면 그대로 반영할 분위기는 아니었던 것이다. 좌우합작운동이 미국 측 제안과 깊은 개입으로 진척되는 건 분명하지만 정녕 여운형이 미국 측으로부터 이

용당할는지는 더 관찰하고 연구해보자는 쪽으로 의견이 기울어졌다는 것이다.[29]

정리하면, 모스크바행 직전까지 박과 김의 밀담에서는 정판사 사건, 좌우합작문제, 미군정과 경찰의 전면탄압공세에 대한 합법적 대체전술, 즉 '정당방위 신전술' 문제 등을 논의한다. 하지만 전술문제와 좌우합작문제에서 박헌영과 김일성 사이에는 견해차가 두드러졌고 특히 박헌영은 최창익이나 한빈 등 신민당 측 인사들과는 상당한 정도의 의견차이를 보인다. 그러던 중 둘은 모두 획기적 전환의 계기를 맞이한다. 이즈음 모스크바의 스탈린으로부터 두 인물을 면담하자는 연락이 온 것이다.

사실상 이제까지 스탈린과 박·김의 면담사실은 추측과 가설수준에서 제기된 것들이 대부분이고 거의가 언젠가는 한번 분명한 만남이 있었을 것이며 그 자리에서 스탈린으로부터 모종의 중대한 암시와 결정이 전달되었을 것이란 추정만 반복되었을 뿐이다. 그러나 레베데프(전 평양주둔 소련군 제25군 정치사령관·당시계급: 소장)가 밝힌

29 김일성은 박헌영과 모스크바로 향하면서 김책에게 성시백을 다시 서울로 내려 보내도록 지시했다고 박은 밝힌다. 성시백은 이 임무를 성실히 수행할만한 김일성의 직계였다. 성시백은 이후 2차에 걸쳐 평양-서울 간을 왕복하며 김일성에게 여운형의 사신을, 여에게는 김의 친서를 전달한다. 이 일은 당시 극비리에 추진되었고 박헌영 역시 그 서신연락을 알지 못했다. 이를 종합하면 김일성은 김일성대로 좌우합작이 자신의 정치노선인 통일전선형성에 도움이 된다고 생각했고 여운형은 여운형대로 박헌영의 반발을 의식, 김일성과 접촉할 필요를 느꼈을 것이란 추론이 가능하다. 이 같은 추론은 곧 김과 박의 생각이 서로 다른 궤도 위를 달리고 있었다는 사실을 잘 말해준다.

일련의 사실들과 증언내용은 이를 분명한 사실로 굳힌다.

그는 이렇게 말한다.

1946년 7월말이었다. 당시 북한에서는 소미공동위원회가 중단되면서부터 북조선임시인민위원회 주관으로 '민주개혁'이 발 빠르게 진행되고 있었다. 중국에 출장 갔던 제1극동방면군 사령관 메레스코프 원수로부터 "오늘밤 평양에 갈 테니 대기하라. 절대비밀이다."라는 전문이 날아왔다. 나는 양복차림(정치장교는 평상시 사복차림)으로 25군 민정사령관 로마넨코 소장과 함께 공항에 마중 나갔다. 더글러스라는 기종의 특별 군용수송기 한대가 활주로에 기착해 있었다. 우리는 기내에 들어가 메레스코프 원수를 맞았다. 그는 "스탈린 대원수가 김일성과 박헌영을 면접하겠다는 지시가 떨어졌다."며 "장군은 지금 나와 함께 모스크바로 가자."고 명령했다. 그러나 나는 군복차림이 아니어서 곤란하다고 거절했다. 그러자 메레스코프 원수는 "시간이 없다."며 옆에 있던 로마넨코 장군에게 모스크바 동행을 요구했다. 잠시 후 도착한 김일성과 그의 비서 문일, 그리고 서울주재 소련영사관 부영사 샤브신과 박헌영, 박의 비서 등 6명을 태우고 모스크바로 직행했다. 후에 안 사실이지만 당시 서울에 있던 박헌영은 샤브신의 주선으로 비밀리에 해주를 거쳐 평양에 와 대기하고 있었다. 박헌영을 북한의 지도자로 추천한 사람은 국방성 및 외무성계통(정보기관 소속)의 평양주재 정치고문 발라사노프, 샤브신 측이었다. 스탈린 대원수의 김·박 면접 자리에 책임자로 배석했던 제1극동방면군 군사위원 스티코프와 로마넨코 장군은 평양으로 돌아와 나에게 당시의 상황과 배경 등을 상세히 전해줬다. 면접 장소는 모스크바 크렘린 궁내 소련국가원수 및 공산당총서기 집무실. 스탈린을 중심으로 오른쪽에 김일성, 왼쪽에 박헌영이, 그 정면 중앙에 스티코프 장군, 그리고 좌우에 평양 측의 로마넨코 장군과 서울 측의 샤브신 등이 앉았다. 김의 비서 문일과 박의 비서는 각각 김·박 뒤 보조의자에 앉았다. 스티코프는 의전에 까다로운 크렘린궁의 좌석배치를 보고 궁내의 분위기를 쉽게 읽을 수 있었다고 한다. 중요한 것은 김일성을 스탈린의 오른쪽(소련에선 우측이 상석)에 앉힌 점이었다. 스티코프는 자리에서 일어나 스탈린에게 김일성과 박헌영을 차례로 소개했다. 스티코프와 로마넨코 장군은 제1단계 의전결과에 따라 스탈린의 의중에 김일성을 북한정권의 지도자로 낙점하고 있음을 쉽게 읽을 수 있었다. 이어 김일성과 박헌영의 간단한 남북한 정세보고가 있었다. 이를 듣고만 있던 스탈린은 김일성에게 "소련군정의 협력을 받아 북한의 소비에트화 정책을 조기 실현시키도록 투쟁하라."고 지시했고 박헌영에게는 "어려운 여건 속에서 분투하는 그대의 혁명투쟁을 높이 평가한다."고 격려했다. …… 스탈린이 이 두 사람에게 던진 두 마디는 소련군 정치지도자나 샤브신 등에게

> 매우 깊이 있게 받아들여졌다. 즉 김일성에게 지시한 소비에트화 정책은 토지개혁, 8시간 노동제, 산업국유화 등을 가리키며 이를 조기 실현시키라는 명령은 그를 북한정권의 지도자로 지명한다는 뜻으로 받아들였다.[30]

레베데프의 이러한 증언내용에 따를 때 46년 7월, 모스크바에서의 스탈린 면담은 박헌영에게 치명적이고 김일성에게는 합법적인 정치지도자로 정당성을 인정받는 재가裁可의 기회였던 셈이다. 스탈린과의 면담이 끝나고 김과 박이 평양으로 돌아오자 곧 당 중앙내부에서는 공산당과 신민당의 합당문제가 거론되기 시작한다. 이는 앞서 인용한 레베데프의 그것과 맥을 같이 한다는 점에서 증언의 신빙성을 높인다. 당시 '근로자당', 즉 대중정당을 발족시키는 문제는 조선에만 국한된 문제가 아니라 국제공산주의운동에서 노선으로 채택된 것으로 보아야 한다고 박은 강조한다.

그 무렵 동구권에서는 대중정당발족이 한창이었다. 폴란드에서는 공산당과 사회당이 합당하여 '통일노동자당'으로, 헝가리에서는 '사회노동당'으로, 동독에서는 '사회통일당'으로 각각 바뀐다. 다만 루마니아, 체코, 불가리아에서는 원래 공산당세력이 공고하여 주도권을 장악하고 있었기 때문에 그럴 필요가 없었다. 대중정당조직의 필요성이 제기된 건 무엇보다 사회당이 상당한 영향력을 지니는 상

---

30 《중앙일보》 91/11/30(토), 제8155호 (3)면에서 재인용.

황에서 독립된 국가주권을 장악한 공산당이 민주주의혁명을 추진하는 단계에서 같은 성격의 정당과 합당해 '지도적·향도적 정당'으로 역량을 강화해야 할 것이란 요구가 컸고 대중적 기반을 확고히 구축할 필요가 있었기 때문이다. 즉 민주주의적 근로대중의 통일적 단결이 조직노선으로 강조되었다는 점이다. 김·박의 모스크바 밀행 직후 바로 합당문제가 제기된다는 건 곧 이런 문제들이 모스크바 비밀접촉에서 일정하게 논의되었을 것이란 점을 시사한다.

당시 남북한 현실도 공산당이 대중정당으로 탈바꿈해야 할 상황이었다. 사실상 남과 북의 사회주의정당들은 민주주의혁명단계에서 서로 강령도 비슷한데 갈라져 있으니 각개격파당하기 쉬운 한계를 안고 있었다. 북에서는 공산당 측이 훗날 신민당과 합당하기로 되어 있었기 때문에 별 어려움이 없었다. 신민당 측은 자신이 집권당이 아니어서 서둘러 합당하기를 희망하는 분위기였다. 하지만 공산당 측에서는 신민당이 근로단체, 농민단체, 청년단체 등을 조직하지 않기로 사전에 어느 정도 약속되어 있었지만 그들이 이를 어기고 자꾸 산하조직을 만들려 하고 지방에서는 분열조짐이 심해 난처해져 가고 있는데 마침 합당문제가 제기되니 이를 본격 환영하는 분위기였다는 것이다.

남한에서는 미국이 좌익에 대해 탄압정책, 분열정책을 쓰니 당을 옹호하고 지키기 위해서라도 합당의 필요성을 제기한다. 당의 합법활동을 보장받으려면 자신들의 이미지를 대중정당으로 바꾸고 지도자도 여운형이나 허헌 등 대중정치인을 등장시킬 필요가 있었던 것이다. 이 문제에 관한 한, 김일성의 정치적 입장은 확고했던 것으로 박은 밝힌다. 김일성은 통일전선형성과 관련, 공산당을 대중정당으로 바꿔야 한다는 분명한 입장을 갖고 있었다. 하지만 남쪽의 합당문제에서 박헌영은 대단히 어려운 문제와 직면한다. 즉 북은 합당이 쉬웠지만, 이남은 여운형과 신민당의 백남운이 버티고 있어 문제가 복잡했기 때문이다.

김일성은 모스크바에서 돌아오자 합당문제와 관련, 북조선공산당 중앙위원회 지도원급 이상이 참가한 비밀회의를 소집한다. 여기에 박헌영은 참석하지 않았다고 박은 증언한다. 공산당 중앙위원회 실무자들의 내부회의였기 때문이었다. 여기서는 주로 허가이가 발언했다. 그는 합당문제가 중요하게 제기되는데, 아직은 시기상조이니 절대로 발설해선 안 된다고 당부했고 공산당입장에서 사전에 내부적으로 충분히 토론을 거친 뒤에 준비태세를 갖춰야 한다는 얘기도 있었다는 것이다. 또한 북에서야 북조선공산당이 조선신민당과 합치는 일이 그다지 어렵지 않겠지만, 남에서는 사정이 좀 복잡하지 않겠느냐는 문제도 제기되었다. 결국 남쪽의 합당 필요성을 제기해보고 여론이나 반응을 먼저 들어보는 작업이 선행되어야 할 것이란 결론에 이른다. 다른 한편으로 당 지도부에서는 굳이 이를 알아보기 위해 밀사를 파견해선 곤란하지 않겠느냐는 인식도 있었던 것으로 박은 기억한다. 따라서 박헌영으로 하여금 서울에 갔다 다시 평양으로 돌아오는 게 어떻겠냐는 제의가 나오게 된다고 그는 아울러 증언한다.

당 지도부는 박헌영에게 서울로 내려가 여운형, 백남운 등을 만나보고 그들의 의견을 들어 본 후, 그들이 원해서 북에 한번 온다면 환영할 것이라는 입장을 전하도록 당부한다. 박헌영은 박헌영대로 서울에 다녀와야 할 다른 사정이 있었다. 서울의 소련총영사관 철수 문제가 바로 그것이었다. 총영사관 철수는 서울의 공산당과 박헌영의 입장에서 대단히 중요한 문제였다. 당시 서울 측에서는 상당량의 정보를 총영사관측으로부터 입수했고 이곳의 무전을 통해 이북과 긴밀한 연락을 취할 수 있었다.

그러나 이들이 철수한다면 사정이 크게 바뀌기 때문이었다. 다른 사정으로는 앞서 밝힌 이북의 수재의연금 전달과 서울자동차주식회사의 격렬한 파업사태수습이란 현안이 있었다. 파업사태로 인해 사상자가 생기고 당시 남측의 공산당 내부에서는 미군탄압에 대한 정당방위로 정면 대결해야 한다는 의견(이른바 '신전술')이 지배적이라는 정보가 들어오기도 했다는 것이다. 이때 김일성은 박헌영에게 미군정과의 싸움도 필요하지만, 지금 상태에서 정면대결해선 안될 것이라는 입장을 밝혔던 것으로 박은 증언한다. 박헌영 역시 파업으로 인한 미군과의 정면충돌은 위험하다고 생각하여 수습에 나서기로 한다. 이처럼 복잡한 정세 속에서 공산당 총비서로 박헌영은 감당해야 할 많은 일들을 앞에 두고 다시 서울로 돌아온다. 이것이 박헌영 제4차 월북의 전모다.

5. 5차 월북: 1946.7.16-1946.7.22

다섯 번째 비밀회동[31]은 서울로 돌아온 박헌영이 사나흘 뒤인 7월 16일, 다시 월북하여 대엿새 동안 평양에 체류하면서 3당 합당문제를 최종 매듭짓고 7월 22일, 다시 서울로 돌아오기 전까지 평양에서 이루어진다. 이때 박헌영은 허성택, 이태준, 박치우 등과 함께 한 것으로 박은 밝힌다. 7월 18일과 20일경, 북조선공산당 조직위원회 상무위원회가 두 차례 열린다. 이때 주로 논의한 문제들이 합당과 조선정판사사건, 단독정부수립과 좌우합작, 그리고 박헌영이 제기한 정당방위에 의한 신전술 등이다.

상무위원회에서는 우선 정판사사건이 공산당을 탄압하기 위해 미군정에 의해 조작된 사건이라고 결론짓는다. 뿐만 아니라 군정이 당시 정치판도에서 우위를 보인 좌익결집체로 민주주의민족전선을 파괴하려 했고 '민전' 중심에 있는 공산당의 주도권을 깨기 위해 집중공세에 나선다는 입장을 재확인한다. 이 같은 결론에 따라 상무위원회에서는 군중투쟁과정에서 미군정이 일제 때 경찰 등 친일파와 음모를 꾸며 정판사사건을 조작했다는 점을 집중폭로하기로 의견을 모았다.

그러나 좌우합작문제에 관한 한, 김일성과 박헌영의 의견은 서

31 《중앙일보》 92/01/09(목), 제8192호 (11)면; 92/01/13(월), 제8196호 (11)면; 92/01/16(목), 제8199호 (11)면 참조.

로 달랐다고 박은 증언한다. 김일성은 이미 성시백을 통해 여운형의 편지를 받아 본 다음이었기 때문에 그의 생각을 어느 정도 알고 있었다. 김은 미국의 의도야 어떻든 미국과의 싸움에서 이기려면 민족통일전선을 강화해야 하고 임시정부수립을 위한 정치적 기초를 다지기 위해 좌우합작운동이 지속적으로 전개될 필요가 있다는 입장을 고수한다. 하지만 박은 미국이 이용하고 있는 좌우합작운동을 철저하게 분쇄해야 한다는 입장을 보인다.

그러자 김은 박을 공박하기보다 설득하는 식으로 얘기를 풀어나갔고 나아가 당면한 합작운동을 어떻게 평가할 것인지 까지 입장을 표명한다. 즉 김은 미국이 자기 나름대로 좌우합작을 통해 공산당을 고립시키는 한편 우익세력에서는 이승만을 배제하여 결국 중도좌파, 중도우파로 단독정부의 정치적 기초를 세우려는 경향이 명백해져 가고 있음을 강조하면서 공산당 입장에서는 이런 상황에서 합작운동전체를 부정하여 중도좌파나 중도우파들을 잃기보다 이들을 적극 쟁취하는 것이 필요하다는 설득논리를 편다는 것이다. 결국 박은 김의 의견을 접수하고 좌우합작운동을 독자 전개하도록 영향력을 행사하되, 미국의 손길이 미치지 못하도록 그들을 견제·단절시키기로 결론짓는다.

다음으로 삼당합당의 원칙수립문제가 다루어진다. 무엇보다 남한민주세력을 보호·옹호하고 합법성을 쟁취하기 위해서라도 합당은 절실하다는 입장을 재확인하면서 다음과 같은 세 가지 원칙을 세운다고 박은 기억한다. 첫째 원칙은 조직문제에서 민주주의적 중앙집권원칙을 철저히 관철하고 당 규약은 공산당규약을 기본으로 삼아야 한다는 것, 둘째 원칙은 당내 헤게모니는 철저히 노동계급이 장악하도록 보장해야 한다는 것, 셋째 원칙은 이북의 두 당, 이남의 세 당이 중앙수준에서 연합중앙위원회를 열어 완전합의제로 해야 할 것 등이었다. 합당할 경우 당의 성격은 계급정당이 아니라 대중정당으로 면모를 갖춰야 한다는 방침을 마련하고 당 강령은 '반제·반봉건 인민민주주의혁명론'에 입각하되, 당시 단계에서는 민주주의혁명 단계만 규정하기로 합의한다. 이와 관련하여 합당과정에서 발생할 수 있는 편향주의, 섹트주의(종파주의), 자색(자파)주의, 지방주의경향들을 용납해선 안 될 것이란 점도 강조한다.[32]

이어서 상무위원회에서는 미국의 공산당 탄압과 분열정책에 대한 대응전술문제를 다룬다. 박헌영은 이제 초기의 우호적 대미인식 방법을 지양하고 정당방위에 의한 신전술을 본격 구사해야 할 단계에 이르렀음을 강조하고 김일성에게 이 전술의 당위성을 피력했다고 박은 증언한다. 즉 공산당은 이제까지의 합법 활동과 달리 '반半합법·비합법 투쟁전술'을 철저히 배합해 나가야 한다는 것이었다.

그러나 이에 대해 김일성은 회의적이었다. 즉 김은 당 내부 활동에서 비합법적 태세는 강화시켜 나가되, 그렇다고 서둘러 대중차원

32 합당과 관련하여 확인한 또 하나의 원칙은 최단 시일 내에 합당을 실현한다는 점이었다. 남북한 모두 합작을 서두르되 이남에서 더 시급히 일을 추진했어야 할 이유는 시간을 끌 경우, 미국의 역공작이 들어올 것이란 판단이 무성했기 때문이다.

에서의 비합법활동을 전개해 나갈 필요는 없을 것이란 입장을 표명한다. 바꾸어 말해 미군정이 탄압정책을 사용하기 때문에 비합법적 태세는 갖춰야겠지만 활동 면에서는 합법적 군중투쟁, 반합법적 군중투쟁을 병행해야 하며 굳이 비합법투쟁으로까지 방향 전환할 필요는 없다는 입장이었다. 이 자리에서 김은 또 "박헌영 동지가 군중의 힘으로 미군정을 제압하는 정면대결을 주장하는데 이것은 미군정의 탄압을 더욱 부채질할 가능성이 크고 결국 삼당합당에도 지장을 초래할 위험성이 크다. 가능한 한 합당도 합법적으로 해야 하고 또 합법적으로 추진해 나갈 수 있도록 노력해야 한다. 군중의 위력을 과시하고 미군정측이 함부로 탄압할 수 없도록 해야지 정면대결을 불사한다고 하여 폭력전술을 구사한다면 오히려 미국 측에게 탄압구실만 줄 수 있다."고 말했음을 박은 상기시킨다.

하지만 이에 대해 박헌영은 이미 발생한 서울화물자동차 파업사건을 예로 들고 "합법적 군중투쟁으로 시작했다가도 미군정 측이 탄압을 하니 군중들이 분노에 차 자연발생적으로 폭력 투쟁화 하는 것을 공산당이 무슨 수로 막겠는가? 이런 식으로 군중들의 투쟁의식이 자연발생적으로 낮은 형태에서 높은 형태로 발전해 나가고 있는데 어쩔 수 없지 않겠는가?"라고 반문하면서 이남의 상황이 단순치 않음을 설명한다.

결국 합당사업과 관련, 남북 공산당지도자들이 총력을 기울이기로 한 것이 김·박의 제5차 비밀회동의 가장 큰 결정이다. 그리고 이와 관련하여 박헌영이 서울로 돌아가면 여운형과 좋은 관계를 갖도록 노력한다는 것, 이북의 신민당이 남조선신민당과도 긴밀히 협의하도록 요청한다는 것 등을 결정한다. 그리고 김일성이 적절한 시기에 여운형, 허헌, 백남운 등을 만나는 문제도 논의한다.

그러나 다시금 남하한 박헌영 앞에는 이 같은 협의와 결정사항만 따르기에는 상당한 난관과 예측할 수 없는 일들이 기다리고 있었다. 미군정의 박헌영 체포령이나 이와는 무관하게 발생하는 9월 총파업과 10월 대구인민항쟁 등이 대표적이다. 앞서 밝혔듯, 여기서 이 같은 일련의 공격(혁명)적 사건들이 박헌영 개인의 의중에 따라 지시·통제된 현상들이었다고 확언할 근거는 찾을 수 없다.

박헌영은 결국 남한에서의 폭력배후 혹은 그 무게중심이란 의심을 명쾌히 깨지 못한다. 당대 해방공간에서 이미지만으로 지도자를 단죄하거나 투쟁경력만으로 선입견의 벽을 두껍게 쌓아올리는 일은 민중 모두의 뇌리에서 서슴없었다. 만일 그가 월북을 기정화하지 않은 채, 기본적으로 남한 잔존殘存의 투쟁원칙을 세우고 미군정과의 결사항전을 다짐했다면 얘긴 또 크게 달라졌을 것이다. 하지만 그는 이 길을 택하지 않고 '궁극적 월북'의 대전제 아래, 남한에서의 지속적인 '영향력 고수'와 북에서의 '경쟁력 강화'라는 좀체 양립하기 어려운incompatible 정치적 욕망을 드러낸다. 운명의 여신도 그를 돕지 않았고 비장성의 키움도 그다지 여유롭지 못한 상황은 현실정치의 한계와 위기돌파를 위한 자율성의 실험만 압박하고 있었다. 월북은 그 반복적 실험의 와중에서 그나마 불가피한 명분이자 관행이 되어가고 있었다.

그럼에도 불구하고 삼상회의결정이나 미소공위 운영문제에 따른 대응과 삼당합당 등에 이르는 굵직한 현안해결방법을 찾는 일은 적잖은 수확이었다. 김일성과의 협의와 정치적 타결을 향한 대화의 진행은 서로를 '알아가는' 탐색과정이었고 나아가 각자의 사람됨과 의중을 파헤치는 실질적·물리적 기회로 어김없었다. 결과적으로 김의 설득논리와 현실주의적 응용을 위한 대화에서 일진일퇴를 거듭하던 중, 박헌영은 최종적으로 자기보다 유리한 상황이었던 김에게 번번이 양보와 설득만 당하고 남하하는 제 검은 그림자만 발견한다.

그러면서도 그는 결코 북에서 김과 협의한 대로만 움직이지 않는다. 상당부분 자신의 의도와 계획대로 행동하고 김일성을 견제·극복할 대안모색에 게으르지 않았다. 이 같은 그의 노력이 정치적 자율성의 결과인지, 아니면 혁명의 조급심리에서 비롯된 기회주의적 발상인지는 또 다른 쟁점대상들로 남는다.

6. 6차 월북: 1946.10.11-1956.7

박병엽은 흔히 알려진 박헌영의 10월초 월북설이 사실상 여섯 번째 비밀회동[33]에 해당한다고 밝힌다. 그의 증언에 따를 때 지금까

33 《중앙일보》 92/01/20(월), 제8203호 (11)면; 92/01/23(목), 제8206호 (12)면; 92/01/27(월), 제8210호 (11)면; 92/01/30(목), 제8213호 (11)면 참조.

지 기록된 기존의 박헌영 월북사실은 매우 극적인 장면들만 담고 있고 자의적 박헌영 해석의 폐단은 쉽사리 지우기 어려웠음을 알 수 있다. 46년 9월 6일, 박헌영에 대한 미군정의 체포령이 발포되자 이북에서는 연락원(한은필 등)을 파견하여 여러 차례 박의 월북을 종용한다.

박헌영은 처음에는 서울에서 계속 투쟁해야 한다며 월북을 거부하다가 10월항쟁이 폭발하자 생각을 바꾼다. 김일성 역시 인민들이 자연발생적으로 아래로부터 위를 향한 투쟁을 전개한다 해도 공산당 지도노선에는 문제가 있다고 판단한다. 즉 남한 공산당지도자들의 노선이 극좌 모험주의적 요소를 안고 있다고 본 것이다. 박헌영도 이제는 정말 자기신변이 위험하다고 인식, '완전월북' 결심을 굳힌다. 평양에서는 10월 8일, 다시 한은필을 서울로 보내 박의 월북을 돕도록 지시한다.

이에 따라 박헌영은 삼당 합당문제가 미처 마무리되지 않은 상태에서 월북하게 된다(하지만 여섯 번째 월북은 그의 최종월북이 아니다. 그의 최종월북은 10월말 경이었다). 이때 박헌영은 비서격인 경기도당 간부, 서득은과 함께 38선을 넘는다. 평양에 도착하여 며칠을 머문 뒤 박은 다시 월남했다가 최종 월북하는데 다시 내려왔을 때는 서울까지 내려가지 않고—이 대목이 현재까지 불분명하지만—개성까지만 내려갔다고 박은 증언한다. 박헌영은 개성에 가서 일주일 머무르다 다시 평양으로 올라오는데 그가 최종적으로 평양에 올라온 뒤, 11월 5일에는 서울의 공산당지도자들을 북으로 불러들여 남북합동연석회의를 연다. 바로 이때, 남한공산당의 주요간부들인 김삼룡, 리승엽, 허성택 등이 함께 월북한다. 이 비밀연석회의에서 리승엽은 10월 인민항쟁에 대해, 김삼룡은 합당사업지연에 대해 각각 '비판보고' 한다.

연석회의가 끝나자 박헌영은 줄곧 황해도 해주에 머물면서 합당문제를 지도하고 남로당을 실질적으로 인도한다. 당시만 해도 38선을 넘기가 어렵지 않았기 때문에 리승엽, 김삼룡 등은 이후 해주근거지로 와서 박헌영의 지시를 받고 이남으로 내려가 지하활동을 전개한다고 박은 증언한다.[34]

6차 월북 전, 박헌영은 5차 월북당시 북에서 합의한 대로 삼당합당과 좌우합작문제를 추진한다. 하지만 박이 서울로 돌아온 뒤, 8–9월에 남한에서는 합당사업이 난항에 부딪친다. 합당문제는 공산당 내부의 ML계열과 대회소집파의 강력한 반발에 부딪쳤고 박은 박대로 종파주의, 지방주의적 경향을 보여 분열이 깊어졌던 것이다. 또한 합당에 대해 여운형과 백남운 측이 반대하는 사태가 벌어지자 김일성은 이 문제를 깊이 주시한다. 증언에 따르면, 박헌영이 인민당과 남조선신민당에 들어가 있던 공산당 측 프락치들을 끌어다 연계

---

34 그러나 미국의 탄압이 극심해지자 38선 왕래도 곤란해지고 이에 따라 박헌영은 당시의 남북교역을 이용한 연락거점을 마련한다. 당시만 해도 일부 상인들이 명태, 미역, 멸치 등 해산물을 비롯한 여러 상품들을 가지고 남북 간 부분교역을 했다. 박헌영 자신도 직접 상사를 만들어 남북교역을 하면서 이를 왕래루트로 이용한다. 북쪽에서는 금촌, 연천, 양양 등으로 서부·중부·동부 연락거점을 만들고 남쪽에서는 개성, 동두천, 강릉 등에 안전거점과 아지트를 만들고 연락원을 고정배치하기 위해 박헌영은 부지런히 움직인다.

를 강화해나가는 방식으로 합당사업을 진행함에 따라 여·백 등이 박헌영의 분열공작에 반발하는 상황이 벌어진다는 것이다. 즉 이들은 박의 태도를 경성콤그룹식 분파주의에서 벗어나지 못한 것으로 본 것이다.

이처럼 복잡한 정세아래 박은 체포령을 맞이했고 합당사업이 지연되는 가운데 9월 23일, 총파업이 시작된다. 박헌영은 신전술에 의한 역전, 즉 역공세에 의한 메시지를 한병옥, 서상렬, 성시백 등을 통해 김일성에게 전한다. 원래 김일성의 계획은 합당을 끝내고 당내 토의를 통해 당 하부까지 완전정비하고 10월에 농민들의 추수가 마무리될 때를 기다려 노동자·농민동맹을 강화해 대중운동을 함께 전개해 나가야 한다는 것이었다. 또 투쟁형태도 노동자들은 파업시위를 하고 농민들도 농촌에서 시위를 하는 정도로 설정한다.

그러나 상황은 박헌영이 북조선공산당 지도부와 협의했던 것과 달리 9월말에 총파업이 단행되고 10월 1일, 대구에서 인민항쟁이 불붙었던 것이다. 결국 박헌영은 이북에서 7월에 약속한 사항들을 지키지 않았던 것이다. 사실상 소련군정의 영향도 있었겠지만 남한 내부정세에 대한 김일성의 지도권은 어느 정도 관철되었던 반면, 종국적으로는 박헌영의 생각대로 상황이 진행되었다는 게 박병엽의 분석이다.

46년 10월 11일, 박이 평양에 도착한 후 10월 15-16일 경 북조선로동당 정치위원회가 열린다. 김일성, 김두봉, 김책, 허가이, 최창익, 박일우, 주영하, 박정애 등 정치위원들은 박헌영과 한자리에 모여 남조선사태에 대해 논의한다. 모임은 정식회의가 아니었지만 10월 인민항쟁과 삼당합당에 대해 논의하는 중요한 자리였다고 박은 기억한다. 이 자리에서 박헌영은 10월 항쟁이 정당하고 대단한 투쟁이었음을 강조한다. 이 투쟁을 통해 잘만 결속하면 미군정이 굴복할 것이고 합당사업도 아래로부터의 합당과정으로 당 대회를 거쳐 완성할 수 있다고 주장했다는 것이다. 그리고 합당사업에 반대하는 종파들, 즉 대회파나 사회노동당파도 더 이상 활동하지 못할 것이라고 주장함으로써 결국 노동자·농민들이 역공세를 통해 유감없이 위력을 발휘해서 미군정으로 하여금 인민위원회정권을 인정하지 않을 수 없도록 만들 수 있다는 것이었다.

다음으로는 좌우합작에 대해 설명하며 합작을 주도하던 여운형·김규식 등이 공산당이 제시한 원칙을 수용하지 않아 우경적 오류를 범했다는 점을 부각시킨다. 여운형이 완전히 잘못하여 미군정의 손에 놀아났다는 식으로 박이 설명하자 최창익이 가장 먼저 발끈하여 반론을 제기한다는 것이다. 최는 10월 인민항쟁의 의의와 결과와 관련, 과연 미국이 공산주의자들에게 순순히 양보할 것인지 의문을 제기했고 총파업을 앞당긴 것도 결국 대회파가 9월말 경 당대회를 소집하도록 요청한 것을 묵살·파탄시키려 했음이 아닌지 반문했다는 것이다.

10월 인민항쟁을 통해 그렇게 많은 사상자를 낼 정도로 폭동화할 필요가 절실했는지도 신랄한 반문의 핵심이었다. 폭력적 방법이란 정권쟁취를 위한 공산주의자들의 최고투쟁형태인 동시에 마지막

수단이 아닌지, 미군정 탄압에 반대한다고 해서 10월 인민항쟁에서 폭력적 방법으로 비약할 필요가 있었는지 집중적으로 파고들었다는 것이다. 또한 최는 '남조선 합당사업에 대하여'라는 보고를 통해 여기서도 박이 이북에서의 합의를 무시하고 자색自色주의로 흘러갔음을 맹공격–물론 대회파의 이정윤, 서중석, 강진 등에 대해서는 '새앙쥐 같은 놈들'이란 격한 용어를 써가면서–한다. 이에 대해 박헌영은 단지 이북의 동지들이 이남의 당내사정을 잘 몰라서 하는 얘기라고만 말하고 말았다고 박은 증언한다.

박헌영이 46년 10월말 경 최종 월북하고 뒤이어 11월 5일, 남한 공산당 지도부인 리승엽, 김삼룡, 허성택, 이기석 등과 인민당 측의 이만규, 김오성, 이여성 등, 그리고 신민당 측의 허헌, 백남운, 구재수 등 10여명은 평양에 모여 북조선로동당 정치위원들과 연합모임을 가진다.[35] 이날 모임에서 리승엽은 10월 인민항쟁에 대해, 김삼룡은 삼당합당에 대해 각각 보고한다. 리승엽의 보고에서는 박이 얘기하던 이남 총파업과 인민항쟁이 지니는 의의를 나열, 그 가운데는 과장된 부분도 있음을 상기시킨다. 이에 대해 참석자들 사이에는 상당한 논란이 있었다. 하지만 김일성은 총파업과 인민항쟁을 과소평가하면 안 된다는 점을 강조하면서 다만 지도노선상의 좌경 모험주의

35 여운형은 이때 평양으로 오지 않고 그 뒤 김일성을 따로 만나고 이주하는 평소 김일성과 사이가 좋지 않아서였는지 평양회의에 불참한다고 박은 전언한다.

적 요소들과 일부 지도간부들의 주관주의적 욕망이 문제라는 점을 강도 높게 비판한다.

합당사업에 대해서는 공산당 입장에서 김삼룡이 보고하고 인민당의 이만규와 신민당의 백남운이 각각 자기 당의 경과를 보충 설명한다. 김삼룡은 여기서 공산당 지도부내의 일부 섹트주의적이고 편협한 행동이 결국 합당을 원만하게 이끌지 못한 원인으로 작용한다는 점과 대회파 오류 역시 심각했지만 인민당, 신민당내 합당준비위원들이 공산당원은 아니어도 공산당 프락치로 인정받는 사람들이어서 합당사업에 지장을 초래한다는 점을 명백히 밝힌다. 한마디로 합당사업 부진에는 공산당 조직노선상의 결함도 원인으로 작용한다는 것이며 그런 관점에서 김삼룡은 이제 공산당이 자기 비판적 입장에서 합당사업을 새로 풀어나가려고 노력해야 한다는 입장을 분명히 한다는 점이다. 이러한 김삼룡의 태도는 박헌영이나 리승엽이 듣기 상당한 거북했지만, 인민당과 신민당 측 사람들에겐 상당한 공감을 불러일으키는 것이었다. 특히 인민당의 이만규, 김오성[36]과 신민당의 백남운이 김삼룡의 주장에 전적으로 동의하는 분위기였다고 박은 증언한다.

이 일을 계기로 김일성을 비롯한 북로당지도부는 김삼룡을 다시

---

36 박병엽은 여기서 김오성 역시 공산당프락치였음을 밝힌다. 한편 박은 김삼룡의 이러한 보고태도로 미루어 당시 합당을 둘러싸고 이남 공산당 내에서는 대회파와의 알력뿐 아니라–자파세력 내부에서 역시–박헌영·김삼룡·리승엽 사이에 다소간 갈등이 있었던 게 아닌지 분석하고 있다.

보게 되고 그때부터 새로운 평가를 받는다. 즉, 김삼룡이 이남에서 자기가 본 바를 사실 그대로 보고했던 것이 이북지도자들에게 호감을 주었던 것으로 박은 분석한다(김삼룡은 원칙이 있고 조직적으로도 탁월한 혁명가였기 때문에 후일 공산당 거점이 완전히 이북으로 올라간 뒤에도 서울지도부 총책임자로 남는다). 이렇게 하여 남과 북에는 각각 서로 다른 '노동당'이 생기게 된다. 한 국가 안에 두 개의 '로동당'이 존재하게 된 것이다. 이상과 같이 박헌영이 최종 월북까지 통산 7회에 걸쳐 38선을 넘나든다는 새로운 사실을 종합할 때 그의 월북에 대한 기존 해석들은 대폭 수정되어야 할 것이다. 위의 증언내용에 기초하여 박헌영의 월북경과와 월북동행자, 회동동참자, 그리고 매 비밀회동시 단계별 주요 협의내용과 보류사항들을 체계화시킨 결과가 다음 표다.

이를 바탕으로 다음 몇 가지 해석이 가능해진다. 첫째, 해방공간에서 불분명했던 북한의 해방1년사와 김일성의 북한국가건설과정의 일부를 포착할 수 있다. 특히 이제까지 분단구조의 고착화 이전 단계에 벌어진 남북한 사회주의 지도자들 사이의 권력투쟁이 한국현대사 연구과정에서 누락되었던 점을 감안하면 위의 증언은 상당부분 그 공백을 보완한다.

둘째, 박헌영 월북의 정치적 함의와 동기추적이 가능하다. 그의 '북행'은 불가피했지만 원천적으로 자의에 따랐고 결정적 시기에 다가올 자신의 정치적 이익을 저울질하며 상당기간 치밀한 정치적 계산속에서 준비된 행위였다는 해석이 가능하다. 아울러 이제까지의

구분\차수	1 차	2 차	3 차
시기	1945.10.8 -1945.10.9	1945.12.28-1946. 1. 1	1946.4.3-1946.4.6
월북 동행자	권오직·이인동·허성택	김태준·박치우	박치우
회동 동참자	로마넨코·이주연·박정애·주영하·장순명	최용달·최창익·한빈	박문규·허가이·김렬
협의내용	해방정세·정치노선·조직노선, 조선해방과 연합군의 역할	삼상회의 결정의 실행대책, 조선 정당·사회단체들과의 임정구성	미소공위 3호결정의 실행대책, 임정수립의 대상, 범위
합의사항	북조선분국의 중간지도 기구적 위상정립: 당 중앙위 소속 이북5도당 분국 정치노선·조직노선에 대한 결정서 채택 분국결성의 사후승인·장안파 비판의 특별성명 채택·서울중앙과 북조선분국의 긴밀한 연계	임정수립시 세력관계 확인(2대1)·삼상회의 결정의 군중전달 (청원운동)·서울조공의 찬탁유도·미소공위의 조기개최를 위한 청원활동 추진·38선 인근에 조선공산당 서울중앙의 연락거점 설치·김일성의 대남 재정지원·남한 내 좌익의 북조선 유인	범위: 1) 친일·민족 반역자 제외 2) 건국사업의 업적 3) 임정수립결정 지지자 입법기구: 최고인민대표회의 행정기구: 중앙인민위원회 지방인민위원회 결성 사법기구: 최고법원·지방법원
유보사항		연안파 처리	최고인민대표회의 구성·대표선출, 토지개혁(면적규정)

단순한 극적 해석과 그 함정을 피할 새로운 돌파구가 마련된다.

셋째, 흔히 박헌영과 김일성의 정치적 관계는 한정된 상황 속에서 진행된 치열한 권력투쟁이라든지, 애당초 어느 한쪽의 패배가 분명히 예고된 '불리한 게임'이란 전제 아래 쉽사리 꿰어 맞춘 게 사실

구분＼차수	4 차 + 〈모스크바행〉	5 차	6 차
시기	1946.6.27-1946.7.12	1946.7.16-1946.7.22	1946.10.11-북한체류
월북 동행자	허성택 · 박치우 · 이호재(제)	허성택 · 이태준 · 박치우	서득은 · 김삼룡 · 리승엽
회동 동참자	허가이 · 김책 · 주영하	김일성 · 박헌영	김두봉 · 허가이 · 김책 · 주영하 · 최창익 · 박정애
협의내용	공위결렬후의 서울사태 · 조선정판사 사건 · 이승만의 정읍발언 · 좌우합작	삼당합당 · 정판사 사건 · 단독정부수립 · 좌우합작 · 정당방위에 의한 신전술	10월 인민항쟁 보고 · 삼당합당사업 지연 비판보고
합의사항	조선공산당 (북)과 조선신민당의 합당 · 조선공산당(남)과 인민당, 남조선신민당의 합당 (공산당의 대중정당화 추진)	삼당합당 원칙조정 : 1) 민주주의적 중앙집권원칙, 2) 노동계급의 헤게모니 보장, 3) 연합중앙 위원회의 완전합의제 좌우합작운동의 독자적 전개 · 미국의 간섭배제 합당과정에서의 편향성 불용	9월 총파업 · 10월 인민 항쟁의 극좌모험주의 비판 · 대회소집파의 반당행위 비판 · 대남혁명전략 지도방안 · 인민항쟁 수습 후 합당사업추진 · 박헌영의 이북체류 전제
유보사항	여운형, 백남운 등과 삼당합당 의사타진	신전술 운용과정상 반半합법 · 비합법 투쟁활동의 배합여부	북로당 남조선 정치공작위원회의 활동방향 (반反박헌영 · 중경 임정귀환세력 포섭)

이다. 하지만 이 증언에 스민 양자의 정치적 의도에 유념하면 김일성은 김일성대로 언젠가는 스탈린으로부터 '정통성'의 인정기회가 오리라는 기대를 품고 있었고, 박헌영은 박헌영대로 '최후의 승자가 진정한 승리자'라는 합리적 계산 아래 치밀한 전략선택과 전술응용

을 꾀한 궤적을 찾을 수 있다. 이 같은 차이는 성격적·연령적 차원과 과거의 개인적 전력편차에서 비롯되었을 것이라는 가정 또한 가능하다.

넷째, 이제까지 해방 후 북한현대사연구가 남한에서 차단될 수밖에 없었고 북한에서의 그것 역시 기대하기 어려웠음을 감안하면 박헌영의 다양한 공격적 정치행태의 동기가 무엇인지 이 증언들은 상당량의 답변 단서들을 제시한다. 특히 46년 1월초, 박헌영의 입장이 '반탁'에서 '찬탁'으로 급선회한 배경과 최종월북을 단행하기 직전 남한에서 벌어지는 일련의 정치폭력(9월 총파업·10월 항쟁·영남항쟁 등), 그리고 여운형과 백남운 사이에서 조선노동당의 위상을 변신·강화시키려 한 개인적 동기 등은 여기서 설득근거를 찾는다. 해방공간 남한에서 발생한 일련의 혁명적 사건들은 결코 우연과 불운의 결합이 아니다. 그것은 분단구조 속에서 헤게모니를 장악하려는 여러 정치세력들과 치열하게 경쟁하는 가운데 남한 내 우익을 견제하고 김일성의 정치적 의지를 읽어가며 걸러낸 박헌영 자신의 '이유있는' 정치적 행동들이었음을 알 수 있다.

다섯째, 남북한의 대조적인 국가건설과정에서 '김일성 대 이승만'이란 권력구도 정착과 주변부의 크고 작은 날개들이 떨어져 나가는 일련의 게임은 박헌영의 위상을 다시 부각시킨다. 즉, 확고한 외세를 등에 업지 못한 박헌영, 여운형, 김구의 탈락과 '박헌영 제거' 그리고 스탈린의 '김일성 지명'이 뜻하는 바가 무엇인지 이 증언들은 답변의 매개점을 제공한다.

탁월한 지략과 명석한 두뇌만으로 돌파할 해방공간은 아니었다. 크고 작은 정치세력들을 통합하거나 적절한 거리를 두며 세몰이 도구로 활용한다고 결정적 시기가 다가오리라 어림할 수도 없었다. 민중의 자발적 참여로 이루어지는 혁명은 해방공간에서도 성공하기 어려웠다. 아래로부터 위를 향한 자발적 봉기와 민중폭발을 도모하는 지도부의 분노정치가 절묘하게 만나기란 힘겨웠다. '사회주의조선'의 실현은 언필칭 지도자들의 몫이 되어가고 있었다.

그러나 이 역시 외세와의 긴밀한 연계 없이는 뿌리내리기 힘든 도저한 과업이었다. '토착 사회주의'니 '자생 공산주의'니 하는 단어의 풋풋함도 가혹한 파워 폴리틱스 앞에서는 소박한 도구에 지나지 않았다. 더 이상 잃을 것 없는, 하지만 계속 잃어야 얻을 수 있는 지도자의 번뇌는 깊고 무거웠던 것이다.

IX. 전쟁

같이 있을 수 없는 두 가지 이상의 '것들'이 한사코 함께 자리해야만 하는 현실은 만만치 않다. 불편함, 익숙지 않음, 거리낌, 미움, 밀침, 분노, 다툼의 조짐들은 마치 잠시 뒤면 타오를 불꽃처럼 성급히 연기내음 풍기거나 걷잡지 못할 화염의 장면들을 예고한다.

어느 한쪽이 다른 쪽을 눌러 버리거나 예기치 않은 힘의 개입으로 관계의 억지균형이 깨지기 전까지 그 같은 상황은 계속된다. 갈등이 문제인 것은 그것이 언제 끝날지 애매해서가 아니라 공존 속의 버팀과 상황의 견딤 그 자체가 오롯이 버겁기 때문이다. 그대로 함께 해야 한다는 사실은 당연히 '힘듦'을 뜻한다. 언제 어디서든 같이 할 수 없는 갈등이 충돌 가능성을 배양한다면, 하물며 '사람'과 '사람'의 부딪힘으로 그 생생한 편찮음을 확인하는 일이랴. 새삼스럽게도 갈등하는 인간들에게 공존의 시간은 지탱 자체가 '고통'이며 어떻게든 단절과 통합 아니면 물리적 충돌비용마저 감안해야 하는 게 현실이다.

물과 불의 함께 함이 그러하고 얼음과 열기의 강제 공존이 그리할 터다. 사랑과 미움의 억지 마주함 또한 그럴 것이다. 본디 칡넝쿨과 등藤나무줄기의 뒤엉킴이 갈등의 어원이 된 것도 오래 전 일이다. 도무지 '같이 있음'의 '역겨움'과 그대로는 지속 못할 사연의 '쌓음' 혹은 '늘리기'의 고통도 물리적 경험 없이 언어의 경지로 헤아리긴 힘겹다.

함께 지탱하고 고스란히 겪으며 돌파해야 하는 괴로움 그 자체로 갈등의 이미지는 '정치적 동물'까지 떠올리지 않더라도 늘 선명하다. 권력은 나눠 가질 수 없으며 꼭대기에서 누릴 가장 '센' 힘이란 더더욱 둘이 부릴 수 없는 이유다. 너무나 당연한 이 이치는 정치적 생활세계 보편의 법도로 사람들을 긴장시키는데다 누구보다 권력을 '찾고 밝히는' 이들을 늘 괴롭힌다.

하필 해방공간 조선의 상황은 갈등의 그림자와 충돌전야의 혼전混戰을 무릅쓸 압도적 사연들을 담는다. 앉을 '자리'는 예정되어 있지 않았고 누구든 애쓰면 다가가 움켜잡을 듯 보인 높은 '곳'은 생각보다 가까이 있었다. 문제는 그가 다다르기 전, 내가 먼저 앉아야만 했고 스스로 장악하지 못할 권력이라면, 그도 어떻게든 멀어지게 해야 했던 것이다. 수많은 정치적 죽임과 죽음의 파노라마는 그래서 반드시 총성과 칼부림으로만 결단나지 않고 상대를 향한 마음의 상처와 결과론적 사라짐으로 더 넓고 깊은 빈자리를 만든 것이다.

암살과 테러는 다반사고 유난히 잦은 시위와 물리적 폭력의 난무도 이제는 벌 받지 않고 한껏 소리칠 수 있다는 뒤늦은 자유의 학습 때문만이 아니었다. 체험해보지 않은 정치의 목격이 흥미롭고 잘하면 '자리'가 보장할 '권세'가 실체보다 한없이 크고 괜찮아 보인 까닭이기도 했다.

하여, '그'가 다가서기 전 어떻게든 다가가야 했고 내가 흠모하는 '그'가 가까이 갈 수 있도록 빈터를 만들고 정치적 여유조차 널찍하니 꾀해야 했다. 걸리적거리는 상대가 자연이나 물질이 아닌 '사람'이라할지언정 관계없었다. 있는 사람을 '없애는' 일이나 없는 혐의를 만들어 '있게' 하는 사단들이야 모두가 사람이 저지르는 정치적 행위의 익숙한 메뉴들이었다.

김일성과 박헌영의 갈등은 '오래된 과거', 아니 '오래된 미래'처럼 익숙해지고 있었다. 박의 '월북'이 서울에서의 '저항'과 '잔존'을 견디지 못한 마지막 결단이라고 이해하면, 그의 '있고 없음'은 물리적 갈등의 모면과 회피로 한정할 수도 있을 것이다. 하지만 정작 38선을 넘어서는 적극적 '이동'의 정치는 다시 '의도치 않은 행위'의 결과로 분화하는 갈등의 모습을 드러낸다.

맞서 싸워야 할 '상대'는 여전히 '사람'이고 '상황'이며 또 다시 마주해야 할 '외세'였다. 미군정과 이승만을 넘어 형체 좇지 못할 익명의 암살자들은 소련군정과 김일성으로 대체되고 거짓 연대와 정치적 견제대상으로 다시 싸워야 할 경쟁단위들만 갈등 유발자로 바뀐 셈이다.

박헌영의 좌절은 어떤 모습으로든 직접 드러나지 않는다. 그것은 차라리 형해화한 고통의 파편들을 합쳐 보아야만 윤곽을 잡을 숨은 그림자였다. 아울러 가까이 존재하는 다른 정치적 강자들과 경쟁하거나 타협해야 할 여러 경로 안에서 복잡한 불만과 불안의 얼굴로 잠시 드러났다 곧잘 사라지곤 한다.

숨길 수 있는 정치적 재주가 거기까지 그를 인도했고 거기서도 그처럼 버틸 역량을 키울 자원으로 숙성되고 있었다면 지나친 해석일까. 몸만 숨길 줄 아는 게 아니라 표정과 마음은 물론 속내와 계산 내역 모두를 상대에게 들키지 않으려 애쓴 그것은 기실 오랜 지하활동으로 체화하고 익숙해진 혁명지체의 선물 같은 대가였을 것이다.

그를 일컬어 무뚝뚝하기 이를 데 없는 '국어선생'이니, 아니면 차디찬 '샌님 승부사'니 형용하기도 하지만 어느덧 속내 알 길 없는 '포커페이스'의 대명사로 곧잘 마무리 짓는 사연들도 따지고 보면 모두 김일성과의 정치적 관계를 의식할 때 도드라진다. 월북은 불편함이나 상상 가능한 알력을 키운 결정적 계기처럼 인식되기도 하지만, 언젠가 정리하지 않고는 그대로 살 수 없는 가장 크고도 깊은 갈등의 핑계로 숙성되기 시작한다. 둘의 공존은 어려운 지경을 넘어 이미 어느 한 쪽이 사라지지 않고선 없어지지 않을 충돌의 이유들만 키워가고 있었다.

갈등은 물리적인 문제만 일으키지 않는다. 정서적 마찰은 사무치는 분노의 원인이자 대상 그 자체로 굳어간다. 안 그래도 싸워야 할 상대와 직접 부딪치지 않을 명분을 멀고도 힘들게 찾는 것도 그래서였을 것이다. 전쟁으로 전쟁을 상쇄하고 큰 싸움으로 작은 싸움을 가리려는 계산도 모두가 갈등이 빚은 결과이자 곡절들로 되살아나고 있었다. 갈등을 피하거나 해소하기 위해 필요한 또 하나의 정치적 명분이 '전쟁 일으키기provocation'란 가설도 그래서 연구자들이 세우려 한 새로운 돌파구였을 것이다.

김일성과 박헌영 사이를 가르는 깊고도 먼 강을 단숨에 메워버릴 확실한 방법이 없진 않았다. 하지만 그것이 하필 우리끼리의 대결이었다는 생각은 한국전쟁의 기원에 대한 학문적 주류나 압도적 호응대상이 아니(었)다. 한국전쟁의 '국내발생설' 혹은 '북한내부의 권력투쟁설'로 알려진 이 입장은 전쟁발발의 다양한 시각과 이를 백업하는 복잡한 국제적 역학구조는 물론 그 지속적인 연구과정에서 마이너리티다. 그럼에도 불구하고 이 같은 생각의 단서들이 여전히 빛을 발하는 까닭은 뭘까.

다음 몇 가지 항목들은 이에 대한 답변의 최소한을 그릴 체계적 길라잡이다.

1. 한국전쟁의 '기원'을 따지는 탐구의 대부분은 동북아 국제관계의 갈등과 그 변화의 축을 중심으로 삼는다. '밖'의 논리에서 출발하는 것이다. 흔히 미국과 소련, 중국과 북한의

전쟁의지 혹은 군사적 지원전략의 정치적 동기와 전쟁승패에 따를 국제적 반대급부는 물론 각국의 국가이익을 먼저 산정·고려하는데 주안점을 둔다. 이를테면 무기를 지원한 소련의 대가는 동북아 전진기지와 부동항 '확보'라는 차원에서, 화력공급의 군사적 대체재代替財를 인력공급에서 찾는 중국은 자발적 사회주의혁명의 국제화를 넘어 아시아 패권과 그 이상의 '노림'에서, 미국은 중·소의 헤게모니 장악을 전면부정하고 동시제패와 군사 정치적 우위확보를 위한 파워 폴리틱스의 '실천'으로 이익의 극대화를 도모한다는 발상이다.

2. 하필 한국을 주 무대로 삼은 주변국가의 적극적 전장戰場theatre 활용과 군사충돌현장에서 남북한은 대등한 전쟁당사자war recipient일 수 없었다. 둘은 서로 인접한 오랜 자연적 독립국가도 아니고 '강제적 국가연합체the coercive state-coalition'도 아닌 1국가 2체제의 부자연스런 관계 속에서 어느 한 진영의 다른 진영을 향한 기습공격형식으로 전쟁에 돌입한다. 하지만 통합과 제패의 구상을 실천으로 옮길 군사역량의 실질과는 별도로 전쟁은 강력한 인적·물적 지원 없이 치르기 힘든 동북아 국제전 양상을 띠며 궁극적으로 한·미 연합군과 유엔군 참전을 한 축으로 삼고 북·중·소 군사동맹의 강제적 대결구도로 변질·교착膠着한다.

3. 원폭사용의 적극 자제와 군사적·인적 화력의 집중투입이 다다른 전쟁의 한계는 분명했다. 밀고 밀리는 전선의 잦은 이동과 장기간 휴전회담까지 감안해야 했지만 어느 한쪽의 압도적 우위와 치명적 열세가 담보되지 않는 전쟁은 애당초 승리와 패배로 가를 싸움이 아니었다. 현상유지가 우선이었다. 싸움의 특이한 교착과 연장은 어느 한 교전상대국의 완패와 군사배제를 전제하지 않는 치열한 세력균형으로 귀결된다. 압도적인 화력투입과 군사력 과시를 골자로 한 초기국면은 어느 진영이든 한반도에서 우위를 점하지 못할 견제대상이자 부정할 수 없는 세력들로 남아 강제적 재구의 길로 접어든다. 반도는 다시 분단을 고착화하면서 전쟁 이전단계로 복귀하는 것이다.

4. 이 같은 동북아 국제질서의 강제재편이 슈퍼파워의 사전기획과 국가·진영 간 합의의 결과인지, 아니면 의도치 않은 정치적 행위의 결과인지는 불분명하다. 하지만 그 결과는 적어도 민족해방을 꿈꾼 김일성이나 남한사회주의자들의 환호와 열성적 지지로 내전의 성공적 승리를 장담한 박헌영의 뜻과는 어긋났다. 전쟁의 결과는 김과 박 모두의 패배였던 까닭이다.

5. 근본적인 문제의 하나는 결과의 거대함을 잉태·배양한

'작은' 변수들과 전쟁을 적극적으로 이끌어 낸 인간적 내인內因과의 관계다. 전쟁의 발화는 사람에 의해 추동가능하며 선전포고 주체는 외세가 아니라는 엄연한 사실을 재확인해야 한다. '크지 않거나 결정적이지 않다' 하여 '없다'고 단언함은 의식적 횡포와 다르지 않기 때문이다. 그럼에도 불구하고 국내요인들과 북한지도자 사이의 갈등을 전쟁유발의 결정적 원인으로 보는 입장은 주목 대상이 아니(었)다. 큰 것을 지배·결정하는 작은 것들의 조합과 그 인간적 운용절차를 '관계'와 '구조'의 틀에 항시 가두려는 관점은 한국전쟁의 기원과 발화과정 탐구에서도 예외가 아니다.

6. 전쟁의 결정과 추진주체가 '외세'였다는 결정론적 사고틀은 음모와 패권논리를 바탕에 둔다. 스탈린과 모택동이 전쟁을 이끈 속내나 그에 따른 궁극적 책임을 면할 핑계를 지닐 수 있음은 거의 애원에 가까운 김일성의 주문 때문이었다. 김일성 역시 전쟁을 결행한 여러 명분 가운데 훗날 출구를 마련할 수 있는 까닭도 박헌영의 정치적 간청과 지속적 환기에 두려는 발생론적 상호의존논리가 곁에 자리한다. 한 가지 결정의 원인과 변수가 하나일 수 없음은 상식이다. 그럼에도 불구하고 원인의 상호작용과 의존적 전후관계를 물 흐르듯 보기 힘든 이유는 의존과 배척, 유인과 융합의 생화학적 변이를 담는 복합성 지도 또한 간단히 그릴 수 없기 때문이다. 모두를

> 고려하되, 지배적이며 결정적인 원인을 솎고 또 다른 변인들과 그 상대적 영향의 크기를 헤아리는 절차는 '전쟁' 분석에서도 예외가 아니다.

어느 논리가 더 그럴 듯하고 누구의 영향이 한결 지배적이며 어디서 구하는 설명과 어떤 맥락의 개진이 훨씬 적절한 지는 현상적 개연성과 역사 정치적 적실성으로 따져볼 문제다. 그럴듯함plausibility의 농도가 짙을수록 사실적 개연성도 커지고 그 정도가 강할수록 적실성 또한 그에 비례한다는 점은 상식 이상의 의미를 지닌다.

문제는 개연성과 적실성의 간극 혹은 편차 크기다. '그럴듯함'과 '적실성'이 곧 상상에 의한 추론과 진실에 가까운 사실 사이의 거리를 뜻한다면, 그 틈새를 가르는 진위의 차이는 정치연구에서 허구의 부피를 고스란히 반증한다. 자료의 완전공개와 논란의 여지없는 확실한 증거가 드러날 때까지 따라서 논쟁은 불가피하다. '적실성'이나 '그럴듯함'이란 의미도 과학적 엄밀성과 객관적 정확성에 근거해 각자 그 크기를 정밀하게 비교·변별하기란 힘겹다.

뿐만 아니라 역사현장에 있던 인물들 대부분이 사라진 현재, 자료검증이 이루어진다 하더라도 진위여부에 대한 본인 최종확인은 어려운 실정이다. 설령 그들 모두가 살아있다 하더라도 국제정치과정에서 발생한 전쟁개입과 지원에 대한 진실성 확인에는 최고 권력자의 진정어린 시인과 고백수준의 사실규명이 전제되어야 한다. 하지만 이를 과연 흔쾌히 기대할 수 있을는지는 의문이다.

말이 되게 말을 하고 글이 되게 글을 쓰는 것을 '적실성' 확보의 최소요건이라 한다면 이는 진실성 증명과 논리적·체계적 진술에서 출발하며 글과 말의 내용에 대한 도덕적 정당성과 전혀 별개의 사실성을 요구한다. 그에 따라 '적합성'과 '진실성'이 동시 충족된다면, '사실구성the factual construction'의 진술을 둘러싼 언어적 표현과 그 적실성 역시 높아진다. 그렇다면 탐구의 끝은 늘 '어떻게 적실성을 담보할 것인가'로 모아질 수밖에 없다.

이제껏 축적된 한국전쟁의 기원에 대한 학문적 논의대상들은 1. 총구의 방향(남진南進 대對 북진北進)과 2. 전쟁 주도인물의 정치적 계산, 3. 중·소 개입명분과 국가이익확장, 4. 유엔 참전과 미국의 개입, 5. 국내요인분석과 적실성 비교, 6. 추론과정의 변별력 측정과 적합성 검색 등으로 나눌 수 있다. 그 결과는 다시 스탈린주도(음모)설과 모택동의 계산을 감안한 합작설(공동주도설)로 나뉘고 북한의 강력한 주문과 소련의 군사지원에 의해 전쟁이 발화한다는 '전통주의'와 이승만이 부르짖은 평소의 북진통일론이 북한을 자극, 전쟁을 유도하여 미국과의 대립을 촉발한다는 '수정주의' 등으로 다시 분화한다.

국내에서 이에 대한 논의가 불붙기 시작한 것은 70년대 중반 이후부터다. 일종의 이론사 연구이자 학설사 분화과정을 담은 국내연구[1]는 단행본과 논문형식의 텍스트로 지난 세기말까지 간헐적으로

1 대표적인 연구자는 김학준이다. 한국전쟁의 기원은 물론 진행과 영향에 이

이어지지만유감스럽게도 후발연구는 국내보다 나라 밖에서 활발히 이어진다.[2] 비록 국내외 탐구의 본격분화나 상호협업 혹은 학제연구

르는 전 과정에 걸쳐 국내외 논의 전반을 이론사로 재조명한 그의 작업은 국내연구의 시동 계기를 이룬다. 그의 대표 작업들로 다음 참조할 것. 김학준, 『한국문제와 국제정치』(서울: 박영사, 1975); "한국전쟁의 기원에 대하여," 진덕규·한배호·김학준·한승주·김대환(외) 지음, 『1950년대의 인식』(서울: 한길사, 1981), pp. 335-356; "한국전쟁의 기원," 한국정치외교사학회(편), 「한국정치외교사논총」 제5집(1989), pp. 43-73; 『한국전쟁: 원인·과정·휴전·영향』(서울: 박영사, 1989).

2 주로 참전미군들의 역사적 기억과 현장경험을 바탕으로 한 미시 전투사로부터 전쟁의 전말을 다루는 통사 분석에 이르기까지 미국 내 한국전쟁논의는 활성화한 지 오래다. 누구보다 한국전쟁의 기원을 해방공간의 국내정치상황과 결부시켜 연구한 브루스 커밍스의 노력은 압도적이다. 특히 북한정권의 정치변동과 남한의 그것이 전쟁을 피하지 못한 국내모순과 직·간접으로 어떤 연관이 있는지 주목한 그의 연구와 미국 내 후발연구결과들로 다음 참조할 것. Bruce Cumings, *Origins of the Korean War,* Vol. 1: *Liberation and the Emergence of Separate Regimes, 1945–1947* (Princeton, N.J.: Princeton University Press, 1981); *Origins of the Korean War,* Vol. 2 (New York: Cornell University Press, 2004). 이 책의 국내번역본으로 다음 유념할 것. 브루스 커밍스 지음·김자동 옮김, 『한국전쟁의 기원』(서울: 일월서각, 1986). 세기전환 이후 미국 내 한국전쟁논의와 그 연구결과에 대해서는 다음 문헌들 참조할 것. David Halberstam, *The Coldest Winter: America and the Korean War* (New York: Hyperion, 2008); Hourly History, *Korean War: A History From Beginning to End* (North Charleston, S.C.: CreateSpace Independent Publishing Platform, 2017); Andrew Mulholland, *The Korean War: History in an Hour* (Glasgow: William Collins; ePub ed edition, 2013); Patrick K. O'Donnell, *Give Me Tomorrow: The Korean War's Greatest Untold Story–The Epic Stand of the Marines of George Company* (Cambridge. MA.: Da Capo Press, 2011); H.W. Brands, *The General vs. the President: MacArthur and Truman at the Brink of Nuclear War* (New York: Doubleday, 2016); Leo Barron, *High Tide in the Korean War: How an Outnumbered American Regi-*

까지 기대하긴 어려운 실정이어도 앞으로의 연구를 위한 중요한 '빈터'로 의미를 더한다.[3]

북한내부의 권력투쟁설이 논의되기 시작한 것도 오래 전 일이지만 50 · 60년대의 극히 제한적인 언급에 이어 70년대를 거치는 동안 국내외 관심을 자극하며 탐구의 단서로 자리 잡는다.[4] 국내에서 진행된 한국전쟁의 국내요인분석 등 이른바 전쟁 내인론이나 국내발생설의 연구층위는 그리 두텁지 않다.[5]

하지만 소수설의 자리를 지탱하면서도 북한내부의 권력투쟁설은 게릴라항쟁 실패설과 국경충돌설, 미완성 해방론 등[6]과 함께 상당기간 내재적 적실성을 암시한다. 이승만의 북진통일에 대한 다짐과 38선 부근에서의 잦은 충돌이 북한을 자극하여 전쟁이 발화한다는 수정주의적 추단들과 이들 논리가 친화하거나 남한과 미국의

---

ment Defeated the Chinese at the Battle of Chipyong–ni (Mechanicsberg. PA.: Stackpole Books, 2015).

3 그 단서들로 다음 연구 참조할 것. 박명림, 『한국전쟁의 발발과 기원 1』(서울: 나남, 1996); 『한국전쟁의 발발과 기원 2』(서울: 나남, 1996); 신복룡, 『한국분단사 연구』(서울: 한울, 2001).

4 이에 대해서는 김학준(1981), 앞글, p. 350 참조할 것. 그는 여기서 초기 논의의 장본인들로 김삼규(1956)와 이정식, 김응택(1967) 등의 연구에 주목한다.

5 김진웅, "한국전쟁의 국내적 원인: 학설사적 접근," 한국국제정치학회(편), 「국제정치논총」 제30집 3호·'한국전쟁의 역사적 재조명' (1990), pp. 5–30; 김재영, "한국전쟁의 국내적 요인 분석," 한국국제정치학회(편), 「국제정치논총」 제30집 3호·'한국전쟁의 역사적 재조명' (1990), pp. 104–125.

6 쟁점의 내용들로는 김진웅, 앞글 참조할 것.

자극적 합작이 남침의 불가피성을 숙성시킨다는 우회적 공세논리 역시 전쟁의 국내발생설을 구축하는 정치적 개연성을 키운 것 또한 사실이다.

북침의 자극이 남침의 불가피한 원인이란 해석은 북한의 전쟁개시와 그에 따른 책임을 벗을 핑계로 더없이 적합했다. 하지만 이는 북이 왜 남침을 단행하는지를 이해하는 거시적 상황논리만 제공할 따름이다. 북침의 조짐과 성가신 자극 때문에 남침을 단행한다는 논리는 전쟁 발생의 복잡한 과정을 지나치게 단순화할 뿐 아니라 '완전탄성충돌'같은 물리현상으로 이데올로기의 격돌과 영토분쟁의 다원적 이해관계를 손쉽게 맞바꿔 버린다. 결국 당대 북한권력의 정점을 들여다보지 않고는 전단戰端의 설명 자체가 모호해질 수밖에 없다.

여기서 당대 세간을 떠돌던 북한내부 사정, 특히 극도의 조바심과 견디기 힘든 울기로 가득 찬 박헌영의 정치적 심경이 도드라지는 건 당연하다. 복잡한 국제적 이해관계 추단이나 해석 차이에 따른 진영 간 정치적 유·불리보다 인간적·정서적 공감이 가능하기 때문이다. 오래도록 전해지는 다음 해석[7]은 여전히 전쟁 돌입 전 북한의 상황을 전제한다.

---

7 전쟁이 나면 남한의 토착좌익 20만이 쌍수를 들어 남진하는 북의 군대를 도우리란 생각은 박헌영의 평소 정치적 희망사항이었다. 안재성(2016), 앞책, pp. 187-188.

김학준은 이렇게 압축한다.

> 박헌영이 택할 수 있는 길의 하나가 무력남침이었다고 추정할 수 있다. 한번 전단을 열어 밀고 내려가면 박이 평소에 장담하던 지하의 남로당원들이 일제히 봉기, 손쉽게 남한을 점령할 것이며 이에 따라 자신의 권력기반을 굳혀 김일성에게도 도전할 수 있다고 계산했을 것으로 추정해 볼 수 있다. 물론 박의 계산은 오산된 것이었다. 유엔군이 즉각 개입했을 뿐만 아니라 남로계의 힘도 약하다는 것이 드러났다. 김일성은 뒷날 한국전쟁 당시 '남조선 인민들이 잘 조직되어 투쟁했더라면' 승리했을 것이라고 말하면서 대중동원에 실패한 박과 그의 그룹을 원망했다.[8]

그러나 북한의 권력 갈등이 남침 단서가 된다는 내재적 전쟁기원분석은 반론에 부딪친다. 뿐만 아니라 전단의 기본은 배후국가들 없이 열리지 '않거나' 열 수 '없다는' 패권주의적 해석조차 엄연하였다. 미·소가 당대 한국의 '전쟁개시'까지 결정할 힘을 장악하거나 아예 장악해야 한다고까지 여기는 경우는 그만큼 '밖'에서 보는 '안'이 정치적으로 초라했음을 잘 말해준다.

밖은 밖의 이익과 처지부터 고려했다. 밖에서 보이는 안은 여전

8 김학준(1981), 앞글, 352-353.

히 작고 국제정치적 헤게모니와 그 반대급부부터 먼저 따져보기 십상이었다. 그들 사이의 손실은 있을 수 없고 이익의 적절한 공유보다 자기중심적 가치 확보와 축적을 우선 고려하는 정치적 이니셔티브 독점에 최대한 관심이 있었기 때문이다.

전쟁발생의 국내원인들을 인정하면서도 메릴은 좀체 그 비중을 크게 두지 않는다. 그는 이렇게 정리한다.

> 북한 공산당 내 파벌대립이 김일성으로 하여금 남침을 결정하게 한 원인으로 보는 학자들도 있다. 여기서 무엇보다도 관심의 초점이 되고 있는 것은 박헌영이다. 김점곤 등은 박헌영이 38선 일대 영토탈취와 남한 내 게릴라 투쟁 등 양면전략을 구사함으로써 이승만 정부에 압력을 가하여 정치적 타결을 모색하려 했다고 주장하고 있다. …· 김점곤의 접근방법의 근본문제는 순전히 북한통일정책에 대한 분석에 바탕을 두고 있다는 것이다. 그러나 북한 공산당 내 파벌 간의 경쟁이나 노선상의 차이는 그리 대단한 것이 되지 못했다. 당시 미국정보보고는 1950년초 군 지휘관과 회의에서 밝혀진 김일성의 통일정책은 박헌영의 통일정책과 별 차이가 없었다고 기록하고 있다. …· 박헌영이 조기 남침을 주장했던 것은 사실이지만, 남침하게 되면 남한 내 좌익세력이 일제히 봉기함으로써 손쉽게 통일할 수 있을 것으로 김일성을 위시한 북한지도층이 믿었다고 보기는 어렵다. …· 한국과 일본의 전문가

들은 오랫동안 북한의 남침이 북한 공산당 내 파벌 투쟁에서 비롯되었다는 주장을 해 왔다. 한국 전문가들은 김일성이 그의 정적을 제거하는데 무자비했다는 점을 부각시키려는 의도에서 그러한 주장을 했다. 또한 일본 전문가들은 일본정치를 파벌의 시각에서 분석하는 경향이 있기 때문에 북한에 대해서도 그렇게 분석한 것이다. 물론 당시 북한 공산당 내에 파벌이 있었고 그것이 남침결정에 영향을 주었을 가능성도 있다. 그러나 북한에 대한 자료가 별로 없는 현실을 고려할 때 파벌투쟁이 전쟁결정에 중대한 영향을 주었다고 보기 어렵다. 그리고 1950년 당시 북한은 소련의 승인을 받지 않고 남침을 결정할 만큼 자유가 있었던 것도 아니다.[9]

전쟁은 뜻대로 되지 않았다. 유엔군은 즉시 참전했고 미국의 적극개입도 북한에겐 버거웠을 뿐 아니라 국군의 기세마저 등등했다. 전쟁 전까지 이어진 이승만 정권의 좌익색출과 토벌은 남로당의 궤멸을 재촉하여 박헌영이 꿈꾼 세상의 인프라도 무너지고 있었다. 무엇보다 전쟁개시년도인 50년 말에 이르도록 북한 전역을 밀어붙이는 한·미 군대의 승세는 김일성과 박헌영을 당혹시키기 충분했다.

---

9 존 메릴John Merrill 지음·이종찬·김충남 옮김, 『(새롭게 밝혀 낸) 한국전쟁의 기원과 진실: 제주 4·3사태에서부터 한국전쟁에 이르기까지 좌우 대결로 본 격동의 다큐멘터리』(서울: 두산동아, 2004), pp. 35–39, *passim*.

전쟁의 전말이야 익히 알려진 사실이지만, 주목할 부분은 김과 박의 전시갈등이 급속히 커지는 점과 그로 인한 알력이 끝내 돌이키지 못할 결별과 숙청의 빌미로 악용된 대목이다.

전쟁기간 중, 둘은 자주 다툰다. 입버릇처럼 반복한 남한사회주의자들의 자발적 환호와 적극적 항전이 이뤄지지 않았음에 대한 김일성의 질책은 물론 그에 질세라 병력의 집중투입으로 후방 지원세력이 공허하였음을 출구삼아 거칠게 맞대응하는 박헌영의 대결은 누구도 말리지 못할 '싸움 속 싸움'이었다.

급기야 전시 중 술판의 분노가 김일성을 자극, 박헌영을 향한 욕설로 뒤바뀌는 대목은 둘의 사이가 이미 건너지 못할 강을 넘어선 다음임을 잘 말해준다. 박헌영을 향한 김일성의 감정은 간단한 미움이나 고까움과는 차원이 달랐다.

둘의 싸움을 보자.

> (1950년) 11월 7일에도 북한의 두 지도자는 크게 싸웠다. 러시아의 10월 혁명을 기념하는 연회가 자강도 만포군의 소련대사관에서 열렸다. 북한의 주요 지도부와 소련파 인물들이 대거 연회에 참석했다. …· 김일성은 그날 술을 몇 잔 했다. 어느 순간 김일성은 "여보, 박헌영이. 당신이 말한 그 빨치산이 다 어디에 갔는가? 백성들이 다 일어난다고 그랬는데 어디로 갔는가?"라면서 "당신이 스탈린한테 어떻게 보고했는가? 우리가 넘어가면 막 일어난다고 당신 그런 이야기 왜 했

는가?"라고 질책했다. 이에 대해 박헌영은 "아니, 김일성 동지, 어찌해서 낙동강으로 군대를 다 보냈는가? 서울이나 후방에 병력을 하나도 못 두었는가? 후방은 어떻게 하고 군대를 내보냈는가? 그러니까 후퇴할 때 다 독 안에 든 쥐가 되지 않았는가?"라고 받아쳤다. 그러자 김일성은 "야, 이 자식아. 이 자식아. 무슨 말인가? 만약에 전쟁이 잘못되면 나뿐 아니라 너도 책임이 있다. 너 무슨 정세 판단을 그렇게 했는가? 난 남조선 정세를 모른다. 남로당이 거기 있고 거기에서 공작하고 보내는 것에 대해 어째서 보고를 그렇게 했는가?" 하면서 박헌영을 몰아쳤다. 흥분한 김일성은 대리석 잉크병을 벽에 던져 깨버렸다. 김일성은 이날 취중진담을 하고 있었다. 전쟁에서 패배하고 평양까지 버리고 압록강까지 쫓겨 온 상황에서 전쟁의 책임을 누군가에게 넘겨주든지, 그게 안 되면 공동책임으로라도 하고 싶은 심정을 술기운을 빌려 표현하고 있었다. 남침만 하면 20만 명이 봉기한다던 박헌영은 김일성에게는 좋은 타깃이었다. '넘어가기만 하면 모든 게 일거에 쉽게 해결된다고 해서 네 말만 믿고 넘어갔는데 그게 아니었다. 그러니 네가 책임져라'는 이야기를 하고 있었다. 이러한 충돌은 술자리에서 일어난 우연한 사건이라고 보기 어렵다. 김일성은 독립운동의 경력도 갖고 있었지만, 정치 전략에 매우 능한 인물이었다. 김일성은 그런 식으로 박헌영에게 책임을 떠넘기기 위한 분위기를 만들고, 박헌영의 권위를 떨어뜨리는 작업을

진행했다고 보는 것이 옳다.[10]

숙청의 본보기로 누군가를 내세워 혐의를 만들거나 덧씌우려는 김일성의 의지는 전쟁기간에도 어김없었다. 싸움의 승패와 관계없이 평소의 눈엣가시를 제거할 명분은 사실 얼마든지 동원 가능했기 때문이다. 하물며 크고 작은 허물이 분명하다면야 굳이 피할 '그'도 아니었다. 최창익과 같은 연안파 인물로 (김)무정 역시 불편하고 마뜩치 않기론 마찬가지였다. 정리할 상대를 정리할 계기를 마련하기로 전쟁만한 환경은 더 없었다.

게다가 '평양방어사령관'인 무정이 전쟁기간 중 북한의 심장(인수도 평양)을 성공적으로 지켜내지 못한 책임을 묻는 건 김일성으로서야 절호의 '기회'였다.[11] 전쟁기간 중 무정의 사망(51.10)을 두고 병사인지 처단인지를 둘러싼 논란이 있는 건 사실이다. 하지만 그의 죽음은 소련파의 허가이의 자살과 함께 숙청에 뒤따른 정치적 타살로 눈길을 모은다.

전쟁 속의 '죽임'은 세상 그 어떤 죽임보다 만만하였다. 적을 죽여야 한다는 주문쯤이야 일상의 사명일 뿐 명분까지 만들어야 할 하등의 이유는 없는 법이다. 게다가 밖의 적들 옆으로 안의 적까지

10 안문석, 앞책, pp. 45-47.

11 윗책, pp. 50-51. 궁극적으로 박헌영의 숙청 빌미까지 만들거나 찾아내는 김일성이지만, 연안파 지도자들보다 북한에서 상대적으로 강한 영향력을 행사하는 박을 먼저 처단하기란 전쟁기간 중 김에게 버거웠다.

몰아붙이는 일은 어렵지 않았다. 튀는 피의 선연함과 스러지며 내지르는 함성이 설령 단말마의 기억들이 된다 한들, 곳곳에서 들려오는 총소리와 야포의 굉음은 평소의 정치적 불만과 야망의 파편들을 묻어버리기 퍽 좋은 조건이기 때문이다.

교전의 와중에서 만들 수 있는 죽음의 숱한 핑계들은 평소의 미움과 원한마저 편리하게 녹인다. 비록 전투나 전쟁에서 무너질망정, 패배의 이유를 따지며 책임마저 추궁할 가장 단순하고 빠르며 확실한 혐의의 터전이다. '전쟁'만큼 만만한 폭력의 정치는 세상천지 그 어디에도 없기 때문이다. 불안한 시대를 버티고 견디려는 자들이 기댈 마지막 언덕의 이름도 '폭력'이었다. 박헌영은 그 곁에서 죽어가고 있었다.

X. 죽음

한국전쟁의 얼굴은 여러 개다. 까닭도 여러 가지다. 치명적인 이유들 대부분은 나라 안에서 우러난다. 우리는 우리끼리 싸웠다는 것. 밖의 적보다 더 많은 적들이 안에 있었다는 것. 애당초 저희들끼리 죽이려 일으킨 전쟁은 아니었어도 밀고 밀리는 초반의 전선은 이내 꺾인다는 것. 지리멸렬한 나날들은 교전보다 교착을, 총성보다 침묵을 견디는 그 '일'이 전쟁보다 더 힘겨운 과업임을 일깨운다는 것. 언제 누가 찌를지 몰라 대포나 폭격기보다 옆구리를 겨냥한 단칼이 한결 두렵더라는 것. 가장 가까이 있는 자가 제일 깊이 꽂는다는 것.

궁극의 재주는 살아남는 능력이었다. 그것도 전쟁 통에서마저 죽지 않고 버티노라면 그 행각 자체가 정치요, 종교였다. 하지만 오십 평생 버티다 견디다 덤불 숲 헤쳐 나온 혁명가도 무탈하게 빠져나올 질곡은 아니었다는 점에서 그의 마지막 전쟁은 처참했다. 죽음의 빌미도 그 안에 있고 삶의 희망도 잠시나마 퍼져가고 있었다. 그토록 잠깐 현란한 꽃가루 날리며 사라질 꿈이었음이야 예전에 내다볼 박헌영이 아니었다.

쿠데타 음모사건에 대한 재판과 미제고용간첩에 대한 논의는 상식이 된 지 오래다. 북이 자료의 전모를 밝히지 않고 있어 사건 총체를 자세하게 확인할 방법이 없을 따름이다. 박병엽이 증언한 대로 평양 근교에 아직도 '남조선혁명사적관'이 유지·관리되고 있다면 박헌영을 비롯한 당시 사건주역들의 자술서와 사법적 진술내용 전체를 치밀하게 들여다 볼 필요가 있음을 절감한다. 그 역시 제대로 보존되고 있다는 걸 전제하고 말이다. 그렇다손 치더라도 논지의 허점과 진술의 맥락확인은 물론, 강압에 의한 자백과 공소 배후의 폭력적 위압 여부도 살펴보아야 할 앞으로의 공백으로 남는다.

형 집행방법과 구체적 일정은 물론 집행당사자와 장소·시간 등에 걸쳐 확실한 공표가 이뤄지지 않는다는 점에서 박헌영의 최후는 아직도 미스터리다. 날짜만은 분명해야 탐구의 최소한 물리적 요건을 확보하겠지만, 실정은 그렇지 않다. 적잖은 전언과 증언들이 제각기 다르고 추론 근거 역시 극적이거나 주관적이다. 북한 당국이 고의적으로 숨기거나 애매하게 남겨둠으로써 사후에도 '그'를 홀대하는 까닭이다.

그의 죽음을 증언하는 이들은 여럿이다. 하지만 객관적 근거는 거의 없다. 상상과 소문에 의하거나 주관적 과장이나 생략으로 일관하는 점들도 감안해야 할 허점으로 남는다. 그럼에도 불구하고 연도를 기준으로 삼자면, 크게 세 가지 설로 압축할 수 있다. 55년부터 길게는 58년까지 확장되는 박헌영 처형시점은 재판종료시기와 형 집행순간이라는 전혀 다른 차원의 문제로 늘 논란대상이 된다. 하지만 종종 이들 둘을 동일시하거나 물리적으로 섞어 판결 날짜와 처형 순간을 한날한시로 묶어 비약하든지, 날짜는 같되 해를 순연시키는 작위적 오류에 익숙하기도 하다.

현재로선 56년 7월 19일설이 유력하다. 처형 장본인인 방학세를 현장까지 실고 간 북한 외무성 차관 박길룡의 관용차 운전기사의 육성증언이 그나마 가장 구체적인 요건을 갖추기 때문이다. 하지만 박헌영의 시신 확인과 유골수습의 물리적 후속작업을 알리지 않고 있는 건 그의 죽음을 둘러싼 의심을 떨치기 어렵게 한다. 날짜를 56년 7월 19일로 특정하는 까닭은 '8월종파사건'의 주역들과 박헌영과의 정치적 제휴를 염려한 김일성이 러시아 순방길에서 돌아온 날로 그가 처형을 직접 지시한 때와 일치하기 때문이다.[1]

다음 표는 현재까지 떠도는 박헌영의 처형일자와 시기에 대한 추단결과들이다. 정리하건대, 그의 죽음에 대한 증언은 대부분 그와

1 모택동과 주은래가 박헌영을 구출하려고 보낸 사람이 발각되자 처형이 앞당겨졌다는 전언도 있다. 『전집』 제9권, p. 444.

인연 있는 자들의 주관적 근거를 딛거나 부분적 사실들에 따른 일방적 상상을 바탕으로 삼는다. 하지만 구체적 처형시점은 이제껏 확실히 밝혀지지 않았고 처형지점도 분명히 알려진 바 없다.

형 집행시기	월·일	근거·주장자
1955년 설	12월 16일	박갑동(1983), 앞책, pp. 277-279.
1956년 설	7월 19일	형 집행자 방학세를 처형장까지 싣고 간 외무성 차관 박길룡의 관용차 운전수 [『전집』 제9권, p. 444]; [안재성(2009), 앞책, pp. 594-595]
	8월	《중앙일보》 91/07/10 (수), 제8018호 (3)면
	12월 15일	재판종료일(55/12/15) 기준으로 만1년 후의 형 집행사실을 기정화
	12월 19일	위와 같음
1958년 설		전언·소문

전쟁의 패배는 박헌영의 죽음을 앞당긴다. 그에 따른 혐의의 축적은 재판과 사형으로 이어진다. 사법처리를 위한 절차적 정당성을 확보하고 논쟁의 여지를 없애기 위한 치명적 과오 만들기도 어김없었다. 이제는 예전의 월북을 대체할만한 그럴듯한 날개도, 먼먼 도피처도 마련할 길이 없었다. 다음은 저항과 자존을 포기한 박헌영의 최후진술이다. 죄과의 반성은 물론 사법적 책임까지 온전히 수용하겠다는 그의 자세가 익숙지 않은 건 정定한 이치다.

> 검사총장의 론고는 전적으로 지당합니다. 저의 마수에 걸려 수많은 사람들이 추악한 범죄를 범하였으며 불행하게 되

였습니다. 따라서 이 모든 불행에 대하여서는 저에게 전적으로 책임이 있다고 생각하기 때문에 검사총장이 론고한 바와 같이 저의 죄악의 엄중성으로 보아 사형은 마땅한 것입니다. 그리고 오전 공판심리에서 신정부와 새 당의 조직음모라든가 무장폭동음모에 대한 직접적 책임이 저에게 없는 것 같이 진술한 부분은 한개 궤변으로 잘못된 것이기에 취소합니다. 제가 미국간첩들의 두목이고 그들을 나 자신이 희망하는 범죄를 감행하게끔 모든 것을 비호·보장하여 온 장본인인 까닭에 전적으로 저에게 책임이 있습니다. 끝으로 제가 과거에 감행하여 온 추악한 반국가적·반당적·반인민적 매국 역적 죄악이 오늘 공판에서 낱낱이 폭로된 바이지만 여기 오신 방청인들뿐만 아니라 더 널리 인민들 속에 알리여 매국역적의 말로를 경고하여 주시기 바랍니다.[2]

55년 12월 15일, 평양최고재판소 특별법정에서 진행된 '조선민주주의 인민공화국 정권전복음모와 미 제국주의자들을 위한 간첩행위사건' 공판에서 재판장 최용건은 같은 날 박헌영에게 사형을 언도한다. 하지만 박헌영의 사형판결 바로 다음 날 형이 집행된다는 소문 안에는 그대로 믿기 힘든 사실마저 포함된다. 감방 안으로 사나운 개를 풀어 피투성이가 될 정도로 박에게 상처를 준 다음, 서둘러

2 김남식·심지연(편), 앞책, pp. 523–524.

총살을 주문하게 만든다는 폭력적 전언이 그것이다. 그의 죽음을 둘러싼 과장과 왜곡은 물론 일방적 폄하가 얼마나 심한지 잘 보여주는 단적인 예다.

박갑동은 박헌영의 삶을 전하는 대표적 선두주자로 이를 포함, 직설적이며 여과 없는 전언을 무릅쓴다. 그는 이렇게 말한다.

> 김일성 패들은 고문을 하고 협박을 하고 또 인정해주면 모든 것을 용서하고 후하게 대우하여 가족과 같이 여생을 편안히 지내도록 해주겠다고 회유도 하였다. 그러나 박헌영의 태도는 여전하며 그들의 협박이나 회유에 떨어지지는 않았다. 김일성 일당은 …· 드디어 …· 박헌영 방에 사나운 셰퍼드를 풀어 넣었다. 박헌영은 전신을 셰퍼드에 물어 뜯겨 피투성이가 되었었다. …· 박헌영은 김일성의 개에 물려죽느니보다 차라리 김일성의 총에 맞아 죽는 것을 택하고 "너희들이 쓴 대로 다 인정하마. 빨리 나를 총살하여라"고 고함을 질렀던 것이다. 판결이 있은 그 다음날 박헌영의 사행집행이 있었다 한다. …· 북로당 제3회 당 대회가 열리기 전에 정치범의 석방이 시작되었다. 그때 나는 대남공작의 강요와 박헌영에 대한 비판을 거절하고 당당히 석방되었었다. 그 후 나는 북경으로 가게 되어 그곳서 박헌영의 극비재판기록을 볼 수 있었다. 재판장과 검사의 질문에 대하여 박헌영은 하나도 인정하지 않고 전부 "그렇겠지" 하고 대답한 것이 인상적이었다.[3]

사형집행 시기는 현재까지 분명한 기록이 없다. 하지만 소문으로나마 제일 먼저 이를 알린 박갑동은 판결 바로 다음날인 '55년 12월 16일'이었다고 기억한다. 출처는 생략한 채 말이다. 그런가 하면 날짜는 밝히지 않은 채 판결 여덟 달 뒤인 56년 8월로 나타나는 경우[3]도 있다. 하지만 소문이 아닌 현장증언 형식으로 드러난 박길룡의 그것까지 합쳐보면, 그나마 단행본과 회고형식으로 드러나는 박헌영 죽음의 시기적 편차는 대략 7개월 정도다. 근거가 정확하지 않은 소문으로 58년 설을 제외하고 보면 이 정도 차이는 무난히 견뎌야 할 간극이다.

그러나 문제는 그가 '어느 날, 몇 시'에 사라지는지 천문학적 정확성을 둘러싼 논란 크기가 아니다. 죽음의 진실과 시점도 중요하지만, 그를 둘러싼 총체적 평가의 여전한 빈곤과 근본적 차이 혹은 그 대치의 새삼스런 확인이다. 뿐만 아니라 좀체 손쉽게 메울 길 없는 가치판단의 편차는 무엇을 뜻할까. '메우다'라는 단어나 '통합'이라는 어휘의 이질적 생소함과 무책임을 어눌하게 끌어안느니 차라리 이대로 서로의 영역을 인정하며 대립과 갈등을 그 자체로 받아들이자는 묵시적 제안도 의식해야만 하는 건 아닐까.

그의 죽음 이후, 해방 전후 한국현대사를 뒤돌아보는 일은 연구자들에게 익숙했다. 하지만 좌·우익의 역사적 기여와 정치적 공과

---

3 《중앙일보》 91/07/10(水), 제8018호 (3)면.

4 박갑동(1983), 앞책, pp. 277-279.

에 대한 균형 있는 해석은 아쉬웠다. 그에 대한 정치적 성격과 역사적 평가가 선명하게 엇갈린 까닭이다. 박헌영은 한국공산주의운동사의 정점에 있고 그로 인한 정치적 파장과 이념적 호·불호는 결과적으로 뚜렷하다. 뿐만 아니라 연구자들로 하여금 자신의 해석과 성격규정이 미칠 결과론적 자기검열을 의식하게 한다. 이념노선에 따른 개인적 '감정'과 연구대상의 '행적'에 대한 객관적 평가의무를 분리하지 못함으로써 연구를 지체시키거나 새로운 기다림의 명분을 만든 것도 사실이다.

다음 두 경우는 이를 압축적으로 잘 대변한다. 물론 이들 주장이 기왕의 연구 결과들을 대표하는 건 아니다. 단지 대조적인 생각의 단면들과 해석의 편차를 잘 집약한다는 점에 주목할 필요가 있다. 이를 강조하려는 인용일 뿐이지만, 당 활동을 적극 전개하며 평소의 사상적 믿음을 진지하게 실천하는 일과 학문적 분석대상으로 한 인물의 삶의 궤적을 거꾸로 밟고 헤아리는 작업은 같지 않다. 뿐만 아니라 두 인용문을 관통하는 생각의 차이는 근본적 다름을 전제하며 이를 굳이 메우거나 억지로 합치려 '듦'이 얼마나 무모한 것인지도 잘 알 수 있다.

박헌영의 물리적 사라짐과 정치적 부재에 대한 고준석의 생각은 단호하다. 게다가 간단한 센티멘털리즘을 넘어서는 진한 애석함과 아쉬움으로 아로새겨진다. 남로당의 소멸과 박헌영의 제거가 북로당을 견제할 세력의 부재는 물론, 공산주의세력 내부의 견제와 균형을 도모할 힘의 단위의 절멸로 이어진다는 안타까움이 주된 이유다.

> 한국 혁명사에서 최대의 비극은 국내파 공산주의 세력의 궤멸에 있다고 생각한다. 남에서는 미 제국주의 및 이승만 일파의 검거·투옥·학살에 의해 수십만 명의 당원과 인민이 희생되었고, 북에서는 김일성 정권의 숙청에 의해 5만 명에 이르는 이른바 남로당원이 지상에서 자취를 감추고 말았다. 남아있는 것이라고는 남에서는 군사파쇼독재뿐이고 북에서는 김일성 독재뿐이다. 재난으로 죽음을 맞이한 혁명가들의 죽음이 애석하기 그지없다. 그들에게도 여러 가지 착오와 결함이 있었지만 '살아만 있다면' 하는 기분이 불현듯 드는 것을 억제할 수 없다. 지금으로선 그들의 명복을 빌 뿐이다.[5]

그러나 다음 주장은 위의 생각과 근본적으로 양립하기 어려운 내용들을 담는다. 박헌영의 불운은 궁극적으로 자업자득이며 장부丈夫로서 진작 감내하지 않았던 지도자의 본분과 의무불이행의 필연적 귀결이었다는 점 말이다. 사나이는 모름지기 어려움을 피하려해선 안 되며 죽음과 맞서 싸우다 장렬히 돌아와야 한다는 비유는 일찍이 월북을 단행한 박헌영으로선 듣기 괴로운 대목일 것이다. 제 한 몸 편하기 위하여 북을 선택한 것이 아니었을지라도 피할 수 없는 결과 앞에서 스스로 변호할 능력과 한계가 좁아드는 것도 피치

5 고준석(1992), 앞책, p. 237.

못할 일일 터다.

그렇다면 그의 '자리'와 '임무'는 애당초 남로당의 현장지도였으며 미군정 당국과의 결연한 싸움이었다는 메마른 회한도 이즈음 가능할 것이다. 이강국에 대한 평가를 갈무리하면서 박헌영마저 함께 다루는 심지연은 '제 자리 비운' 지도자의 무책임을 간접적으로 힐난한다.

> 후한 시대 용맹과 인격이 뛰어나 많은 사람들의 찬사를 받으며 복파伏波장군으로 이름을 날린 마원馬援이 남긴 "자고로 사내대장부란 마땅히 변방에서 죽어 말가죽에 싸여 돌아와야 한다"男兒要當死於邊野 以馬革尸還葬라는 말을 되새겨보는 것도 나름대로 의미 있는 일이라고 생각한다. 모름지기 장수將帥란 싸움터에서 죽어야 영광이지 살아서 편히 지내려고 해서는 치욕스럽게 된다는 뜻인데, 이는 해방정국에도 그대로 적용되기 때문이다. 당시 북한에서의 생활이 남한보다 반드시 안락하고 순탄했으리라는 보장은 없다. 근거지를 떠난 식객으로서의 생활이었기 때문에 그 나름대로의 고충이 있었으리라는 것은 짐작하고도 남음이 있다. 그러나 북한으로 가지 않고 남로당의 현장이었던 남한에 그대로 남아 박헌영이 지시한 신전술대로 치열하게 투쟁하다 최후를 마친 김삼룡이나 이주하, 이현상의 삶과 대조되는 것만은 사실이다. 본의는 아니었다고 하지만 투쟁현장을 떠나 상대적으로 편한

생활을 하다가 명예롭지 못한 말로를 맞은 박헌영이나 이강국, 이승엽의 생애를 돌이켜 볼 때, 2천 년 전 마원의 고사는 너무나도 정곡을 찌른 말이라 아니 할 수 없다.[6]

죽을 때 죽더라도 적과 맞서 싸운다는 기백으로 미군정을 상대했어야 했다는 질책은 그에게 아프게 다가갈 것이다. 결과로 말을 대신하는 '정치'는 그의 사망이 곧 '패배'임을 알린다. 때마침 그 단서가 한국전쟁에서의 패배와 맞닿는다는 사실까지 주목하고 보면 어찌 후회니, 회한이니 하는 단어가 그에게서 흔쾌히 떠날 수 있으랴. 생전의 그의 속마음까지야 알 재간 없더라도 말이다.

9월 총파업 이후, 국내정치폭력을 독점하는 장본인인양 내몰린 박헌영이 대구 10월항쟁의 조종혐의는 물론 정판사 위폐사건 부담까지 말끔히 벗기 힘겨웠음이야 짐작하고도 남음이 있다. 그것이 곧 그가 월북을 단행한 표면적 이유의 전부라 한들, 군정당국의 물리적 압박과 체포령 역시 본인에게나 주변에 자리를 뜰 임계상황으로 굳힐 어쩌지 못할 핑계가 되어가고 있었음도 모두가 아는 바와 같다.

그러나 이 같은 반성적 비판이 곧 우익진영의 대항논리나 반박헌영 전선구축의 핵심적 모멘텀을 이루는 건 아니다. 혹여 이를 의식, 악용할 가능성이 있을망정 곧바로 그처럼 연결시킬 수 있는 근

6 심지연(2006), 앞책, p. 215.

거가 될 수도 없다. 이는 차라리 인간적 애석함이나 그가 처한 정치 상황의 복합적 장해요인을 분석할 때 진지한 논의대상으로 자리 잡을 것이다. 지난 역사를 놓고 수많은 가능성을 전제하며 상상과 가설을 추구하는 이른바 경우의 수를 따지자면, 그건 자칫 '있을 수 있는' 정치적 시나리오와 대안적 상상의 계기로 활용할 가능성이 높을 것이다.

부분으로 전체를 유추하거나 하나로 모두를 재단하는 일을 금해야 함은 국가나 집단연구에서만 신중히 고려할 사항이 아니다. '개인에 대한 연구'에서도 유지해야 할 금도이자 가감 없이 유념해야 할 준칙이기 때문이다. 전체는 수적 다수라는 차원에서, 집단은 각기 존중해야 할 복수의 개체적 존귀함이란 이유만으로도 총체적 성격을 임의 규정할 수 없다는 얘기다. 그럼에도 불구하고 현실은 그렇지 않(았)다. 작은 흠결은 얼마든지 언제든지 상대를 무너뜨릴 무기가 된다.

정치의 부재가 비판의 극한빈곤을 부추기는 왕조의 역사와 민중의 정치중심이란 생각조차 할 수 없는 강점의 시대에 소통은 불가능했다. 대신 '폭력'은 '평화'와 '자유'보다 일상으로 익숙하기만 한 시혜처럼 민중을 짓누르고 있었다. 선물처럼 베풀고 보답처럼 펼치던 저 불편한 폭력은 느닷없는 해방이후 갑자기 사라진다. 대화 없는 민중 사이의 소통과잉이 그 자리를 대신하며 의당 맞서 싸워야 했던 과거의 적들은 보내버린 채, 과거의 미움을 연료삼아 신분의 잔재와 계층의 다름을 상대로 또 다른 싸움을 시작한다.

‘비판’과 ‘공격’을 구분하지 못하고 ‘운동’과 ‘정치’를 짐짓 섞어 버리는 행태도 그래서 생겨난 비극이자 비운의 정치문화다. 싸워야 할 적과 싸워 쟁취하는 자발적 근대화 대신, 안에서 새삼 적들을 발견한 또 한편의 적들은 서로를 경계하고 의심하는 장구한 내부투쟁의 길로 접어든다. ‘밖의 적’들은 고스란히 놔둔 채, 사생결단으로 덤비고 온 힘을 다하여 다투는 ‘안의 적’들은 진작 소통했어야 할 동포요, 동지였다. 분단은 핑계였고 전쟁은 결과였다.

박헌영의 죽음은 우리가 우리끼리 싸우게 된 본격적 계기이자 싸움의 전선을 더욱 명료화한 정치적 모멘텀으로 작동한다. 필생의 라이벌이 사라진 김일성과 거의가 암살당해 경쟁할 상대가 없어진 이승만은 분단의 한국정치 대척점에 마주섰고 그로써 미워하며 그 결과 죽도록 다퉈야 할 명분만 차곡차곡 쌓는다. 김일성의 자리에 박헌영이 앉았더라면 북한의 과거는 달랐으리라 설정[7]해 보기도 하는 오늘이지만, 회한과 현실은 어차피 함께 하지 못한다.

해방 후 그의 ‘폭력지향’에 따른 인적·물질적 손실은 지우지 못할 상처로 남아 오늘날 보수우익의 좌익혐오를 키운 치명적 단초가 된다. 상처는 미움을 낳고 미움은 분노를 키워 좀체 같이 자리하기 곤란한 혐오의 자락들마저 숙성시켜 서로를 멀리하게 만드는 ‘밀침’과 ‘역정逆情’의 동력으로 자리 잡는다. 좌와 우 어느 쪽이든 이 땅에서 살아남으려면 주먹과 칼보다 자기 진영을 강고히 다져야 할

7 손석춘, 앞책, p. 188.

'발'과 재빠른 '눈'이 먼저임을 깨닫게 한 것도 허튼 희극이나 단순한 비극은 아니다. 죽음보다 무서운 건 그래서 서로의 저주(였)다.

피 튀기는 전투현장에서 승패부터 앞세우거나 공격과 비판을 손쉽게 뒤섞어버리는 진영논리의 함정은 따로 있다. 자신에게는 흠결이 없고 상대와 밖에 그 원인이 있다고 보는 이른바 '타자지향성'은 늘 빛난다. 존재하는 모든 것들의 갈등과 모순의 원인이 밖에 있다는 논리는 노동자의 고통 역시 자본가의 착취에서 비롯된다고 보는 마르크시즘 특유의 외인결정론을 낳고 이를 담대하게 받아들이려 하지 않는 우익의 극단적 배척 또한 문제해결을 더디게 한다.

오죽하면 극좌나 극우보다 가장 래디컬한 입장이 '중도'라는 표현[8]까지 가능한 세상일까. '이 나라 좌파들이 선한 사마리아인과 고독한 지식인 행세로 나르시시즘의 허기를 채우고 있다면, 이 나라 우파들은 애국자 행세로 속물의 극치를 보여 준다'[9]는 주장은 자칫 양비론의 표상처럼 들릴 수 있다. 하지만 어느 쪽이든 한쪽 진영을 선택하지 않으면 살아남기 어려운 게 이 땅 지식인의 현실[10]이고 보면 두 극단을 뛰어넘어 다다를 곳은 (극우와도 싸워야 하고 극좌와도 싸우며 가야할) '중도' 밖에 없을 것이다. 그래서 '흰옷에 떨어진 피보다

8 이응준, 『영혼의 무기: 이응준 이설異說집』(서울: 비채, 2017), p. 159.

9 윗책, pp. 150-151.

10 어수웅, "흰옷에 떨어진 피보다 선명한 중도中道" 《조선일보》 17/02/04. http://news.chosun.com/site/data/html_dir/2017/02/03/2017020303006.html

선명한 중도는 회색주의가 아니다. 중도는 어설픈 화해를 거부하고 옳은 판단을 내려 행동하는 강력한 이성의 실현'이라는 말[11]도 거기서부터 가능할 터다.

11 이응준, 앞책, p. 159.

에필로그

시대별 종단縱斷보다 주제별 횡단橫斷에 주력한 다짐은 작업을 지탱한 동력이다. 얼개의 기본은 한 '남자의 삶'과 이를 가로지른 '역사의 곡절'들이다. 어쩌지 못할 풍파와 격랑을 마주한 세월의 꼭짓점들은 '그'만이 아니라 누군들 피하지 못할 거대 장벽이었다. 멀리서라도 혁명가의 전신을 바로 보려 애쓴 결과인 즉, 애써 다 그리지 못할 초상화였다. 그의 옆얼굴 아니면 눈가 표정 쯤 그리려다 하염없이 늘어뜨리며 멀어져간 한 사내의 뒷모습 그림자에 밟힌 채 말이다.

역사에서 사라진 인물을 평評하고 전傳하는 작업은 주관주의의 늪을 비껴가기 어렵다. 사람의 일을 사람이 다루고 사람이 되돌아보는 데 어찌 자신의 생각을 얼음처럼 응고시키기만 할 수 있겠는가.

혹은 들끓는 열정으로 지나친 칭송 아니면 고까움 사이에서 홀로 오가기만 하겠는가.

역사에서 억지로 걸어 나간 사람을 두고 어찌 몇 마디 단어만 쓸 수 있을까. 성격부여를 핑계 삼아 삶의 평균값을 도모하려 든다든지, 그의 궤적 전체를 담아낼 보편의 형용사마저 궁리한다는 건 그 자체로 무리다.

일컬어 그를 '정녕 사회혁명을 꿈꾸었지만 홀로 서두르기만 하던 조급한 모더니스트' 쯤 지칭하거나 '간단없는 역사단절에도 계급전복과 민족해방을 도모하려 한 애끓는 로맨티시스트'라며 짧지 않게 둘러댄들 그게 어찌 손쉽게, 그런다고 금세 그리되거나 그처럼 머물 리 있을 터일까. 늘 그렇듯, 이론 만들고 개념을 주무른다 하여도 그럴듯한 이름은 걸맞지 않거나 이내 식상해지는 상황이야 어디 한두 번 겪은 지식의 역사였을까. 단어 하나 때문에 이론이 한 발짝도 나아가지 못하고 이름 몇 글자 때문에 개념이 지쳐 무너진 나날들 또한 한껏 기억하는 우리다.

성공적으로 도전해봤자 기껏 무덤 앞에 오롯이 세우는 '묘비명' 밖에 더는 안 된다 말한 이도 있지 않던가. 박헌영을 다시 이름 짓거나 그럴 듯하게 둘러대며 꾸미는 일보다 먼저 필요한 건 '극찬'과 '혹평' 사이에서 그를 건져내는 일이다. 진보는 여전히 박헌영을 지탄하는 보수를 비판하고 보수는 아직도 자기를 겨냥하는 진보의 화살을 아랑곳하지 않으며 말끝에 불을 붙인다.

진보도 한결같은 눈길로 박헌영을 바라보지 않고 보수도 한마음이라서 그를 내치려만 하는 건 아니다. 싸움의 복잡한 속내는 몇 마디 단어로 끝낼 사연이 아니다. 비난과 공격으로 둔갑하며 뒤섞이는 화살들이 때로 감정 섞인 돌멩이가 되거나 한쪽 얼굴만 상찬하는 꽃다발 되어 허공에 난무한 나날들도 제법 지났다.

야무진 '짱돌'과 흩날리는 '꽃잎'들 사이에서 박헌영 생전의 여정과 궤적을 다시 들여다보는 일은 아무리 자주해도 지나치지 않다. 언제 어디서 어떻게 하느냐만 과제로 남는다. 사람들은 곧잘 의심한다. 눈꼬리 말며 입가의 표정조차 바꾸지 않으면서 "너는 어느 편이냐"고.

대답이 나오기도 전에 상대 논조가 마음에 들지 않거나 머잖아 자기편이 아닌 줄 확인이라도 할라치면, 끝까지 기다려주는 예의 일랑 좀체 갖추려하지 않는다. 평전은 많아도 독자는 제한적이며 부피는 두꺼울망정, 부피의 미학과 내용의 총체를 믿지 않으려 드는 까닭이다.

서로를 적으로 여기는 적 내부의 복제와 분화는 여전히 활발하다. 밖에 있는 적은 다음다음의 대상일 뿐, 당장의 미움이 급하여 안의 적에게 칼끝을 겨냥하는 일일랑 역사이자 문화요, 관행이자 현실이다. 차갑게 스치고 모른 척 다가서며 관음과 감시의 눈길을 붙박는 중이다.

박헌영도 의당 그 대상에서 예외가 아니다. 하지만 자신의 노선 차이 때문에 그를 지탄하거나 찬양하는 행위가 묵인되는 세상은 여전히 건전하지 않다. 이른바 '찬탄讚嘆의 정치학'이 문제되는 건 살아있는 자들이 치러야 할 강제적 선택이나 그에 따른 자기검열의 부담 때문이 아니다. 죽은 자를 더 피곤하게 만들고 산 자의 싸움을 부추기며 궤변과 언어의 향연을 이끌 도구노릇만하기 십상인 까닭이다.

우리는 지금도 싸운다. 언제 끝날지 모를 다툼의 틈바구니에서 논리의 불화살과 감정의 여운을 추스르지 않은 채 곧잘 상처주고 이내 편리한대로 도망가길 주저하지 않는다. 하지만 생각해 보자. 그리고 다시 따져보자. '그'만한 사람이 또 있었는지를. 그런 인물이 지금도 있는지를. 거친 광야에 백마 타고 오는 초인은 없는 나라였지만, 거침없이 대들고 하염없이 꼿꼿하여 한때 '모두'의 자존을 곧추세웠듯 다시 그처럼 나설 이 있겠는지를.

강토 향한 시린 눈길 한결같이 애잔해도 모두가 투사는 아니다. 다 같은 방식으로 권력을 탐하지도 않는다. 투옥은 기본이고 고문은 의무였지만 자존을 잃는 건 모두를 잃는 것이었다. 궁극의 지향점과 목적지 자체를 잊는 건 '그'를 비롯한 당대의 사회주의자들이 저지를 일이 아니었다.

대들다 얻어맞고 갇혔다 되돌아오며 다시 싸우다 죽어갈망정, 그의 삶에서 굽실거림과 조아림이란 어림없었다. '자존' 하나로 다시 세울 나라는 아니었지만, 다시 들어온 외세와 어김없는 폭력의 재현에 굴하지 않는 패기는 적어도 시늉한다고 그리 될 리 없는 '그'만의 자산이었다.

있어야 할 곳에 '있기'도 늘 어렵다. 하물며 해야 할 일까지 '해내는' 이들까지랴. 없는 '것처럼' 있는 사람들 지천으로 넘쳐 날 때, 외로움과 괴로움 넘쳐나는 것도 그래서 희한하다. 존재감이니 무게감이니 하는 낱말들이 꼭 그렇다. 있어야 할 자리에 거짓처럼 있거나 있어도 아무 목소리 내지 않는 적막의 터전이 그 자체로 치욕이며 비루한 공간임을 어찌 모를 동포들이었으랴.

'운동'이니 '저항'이니 하는 일들은 본디 쓸쓸한 법이다. 먼 땅에서 호령하며 대들기란 또 얼마나 공허하며 화려한 고통이었을까. 시작부터 그것은 '정치'요, 티 내지 말아야 할 '이력'이었다. 하지만 어쩌겠는가. 버티는 나날들 모두는 제게 줄 훈장이요, 권력을 향한 기차표였던 것을. 역사의 보상인 양 부르짖을 훗날의 권세는 멀기만 하고 일의 마무리는 늘 허무한 명성 아니면 오욕으로 다가오기만 한 것을.

제대로 돌이키자. 누가 끝내 현장을 지키는지, 어떤 인물이 할 일 마다치 않고 해내는지. 어느 인사가 맵고 거친 채찍 온몸으로 맞아내며 온전히 싸우는지, 한사코 제 나라 떠나지 않고 꿈의 밑동과 과업의 몸통 맞춰가며 오롯이 저항하는지 말이다. 투쟁을 귀족처럼, 혁명을 벼슬아치처럼 감당한다는 게 옳은 것인지, '외교투쟁'도 시급하며 '혁명공조' 또한 절실하다 해도 미국은 멀고 중국은 모호했음을 어찌 잊을 수 있겠는가.

러시아도 '평등 조선'을 기약하긴 아득했다. 하지만 거기서 솟구친 혁명의 바람을 들뜬 마음으로 맞이하겠다는 생각조차 순진하기만 했다면, 느닷없는 해방은 더 허망하였을 터다. 동강난 땅에서 일궈낸 과업이 모조리 반역이요 미움과 저주로 돌팔매 해야 할 악마의 표상이라 믿는 한, 세월의 해석은 매양 거기서 거기다.

살점 터지고 뼈마디 부러졌던 원한이나 갚자며 나선 사회주의 조선혁명이 아니다. 맵고도 아리기만 한 차별이 역겨워 '반제·반봉건' 깃발을 드높이고 홀로 벅차 하였음은 더 더욱 아니다. 삶의 대가를 하필 '빨갱이'로 치러야 할 얄궂음 앞에 서럽도록 억울한 사람은 박헌영 자신이다. 해방 후 행적이 마뜩치 않아 강점기 투쟁마저 미워하며 말살시킴은 허투루 넘기지 못할 문제다. 일제 향한 고난의 저항이 워낙 감동적이라 그것만으로 사회주의 조선혁명과정의 과오를 온전히 맞바꾸려 듦도 유치한 과장이다. 어쩌랴. 바위 눌린 가재처럼 오도 가도 못한 채, 역사의 틈바구니에서 헤매는 그를 놓아줄 방도란 이제 살아남은 자들 몫인 것을.

문제는 어긋나기만 하는 세월을 섞거나 조율할 영험靈驗까지야 그에게 '없음'이다. 혁명은 모두가 뛰어들어야 간신히 이룩할 과업일 뿐, 동정과 애수나 동원하고 하는 수 없이 이끌려가며 제 잇속 취해야만 맛볼 세상의 약초가 아닌 터였다. 거친 폭력이 파도처럼 몰려드는 반도의 세월에 '그'라도 있어 위안삼아 버틸 자존이었다면 그게 어찌 '센티멘털'이 아닐까. '멜랑꼬리'나 어루만지자고 이제까지 헤친 시간의 퇴적층은 아니되, 저 도도한 나날의 켜와 두께가 거저 생겼다고 믿는 교만은 버려야 한다. 잊을 수는 있어도 아니라고는 말 못할 역사 아닌가.

박헌영이 누군지 관심조차 없는 사람들도 늘어갈 것이다. 망각의 기류 거슬러 어제의 기억들을 채근하거나 미련 몇 조각으로 몸부림치며 시대를 타박打撲하고만 있을 수도 없는 게 지금 모두의 처지다. 뿐이랴. 무덤은커녕 유골조차 수습 못한 사람들이 지천으로 넘치는 곡절들은 그냥 슬프지 않다. 볼 수도, 알 수도 없는 죽음이라 더 그렇다.

어떻게 스러지고 어디에 묻힌 지 알 길 없는 주검들이 누구는 영웅이 되고 누군가는 역적이 되는 날들이다. 그처럼 강토 곳곳을 혼백으로 누비는 땅이 '지금 여기'다. 쉽게 다가서지 못할 먼 곳에서의 죽음은 더 슬프다. 보려면 가야하고 가도 못 볼 죽음이라면 '슬픔'조차 따로 간수看守해야 하기 때문이다. 이역의 땅이라고 어찌 다 같겠냐는 항변도 그악스레 소란스레 가까워진다. 튀기는 짱돌 위로 다시 꽃잎이 진다. 피보다 진한 붉은 꽃잎이 진다.

참고문헌

단행본

▮ 1차자료

박헌영. 『조선 인민에게 드림』(파주: 범우, 2008).

박치우. 『사상과 현실』(경성京城: 백양당, 1946).

이강국. 『민주주의 조선의 건설』(파주: 범우사, 2006).

이정박헌영전집위원회(편). 『이정 박헌영 전집 1: 일제시기 저작편』(역사비평사 펴냄, 공급처 서울: 선인, 2004).

이정박헌영전집위원회(편). 『이정 박헌영 전집 2: 미군정기 저작편』(역사비평사 펴냄, 공급처 서울: 선인, 2004).

이정박헌영전집위원회(편). 『이정 박헌영 전집 3: 북한시기 저작편』(역사비평사 펴냄공급처 서울: 선인, 2004).

이정박헌영전집위원회(편). 『이정 박헌영 전집 4: 일제시기 관련자료편』(역사비평사 펴냄, 공급처 서울: 선인, 2004).

이정박헌영전집위원회(편). 『이정 박헌영 전집 5: 미군정기 관련자료편 ①』(역사비평사 펴냄, 공급처 서울: 선인, 2004).

이정박헌영전집위원회(편). 『이정 박헌영 전집 6: 미군정기 관련자료편 ②』(역사비평사 펴냄, 공급처 서울: 선인, 2004).

이정박헌영전집위원회(편). 『이정 박헌영 전집 7: 북한시기 관련자료편』

(역사비평사 펴냄·공급처 서울: 선인, 2004).
이정박헌영전집위원회(편). 『이정 박헌영 전집 8: 신상자료·회고·증언·주세죽 자료』(역사비평사 펴냄, 공급처 서울: 선인, 2004).
이정박헌영전집위원회(편). 『이정 박헌영 전집 9: 화보와 연보』(역사비평사 펴냄·공급처 서울: 선인, 2004).

▮ 2차자료

강만길. 『분단시대의 역사인식: 강만길 사론史論집』(서울: 창작과비평사, 1992).
강만길. 『한국민족운동사론』(파주: 서해문집, 2008).
게이브리얼, 메리Mary Gabriel 지음·천태화 옮김. 『사랑과 자본: 카를과 예니 마르크스, 그리고 혁명의 탄생』(고양: 모요사, 2015).
고영민. 『해방정국의 증언: 어느 혁명가의 수기』(광주: 사계절출판사, 1987).
고준석 지음·유영구 옮김. 『비운의 혁명가 박헌영』(서울: 글, 1992).
궈롄푸郭廉夫 지음·홍상훈 옮김. 『왕희지 평전王羲之評傳』(고양: 연암서가, 2016).
권명아. 『식민지 이후를 사유하다: 탈식민화와 재식민화의 경계』(서울: 책세상, 2009).
김경일. 『이재유, 나의 시대 나의 혁명: 1930년대 서울의 혁명운동』(서울: 푸른역사, 2007).
김경일. 『이재유 연구: 1930년대 서울의 혁명적 노동운동』(서울: 창작과비평사, 1993).
김남식. 『남로당 연구·I』(서울: 돌베개, 1984).
김남식. 『남로당 연구·II: 자료편』(서울: 돌베개, 1988).

김남식. 『남로당 연구·III: 자료편』(서울: 돌베개, 1988).
김남식·심지연 편. 『박헌영 노선비판』(서울: 세계, 1986).
김민수. 『이상 평전: 모조 근대의 살해자 이상, 그의 삶과 예술』(서울: 그린비, 2012).
김백영. 『지배와 공간: 식민지도시 경성과 제국 일본』(서울: 문학과지성사, 2009).
김상숙. 『10월 항쟁: 1946년 10월 대구, 봉인된 시간 속으로』(파주: 돌베개, 2016).
김성동. 『꽃다발도 무덤도 없는 혁명가들』(고양: 박종철출판사, 2014).
김용직. 『김태준 평전: 지성과 역사적 상황』(서울: 일지사, 2007).
김윤희. 『이완용 평전: 극단의 시대, 합리성에 포획된 근대적 인간』(서울: 한겨레출판, 2011).
김재명. 『한국현대사의 비극: 중간파의 이상과 좌절』(서울: 선인, 2003).
김재봉·김희곤. 『조선공산당 초대 책임비서, 김재봉』(파주: 경인문화사, 2006).
김재현. 『한국 사회철학의 수용과 전개』(서울: 동녘, 2002).
김진희. 『회화로 읽는 1930년대 시문학사: 문학과 미술의 탈경계적 만남과 창조』(성남: 북코리아, 2012).
김택호. 『아나키즘, 비애와 분노의 뿌리: 근대 지식인 문학과 농민주체문학의 기원』(서울: 소명출판, 2015).
김학준. 『이동화평전』(서울: 민음사, 1987).
김학준. 『한국문제와 국제정치』(서울: 박영사, 1975).
김학준. 『한국전쟁: 원인·과정·휴전·영향』(서울: 박영사, 1989).
김현주. 『사회의 발견: 식민지기 '사회'에 대한 이론과 상상, 그리고 실천(1910–1925)』(서울: 소명출판, 2013).

김희곤. 『조선공산당 초대책임비서, 김재봉』(파주: 경인문화사, 2006).
네이페, 스티븐, 그레고리 화이트 스미스Steven Naifeh, Gregory White Smith 지음·최준영 옮김. 『화가 반 고흐 이전의 판 호흐』(서울: 민음사, 2016).
뒤랑, 피에르Pierre Durand 지음·신대범 옮김. 『마르크스의 사랑』(서울: 두레, 2013).
류승완. 『이념형 사회주의: 박헌영·신남철·박치우·김태준의 사상』(서울: 선인, 2011).
류시현. 『동경삼재東京三才: 동경 유학생 홍명희 최남선 이광수의 삶과 선택』(서울: 산처럼, 2016).
마르크스, 칼Karl Marx 지음·김수행 옮김. 『자본론: 정치경제학 비판』 제1권·자본의 생산과정(상)(서울: 비봉출판사, 2006).
마르크스, 칼, 프리드리히 엥겔스 지음·김대웅 옮김. 『마르크스 엥겔스 문학예술론』(서울: 미디어북스, 2015).
메릴, 존John Merrill 지음·이종찬/김충남 옮김. 『(새롭게 밝혀 낸) 한국전쟁의 기원과 진실: 제주 4·3사태에서부터 한국전쟁에 이르기까지 좌우 대결로 본 격동의 다큐멘터리』(서울: 두산동아, 2004).
박갑동. 『박헌영: 그 일대기를 통한 현대사의 재조명』(서울: 인간사, 1983).
박걸순. 『식민지 시기의 역사학과 역사인식』(서울: 경인문화사, 2004).
박명림. 『한국전쟁의 발발과 기원 1』(서울: 나남, 1996).
박명림. 『한국전쟁의 발발과 기원 2』(서울: 나남, 1996).
박병엽 구술·유영구/정창현 엮음. 『김일성과 박헌영 그리고 여운형: 전 노동당 고위간부가 본 비밀회동』(서울: 선인, 2010).
박일원. 『남로당의 조직과 전술』(서울: 세계, 1984).

박종성. 『문학과 정치: 억압과 우울의 나날, 그리고 병病든 근대』(고양: 인간사랑, 2004).
박종성. 『박헌영론: 한 조선혁명가의 좌절과 꿈』(서울: 인간사랑, 1992).
박종성. 『씨네 폴리틱스: 영화는 다 정치적이다』(고양: 인간사랑, 2008).
박종성. 『영화가 뿌리친 정치사상: 정치교육의 새로운 방법을 찾다』(고양: 인간사랑, 2015).
박종성. 『한국의 정치폭력: 해방후 권력과 민중의 충돌』(서울: 서울대학교출판부, 2001).
박지향·박철·김일영·이영훈. 『해방 전후사의 재인식 1』(서울: 책세상, 2006).
박지향·박철·김일영·이영훈. 『해방 전후사의 재인식 2』(서울: 책세상, 2006).
박헌호·류준필 편. 『1919년 3월 1일에 묻다』(서울: 성균관대학교출판부, 2009).
박현수. 『레몬 향기를 맡고 싶소: 이상 산문집』(서울: 예옥, 2008).
백학순. 『북한 권력의 역사: 사상·정체성·구조』(파주: 한울, 2010).
빅스, 허버트Herbert P. Bix 지음·오현숙 옮김. 『히로히토 평전: 근대 일본의 형성』(서울: 삼인, 2010).
샤브쉬나, 파냐 이사악꼬브나F. I. Shabshina 지음·김명호 옮김. 『1945년 남한에서: 어느 러시아 지성이 쓴 역사현장기록』(서울: 한울, 1996).
샤브쉬나, 파냐 이사악꼬브나 지음·김명호 옮김. 『식민지 조선에서: 어느 러시아 지성이 쓴 역사현장기록』(서울: 한울, 1996).
서대숙 지음·서대숙 옮김. 『북한의 지도자 김일성』(서울: 청계연구소, 1989).

서동만. 『북조선사회주의 체제성립사: 1945-1961』(서울: 선인, 2005).

서중석. 『한국현대민족운동 연구: 해방후 민족국가 건설운동과 통일전선』(서울: 역사비평사, 1996).

서중석. 『한국현대민족운동 연구 2: 1948-1950 민주주의, 민족주의 그리고 반공주의』(서울: 역사비평사, 1996).

서중석·김덕련. 『서중석의 현대사 이야기: 해방과 분단 친일파 편/서중석 답하다; 김덕련 묻고 정리하다』(파주: 오월의봄, 2015-2016).

성대경·전명혁·김일수·최규진·임경석·김인덕·장세윤·안태정·김득중·이신철 지음. 『한국현대사와 사회주의』(서울: 역사비평사, 2000).

세레니, 마리나Marina Sereni 지음·김병걸 옮김. 『가없는 사랑으로 역사의 능선에: 어느 혁명가의 아내의 수기』(서울: 청사, 1990).

세르주, 빅토르Victor Serge 지음·정병선 옮김. 『한 혁명가의 회고록』(파주: 오월의봄, 2014).

셰시장解璽璋 지음·김영문 옮김. 『량치차오 평전梁啓超傳』(파주: 글항아리, 2015).

손석춘. 『박헌영 트라우마: 그의 아들 원경과 나눈 치유 이야기』(서울: 철수와영희, 2013).

송건호(외) 11인. 『해방전후사의 인식』〔오늘의 사상신서·11〕(서울: 한길사, 1쇄 1979).

신복룡. 『한국분단사 연구』(서울: 한울, 2001).

심지연. 『대구10월항쟁연구』(서울: 청계연구소, 1991).

심지연. 『이강국 연구』(서울: 백산서당, 2006).

심지연. 『이주하 연구』(서울: 백산서당, 2007).

심지연. 『조선 공산주의자들의 인식과 논리』(서울: 백산서당, 2015).

심지연. 『해방정국의 정치이념과 노선』(서울: 백산서당, 2013).

안문석.『북한 현대사 산책·2: 전쟁과 사회주의 건설』(서울: 인물과사상사, 2016).
안성일.『혁명에 배반당한 비운의 혁명가들』(서울: 선인, 2004).
안승일.『비운의 혁명가들』(고양: 연암서가, 2014).
안재성.『박헌영 평전』(서울: 실천문학사, 2009).
안재성.『실종작가 이태준을 찾아서』(서울: 푸른사상, 2015).
안재성.『이관술: 1902-1950』(서울: 사회평론, 2006).
안재성.『이일재, 최후의 코뮤니스트』(서울: 인문서원, 2016).
안재성.『이현상 평전』(서울: 실천문학사, 2007).
안재성.『잃어버린 한국현대사: 피와 순수의 시대를 살아간 항일독립운동가 19인 이야기』(서울: 인문서원, 2015).
안재성 엮음.『잡지, 시대를 철하다: 옛 잡지 속의 역사 읽기』(파주: 돌베게, 2012).
위상복.『불화 그리고 불온한 시대의 철학: 박치우의 삶과 철학사상』(서울: 길, 2012).
유영구.『남북을 오고간 사람들: 남의 조직사건과 북의 대남사업』(서울: 글, 1993).
이경남.『설산 장덕수』(서울: 동아일보사, 1982).
이기형.『몽양 여운형』(서울: 실천문학사, 1984).
이문창.『해방공간의 아나키스트』(서울: 이학사, 2008).
이보영.『이상평전: 암호적 예술의 숲을 찾아서』(전주: 전북대학교출판문화원, 2016).
이정식 지음·김성환 옮김.『조선노동당약사』(서울: 이론과 실천, 1986).
이종수.『조광조 평전: 조선을 흔든 개혁의 바람』(서울: 생각정원, 2016).

이준식.『조선공산당 성립과 활동』(한국독립운동사편찬위원회 편집·천안: 독립기념관 한국독립운동사연구소, 2009).
이창주(편).『조선공산당사(秘錄)』(서울: 국제한민족재단 출판국 우리시대, 2010).
이철.『경성을 뒤흔든 11가지 연애사건』(서울: 다산초당, 2008).
이현주.『한국 사회주의세력의 형성: 1919–1923』(서울: 일조각, 2003).
임경석.『모스크바 밀사: 조선공산당의 코민테른 가입 외교(1925–1926년)』(서울: 푸른역사, 2012).
임경석.『잊을 수 없는 혁명가들에 대한 기록: 윤자영·김단야·임원근·박헌영·강달영·김철수·고광수·남도부·안병렬』(서울: 역사비평사, 2008).
임경석.『초기 사회주의운동』(한국독립운동사편찬위원회 편집·천안: 독립기념관 한국독립운동사연구소, 2009).
임경석.『한국사회주의의 기원』(서울: 역사비평사, 2003).
임경석·이정박헌영기념사업회.『이정박헌영일대기而定 朴憲永一代記』(서울: 역사비평사, 2004).
임헌영.『분단시대의 문학: 평론집』(서울: 태학사, 1992).
임헌영.『한국 근대소설의 탐구』(서울: 범우사, 1974).
장복성.『조선공산당파쟁사』(서울: 돌베게, 1984).
전상숙.『일제시기 한국 사회주의 지식인 연구』(서울: 지식산업사, 2004).
전원근.『조선노동당』(파주: 한국학술정보, 2007).
정규웅.『나혜석 평전: 내 무덤에 꽃 한 송이 꽂아주오』(서울: 중앙M&B, 2003).
정문길.『에피고넨의 시대』(서울: 문학과지성사, 1999).

정병준. 『현앨리스와 그의 시대: 역사에 휩쓸려간 비극의 경계인』(파주: 돌베개, 2015).

정일성. 『인물로 본 일제 조선지배 40년: 1906-1945』(서울: 지식산업사, 2010).

정창현. 『인물로 본 북한현대사: 한반도의 또 다른 역사, 그 소용돌이 속의 인물들』(서울: 민연, 2002).

정해구. 『10월인민항쟁 연구』(서울: 열음사, 1988).

조영복. 『월북 예술가 오래 잊혀진 그들』(서울: 돌베게, 2002).

조현연. 『한국 현대정치의 악몽: 국가폭력』(서울: 책세상, 2007).

지수걸. 『일제하 농민조합운동 연구: 1930년대 혁명적 농민조합운동』(서울: 역사비평사, 1993).

진덕규. 『권력과 지식인: 해방정국에서 정치적 지식인의 참여논리』(파주: 지식산업사, 2011).

진덕규. 『한국정치의 역사적 기원』(서울: 지식산업사, 2002).

차승기. 『반근대적 상상력의 임계들: 식민지 조선 담론장에서의 전통·세계·주체』(서울: 푸른역사, 2009).

최규진. 『조선공산당 재건운동』(한국독립운동사편찬위원회 편집·천안: 독립기념관 한국독립운동사연구소, 2009).

최용탁. 『남북이 봉인封印한 이름 이주하李舟河』(서울: 가갸소랑, 2013).

커밍스, 브루스Bruce Cumings 지음·김자동 옮김. 『한국전쟁의 기원』(서울: 일월서각, 1986).

크뤼스만스키, 한스 위르겐Hans Jürgen Krysmanski 지음·김신비 옮김. 『마르크스의 마지막 여행』(서울: 말글빛냄, 2015).

포웰, 제이슨Jason Powell 지음·박현정 옮김. 『데리다 평전: 순수함을 열망한 한 유령의 이야기』(고양: 인간사랑, 2011).

포크, 캔데이스Candace Falk 지음·이혜선 옮김. 『엠마 골드만: 사랑 자유 그리고 불멸의 아나키스트』(서울: 한얼미디어, 2008).

피오릴로, 주레Jure Fiorillo 지음·이미숙 옮김. 『사생아 그 위대한 반전의 역사』(서울: 시그마북스, 2011).

한국독립운동사연구소 기획·김인덕 지음. 『박열: 극일에서 분단을 넘은 박애주의자』(서울: 역사공간, 2013).

한국역사연구회 1930년대 연구반. 『일제하 사회주의운동사』(서울: 한길사, 1991).

허수. 『식민지 조선, 오래된 미래: 개념과 표상으로 식민지 시대 다시 읽기』(파주: 푸른역사, 2011).

헌트, 트리스트럼Tristram Hunt 지음·이광일 옮김. 『엥겔스 평전: 프록코트를 입은 공산주의자』(파주: 글항아리, 2010).

헤이든, 데버러Deborah Hayden 지음·이종길 옮김. 『매독: 천재성과 광기, 매독에 얽힌 미스터리』(고양: 도서출판 길산, 2004).

황광수. 『삶과 역사적 진실: 황광수 평론집』(서울: 창작과비평사, 1995).

황재문. 『안중근 평전: 평화를 위해 총을 겨눈 인간의 다면적 초상』(서울: 한겨레출판, 2012).

Arendt, Hannah. *On Violence* (New York: Harcourt, Brace & World, 1970).

Barron, Leo. *High Tide in the Korean War: How an Outnumbered American Regiment Defeated the Chinese at the Battle of Chipyong-ni* (Mechanicsberg. PA.: Stackpole Books, 2015).

Berdyaev, Nikolai. *The Origin of Russian Communism* [tr., from the Russian by R. M. French] (Ann Arbor, MI.: University of Michigan Press, 1960).

Boudon, Raymond. *The Unintended Consequences of Social Action* (London: Macmillan Press, 1982).

Brands, H.W. *The General vs. the President: MacArthur and Truman at the Brink of Nuclear War* (New York: Doubleday, 2016).

Carver, Terrell Foster. *Engels* (Oxford: Oxford University Press, 1981).

Carver, Terrell Foster. *Friedrich Engels: His Life and Thought* (London: Macmillan, 1989).

Cumings, Bruce. *Origins of the Korean War,* Vol. 1: *Liberation and the Emergence of Separate Regimes, 1945–1947* (Princeton, N.J.: Princeton University Press, 1981).

Cumings, Bruce. *Origins of the Korean War,* Vol. 2 (New York: Cornell University Press, 2004).

Downton, James V. *Rebel Leadership: Commitment and Charisma in the Revolutionary Process* (New York: Free Press, 1973).

Erikson, Erik Homburger. *Childhood and Society* (New York: W. W. Norton, 1963).

Erikson, Erik Homburger. *Identity: Youth and Crisis* (New York: W. W. Norton, 1968).

Erikson, Erik Homburger. *Identitiy and Life Cycle* (New York: International Universities Press, 1959).

Halberstam, David. *The Coldest Winter: America and the Korean War* (New York: Hyperion, 2008).

History, Hourly. *Korean War: A History From Beginning to End* (North Charleston, S.C.: CreateSpace Independent Publishing Platform, 2017).

Hunley, J. D. *The Life and Thought of Friedrich Engels: A Reinterpretation* (New Haven, CT.: Yale University Press, 1991).

Iremonger, Lucille. *The Fiery Chariot: A Study of the British Prime Ministers and the Search for Love* (London: Secker and Warburg, 1970).

Mulholland, Andrew. *The Korean War: History in an Hour* (Glasgow: William Collins; ePub ed edition, 2013).

Nova, Fritz. *Friedrich Engels: His Contributions to Political Theory* (London: Vision, 1967).

Oakes, Len. *Prophetic Charisma: The Psychology of Revolutionary Religious Personalities* [fw. by Sarah Hamilton-Byrne] (New York: Syracuse University Press, 1997).

O'Donnell, Patrick K. *Give Me Tomorrow: The Korean War's Greatest Untold Story–The Epic Stand of the Marines of George Company* (Cambridge. MA.: Da Capo Press, 2011).

Skocpol, Theda. *Social Revolutions in the Modern World* (Cambridge: Cambridge University Press, 1994).

Tucker, Robert C. *Stalin As Revolutionary, 1879–1929: A Study in History and Personality*, Vol. 1 (New York: W. W. Norton & Company, 1974).

Tucker, Robert C. *Stalin in Power: The Revolution from Above, 1928–1941* (New York: W. W. Norton & Company, 1992).

Tudoroiu, Theodor. *The Revolutionary Totalitarian Personality: Hitler, Mao, Castro, and Chávez* (New York: Palgrave Macmillan,

2016).

Wolfenstein, Eugene Victor. *Revolutionary Personality: Lenin, Trotsky, Gandhi* (Princeton, N.J.: Center for International Studies, Princeton University Press, 2016).

▮ 만화

강덕 원안·이원복 구성·오수 그림. 『찢겨진 붉은 깃발: 박헌영과 남로당』(서울: 어문각, 1990).

유병윤, 김용석, 임경석 지음·유병윤 그림·원경 대종사, 임경석 감수. 『경성 아리랑 1: 박헌영의 어린 시절과 경성보고 시절(1918년)까지』(만화로 보는 한국 근현대사·꽃다발도 무덤도 없는 항일운동가 이야기) (서울: 플러스예감, 2015).

유병윤, 김용석, 임경석 지음·유병윤 그림·원경 대종사, 임경석 감수. 『경성 아리랑 2: 3·1 만세운동에서 1922년 4월 박헌영 체포까지』(서울: 플러스예감, 2015).

유병윤, 김용석, 임경석 지음·유병윤 그림·원경 대종사, 임경석 감수. 『경성 아리랑 3: 두 번의 투옥과 옥중 투쟁(1922년 4월-1927년)』(서울: 플러스예감, 2015).

유병윤, 김용석, 임경석 지음·유병윤 그림·원경 대종사, 임경석 감수. 『경성 아리랑 4: 박헌영의 탈출에서 경성 트로이카 결성까지』(서울: 플러스예감, 2015).

유병윤, 김용석 지음·유병윤 그림. 『만화 박헌영 5: 꽃다발도 무덤도 없는 비운의 혁명가·1932년 세 번째 투옥과 경성콤그룹 지하활동 시작』(서울: 플러스예감, 2015).

유병윤, 김용석 지음·유병윤 그림. 『만화 박헌영 6: 꽃다발도 무덤도 없는 비운의 독립운동가·경성콤그룹 활동에서 해방까지』(서울: 플러스예감, 2015).
허영철 원작·박건웅 만화. 『어느 혁명가의 삶: 1920-2010』(파주: 보리, 2015).

▮ 소설·시집

마쓰모토 세이쪼松本清張 지음·김병걸 옮김. 『북의 시인 임화』(서울: 미래사, 1987).
손석춘. 『코레예바의 눈물』(서울: 동하, 2016).
안재성. 『경성 트로이카』(서울: 사회평론, 2004).
안재성 지음·장선환 그림. 『식민지 노동자의 벗 이재유』(파주: 사계절출판사, 2008).
이광수. 「혁명가의 아내」『이광수전집·2』(서울: 우신사, 1979), pp. 465-494.
이병주. 『남로당·상』(서울: 청계, 1987).
이병주. 『남로당·중』(서울: 청계, 1987).
이병주. 『남로당·하』(서울: 청계, 1987).
이봉구 지음·이제하 그림. 『명동백작』(서울: 일빛, 2004).
이응준. 『영혼의 무기: 이응준 이설異說집』(서울: 비채, 2017).
이하석 시집. 『천둥의 뿌리』(대구: 한티재, 2016).
정동주. 『단야丹冶·1』(부산: 열음사, 1993).
정동주. 『단야丹冶·2』(부산: 열음사, 1993).
정동주. 『단야丹冶·3』(부산: 열음사, 1993).
정동주. 『단야丹冶·4』(부산: 열음사, 1993).
정동주. 『단야丹冶·5』(부산: 열음사, 1993).

정동주. 『단야丹冶·6』(부산: 열음사, 1993).
정동주. 『단야丹冶·7』(부산: 열음사, 1993).
정영진. 『바람이여 전하라: 임화를 찾아서』(서울: 푸른사상사, 2002).
정찬주. 『다산의 사랑』(서울: 봄아필, 2012).
전숙희. 『사랑이 그녀를 쏘았다: 한국의 마타하리, 여간첩 김수임』(서울: 정우사, 2002).
조선희. 『세여자·1: 20세기의 봄』(서울: 한겨레출판, 2017).
조선희. 『세여자·2: 20세기의 봄』(서울: 한겨레출판, 2017).
조정래. 『태백산맥』 제1부: 한의 모닥불·1권 (서울: 해냄, 2001).
최문희. 『정약용의 여인들』(파주: 다산책방, 2017).

▮ 논문

강동진. "일제하의 한국사회운동사연구," 건국대학교 학술연구원(편), 「학술지」 제11집 (1970), pp. 101-129.
강만길. "8·15 해방의 민족사적 의의," 대한기독교서회(편), 「기독교 사상」 제30집 8호(1986), pp. 36-47.
고명균. "박헌영의 북한군 초대 총정치국장 임명 배경 연구," 북한대학원대학교(편), 「현대북한연구」 제17집 2호(2014), pp. 200-259.
고지훈. "박헌영_왜 공산주의는 안 되는가?: 조선 최고의 공산주의자, 진보적 민주주의를 실험하다," 사람으로 읽는 한국사 기획위원회 펴냄, 『시대의 디자이너들: 우리의 역사를 설계한 5명의 영웅들』(파주: 동녘, 2010), pp. 18-75.
고지훈. "해방 직후 조선공산당의 대미인식," 역사문제연구소(편), 「역사문제연구」 제17호 (2007), pp. 203-233.
공임순. "식민지 시대 소설에 나타난 사회주의자의 형상 연구: 김남천

소설을 중심으로," 한국근대문학회(편), 「한국근대문학연구」 제7집 1호(2006), pp. 199-226.

기광서. "해방 직후 조선공산당에 대한 소련의 입장," 역사문제연구소(편), 「역사비평」 통권65호 (2003년 겨울), pp. 227-248.

기광서. "해방 후 김일성의 정치적 부상과 집권과정," 한국역사연구회(편), 「역사와 현실」 제48호(2003), pp. 249-279.

김동택. "한국 근대국가 형성과 3·1운동," 박헌호·류준필(편), 『1919년 3월 1일에 묻다』(서울: 성균관대학교출판부, 2009). pp. 502-529.

김득중. "남조선노동당의 조직활동과 대중운동," 진보평론(편), 「진보평론」 제8호(2001년 여름), pp. 307-329.

김무용. "해방후 조선공산당의 혁명론과 국가구상, 그리고 노동운동," 진보평론(편), 「진보평론」 제7호(2001년 봄), pp. 323-349.

김석근. "조선의 '건국'과 '정치체제 구상'에 대한 시론적 접근: 몇 가지 쟁점과 관련하여," 한국동양정치사상사학회(편), 「동양정치사상사」 제7집 2호(2008), pp. 5-27.

김성민. "1920년대 후반 광주지역 학생운동조직의 발달," 한국근현대사학회(편), 「한국근현대사연구」 제37집(2006년 여름), pp. 193-232.

김성민. "1920년대 후반 서울지역 학생운동의 조직과 성격," 한국근현대사학회(편), 「한국근현대사연구」 제31집(2004년 겨울), pp. 169-203.

김성연. "조선박람회의 문학적 재현," 경성대학교 인문과학연구소(편), 「인문학논총」 제36집(2014), pp. 43-67.

김세균. "세계사회주의운동과 박헌영," 진보평론(편), 「진보평론」 제24호(2005 여름), pp. 169-196.

김용달. “3·1운동기 학생층의 역할과 행형분석,” 단국대학교 법학연구소(편), 「법학논총」 제31집 2호(2007), pp. 41-72.

김유중. “해방기 김기림의 문학 활동과 이념노선에 대한 일 고찰,” 한국현대문학회(편), 「한국현대문학연구」 제48호(2016), pp. 291-328.

김윤식. “레몬의 향기와 멜론의 맛: 이상李箱이 도달한 길,” 문학사상사(편), 「문학사상」(1986. 6), pp. 159-170.

김윤식. “해방공간의 문학: 지식인작가의 문제점을 중심으로,” 강만길(외) 11인, 『해방전후사의 인식 2』(서울: 한길사, 1985), pp. 449-492.

김인덕. “조선공산당재건투쟁협의회 일본출판부의 조직과 활동,” 한일민족문제학회(편), 「한일민족문제연구」 제3집(2002), pp. 37-68.

김인식. “「8월테제」의 ‘진보적 민주주의’ 국가건설론,” 한국민족운동사학회(편), 「한국민족운동사연구」 제55집(2008), pp. 361-403.

김인식. “좌우합작운동에 참여한 우익 주체의 합작 이론,” 국사편찬위원회(편), 「국사관논총」 제96집(2001), pp. 271-304.

김재영. “한국전쟁의 국내적 요인 분석,” 한국국제정치학회(편), 「국제정치논총」 제30집 3호·‘한국전쟁의 역사적 재조명’(1990), pp. 104-125.

김재용. “분단을 거부한 민족의식: 8·15 직후 염상섭의 활동과 『효풍』의 문학사적 의의,” 문학과사상연구회(편), 『염상섭 문학의 재인식』 개정판 (서울: 소명출판, 2016), pp. 155-190.

김재용. “염상섭과 한설야: 식민지와 분단을 거부한 남북의 문학적 상상력,” 역사문제연구소(편), 「역사비평」 통권 82호(2008년 봄), pp. 68-95.

김준현. "1950년대 문예지와 염상섭의 단편소설," 반교어문학회(편), 「반교어문연구」 제40집(2015), pp. 503－531.

김진웅. "한국전쟁의 국내적 원인: 학설사적 접근," 한국국제정치학회(편), 「국제정치논총」 제30집 3호·'한국전쟁의 역사적 재조명'(1990), pp. 5－30.

김학준. "한국전쟁의 기원," 한국정치외교사학회(편), 「한국정치외교사논총」 제5집(1989), pp. 43－73.

김학준. "한국전쟁의 기원에 대하여," 진덕규·한배호·김학준·한승주·김대환(외) 지음, 『1950년대의 인식』(서울: 한길사, 1981), pp. 335－356.

김학준. "해방3년의 시기에 있어서의 남북한 좌파 지도자들의 공산주의관," 서강대학교 동아연구소(편), 「동아연구」 제7집(1986), pp. 65－89.

김항. "분단의 기억, 기억의 정치," 서울대학교 인문학연구원(편), 「인문논총」 제73권 2호(2016), pp. 361－392.

김향안. "이젠 이상의 진실을 알리고 싶다," 문학사상사(편), 「문학사상」(1986. 5), pp. 58－63.

김형곤. "조지 워싱턴의 성장과정(1732－1775)에 관한 해석적 논의: 애정결핍과 자기보상의 랑데부," 한국서양문화사학회(편), 「서양사학연구」 제22집(2010), pp. 33－71.

김형국. "1929－1931년 사회운동론의 변화와 민족협동전선론," 국사편찬위원회(편), 「국사관논총」 제89집(2000), pp. 259－282.

남광규. "해방 직후(1945.9－11) 정당협력운동의 실패와 이승만, 박헌영의 임정 견제," 한국국제정치학회(편), 「국제정치논총」 제46집 1호(2006), pp. 143－164.

남광규. “해방초 임정·인공 정치기반의 동질성과 대립원인,” 한국국제정치학회(편), 「국제정치논총」 제45집 3호(2005), pp. 149-169.

다케시, 후지이藤井たけし. “해방 직후-정부 수립기의 민족주의와 파시즘: ‘민족사회주의’라는 문제,” 역사문제연구소(편), 「역사문제연구」 제24호(2010), pp. 125-155.

류시현. “1920년대 삼일운동에 관한 기억: 시간, 장소 그리고 ‘민족/민중’,” 한국역사연구회(편), 「역사와 현실」 제74호(2009), pp. 175-202.

문상석. “식민지 지배와 저항의 사회적 공간과 조선 지식인들의 사회학 인식,” 한국사회사학회(편), 「사회와 역사」 제110호(2016), pp. 75-104.

박건용. “이상 문학에서의 ‘이상李箱’, ‘13’ 및 ‘레몬’의 의미,” 일지사(편), 「한국학보」 제31권 1호(2005), pp. 101-129.

박선애. “이정호의 『움직이는 벽』에 나타난 기억의 구성방식,” 우리어문학회(편), 「우리어문연구」 제36집(2010), pp. 569-594.

박이준. “전남지방 3·1운동의 성격,” 국사편찬위원회(편), 「국사관논총」 제96집(2001), pp. 119-149.

박종린. “1910년대 재일유학생의 사회주의사상 수용과 ‘김철수그룹’,” 수선사학회(편), 「사림」 제30호(2008), pp. 153-172.

박종린. “1920년대 사회주의사상의 수용과 맑스주의 원전 번역: 『유토피아에서 과학으로의 사회주의의 발전』을 중심으로,” 한국근현대사학회(편), 「한국근현대사연구」 제69호(2014), pp. 37-67.

박종린. “1920년대 사회주의사상의 수용과 사회과학연구사,” 역사문제연구소(편), 「역사문제연구」 제26호(2011), pp. 209-233.

박종린. “1920년대 사회주의사상의 수용과 일월회,” 한국근현대사학회

(편),「한국근현대사 연구」 제40호(2007), pp. 45−68.
박종린. “1920년대 전반기 사회주의사상의 수용과 물산장려논쟁,” 한국역사연구회(편),「역사와 현실」 제47호(2003), pp. 67−88.
박종린. “1920년대 초 공산주의 그룹의 맑스주의 수용과 ‘유물사관요령기’,” 한국역사연구회(편),「역사와 현실」 제67호(2008), pp. 77−100.
박종린. “1920년대 초 사회주의사상의 수용과「신생활(新生活)」,” 수선사학회(편),「사림」 제49호(2014), pp. 73−105.
박종린. “1920년대 초 정태신의 마르크스주의 수용과 ‘개조’,” 역사문제연구소(편),「역사문제연구」 제21호(2009), pp. 137−157.
박종린. “1920년대 ‘통일’조선공산당의 결성과정,” 한국사연구회(편),「한국사연구」 제102호(1998), pp. 215−259.
박종린. “바쿠닌과 슈티르너의 아나키즘과 식민지 조선,” 한국동양정치사상사학회(편),「동양정치사상사」 제7권 1호(2007), pp. 27−45.
박종성. “김산의 혁명사상 연구: 유산된 혁명의 정당성은 옹호될 수 있는가?,” 서원대학교 사회과학연구소(편),「사회과학연구」 제8호(1995), pp. 47−76.
박종성. “‘문학’은 언제 ‘정치’가 되는가: ‘글러버린 혁명’의 이름으로 또 한 개의 바리케이드를 부술 때,” 문학사상사(편),「문학사상」 통권531호(2017.1), pp. 31−40.
박종성. “박헌영 월북의 정치적 동기분석,” 서원대학교 사회과학연구소(편),「사회과학연구」 제6집(1993), pp. 71−106.
박종성. “박헌영의 정치노선연구,” 서원대학교(편),「서원대학교 논문집」 제25집(1990), pp. 173−192.
박한용. “1930년대 혁명적 노동조합운동,” 진보평론(편),「진보평론」 제5

號(2000년 가을), pp. 363－380.

박현수. "3·1운동과 근대 문인의 의식: 김동인, 염상섭의 행적과 사상을 중심으로," 박헌호·류준필(편), 『1919년 3월 1일에 묻다』(서울: 성균관대학교출판부, 2009). pp. 467－501.

반병률. "여운형의 활동을 통해 본 상해 지역 초기 한인공산주의 조직의 형성과 변천에 대한 재해석, 1919－1921," 독립기념관 한국독립운동사연구소(편), 「한국독립운동사연구」 제45집(2013), pp. 193－252.

방기중. "해방정국과 백남운의 '신국가' 건설활동," 역사문제연구소(편), 「역사비평」 통권12號(1991년 봄), pp. 264－305.

방기중. "해방정국과 백남운의 '신국가' 건설활동(하)," 역사문제연구소(편), 「역사비평」 통권 13號(1991년 여름), pp. 349－379.

배개화. "문학의 희생: 북한에서의 이태준," 한국현대문학회(편), 「한국현대문학연구」 제34號(2011), pp. 247－282.

배항섭. "1920－30년대 새로운 '동학농민전쟁상'의 형성," 수선사학회(편), 「사림」 제36號(2010), pp. 179－208.

샤브시나, 꿀리꼬바, F. "소련의 여류 역사학자가 만난 박헌영," 역사문제연구소(편), 「역사비평」 계간25號(1994년 여름), pp. 167－192.

서중석. "국내 독립운동세력의 해방 후 국가건설방향: 여운형의 인민공화국, 인민당, 신탁통치관련문제를 중심으로," 성균관대학교 대동문화연구원(편), 「대동문화연구」 제56집 (2006), pp. 289－321.

서중석. "냉전체제와 한국 민족주의의 위상," 독립기념관 한국독립운동연구소(편), 「한국독립운동사연구」 제15집(2000), pp. 97－131.

서중석. "해방정국의 중도파 정치세력을 어떻게 볼 것인가," 한국민족운동사학회(편), 「한국민족운동사연구」 제39집(2004), pp. 5－33.

송효정. “해방기 감성 정치와 폭력 재현,” 한국문학이론과 비평학회(편), 「한국문학이론과 비평」 제57집(2012), pp. 321-343.

신복룡. “망국을 바라보는 좌파들의 시선: 백남운·박헌영·전석담,” 한국동양정치사상사학회(편), 「동양정치사상사」 제8집 2호(2009), pp. 163-195.

신복룡. “전기정치학 시론,” 한국정치학회(편), 「한국정치학회보」 제32집 3호 (1998), pp. 9-29.

신복룡. “한국공산주의의 발생 배경,” 한국정치학회 주최 추계학술회의(00a/10/20-21) 〔한국정치사 분석〕, pp. 1-22.

신복룡. “해방 정국에서의 박헌영과 김일성의 갈등,” 건국대학교 사회과학연구소(편), 「사회과학논총」 제24집(2000b), pp. 1-46.

신주백. “1930년대 사회주의운동 연구: 1929-1930년대 전반기 당 재건운동을 중심으로,” 국사편찬위원회(편), 「국사관논총」 제64집(1995), pp. 169-214.

신주백. “1930년대 혁명적 노농운동의 조직문제에 관한 한 연구,” 역사문제연구소(편), 「역사비평」 계간7호(1989년 겨울), pp. 103-122.

신주백. “박헌영과 경성콩그룹: 최초 발굴 재판기록을 통해서 본 경성콩그룹의 조직과 활동,” 역사문제연구소(편), 「역사비평」 통권13호(1991년 여름), pp. 267-311.

신주백. “해방, 광복,” 역사문제연구소(편), 「역사비평」 통권75호(2006년 여름), pp. 291-295.

신춘식. “조선공산당을 위한 변명,” 진보평론(편), 「진보평론」 제3호(2000년 봄), pp. 301-313.

신춘식. “조직주체를 중심으로 본 ‘조선공산당’ 창건과정,” 수선사학회(편), 「사림」 제8호(1992), pp. 39-74.

신형기. "해방직후 문학논의의 쟁점," 박명림(외) 4인, 『해방전후사의 인식 6』(파주: 한길사, 2006), pp. 265-292.

안외순. "해방공간(1945-1948) '조선적 맑스주의자' 백남운의 '연합성 신민주주의론'과 자유주의," 동양고전학회(편), 「동양고전연구」 제28집(2007), pp. 243-264.

안태정. "미군정기 조선노동조합전국평의회와 노동자운동," 진보평론(편), 「진보평론」 제6호(2000년 겨울), pp. 382-402.

양성철. "박헌영: 인간, 정치, 사상," 서강대학교 동아연구소(편), 「동아연구」 제9집(1986), pp. 119-152.

양창진. "해방직후 김일성과 박헌영의 노선투쟁," 한국정신문화연구원 한국학대학원(편), 「한국학대학원 논문집」 제11집(1996), pp. 203-221.

엥겔스, 프리드리히Friedrich Engels. 「가족, 사적 소유 및 국가의 기원」 칼 맑스, 프리드리히 엥겔스 지음·김세균 감수, 최인호(외) 옮김, 『칼 맑스 프리드리히 엥겔스 저작선집』제6권 (서울: 박종철출판사, 1999), pp. 11-197.

염무웅. "소설을 통해 본 해방 직후의 사회상," 송건호(외) 11인, 『해방전후사의 인식 1』(파주: 한길사, 2004), pp. 605-632.

유승렬. "1920년대 조선공산당의 조직위상에 대한 비판," 역사문제연구소(편), 「역사비평」 계간7호(1989년 겨울), pp. 58-84.

윤해동. "'교차와 대립': 박헌영 사상의 위상," 수선사학회(편), 「사림」 제24호(2005), pp. 247-274.

이경돈. "동인지 「文友」와 다점적 혼종의 문학," 상허학회(편), 「상허학보」 제28호(2010), pp. 179-208.

이규수. "한국강점 직후 일본 지배계층의 조선인식: 잡지 「태양」을 중심으로," 성균관대학교 대동문화연구원(편), 「대동문화연구」 제54집(2006), pp. 153-181.

이균영. "김철수 연구: 초기 공산주의운동사는 다시 써야 한다," 역사문제연구소(편), 「역사비평」 계간3호(1988년 겨울), pp. 240-289.

이균영. "김철수와 박헌영과 3당 합당," 역사문제연구소(편), 「역사비평」 계간4호 (1989년 봄), pp. 271-284.

이균영. "코민테른 제6회 대회와 식민지 조선의 민족문제," 한국역사연구회(편), 「역사와 현실」 제7호(1992), pp. 293-339.

이기훈. "종속과 우월: 식민지 엘리트의 사회적 기반과 의식," 한국역사연구회(편), 「역사와 현실」 제63호(2007), pp. 27-38.

이덕일. "일제하 조선공산당과 소련과의 관계: 코민테른을 중심으로," 숭실사학회(편), 「숭실사학」 제8집(1994), pp. 141-201.

이상진. "불안한 주체의 시선과 글쓰기: 1930년대 남성작가의 아내표제 소설 읽기," 한국여성문학학회(편), 「여성문학연구」 제37호(2016), pp. 129-169.

이수일. "일제말기 사회주의자의 전향론: 인정식을 중심으로," 국사편찬위원회(편), 「국사관논총」 제79집(1998), pp. 95-134.

이완범. "김성수의 식민지 권력에 대한 저항과 협력: '협력적 저항'에서 '저항적 협력'으로," 한국민족운동사학회(편), 「한국민족운동사연구」 제58집(2009), pp. 399-454.

이완범. "조선공산당의 탁치노선 전환 이유: '소련지령설'의 비판적 보완, 1945-1946," 한국학중앙연구원(편), 「정신문화연구」 제28집 2호(2005), pp. 161-185.

이완범. "해방 직후 공산주의자들의 혁명단계론," 한국학중앙연구원(편), 「정신문화연구」 제31집 3호(2008), pp. 5-40.

이종석. “북조선공산당과 조선신민당의 북조선로동당으로의 ‘합동’에 관한 연구,” 국사편찬위원회(편), 「국사관논총」 제54집(1994), pp. 205－236.

이주철. “1950년대 조선로동당의 하부조직 재편,” 고려사학회(편), 「한국사학보」 제23집(2006), pp. 269－306.

이주환. “해방직후 조선공산당 내 분파투쟁과 ‘북조선분국’,” 동국사학회(편), 「동국사학」 제38집(2002), pp. 195－229.

이준식. “일제강점기 사회주의운동의 진화와 발전: 민족문제인식을 중심으로,” 국사편찬위원회(편), 「한국사론」 제43집·광복60년 한국의 변화와 성장 그리고 희망(2006), pp. 57－99.

이준식. “조선공산당 재건운동,” 진보평론(편), 「진보평론」 제4호(2000년 여름), pp. 309－324.

이준식. “한국근대사에서 사회주의계열 민족해방운동의 역사적 실체,” 서해문집(편), 「내일을 여는 역사」 통권24호(2006년 여름), pp. 68－82.

이태훈. “1920년대 전반기 일제의 ‘문화정치’와 부르조아 정치세력의 대응,” 한국역사연구회(편), 「역사와 현실」 제47호(2003), pp. 3－35.

이태훈. “1930년대 후반 ‘좌파지식인’의 전체주의 인식과 한계: 서인식을 중심으로,” 역사문제연구소(편), 「역사문제연구」 제24호(2010), pp. 81－124.

이현주. “3·1운동기 서울에 배포된 전단과 정치적 지향: 「3·1운동 독립선언서와 격문」을 중심으로,” 인하역사학회(편), 「인하사학」 제10집: 한영국교수 정년기념호(2003), pp. 881－910.

이현주. “서울청년회의 초기조직과 활동: 1920－1922,” 국사편찬위원회

(편),「국사관논총」 제70집(1996), pp. 1-43.
이현주. "조선공산당의 권력구상과 '조선인민공화국'," 한국근현대사학회(편),「한국근현대사 연구」 제36집(2006), pp. 75-110.
이호룡. "신채호의 아나키즘," 역사학회(편),「역사학보」 제177호(2002), pp. 67-104.
이환병. "해방직후 맑스주의 역사학자들의 한국사인식," 한국사학사학회(편),「한국사학사학보」 제5집(2002), pp. 41-88.
임경석. "1922년 상반기 재 서울 사회단체들의 분규와 그 성격," 수선사학회(편),「사림」 제25호(2006), pp. 211-240.
임경석. "1926년 조선공산당의 코민테른 가입 외교," 수선사학회(편),「사림」 제39호(2011), pp. 229-255.
임경석. "강달영, 조선공산당 책임비서," 역사문제연구소(편),「역사비평」 통권58호(2002년 봄), pp. 247-272.
임경석. "김철수와 그 경쟁자들," 역사문제연구소(편),「역사비평」 통권61호(2002년 겨울), pp. 144-173.
임경석. "김철수와 조선공산당 제2회 대회," 역사문제연구소(편),「역사비평」 통권60호(2002년 가을), pp. 167-192.
임경석. "박헌영과 김단야," 역사문제연구소(편),「역사비평」 통권53호(2000년 겨울), pp. 118-148.
임경석. "식민지시대 반일 테러운동과 사회주의," 한국역사연구회(편),「역사와 현실」 제54호(2004), pp. 321-347.
임경석. "잡지「콤무니스트」와 국제선 공산주의그룹," 한국사연구회(편),「한국사연구」 제126호(2004), pp. 177-201.
임경석. "조선공산당 창립대회연구," 성균관대학교 대동문화연구원(편),「대동문화연구」 제81집(2013), pp. 347-376.

임경석. “초기 사회주의자들의 군사활동: 고려혁명군을 중심으로,” 국사편찬위원회(편), 「국사관논총」 제75집(1997), pp. 35-64.

임선애. “〈혁명가의 안해〉와 〈변절자의 안해〉: 두 작품의 관계와 의의,” 한민족어문학회(편), 「한민족어문학」 제27집(1995), pp. 177-191.

임성욱. “조선정판사 ‘위조지폐’ 사건의 재검토: 제1심 판결의 모순점을 중심으로,” 역사비평사(편), 「역사비평」 제114호(2016), pp. 408-440.

임헌영. “해방이후 무장투쟁에 대한 문학적 형상화,” 최장집(외) 11인, 『해방전후사의 인식 4』(서울: 한길사, 1989), pp. 370-406.

임헌영. “해방 후 한국 문학의 양상,” 송건호(외) 11인, 『해방전후사의 인식 1』(파주: 한길사, 2004), pp. 633-658.

임헌영. “현대소설과 이념문제: 이병주의 『지리산』론,” 이남호(편), 『한국 대하소설 연구』(서울: 집문당, 1997), pp. 147-163.

장세윤. “재만在滿 조선혁명당의 조직과 민족해방운동,” 수선사학회(편), 「사림」 제18호(2002), pp. 71-104.

장신. “삼일운동과 조선총독부의 사법대응,” 역사문제연구소(편), 「역사문제연구」 제18호(2007), pp. 141-160.

전명혁. “1930년대 이강국과 그의 인민전선론 인식,” 경상대학교 사회과학연구원(편), 「마르크스주의 연구」 제5권 3호(2008), pp. 177-196.

전명혁. “사회주의사상의 도입과 조선공산당 창건,” 진보평론(편), 「진보평론」 제2호(1999년 겨울), pp. 334-358.

전명혁. “서울청년회의 분화와 서울파의 형성,” 한국외국어대학교 역사문화연구소(편), 「역사문화연구」 제9집(1999), pp. 139-172.

전상숙. “사회주의 수용 양태를 통해본 일제시기 사회주의운동의 재고찰,” 한국동양정치사상사학회(편), 「동양정치사상사」 제4권 1호(2005), pp. 155−171.

전상숙. “식민지시기 정치와 정치학: ‘조선인’ 정치참여 부재의 정치학,” 한국사회사학회(편), 「사회와 역사」 제110호(2016), pp. 7−39.

전현수. “「쉬띄꼬프 일기」가 말하는 북한정권의 성립과정,” 역사문제연구소(편), 「역사비평」 계간30호(1995년 가을), pp. 133−162.

정병준. “박헌영·남로당노선 무엇이 문제인가,” 역사문제연구소(편), 「역사비평」 계간5호 (1989년 여름), pp. 277−303.

정병준. “해방 직후 주한미군 공산주의자그룹과 현앨리스,” 한국근현대사학회(편), 「한국근현대사연구」 제65호(2013), pp. 166−231.

정승현. “해방공간의 박헌영: 공산주의의 한국화,” 서강대학교 현대정치연구소(편), 「현대정치연구」 제5권 2호(2012), pp. 133−164.

정용욱. “신간회 조직의 한계와 반제민족통일전선,” 역사문제연구소(편), 「역사비평」 계간7호(1989년 겨울), pp. 85−102.

정용욱. “조선공산당 내 ‘대회파’의 형성과정,” 국사편찬위원회(편), 「국사관논총」 제70집(1996), pp. 45−76.

정우택. “「문우」에서 「백조」까지: 매체와 인적 네트워크를 중심으로,” 국제어문학회(편), 「국제어문」 제47집(2009), pp. 35−65.

조규태. “신간회 경성지회의 조직과 활동,” 국사편찬위원회(편), 「국사관논총」 제89집(2000), pp. 237−258.

조현수. “박헌영의 국가건설사상: 사회주의 국가건설,” 오문환 외 6인 지음, 『국가건설사상 III』(고양: 인간사랑, 2006), pp. 213−257.

조형열. “〈조선공산당선언〉, 일제하 조선공산당의 운동노선과 민족통일전선,” 서해문집(편), 「내일을 여는 역사」 제27호(2007년 봄), pp. 265−275.

차승기. “기미와 삼일: 해방직후 역사적 기억의 전승,” 한국현대문학회(편), 「한국현대문학연구」 제28집(2009), pp. 309-334.

최규진. “김단야, 기억 저 편에서 드높고 허망한,” 진보평론(편), 「진보평론」 제4호(2000년 여름), pp. 325-344.

최규진. “식민지시대 조선 사회주의자들의 소비에트론,” 고려사학회(편), 「한국사학보」 제9집(2000), pp. 253-295.

최규진. “조선 사회주의자들의 운동노선과 합법공간진출(1929-1945년),” 성균관대학교 대동문화연구원(편), 「대동문화연구」 제56호(2006), pp. 253-288.

최봉춘. “조선공산당파쟁론,” 한국민족운동사학회(편), 「한국민족운동사연구」 제65호(2010), pp. 73-106.

최선웅. “1920년대 초 한국공산주의운동의 탈자유주의화 과정: 상해파 고려공산당 국내지부를 중심으로,” 고려사학회(편), 「한국사학보」 제26집(2007), pp. 285-317.

최현식. “파탄난 ‘생활세계’의 관찰과 기록: 염상섭의 해방기 단편소설,” 문학과사상연구회(편), 『염상섭 문학의 재인식』 개정판 (서울: 소명출판, 2016), pp. 191-228.

하승우. “항일운동에서 ‘구성된’ 아나코-코뮨주의와 아나키즘 해석경향에 대한 재고찰: 크로포트킨의 사상을 중심으로,” 한국동양정치사상사학회(편), 「동양정치사상사」 제7권 1호(2007), pp. 5-25.

한상도. “김두봉의 항일역정과 인생유전,” 건국대학교 인문과학연구소(편), 「인문과학논총」 제39집(2003), pp. 131-148.

홍영기. “1910년대 전남지역의 항일비밀결사,” 전남사학회(편), 「역사학연구」 제19집(2002), pp. 393-418.

황민호. "1920년대 후반 재만在滿한인공산주의자들의 노선전환과 간도 봉기에 관한 연구," 국사편찬위원회(편), 「국사관논총」 제79집 (1998), pp. 63-94.
Foran, John. "The Comparative-Historical Sociology of Third World Social Revolutions: Why A Few Succeed, Why Most Fail," John Foran, ed., *Theorizing Revolutions* (London: Routledge, 1997), pp. 227-267.

■ 학위논문

김경화. "1930년대 후반 조선총독부의 사상범 행형 교화와 전향 유도 정책," 고려대학교 대학원 한국사학과 문학석사학위논문(2015).
김국화. "동방노력자공산대학 조선학부 연구(1924-25년)," 성균관대학교 대학원 사학과 석사학위논문(2013).
김부성. "3·1운동의 공간 확산에 대한 연구," 서울대학교 대학원 지리학과 석사학위논문(1978).
김진호. "충남지방 3·1운동 연구," 충남대학교 대학원 사학과 한국사전공 박사학위논문(2002).
박경목. "일제 강점기 서대문 형무소 연구," 충남대학교 대학원 사학과 한국사전공 박사학위논문(2015).
박성기. "해방정국의 정당갈등과 분단체제형성에 관한 연구: 한국민주당과 조선공산당을 중심으로," 부산대학교 일반대학원 국민윤리학과 박사학위논문(2000).
박은영. "한국전쟁 폐허(ruin)와 그 이미지 연구," 홍익대학교 대학원 미술사학과 박사학위논문(2013).
박종린. "1920년대 '통일'조선공산당의 결성과정에 관한 연구," 연세대학교대학원 사학과 석사학위논문(1993).
박종린. "일제하 사회주의사상의 수용에 관한 연구," 연세대학교대학원 사학과 박사학위논문(2007).
손정수. "일제말기 역사철학자들의 문학비평 연구," 서울대학교 대학원 국어국문학과 현대문학전공 석사학위논문(1996).
안태정. "조선노동조합전국평의회 연구," 성균관대학교 대학원 사학과 국사전공 박사학위논문(2000).
이경. "남로당의 게릴라전: 남북한 통합의 역사적 준거," 경북대학교 대학원 정치학과 박사학위논문(2010).
이주환. "조선공산당의 노선대립연구: 해방직후를 중심으로," 동국대학교 대학원 사학과 석사학위논문(1998).
임경석. "고려공산당연구," 성균관대학교 대학원 사학과 국사전공 박사학위논문(1993).
임성욱. "미군정기 조선정판사 '위조지폐' 사건 연구," 한국외국어대학교 국제지역대학원 한국학과 한국학 박사학위논문(2015).
장정은. "해방 후 조선공산당의 활동과 노선변화," 전남대학교 교육대학원 석사학위논문(2011).
장지영. "박치우의 사회·문화비평 연구," 성균관대학교 일반대학원 국어국문학과 석사학위논문(2010).
전상숙. "식민지시대 국내 좌파 지식인에 관한 연구: 사회주의 당조직활동을 중심으로," 이화여자대학교 대학원 정치외교학과 박사학위논문(1997).
전상숙. "한국초기 사회주의 지도세력에 관한 고찰: 조선공산당을 중심으로," 이화여자대학교 대학원 정치외교학과 석사학위논문(1987).

정병일. "북한의 초기국가건설과 연안파 역할: 역사적 재조명," 서강대학교 대학원 정치외교학과 박사학위논문(2012).

최정식. "조선공산당 만주총국 조직과정연구," 고려대학교 대학원 한국사학과 석사학위논문(2002).

홍익표. "박헌영 반제노선 전개과정연구," 고려대학교 대학원 정치외교학과 석사학위논문(1990).

■ 기사

김기협. "차라리 이완용을 '민족 영웅'이라고 말해 보지?: 〔발칙하고 싶었던, 하지만 그러지 못한〕 김윤희의 『이완용 평전』," 《프레시안》(11/06/03).

김성동. "현대사 아리랑: 혁명전사가 된 문학소녀 박진홍," 「주간경향」 1201호(16/11/15).

신복룡. "박헌영의 비극적 삶 뒤에 두 여인과의 엇갈린 사랑이," 〔인물로 본 해방정국의 풍경·9 박헌영: 한 공산주의자의 사랑과 야망〕 「주간조선」 2365호(15/07/13-19), pp. 24-28.

어수웅 기자. "흰옷에 떨어진 피보다 선명한 중도中道" 《조선일보》(17/02/04).

울산포커스. "이순금 일대기: 동지와 연인들," 《울산포커스》(06/12/31).

유광종 기자. "〔6·25전쟁 60년〕 서울 거쳐 평양으로(87) 김일성과 박헌영·술 마신 김일성은 급기야 박헌영에게 잉크병을 던지며," 《중앙일보》(10/05/07).

이무경 기자. "한국판 마타하리 '앨리스 현' 있었다," 《경향신문》(02/11/08).

임헌영. "70주년 창간기획·문학평론가 임헌영의 필화 70년(3): 미군정

땐 필화, 북한선 처형 '비극 시인' 임화," 《경향신문》(16/10/19).
장정일. "근본적 질문 던졌던 '빨치산 철학자'의 복권," 《시사IN》(12/03/31).
정혜영. "정혜영의 근대문학을 읽다: 방인근은 낯 뜨거운 도색소설 작가였을까?," 《매일신문》(14/07/12).
최원형 기자. "빨치산이 된 천재철학자 박치우를 아시나요," 《한겨레신문》(12/02/17).
홍순도 특파원.(베이징) "박헌영, 6·25직후 중국에 '김일성 축출' 제의: 중 소식통 '쿠데타 계획·마오쩌둥 반대로 무산'," 《문화일보》(05/04/26).
홍원상 기자.(평택) "박헌영 부인 정순년씨 사망," 《조선일보》(04/12/15).

▮ 좌담·증언

강만길·진덕규·최상룡 좌담. "특집·군웅의 각축 해방3년사: 해방3년사는 민족분단의 역사," 「월간 조선」(1985년 8월호), pp. 514-530.
김득중·김무용·박한용·신춘식·안태정·이준식·전명혁·임경석 좌담. "한국 사회주의운동사, 무엇을 어떻게 볼 것인가," 진보평론(편), 「진보평론」 제8호(2001년 가을), pp. 414-455.
윤해동·박병삼朴秉三 대담. "혁명과 박헌영과 나,"(원경스님 생모 구술포함) [97/03/29(토)] 역사문제연구소(편), 「역사비평」 통권37호(1997 여름), pp. 99-142.

▮ 사전

강만길·성대경 공동엮음. 『한국사회주의운동 인명사전』(서울: 창작과

비평사, 1996).

■ 인터넷

http://blog.naver.com/mklee831/40017481376

http://coreawar.or.kr/xe/page_0303/77325

http://db.history.go.kr/item/level.do?levelId=ia_0009_0009

http://db.history.go.kr/download.do?fileName=thumbs_ia_0009.jpg&levelId=ia_0009_0009

https://ko.wikipedia.org/wiki/%EB%8C%80%EA%B5%AC_10%C2%B71_%EC%82%AC%EA%B1%B4

https://ko.wikipedia.org/wiki/%EB%B0%95%ED%97%8C%EC%98%81

https://ko.wikipedia.org/wiki/9%EC%9B%94_%EC%B4%9D%ED%8C%8C%EC%97%85

http://navercast.naver.com/contents.nhn?rid=241&contents_id=70041

http://news.chosun.com/site/data/html_dir/2017/02/03/2017020303006.html

http://news.chosun.com/svc/content_view/content_view.html?contid=2004121570503

http://news.khan.co.kr/kh_news/khan_art_view.html?artid=201610192107005&code=960100&s_code=ac219#csidxf687145f95b56a3a6dba648910ab49b

http://news.khan.co.kr/kh_news/khan_art_view.html?code=910100&artid=200211081827251

http://news.khan.co.kr/kh_news/khan_art_view.html?artid=201610192107005&code=960100&s_code=ac219#csidx4197ca1e8dbde728cb50ecbcc5ea534

http://terms.naver.com/entry.nhn?docId=1101583&cid=40942&categoryId=32225

http://terms.naver.com/entry.nhn?docId=1140940&cid=40942&categoryId=31778

http://terms.naver.com/entry.nhn?docId=2833990&cid=55647&categoryId=55649

http://terms.naver.com/entry.nhn?docId=920151&cid=42958&categoryId=42958

http://weekly.khan.co.kr/khnm.html?mode=view&code=116&artid=18330&pt=nv

http://weekly.khan.co.kr/khnm.html?mode=view&code=116&artid=19162&pt=nv#csidxeef04815a220dc59f093323a99803b0

http://www.hani.co.kr/arti/culture/book/519666.html#csidx22a3ea1572474239217e9ccba02e48a

http://www.imaeil.com/sub_news/sub_news_view.php?news_id=33101&yy=2014

http://www.jejusori.net/news/articleView.html?idxno=131146

http://www.jejusori.net/news/articleView.html?idxno=136641

http://www.munhwa.com/news/view.html?no=2005042601032032021002

http://www.pressian.com/news/article.html?no=66382

http://www.pressian.com/news/article.html?no=67404

http://www.pressian.com/news/article.html?no=68875
http://www.pressian.com/news/article.html?no=68932
http://www.sisain.co.kr/news/articleView.html?idxno=12737
http://www.ulsanfocus.com/news/articleView.html?idxno=31724

▮ 기타자료

기광서. "러시아연방 국방성중앙문서보관소 소재 해방 후 북한정치사 관련자료개관," 한국정신문화연구원(편), 『해방 전후사 사료 연구 II』(서울: 선인, 2002), pp. 103-141.

김남식 엮음. 『남로당 연구·2: 자료편』(서울: 돌베개, 1988).

김남식 엮음. 『남로당 연구·3: 자료편』(서울: 돌베개, 1988).

박재만. "코민테른 제3차대회에서의 고려공산당의 보고," 역사비평사(편), 「역사비평」 계간6호(1989년 가을), pp. 357-368.

이균영. "자료 김철수 친필유고(220매)," 역사비평사(편), 「역사비평」 계간5호(1989년 여름), pp. 348-374.

이완범. "자료를 통해서 본 해방직전(1941-45) 국내독립운동의 특징," 한국정신문화연구원(편), 『해방 전후사 사료 연구 I』(서울: 선인, 2002), pp. 79-116.

자료발굴. "소련에서 최초로 발견된 조선공산당 기관지 「불꽃」(제7호, 1926년 9월 1일)에 실린 『조선공산당선언』," 역사비평사(편), 「역사비평」 통권19호(1992년 겨울), pp. 349 -361.

정약용 지음·다산학술문화재단 엮음. 『(《여유당전서》 미수록) 다산茶山 간찰집簡札集』(서울: 사암, 2013).

정용욱. 『미군정 자료연구』(서울: 선인, 2003).

조성을. 『연보로 본 다산 정약용: 샅샅이 파헤친 그의 삶』(파주: 지식산업사, 2016).

조성훈. “미국 국립문서보존소 소장 전쟁이전 북한경제관련 자료연구,” 한국정신문화연구원(편), 『해방 전후사 사료 연구 II』(서울: 선인, 2002), pp. 209−266.

중앙일보 특별취재반. 『비록秘錄 조선민주주의인민공화국』(서울: 중앙일보사, 1992).

중앙일보 특별취재반. 『비록秘錄 조선민주주의인민공화국·하下』(서울: 중앙일보사, 1993).

하성수 엮음. 『남로당사』(서울: 세계, 1986).

한국방송사업단 제작. 「한국전쟁/제1편: 분단」(서울: 한국TV카메라기자회 프로그램사업부, 1991) 〔형태사항: 비디오카세트(49분) ; 유성, 천연색, 흑백 ; 1/2in〕.

한국정신문화연구원 현대사연구소(편). 『지운遲耘 김철수金錣洙·자료총서 제4집』(성남: 한국정신문화연구원 현대사연구소, 1999).

한림대학교 아시아문화연구소. 『조선공산당문건자료집: 1945−46』(춘천: 한림대학교출판부, 1993).

찾아보기

ㄴ

ㅂ

ㅅ

ㅇ

ㅈ

ㅍ

ㅎ

평전 박헌영

발행일 1쇄 2017년 10월 30일
지은이 박종성
펴낸이 여국동

펴낸곳 도서출판 인간사랑
출판등록 1983. 1. 26. 제일－3호
주소 경기도 고양시 일산동구 백석로 108번길 60－5 2층
물류센타 경기도 고양시 일산동구 문원길 13－34(문봉동)
전화 031)901－8144(대표) | 031)907－2003(영업부)
팩스 031)905－5815
전자우편 igsr@naver.com
페이스북 http://www.facebook.com/igsrpub
블로그 http://blog.naver.com/igsr
인쇄 인성인쇄 **출력** 현대미디어 **종이** 세원지업사

ISBN 978－89－7418－371－4 93990

이 도서의 국립중앙도서관 출판시도서목록(CIP)은 서지정보유통지원시스템 홈페이지(http://seoji.nl.go.kr)와 국가자료공동목록시스템(http://www.nl.go.kr/kolisnet)에서 이용하실 수 있습니다.(CIP제어번호: CIP2017026895)